HISTOIRE DE L'EMPIRE D'OR

HISTOIRE

DE

L'EMPIRE DE KIN

OU

EMPIRE D'OR

AISIN GURUN-I SUDURI BITHE

TRADUITE DU MANDCHOU

PAR

C. DE HARLEZ

AVEC UNE CARTE

LOUVAIN,
TYPOGRAPHIE DE CHARLES PEETERS, LIBRAIRE,
rue de Namur, 22.

1887

INTRODUCTION.

Les peuples qui, sous le nom de Mandchous, vinrent au milieu du xviie siècle soumettre la Chine à leur puissance et placer sur le trône impérial de Peking une dynastie de leur race qui y règne encore aujourd'hui, n'étaient point des nouveaux venus sur les bords du Hoang-ho et du Yang-tze-kiang. Cinq siècles auparavant ils avaient fondé un vaste empire qui des monts de la Mandchourie s'étendait jusqu'aux rives du Fleuve-Bleu. Ils portaient alors le nom de Niu-tchi.

Avant eux un autre peuple tartare, les Khitans avaient occupé pendant deux siècles et demi, les provinces septentrionales de la Chine où ils avaient créé un royaume connu sous le nom de Tailiao ou grand Liao. Vaincu par les Niutchi, le Liao fut incorporé au nouvel empire et les conquérants donnèrent à celui-ci le nom d'empire d'Or (*Kin*, *Aisin*). La Chine gouvernée par la dynastie Song dut à son tour leur céder ses plus belles provinces au nord du Yang tze kiang.

Après un siècle de grandeur et de prospérité, les Niutchi perdirent, sous l'influence d'une paix prolongée, leur caractère guerrier et valeureux ; ils ne purent résister aux coups que leur portèrent les hordes de Genghis-khan. Attaqués à la fois par les Mongols, les Hia, les Chinois et les brigands ou pirates soudoyés de la Chine, l'empire d'Or succomba et disparut. Les Niutchi rentrèrent dans leur pays originaire et s'y recueillirent, attendant le moment de resusciter leur puissance. Quatre siècles plus tard ils rentraient triomphant dans le céleste empire qu'ils dominent encore aujourd'hui. Les généraux mandchous qui gouvernaient leur nation pendant la minorité du jeune Shun tchi, pour animer le courage de leurs soldats, ne crurent pouvoir mieux faire que de mettre sous leurs yeux les exemples et les hauts faits de leurs ancêtres. Ils chargèrent une commission de lettrés de rédiger l'histoire de leur premier empire ainsi que celle du royaume vaincu de Tailiao et de leurs vainqueurs les Mongols qui les avaient vengés de l'empire chinois en le soumettant à son tour.

Les éléments de cette histoire étaient tous préparés. Chacun de ces états tartares qui s'étaient tour-à-tour partagé les provinces chinoises avaient subi l'influence de la civilisation supérieure de leurs voisins, vaincus par les armes, mais vainqueurs par l'intelligence. Chacun s'était donné des historiens et avait fait rédiger ses annales. La commission chargée par les généraux mandchoux de cet important ouvrage y travailla trois ans et donna au public ce que l'on appelle « L'histoire des trois royaumes » *Ilan gurun i suduri*. Tout ce qui concerne la composition de ce comité, ses procédés, son travail est exposé dans le procemium préposé à l'histoire des trois royaumes et dont j'ai donné la traduction au n° 2, tome II (août-sept. 1883), p. 309-311 du *Journal asiatique*. Je n'y reviendrai donc pas.

L'histoire des Mongols ou plutôt de la dynastie mongole (Yuen) qui régna sur la Chine est toute entière dans les annales de cet empire; on l'y trouvera sans peine. Celle du royaume de Tai-liao a été traduite par le savant orientaliste de Leipzig M. Conon von der Gabelentz (1). Restaient les annales de l'empire d'Or, qui n'avaient point encore été traduites. Le père de Mailla, dans son *Histoire générale de la Chine* et le P. Visdelou dans la *Bibliothèque orientale d'Herbelot* (t. IV) en ont donné, ce semble, des extraits; mais, en réalité, ils ont suivi généralement les écrivains chinois que les historiographes tartares contredisent fréquemment (2), ce qui donne un intérêt de plus à ces annales.

L'histoire de l'empire d'Or (Aisin ou kin) ne se trouve que dans l'édition impériale; les exemplaires en sont très rares; je n'en connais qu'à Paris, Berlin et St-Pétersbourg. Elle forme

---

(1) *Geschichte der Grosse Tai-liao.* St-Pétersbourg, 1877.

(2) C'est ainsi que les Chinois s'attribuent de nombreuses victoires que les Annales de Kin nous représentent comme des défaites. La vérité doit être du côté de ces derniers; car il est peu concevable que des victoires successives aient fait reculer les Chinois du Hoang ho au Yang tze kiang.

un petit in-folio de 9 pens, debtelins ou cahiers comptant respectivement 68, 25, 40, 52, 46, 30, 42, 40 et 48 folios.

L'exécution n'en est pas des meilleures; les fautes y abondent et embarassent parfois à la première vue. On y trouve par exemple *ulgiyan* (porc) pour *fulgiyan* (rouge); *igen, te tusangge* p. *irgen de tusa; nemuyen* p. *nemeyen; haifira* p. *hafira; gôidare* p. *goiidare; ejihe* (fromage) p. *ejehe* (mémoire), etc., etc.

Très souvent *a* remplace *e*; *c* est mis pour *j*, *i* pour *u*.

Parfois on croirait à des formes dialectales si les mots n'étaient souvent aussi écrits d'une manière exacte. Beaucoup de lettres sont effacées en tout ou en partie et, en ce dernier cas, prennent la forme d'autres caractères. En outre le pen 7 est mis à la place du 6e et vice-versa avec les étiquettes fautives de 6 et 7 (*ningguci, nadaci*).

La lecture de ces pages ne nous paraît pas être sans intérêt ni sans utilité. L'histoire du royaume d'Or est un des exemples les plus frappants de l'élévation, de la grandeur et de la chute des empires. En outre elle corrigera l'idée fausse que l'on se fait généralement de ces populations trop souvent confondues avec les hordes farouches de Koubilai et de Timourlenk. On trouvera dans ces pages des modèles de vertu qui ne dépareraient pas nos mœurs et rappellent parfois la chevalerie française. On y lira même, non sans surprise, un plaidoyer en faveur du libre échange dont nos économistes n'auraient point à rougir. Voy. p. 227. L'histoire de l'empire d'Or sera donc, j'espère, bien venue près de tous ceux qui s'intéressent aux choses de l'Orient et de l'humanité. Nous nous bornons aujourd'hui à rendre le texte en y joignant les explications indispensables.

La traduction a été faite aussi littérale que possible; naturellement la tournure des phrases a dû être changée très fréquemment.

Pour la meilleure intelligence du livre nous ajouterons ici quelques remarques.

1º Au moment où s'ouvre notre histoire, la dynastie des Songs régnait en Chine depuis l'an 960. Les tartares Khitans occupaient le Liao tong et le nord du Petcheli avec quelques provinces tartares et avaient formé du tout un puissant empire auquel ils avaient donné le nom de Tai liao (le grand Liao). Sur le haut Hoangho au nord-ouest de la Chine, un autre peuple tartare avait fondé l'empire de Hia (au pays des Toumet et des Ordos actuels). Cp. p. 41 note. Le Liao cherchait à s'étendre au détriment des tribus Mandchoues d'un côté et de l'empire chinois de l'autre. Les tribus mongoles étaient encore nomades et indépendantes les unes des autres.

Les Niutchi, après avoir passé par les diverses péripéties que racontent les pages 1 à 5, s'étaient soulevés contre l'oppression du gouvernement de Tailiao et cherchaient à fonder un état indépendant, dominant les tribus voisines. Puis ils visèrent au renversement et à la conquête de l'empire qui les avait opprimés.

L'empereur chinois, Hoei tzong, indolent et faible, était entièrement livré à l'influence d'un ministre intrigant, Taiking, et des prêtres Tao-sze. Uniquement occupé de luxe et de magie, il ignorait ce qui se passait au dehors. Lorsque la nouvelle de la guerre entre les deux états tartares parvint, par hasard, à sa cour, il envoya un député au camp Niutchi pour prendre connaissance de l'état des choses. Le ressentiment des injures faites par les Khitans à l'empire et le souvenir de leurs conquêtes, inspira à Hoei tzong une politique de vengeance qui fut deux fois fatale à la Chine.

Le roi de Liao, tout occupé de ses plaisirs, avait plusieurs fois sollicité la paix. Le souverain niutchi exigeait que Yeliu yenhi le reconnût comme empereur, prît vis-à-vis de lui le titre de frère cadet, lui cédât la résidence du milieu Ta ting fou, avec son district et lui payât un tribut annuel. Yeliu yenhi refusa d'abord (1117), puis, réduit aux extrémités, il finit par accepter. Mais dans le diplôme qu'il envoya à Agouda il manqua aux conditions acceptées et la guerre recommença. Un prince de la maison royale de Liao, Yeliu yu tôn, craignant la jalousie du roi, passa chez les Niutchi avec un petit corps d'armée et les ramena jusqu'à la capitale Ta ting fou, qu'ils emportèrent (38 § 1 fin). Yeliu yenhi (dans notre livre : *Yelioi yansi* ou *Yansi* seulement) périt en fuyant vers le pays de Hia (1125). Un dernier membre de sa famille, Yeliu tasse, se retira dans les montagnes de l'ouest et soutint quelque temps encore les derniers débris de la puissance Khitane. Il fut pris par les Niutchi (p. 54).

En s'alliant avec ces derniers, Hoei tzong n'avait pensé qu'à recouvrer les provinces enlevées autrefois à l'empire par les rois de Tailiao ; il avait conclu à cet effet avec Agouda un accord qui lui cédait la province de Yen (au Petcheli actuel). Mais ses troupes avaient éprouvé un échec ; depuis lors il s'était arrêté, et, malgré les plaintes de la cour Niutchi, n'avait plus rien fait contre ses ennemis. Agouda (Taitzong) avait conquis seul le pays de Yen. Malgré cela l'empereur réclama le pays d'abord avec quelques autres villes, puis simplement les revenus de ces contrées. Le roi niutchi refusa ; ces circonstances amenèrent de longs pourparlers et mirent le froid entre les deux cours. On voit les plaintes de la cour niutchi à la page 52.

Les Chinois prétendent que l'ambassadeur de l'empire, envoyé pour assister aux funérailles d'Oucimai, fut maltraité par les Niutchi, voulant le forcer à s'agenouiller devant leur roi et qu'il mourut des coups qu'il reçut. Aux réclamations des Chinois demandant la cession de certaines villes, ils en opposèrent d'autres requérant la cession de tout le pays au nord du Hoang ho, ce qui détermina le commencement des hostilités.

Effrayé des victoires des Niutchi (p. 55-56), le faible Hoei tzong renonça à l'empire et céda le trône à son fils Kin tzong (Tchin tzong, p. 57), 1125. Le nouveau souverain chercha aussitôt à faire la paix avec le roi de Kin (p. 56-57). Celui-ci aurait consenti à un accord, mais les excitations d'un transfuge chinois le déterminèrent à marcher en avant. Les Chinois défaits abandonnèrent le Hoang ho que les Niutchi passèrent aussitôt fort étonnés de le voir sans défenseurs. Ils marchèrent de là de victoire en victoire (avec quelques échecs partiels disent les Chinois), sur la capitale Kai fong fou et en firent le siège. Après diverses péripéties dont notre histoire ne parle pas, la capitale (Pien king) fut prise et les deux empereurs Hoei tzong et Kin tzong tombèrent entre les mains de Walibou, général d'Aisin, qui les fit conduire en Tartarie. Oucimai les y réduisit au rang de simples princes. 1127 (v. p. 64, l. 11 ss.). Walibou força ensuite les grands de la cour chinoise de nommer empereur un prince étranger à la famille impériale, nommé Jang jiang cang (p. 61, 8). Celui-ci accepta en apparence pour appaiser et écarter le vainqueur; il reçut le traité de paix conclu auparavant et par lequel l'empire chinois se reconnaissait vassal et s'engageait à payer des sommes immenses. Mais dès que les Niutchi furent parti, il se hâta de céder son titre au prince Kang wang qui prit le nom de Kao tzong et établit sa cour à Nanking d'abord, puis à Yang tcheou; d'où sa famille reçut la dénomination de Song du midi.

La guerre recommença alors, comme on le voit aux pages 63 et ss. Les annalistes chinois placent ici plusieurs victoires et les hauts faits du général chinois Tzong tze, dont notre livre ne dit rien ; en revanche ils se taisent sur les propositions de paix faites par Kao tzong (p. 64, l. 5). Les progrès de l'armée niu tchi qui s'avançait vers le Yang tze kiang, fit fuir l'empereur au-delà du fleuve jusqu'à la mer. La prolongation de cette guerre et l'irrégularité de ses opérations provenaient en grande partie de ce que l'armée niutchie rentrait en hiver dans son pays.

Pendant les années 1128 et 1129 l'empire chinois fut livré au trouble par suite de la tyrannie des Eunuques et des révoltes qu'elle excita. Kao tzong fut déposé par les rebelles, puis rétabli par eux.

L'histoire chinoise mentionne encore plusieurs victoires pendant la campagne de 1130. Les annales de Kin n'en parlent point bien qu'elles en avouent plusieurs autres par ci par là. Il est étonnant de voir un général vainqueur (?) reculer toujours en réalité et son maître perdre de plus en plus ses provinces. En 1131, Taitzong céda les provinces situées entre les deux grands fleuves à Lien yu qu'il fit empereur pour l'opposer à Kao tzong (Lio ta tchi); son successeur Hitzong le déposséda (70, 71) mais notre texte ne dit point qu'il l'envoya en Tartarie. (p. 67, 18). Peu auparavant il avait changé le lieu d'internement des deux empereurs prisonniers, en réponse aux réclamations de Kao tzong (ibid. 16). En 1138 Kao tzong accepta un traité de paix lui restituant le Honan et le Shansi, mais le qualifiant de vassal de l'empire de Kin et publia une amnistie à l'occasion de cette paix humiliante. Puis, pour une question d'étiquette, il déclara la paix rompue, ce qui excita le roi de Kin à tenter de reprendre les deux provinces cédées (p. 73). Ici encore les récits des deux séries d'annalistes diffèrent complètement et le narré des historiens chinois, qui font succéder du côté de

Kin les conquêtes aux défaites, est peu vraisemblable (1). La paix fut enfin conclue en 1141, comme on le voit p. 76, et de plus les corps de Hoei tzong et Kin tzong furent reconduits à la cour chinoise. Par cette paix l'empire de Kin s'étendait jusqu'au Hoei ho et au Hoang ho inférieur, et comprenait même plusieurs provinces au midi de ces fleuves.

L'histoire de Kin ne parle pas des attaques que cet empire aurait subies depuis plusieurs années de la part des Mongols; les annales chinoises les étalent longuement et prétendent même qu'Oujou, battu par eux, dut leur céder une partie du territoire Niutchi et reconnaître le titre d'empereur à leur chef (1147). En 1162, les Liao se révoltèrent de nouveau et s'unirent à la tribu des Sis (Hi), mais ils furent écrasés par les armées Niutchi (108, 109). Menacé d'une nouvelle guerre avec les Niutchi, parce qu'il ne voulait plus suivre le cérémonial humiliant qui lui avait été imposé, Kao tzong abdiqua en faveur de son fils adoptif et parent, Tchao wei, qui prit le titre de Hiao tsong. Après de nouvelles luttes et de longues négociations, la paix fut conclue entre les deux états (112, init.). Leurs limites restèrent telles qu'elles avaient été fixées par le traité précédent.

L'année même de la mort de Sitsong d'Aisin, l'empereur Hiao tsong abdiqua en faveur de son fils Tchao shun qui prit le nom de Kouang tsong et ne se signala que par sa conduite indigne à l'égard de son père et sa soumission à toutes les volontés de l'impératrice Lishe. Aussi cinq ans après, on lui substitua son fils Ning tsong. En 1205, la guerre recommença entre les deux empires. Les annales de Kin attribuent la violation de la foi jurée, au gouvernement chinois; les annales chinoises cherchent à rejeter la faute sur les Niu tchis, mais, ce semble, tout à fait à tort. Les Chinois furent vaincus et un nouveau traité de paix fut conclu en 1208 (p. 203).

Lorsque Gengis khan commença ses attaques contre l'empire des Kins (209), Ning tsong resta d'abord spectateur de la lutte et se contenta de ne point payer le tribut. Les Hia, espérant partager les dépouilles des vaincus s'unirent aux Mongols et harcelèrent les troupes de Kin jusqu'en 1225 (p. 256) où ils firent la paix avec le roi Aitzong. En même temps des bandes de brigands se formèrent en véritables armées soudoyées par les Chinois et augmentèrent encore les difficultés du malheureux souverain d'Aisin (219 ss.). En 1217, le refus du tribut détermina Hiuen tzong à attaquer l'empire Chinois qui, du reste, faisait depuis longtemps des préparatifs de guerre (232). Presque toujours vainqueurs des Hia et des Chinois, les Niu tchi étaient au contraire constamment battus par les Mongols, conduits par Mouholi, et perdaient successivement toutes leurs provinces. Genghis khan mourut en 1227, son fils Ogotai (Ougoudai), lui succéda (p. 259) et prit le nom de Taitzong. Son frère cadet, Toli, conduisit la guerre contre le royaume de Kin (p. 264). Souboutai, l'un de ses généraux (p. 267), se joignit au général chinois Mong kong, et leurs efforts réunis achevèrent la ruine de l'empire d'Aisin. L'empire chinois, par la suite, paya bien cher son imprudence. Dans le récit de cette dernière campagne, les annales diffèrent encore complètement. Comme plus haut on croirait souvent lire des histoires de pays

---

(1) Il est très remarquable et fort étonnant que les historiens européens, tels que Mailla, Gutzlaff, etc., parlent toujours comme des partisans déterminés de la Chine.

différents. Il nous serait impossible de signaler ici ces divergences, car elles rempliraient un gros volume. Nous y reviendrons ailleurs.

2° La chronologie chinoise a pour base un cycle de 60 ans; chaque année reçoit son nom d'un double sous-cycle, l'un de 10, l'autre de 12 termes combinés en sorte que le onzième du second s'adjoigne le premier de l'autre, et le troisième du premier, le premier du second, et ainsi de suite. Ces 10 et 12 termes portent en chinois des noms dont la plupart n'ont pas de sens. Mais les populations occidentales y ont substitué des noms d'animaux pour le cycle de 12 et des désignations de couleurs pour le cycle décennaire. L'année du singe verdâtre Shîn-y est la vingt-deuxième du cycle (1165). Celle du cheval rouge est la quarante-troisième; celle du blanc est la septième (1150), celle du noir la dix-neuvième (1162); celle du cheval vert, la trente-unième (1176). Ces termes servent aussi à désigner les mois et les heures du jour.

3° Depuis l'an 163 les empereurs chinois donnent à leurs années de règne un titre composé d'un qualificatif et d'un nom. Ex. *Tai te*, grande vertu, et l'on compte les années à dater du moment où ce titre a été créé. Ex. : première, septième année *Tai te*. Ils les changèrent souvent pendant leur règne. Les souverains tartares imitèrent en cela les empereurs de la Chine.

4° Les chiffres des populations ou des armées donnés par notre texte sont parfois surprenants par leur grandeur et leur exiguïté; on soupçonne des erreurs. Ils sont cependant reproduits exactement ici.

5° Dans l'orthographe des noms, à l'exemple de M. C. von der Gabelenz, on a suivi la transcription mandchoue dans le texte; et dans les notes en général, la prononciation chinoise. Comme lui, nous avons laissé les titres des fonctionnaires dans leur forme originale. C' équivaut à *tch*; *j* = *dj*.

Tableau de l'histoire des Niutchi.

Les sept tribus à Ou-tchi	V° s. P. C.	Ouyasou (fils de Helibou)	.	1103
Réunies à Mo-hoo	610	Taitzou Agouda	.	1114
Hesoui et Sou-mo	VII° s. med.	— Roi de Kin	.	1115
Hesoui et Pouhai soumis à la Chine	720	Tai-tzong (Oucimai)	.	1123
— au Tailiao	X° s.	Hitzong (Hola)	.	1135
Soumo à Pouhai sous Sian pou	669	Wan-yan-liang (Digounai)	.	1149
Chefs héréditaires (de père en fils) :		Sitzong (Oulou)	.	1161
Sian-pou. — Oulou. — Bahai. — Suikou. — Silou, vassal de Tailiao. —		Tchang-tzong (Madagou)	.	1190
		Wei-shao-wang (Yongji)	.	1209
Ougounai, vice-roi, pour le Tailiao	1070 (?)	Hiuen-tzong (Oudoubou)	.	1213
Ses 4 fils lui succèdent : Helibou	1073	Aitzong (Ninkiasou)	.	1224
Polasou	1090	Tchenglin (Moti)	.	1234
Ingkou	1093			

NOTES.

Page 6, ligne 11, lisez : Le roi de Tailiao ; le titre d'empereur est réservé au souverain chinois.

P. 7, 1. 21. La tribu Mu-z'an s'était formée sous les cinq dynasties qui régnèrent avant les Songs de 907 à 960.

P. 16, § 3. Ingkou voulait que l'envoyé de Liao prît ses soldats pour les hommes d'Asou et ignorât la prise de la ville.

P. 17. Ingkou voulait faire croire au roi qu'il lui avait rendu le service de dégager la route du nord et obtenir en récompense de garder la ville d'Asou : ce qui arriva.

P. 18, 1. 13. Des charges, fonctions réelles ou de simples titres honoraires ; ce que l'on donnait aussi aux guerriers tués dans le combat et quelquefois même à leurs pères et ancêtres ou à leurs fils. Voy. p. 74, n., 77, etc. — L. 22. Les quatre chefs sont Ougounai et ses trois fils.

P. 19, 1. 10. Ces villes étaient des campements militaires.

P. 28, § 6. L'*An pan boujiliei* est le prince héritier ; le *Koue lôn boujiliei* est le grand chef fendataire. § 3. Dans cette lettre il désignait Agouda uniquement par ce seul nom, sans lui donner aucun titre, et le sommait de se soumettre.

P. 30. La cour orientale de Liao était Liao-yang. Voy. Appendice.

P. 31, 1. 25, lisez : nous (p. vous).

P. 33, § 4. Yelioi-niei-li, comme les autres Yelioi (Yeliu), était de la famille royale de Liao et cherchait à en rétablir la puissance. — Il était défendu par les lois chinoises d'épouser quelqu'un de la même famille. Etait-ce aussi la loi des Niutchi ? C'est incertain.

P. 35, § 4. C'était comme reconnaître la vassalité du royaume de Kin.

§ 6. Ils usèrent d'abord des caractères Kiai-tze (shou) suivant la forme de l'écriture khitane, ils formèrent un troisième genre de lettres. Plus tard ils inventèrent une écriture courante qui devint d'usage général.

P. 38, § 2, fin. Ou plutôt : laissa échapper ; *gidaha* a les deux sens.

P. 47, 1. 7. Le Tailiao était tributaire de la Chine.

P. 51. An tchong prince de la famille impériale. — Fin. A cette époque on avait créé en Chine des espèces de chèques à payer sur les fonds de l'état. L'empire de Kin avait probablement imité cette création.

P. 53, 1. 2. Gouverneurs chargés de veiller à la défense et au respect réciproque des frontières.

P. 55, 1. 6. Prince de Hoei-pin.

P. 60, fin. Les deux empereurs Songs Hoei-tzong et Tchin tzong, pris alors : leur capture est rapportée plus loin, comme nouveau fait, à la p. 64.

P. 61, 1. 7 et 73, 1. 20. *K'eng wang k'en* prit le titre de Kao-tzong en montant sur le trône.

P. 63, 1. 5. Maximes des anciens livres. — L. 28. L'armée doit être exercée tous les jours mais ne doit être employée que tous les cent ans.

P. 85, 1. 20. *Koue tze hien*, collège pour l'éducation des princes et fils de grands fonctionnaires.

P. 87, fin. Les trois Kutzo, les trois suivantes dont il est question plus haut.

P. 88, l. 19. Preuve que les Niutchi croyaient à l'immortalité de l'âme.

P. 93, l. 7. L'étoile *Tcheou* est dans le serpent, *Yang tcheou* dans la région de la grande Ourse, *Niu* dans le verseau ; *Tai pe* est Vénus et *Tai yn* (p. 210, l. 3), est la lune.

P. 96, l. 14. Est, le nouveau roi était à l'Est.

P. 113, med. Les historiens rédigent les annales sans que le souverain puisse voir ce qu'ils ont écrit. Voy. p. 118, § 2, fin.

P. 114, § 4. Par un respect que Sitzong juge mal entendu et contraire aux intérêts du peuple.

P. 115, fin. (Ecoles.) Les Liao avaient déjà établi des écoles dans les chefs-lieux des grandes circonscriptions (King, Tcheou et Fou) et des examens, sur le modèle des institutions chinoises des Songs. Après la conquête des provinces chinoises Taitzong d'Aisin constitua deux séries d'examens progressifs pour ses sujets chinois. Hitzong, 1141, créa deux collèges pour les princes et grands niutchi et Sitzong établit des examens pour les lettrés et fonctionnaires de sa nation. Il fit traduire les Kings et autres livres chinois et créa des docteurs (t'sin-sze) en niutchi. Il y avait des écoles de cantons, de districts, de provinces, puis celles du palais impérial. On passait de l'une à l'autre. Les examens avaient pour objet la lecture des Kings, leur sens, les lois, les examens littéraires.

P. 122 *Sheji*. Ce devrait être *She-ji (ts'i)*. *She* est le génie du sol producteur, *Ts'i* celui des céréales. — Les hauts fonctionnaires, lorsqu'ils officiaient, portaient un costume déterminé, variant avec la cérémonie. Plus leur rang descendait, plus ce costume était simple. Ce costume consistait en un bonnet et un manteau brodé de différentes figures.

P. 124, l. 6. C'est-à-dire qu'il suffit d'avoir passé l'examen. peu importe le zèle et la vertu.

P. 125, l. 19. Le palais oriental est celui du prince héritier. — L. 12. Le gouvernement de Tailiao ; quand le chef des Niutchi administrait en son nom. — Taitzong régna de 607 à 650.

P. 126, § 2. Qu'au lieu de m'adresser des suppliques sur toutes sortes d'objets on les adresse à la cour chargée de les recevoir en masse ; elle les distribuera entre les tribunaux que la chose concerne.

P. 131, fin. Hiao tzong veut persévérer à refuser de recevoir personnellement les messages du souverain d'Aisin ; ce qui impliquait infériorité de son côté comme le traité l'avait établi.

P. 133, l. 15, ss. Paroles empruntées aux Kings.

P. 147. Tze tzi t'ong kien (tze tchi), l'ouvrage historique principal de Ssemakwang, en 294 livres allant du ive s. A. C., jusqu'aux Songs (960) ; achevé en 1080.

P. 158. Yangti régna de 605 à 617.

P. 161, l. 13. Il s'agit du second des Tangs. 626 à 648. Le prince héritier sachant que sa conduite avait mécontenté son père voulut prévenir sa déposition en se révoltant. Le complot fut découvert ; l'empereur lui enleva son titre et fit mourir ses complices.

P. 162, l. 10. Ly tze, poirier.

P. 163, l. 14. Yuen, secrétaire.

P. 165, l. 4. Le ministre du premier Taitzong des Tangs savait résister à son maître.

Livre VI. Tchang tzong, son gouvernement. p. 171, ss. — Il veut changer de résidence, p. 179. — Conspiration de Yong tao, p. 182. — D'Ali homan, p. 184. — Premiers sacrifices aux anciens empereurs chinois, p. 189. — La Chine recommence la guerre, p. 193. — Demande la paix, négociations et luttes, paix conclue 1203. Mort du roi.

Livre VII. 1). Wei shao wang, p. 205, ss. — Rupture avec Temoujin roi des Mongols, pronostics funestes, p. 206, 207. — Défaites successives des armées de Kin, progrès des Mongols, lâcheté et revolte de Hosaho, meurtre du roi, p. 210, ss.

2). Hiuen tzong, p. 212. — Meurtre de Hosaho, p. 214. — Nouveaux succés des Mongols. Les Hia se joignent à eux, p. 215. — Hiuen tzong se retire à Kai fong fou capitale du Sud, p. 217. — Les brigands habits-rouges, p. 219. — Conseils donnés au roi, p. 219-227. — Prise de la capitale du centre par les Mongols, p. 223. — Conseil tenu relativement au libre-échange, p. 227.

Livre VIII. Suite du règne de Hiuen tzong, Aitzong. Nouveaux progrès des Mongols, appuyés par les Hia et les brigands, p. 228, ss.— L'armée chinoise entre en campagne, p. 232. — Ses défaites successives pendant que les Mongols avancent constamment malgré quelques échecs, campagne de Pousan an jen et Ya ou ta, p. 233, ss. — Mort du roi. p. 254.

Livre IX. Aitzong, p. 255. — Premiers actes. Paix avec les Hia, p. 256. — Succès des Mongols. Prise de Lin tao fou, p. 258. — Tentatives de paix restées inutiles, p. 260. — Prise de Fong siang fou, p. 261. — Reprise des négociations, p. 267. — Siège de Kai fong fou (Pien king), trève momentanée, p. 270. — La guerre recommence, p. 271. — Aitzong se retire à Koui tcheou, p. 273. — Usurpation de Kouan nou, Aitzong se transporte à Tzai tcheou, p. 277. — Ambassade à la cour des Songs, p. 278. — Les armées mongole et chinoise assiègent Tzai tcheou. Défense courageuse des assiégés, p. 280. — Aitzong abdique et se pend, p. 283. — Tcheng lin lui succède et périt en combattant. Fin de l'empire de Kin, p. 284.

Appendice. I. Topographie de l'empire de Kin, p. 285. — II. Sa constitution. Mœurs des Niutchi, p. 286.— III. Tactique militaire de ce peuple, p. 288.

HISTOIRE DE L'EMPIRE DE KIN [1].

Aisin gurun-i-suduri bithe.

LIVRE PREMIER.

ORIGINES, RÈGNE DE TAITZOU AGOUDA.

CHAPITRE PREMIER.

A. ORIGINES. PREMIERS CHEFS.

Le nom originaire du royaume d'Aisin était Niu-tchi. Le royaume de Niu-tchi a pris naissance à Mo Hoo. Le nom originaire de Mo Hoo était Ouc'i. Ouc'i était anciennement le pays de San Sing (2).

Au temps de l'empereur Yuen Wei (3) Ouc'i était habité par sept tribus appelées Su-Mo, Betzu, Anceku, Funiyei, Hoosi, Hesui et Besan.

Yuen-Wei était le petit-fils de Topakou de la dynastie Wei; il parut à

---

(1) Et non des *Kins* comme on le dit par erreur. *Kin* n'est que le nom de l'état, tout comme Grande-Bretagne.

(2) Litt. Les trois familles, tribus du Nord-Est de la Mandchourie, contrée où se trouvait Mo-hoo = Ouc'i. Mailla a pris Ou-c'i pour un nom d'homme ou de tribu; mais c'est une erreur, le texte dit clairement *Ou-c'i ba*.

(3) Les Tartares Soteous du Grand Sienpi s'étaient établis au Chan-si au IIIe siècle de notre ère et soumis à la dynastie des *Tsin*. La famille des Topas, l'une des principales de ces tribus était parvenue à les dominer toutes et avait enlevé à la Chine ses provinces du Nord.

En 310 l'un d'eux, Yi-lou, fut créé prince de Taï. En 338 Topa-che-Kien prit le titre d'empereur. Son petit-fils Topa-Kou prit le nom d'empereur Wei, à l'imitation de la dynastie chinoise des Wei du San-Kouo. Yuen Wei dont il est ici parlé doit être Ming-Yuen-ti, qui monta sur le trône de Wei en 409, onze ans avant la chute des Tsin.

la fin du royaume de Tsin. (Wei) formait, comme Tailiao, un royaume étranger (tartare).

L'empereur Yengti des Sui (1) réunit ces sept tribus en une seule et leur donna le nom de Mo-Hoo.

Aux temps de la dynastie Tang il n'y avait plus que les Mo-Hoo-Hesoui et les Sou-Mo. Des cinq autres tribus, on n'entendit plus parler.

Les Sou-Mo s'étaient d'abord établis en Corée (Solgo). Le nom en était Ta-sse. Un ministre du royaume de Tang, nommé Li-ki (2) ayant vaincu l'état de Corée, les Su-Mo s'établirent sur les monts Tong-Meou. Puis, sous la conduite d'un prince (Wang) ils vécurent pendant plus de dix générations au pays de Pouhai (3). Ils eurent là les livres (l'écriture), la loi morale, la musique, les cours de magistrats, les lois coutumières, les mesures, 5 kings, 15 fous et 62 tcheous (4).

Les Hesoui-Mo-Hoo occupant le pays depuis Sou-Sin jusqu'à la mer, se trouvaient contigus à l'Est au royaume de Corée et s'y étendirent. Venus au secours de la Corée au nombre de 150,000 hommes ils attaquèrent l'armée de l'empereur Tang Tai-tzong (5) à An-sze et furent défaits.

Au temps de Hiuen-tzong de la dynastie Tang (6), ils vinrent faire hommage à l'empire, Hiuen-tzong constitua une chef-lieu et une cour, et donna le titre de Toutou-sze-tze au chef de la tribu Hesoui. Il établit un Tchang-sze, magistrat impérial, et lui confia la surveillance de ce peuple. Il fit entrer le Toutou dans la famille Li (7), lui donna le nom de Hien-Tching et le donna à la tribu Hesoui comme Jing-liao-sze.

Par la suite, lorsque les gens de Pouhai furent devenus forts et puissants, comme la tribu Hesoui leur était apparentée, ils cessèrent de faire hommage au royaume de Tang et s'en séparèrent. Au temps des cinq royaumes (8), lorsque le royaume de Khi-tan se fut emparé complètement du pays de Pouhai, les Hesoui s'attachèrent à ce dernier.

On appelle Niu Tchi civilisés ceux qui s'étant soumis au royaume des

---

(1) Qui régna de 605 à 618.
(2) Général de Kao-tsong, en 668.
(3) Au Nord Est de Péking.
(4) Résidences royales, chefs-lieux de province et d'arrondissement.
(5) 627 à 650.
(6) 713 à 736.
(7) Nom de la famille impériale.
(8) Les cinq royaumes sont Liang, Tang, Tsin, Han et Tcheou.

Khitans (1), se sont établis au Sud ; ceux qui n'en ont point fait partie et sont allés s'établir au Nord, sont appelés les Niu-Tchi nomades, sauvages (par les Khitans).

Au lieu où habitent les Niu Tchi sauvages se trouvent le Hon-Tong-Kiang et la longue montagne blanche ; le Hon-Tong-Kiang a aussi le nom de Helong Kiang.

L'ancêtre originaire de la dynastie première des Niu Tchi sauvages s'appelait Sian Pou. Quand ils sortirent de Corée, Sian Pou avait un peu plus de 60 ans.

Son frère aîné, Agounai, était passionné pour Bouddha ; il ne quitta point la Corée et lui dit : « Nos descendants des âges futurs se retrouveront ensemble ; pour moi, je ne quitte point » et il resta. Alors Sian Pou s'en alla avec son frère cadet, Bohori, et s'établit le long du fleuve Pouheou, au pays des Wan-yan. Son frère cadet Bohori s'établit à Yelan.

Quelque temps après que Sian-Pou s'était établi chez les Wan-Yan, un homme de ce pays tua un membre d'une autre famille. Les deux familles soulevées l'une contre l'autre à ce sujet, ne cessaient de se quereller et de se battre entre elles. L'homme de Wan-Yan dit alors à Sian-Pou : « appaise cette inimitié, empêche ces deux familles de s'entretuer à mon occasion ; j'ai une fille douée de grandes qualités, elle a 60 ans et n'a point eu d'époux, je te la donnerai ; forme avec nous une même tribu. » Sian-Pou ayant acquiescé, alla trouver le chef des ennemis et lui donna cet avis : « Si pour le meurtre d'un seul homme on ne cesse de s'entretuer, il en mourra un très grand nombre, et cela ne suffira pas à faire cesser ces meurtres mutuels. Que l'on mette seulement à mort celui-là seul qui est la cause de tous ces désordres. Qu'il porte la peine de son crime. Quant à vous, si vous cessez de vous entretuer et recevez de l'argent en compensation du meurtre, vous en tirerez de grands avantages. » Le chef de la faction ennemie se rendit à ces paroles. Et depuis lors il établit une loi portant : « pour tout meurtre commis,

---

(3) Les Khi-tans, tribus tartares habitant entre l'Amour et le Liao, étendirent successivement leurs conquêtes sur le Liao-Tong, la Tartarie jusqu'au Chamo et la Chine jusqu'à Pe-keou. Ils y fondèrent en 927 le grand empire de Liao « Tai-liao » qui fut détruit par les Niu-Tchi ou l'empire de Kin. Ils avaient adopté en grande partie les mœurs et la politique chinoises. Lorsqu'ils eurent soumis le pays de Pou-hai les Niutchi Hesoui se donnèrent à eux, les autres s'éloignèrent vers le Nord pour conserver leur indépendance ; de là les expressions de civilisés ou sauvages données aux Niutchi par les Khitans.

qu'on donne à la famille de l'assassiné un homme de la maison du meurtrier, vingt chevaux, dix vaches et six onces d'or. » Tous approuvèrent ces paroles; le meurtrier répara le dommage comme il avait été statué et dès lors il fut pratiqué parmi les Niu-Tchi que tout assasin donnerait en compensation 30 chevaux et 30 bœnfs.

L'homme de Wan-Yan fit des présents à Sian-Pou; il lui donna un bœuf gris et sa fille âgée de 60 ans et s'en alla. Sian-Pou rendit le bœuf gris à titre de présent de noces et épousa la fille de 60 ans; il reçut par là tous les biens de la maison de son père.

Il naquit à Sian-Pou deux fils et une fille. L'ainé s'appelait Oulou, le cadet Walou. Le nom de la fille était Jusze-Pan. Oulou eut pour fils Bahai, et Bahai eut Sui-Kou.

Originairement les Niu-Tchi nomades n'avaient point de demeure fixe, ni de maison. Dans les lieux bas, proches des montagnes et des eaux, ils plantaient un tronc d'arbre; ils y faisaient une tente et y séjournaient en hiver. En été ils s'en allaient, suivant les rivières et les paturages, changeant de place sans aucune règle. S'étant transporté près de la mer, Sui-Kou commença à cultiver la terre et à faire des maisons, et delà ils s'établirent le long de l'Ancuho.

Le fils de Sui-Kou, Silou, était d'un caractère résolu, simple et droit. Les Niu-Tchi nomades n'avaient ni écrits, ni annales, ni lois, ni coutumes réglées. Ils étaient ingouvernables. Silou ayant établi des lois et voulant les leur enseigner, ses oncles paternels et maternels, et tous les gens de cette tribu sauvage ne purent le supporter. Ils le saisirent par ruse et voulurent le mettre à mort. Un de ses oncles, Siliho, l'ayant appris, leur dit : « Le fils de mon frère ainé est un homme sage. Il saurait protéger les maisons et faire vivre en paix toute la tribu. Et vous, vous voulez le tuer. » Puis saisissant son arc, il les frappa de ses flèches. Ces gens ainsi atteints s'enfuirent tous et Silou les laissa aller. Depuis lors Silou gouverna (la tribu), lui donnant des lois et des enseignements et celle-ci devint peu à peu forte et puissante.

L'empereur de Tai-Liao ayant donné au prince des Niu-tchi, Silou, le titre de Ti-Yn, toute la tribu ne se soumit plus au pouvoir et aux lois de Silou comme auparavant. Aussi Silou leva son armée et se fit suivre de tous ses sujets restés fidèles, jusqu'à la montagne blanche et au sommet vert. Déclarant la guerre à tous ceux qui ne se soumettaient pas il envahit le Supin et l'Yelan, triompha dans tous les lieux où il porta ses armes et de là s'en revint en arrière et s'en retourna. Arrivé au fleuve Pu-Yan, Silou n'osa s'y arrêter, bien qu'il fut fatigué. Chemin faisant il gagna une maladie dans le désert de Kuli, et arrivé au bourg de Pisenji, il y mourut. Au temps de Silou, le royaume des Niu-Tchi nomades usait moins des lois et des leçons, mais écoutait et restait soumis. En réalité ils ne connaissaient ni les lettres, ni l'année, ni les âges, ni les divisions de l'année.

B. GOUVERNEMENT D'OUGOUNAI.

Ougounai, fils de Silou, naquit l'année du coq blanc, la première du temps Tai-ping de Sheng-tzong, de la dynastie Tai-Liao (1020). Depuis le fondateur de la race, Sian-Pou, il y avait eu six générations.

Ougounai se fit reconnaître par toute la tribu. Il régissait la montagne blanche, Ye-Hoei, Tongmen, Yelan et Tukulôn (1), et les princes des cinq royaumes écoutaient ses ordres.

En ces circonstances les peuples habitant les frontières au delà du royaume de Tai-liao étant entrés fuyant, dans ce royaume, le roi de Tai-liao leva une armée et repoussa les peuples de Tiele et Ou-zhe. Mais ils ne reculèrent pas au loin et se mirent à la suite d'Ougounai du royaume de Niu-Tchi. L'empereur de Tai-liao ayant confié son armée à deux généraux nommés Lin-ya et Holou, fit rentrer dans l'obéissance les peuples qui avaient fait défection.

Le cœur d'Ougounai en fut plein de douleur; voyant que l'armée de de Tai-liao s'était fort avancée et connaissant le parti que l'on peut tirer des montagnes et des fleuves, craignant d'ailleurs que ces peuples ne fussent défaits, il alla au devant de Holou et, l'arrêtant par ruse, il lui dit : « Si votre armée pénètre si profondément dans le pays, toutes les tribus, dans leur frayeur, se soulèveront. Il ne faut pas qu'elles puissent organiser une révolution complète, car alors on ne soumettra point facilement les peuples soulevés. Ce n'est pas là un bon expédient. »

Holou approuvant ces paroles, arrêta son armée; Ougounai gagna ainsi Holou. Le gouverneur de la tribu Pu-nie-bu des cinq royaumes, Pa-y-men, s'étant séparé de Tai-liao, empêchait de pénétrer le chemin des faucons. L'empereur de Tai-liao envoya d'abord Tongken porter à

---

(1) Sud de la Mandchourie.

Ougounai l'ordre d'attaquer le (rebelle). Ougounai lui dit : « Il faut le prendre par ruse; si une armée en campagne, bien que fuyant, vient se réfugier dans un lieu dangereux et escarpé, on ne la prendra pas ni en un mois ni en une année. » Le général de Tai-liao se rendit à son avis.

Ougounai craignait que l'armée de Tai-liao n'entrât dans son pays, c'est pourquoi voulant s'attirer la faveur (de l'empereur), comme il avait été sympathique à Pa-Y-men, il prit sa femme et ses enfants comme ôtages et les remit au roi de Tai-liao. Celui-ci reçut Ougounai, lui donna de grandes richesses et l'élevant en dignité, le fit Jiei-tou-sze des Niu-tchi sauvages (1).

L'empereur de Tai-liao voulait faire graver un sceau et le lui remettre (2), Ougounai le refusa. Le roi insistant doucement, il répondit par un nouveau refus. Le roi lui ayant de nouveau envoyé un messager pour le lui faire prendre, Ougounai consulta les gens de sa tribu; ils lui dirent : « si notre prince accepte le sceau, nos gens le tueront. » A ces paroles l'envoyé de Tai-liao se retira. Ougounai devenu magistrat du Tai-liao en prit peu à peu le rang, les règles et les lois, et les établit en son pays.

Jusqu'alors l'état de Niu-Tchi n'avait point eu de fer. Un homme du pays voisin étant venu vendre des cuirasses et des casques, les Niu-Tchi les achetèrent en échange d'un grand nombre d'ustensiles de ménage. Les frères et parents de cet homme vinrent tous alors en vendre également et le fer devint abondant. Dès lors ils firent des arcs, des flèches et fabriquèrent des armes de différentes espèces ; ainsi la force de leurs armes s'accrut considérablement.

Depuis lors, la tribu de Pusa du fleuve Wa-min, celle de Wan-Yan du Taisin-Telu, celle de Wen-ti-king du Tong-men, celle de Wan-Yan de Sin-Yn vinrent successivement s'unir aux Niu-Tchi.

Ougounai avait le cœur grand, il était prêt à toute entreprise ; par nature, il ne témoignait ni joie, ni sentiments de peine, il cédait facilement aux autres les richesses. Il n'était pas avare à donner des aliments et des vêtements en s'en dépouillant lui-même. Il ne conservait pas de rancune en suite d'une irritation antérieure. A des gens qui lui avaient

(1) Le Jiei-tou-sze est le fonctionnaire qui gouverne une province. Le préfet au royaume de Tai-liao s'appelle Tai-sze. C'est de là que vint le nom de Tou-Tai-sze dans l'état de Niu-Tchi.

(2) A la façon des mandarins chinois; l'accepter c'était se reconnaître sujet.

fait défection et l'avaient quitté, il envoya un messager chargé de leur persuader de revenir à lui. Les révoltés répondirent : « Votre prince est un Holo. Nous dira-t-on de prendre un Holo pour chef? pourquoi irions-nous à lui? »

Holo est le nom d'un oiseau, qui se trouve dans les régions du nord; il ressemble au coq, il donne de violents coups de bec. Il becquette et mange les plaies ouvertes des chevaux, des bœufs et des chameaux, et en meurt. Quand il ne trouve pas d'aliments et qu'il a faim, il mange les différentes herbes des vaches.

Ougounai aimait le vin, il était attaché au plaisir. Les gens de cette époque comparaient au Holo les hommes qui buvaient et mangeaient plus que les autres, et les appelaient de ce nom. Bien qu'irrité, cependant il n'en eut point de ressentiment contre ces gens. Ces insulteurs étant revenus à lui dans la suite, il les combla plus encore de présents et les renvoya en leur pays. Après qu'il les eut reçus à leur arrivée des régions du fleuve Holan, il écrivit pour eux dans un régistre les années, les mois et les noms de famille, et les renvoya dans leur patrie. Depuis lors, ces peuples prirent peu à peu confiance en lui, et lui restèrent attachés.

La 8e année du temps Hien-Young du roi Tao-tzong de Tai-liao (1073), un homme du nom de Siei-Yei-Pu-t'sin de la tribu des Mu-z'an sous les cinq dynasties, se sépara de Tailiao et intercepta le chemin des Faucons. Ougounai alla le combattre, et Sui-Yei-Pu-ts'in ayant réuni son armée, vint à sa rencontre. Ougounai revêtu d'une double cuirasse, marcha contre lui à la tête de ses soldats et l'attaqua avec la plus grande vigueur.

L'armée de Sui-Yei-Pu-ts'in vaincue, prit la fuite; son chef ne put en rester maître et l'arrêter. Tous s'en coururent au loin. Ougounai, se retirant avec son armée, rencontra les troupes débandées, les enserra dans un lieu étroit, les attaqua sans retard (et les défit). En retournant chez lui, il alla demander à Taluku, commandant de la frontière du Tailiao, d'annoncer le haut fait d'armes de la défaite de Siu-Yei-Pu-ts'in. Arrivé au fleuve Lei-lio avant de rencontrer Taluku, il fut pris d'un mal subit. Rentré chez lui, il mourut de cette maladie, à l'âge de 54 ans.

Son second fils Helibou hérita de sa charge de Jiei-toutze. Ougounai avait eu neuf fils. L'aîné s'appelait Hejen, le second Helibou, le troisième Hesoun, le quatrième Polasou, le cinquième Ingkou, le sixième Hejinboo, le septième Maboo, le huitième Alihoman, le neuvième Mandouho.

C. GOUVERNEMENT DE HELIBOU.

Helibou naquit la huitième année du temps dit Tchong-Hi de Hingtzong roi du Tai-liao (1039), il hérita de la place de gouverneur la huitième année du temps dit Hien-Yong de Tao-tzong de la dynastie Tai-liao (1073).

Helibou pensant que le cœur de Bahe, frère cadet de son père par une autre mère, lui était hostile, craignait qu'il ne fît défection; il lui témoigna beaucoup d'amitié mais ne lui donna point de charge dans l'armée. Placé à la tête de quelques tribus, Bahe sema le trouble chez Howan-an, Sanda, Oucoun et Amohan auxquels il commandait et par ses excitations à la révolte, il les rendit infidèles à Helibou. Dans ces circonstances Helibou, dépourvu de ressentiment, chercha à ramener Bahe, Howan-an et les autres rebelles. Ayant acheté nonante cuirasses d'Ouboudoun, forgeron de la tribu Ja-Kou, Oucoun, prenant un faux prétexte, dit vouloir lever une armée, et Ougounai renvoya les cuirasses à leur chef.

Oucoun faisait alors propager dans la tribu ce dire perfide : « qui veut vivre, s'attache à Bahe, qui veut mourir s'attache à Helibou et à Polasou. »

Helibou ayant appris ces propos, plein d'incertitude, ne demanda rien de plus. Mais ayant passé ailleurs et combiné son plan, il envoya des émissaires dire qu'on en était venu aux mains.

Les gens de la tribu qui l'entendirent répéter ne savaient pas la vérité. Les uns vinrent défendre la maison de Bahe les autres celle de Helibou. Les frères de Helibou surent ainsi parfaitement quels gens de la tribu avaient fait défection ou ne l'avaient point fait.

Après une intervalle de quelques années, Oucoun revint attaquer Helibou. Celui-ci alla à sa rencontre pour le combattre. C'était alors le milieu du dixième mois. Une pluie violente tombait sans interruption; puis sur le sol la glace se formait de tous côtés. Oucoun ne pouvant avancer disait en se lamentant : « C'est le ciel, en vérité » et réunissant son armée, ils se retirèrent. Howan-an et Sanda levèrent de nouveau des troupes; son armée se trouvait au nord; celles de Howan-an au midi. Helibou ayant entendu dire qu'elles étaient très fortes, remit le commandement de ses soldats aux mains de son frère cadet Polasou et l'envoya en avant en lui donnant ces instructions : « Si tu peux entrer en arrangement avec eux, fais-le; sinon attaque-les. » Polasou partit, attaqua (Oucoun) et son armée fut battue; mais comme il pleuvait alors à torrents, Oucoun se retira après le combat.

A cette nouvelle Helibou prit avec lui un petit nombre de soldats et alla détruire les maisons de Howan-Nan et de Sanda. S'étant égaré en chemin, il se trouva arrivé aux bords du Podoutou et alors reconnut sa route. Il se retira aussitôt et s'en alla au pays de S'ehen et de Tiyekou. Il monta sur une haute colline pour examiner le pays et vit arriver six hommes à cheval. Poussant un cri élevé, il courut sur ces cavaliers, en tua un d'une flèche et prit les cinq autres vivants. Il les interrogea et apprit d'eux que Pou-hoei et Sakou-tchou avaient envoyé du secours à Howan-Nan et à Sanda. Helibou partit alors, entra sur les terres de de Howan-Nan et Sanda, brûla toutes leurs maisons, et tua plus de cent personnes.

Après le départ de Helibou, une nouvelle rencontre ayant eu lieu, l'armée de Polasou fut encore battue. Helibou affligé de cette défaite, s'en plaignit à son frère. Il envoya un messager pour s'entendre avec Howan-Nan et Sanda. Ceux-ci lui dirent : « Nous conclurons un accord si tu nous donnes le cheval rougeâtre d'Ingkou et le cheval brun de Szabousi. » Mais Helibou ne voulut point les livrer.

Les tribus de Howan-Nan et Sanda s'étant réunies vinrent attaquer Helibou; son entourage lui envoya Se-tze-Pu-Jin de la tribu Pu-Se, lui porter un message pressant. Helibou leur dit : « Vous m'avez servi dans ces sentiments peu sincères, réparez-le en vous montrant fidèles. Tandis que moi j'en viendrai aux mains, plantez votre drapeau comme signal contraire (pour induire l'ennemi en erreur). »

Helibou amenant alors son armée se porta à la rencontre de Howan-Nan et de Sanda. En ce moment on vint lui annoncer que son oncle Bahe, s'étant rendu chez le frère d'une de ses concubines, y était mort étouffé. Helibou envoya son frère cadet Polasou demander une armée au royaume de Tai-liao; lui-même rassemblant tous ses soldats, allait à la rencontre de l'armée de Howan-Nan et de Sanda, lorsqu'un homme de l'avant-garde vint lui annoncer que l'armée ennemie s'avançait. Les deux armées ordonnant alors l'attaque, Helibou dit à Szabousi : «Prends tes troupes et va te placer derrière l'ennemi. Quand j'aurai fait battre le tambour, en agitant trois fois les bannières, toi alors, repliant ton drapeau, attaque avec ardeur. La vie et la mort sont (devant nous) aujourd'hui ; n'épargnons pas notre vie. » En ce moment l'armée de Howan-Nan et de Sanda commençait à se montrer. Les officiers et les soldats de Helibou frappés de terreur avant le combat, changèrent de couleur. Helibou n'y eut point égard, mais ne leur fit point de reproches comme jadis. Il leur dit de déposer leur cuirasse, de se reposer un peu, de se laver le visage et de boire du mousi. Lorsque l'armée se fut un peu reposée il lui adressa des exhortations et des remontrances, et les soldats reprirent force et courage.

Helibou s'écartant quelque peu de l'armée prit son frère cadet Ingkou par la main et lui dit : « Aujourd'hui il faut que je remporte la victoire. Si je ne suis pas vainqueur, je ne pourrai certainement survivre. Pour toi, tiens-toi à l'écart et regarde ; ne prends pas part au combat. Si je meurs, ne fais pas relever mon cadavre. Ne t'inquiète point de nos parents. Mais vas au royaume de Tai-liao annoncer cette nouvelle à ton frère aîné Polasou. »

Helibou prit son sceau et ses papiers, rassembla l'armée et lui ayant dit de joindre l'ennemi, il ne revêtit point sa cuirasse. Otant les manches de son habit il lia fortement ses épaules et sa poitrine, assujetit son arc et prit son glaive ; puis il fit agiter trois fois les étendards, battre le tambour et écarter les bannières. Alors, entraînant toute l'armée, il la fit pénétrer partout dans les rangs ennemis, tandis que Szabousi attaquait par derrière. L'ennemi fut vaincu ; Helibou l'emporta, chassant, tuant, faisant (l'ennemi) prisonnier ; depuis A-pu wan jusqu'au désert de Pe-ai, les cadavres ennemis étaient (répandus) comme du chanvre abattu. Les eaux du Podoutou étaient teintes de rouge. Des chevaux, des bœufs, des cuirasses, des casques, des armes et toutes sortes d'objets furent pris en abondance.

Helibou dit alors : « Nous avons triomphé aujourd'hui ; sans le ciel nous n'eussions pu remporter une semblable victoire. Il nous a certes comblés de biens ; quelque nombreux que l'ennemi se soit mis en campagne, les forces de son armée ne se relèveront pas en cette génération. » Après avoir ainsi parlé, Helibou reprit l'armée et s'en alla. Ayant contemplé le champ de bataille il vit que le lieu où ils étaient entrés dans leur course était un grand chemin de la largeur de 30 champs. Neuf

---

(1) Ingkou était le frère cadet de Helibou, Szabousi était son oncle et le fils d'Ou-gou-cou.

hommes tués de sa main étaient là tombés et entassés. Tout le monde en était dans l'admiration. Après cette bataille Howan-Nan et Sanda vinrent promptement se soumettre à Helibou, chacun amenant les siens et tous les gens des anciennes tribus s'attachèrent à lui.

En ce temps un homme de la tribu Wale, nommé Beinai, s'était mis à sa suite mais conçut bientôt d'autres sentiments. Il avait tué un homme du nom de Howan-Tou sous prétexte qu'il avait allumé un feu que l'on voyait s'échapper de sa maison.

Helibou s'appuyant sur la loi vengea Howan-Tou selon les prescriptions légales. Beinai, irrité en son intérieur, s'unit à Oucoun et à Omohan, leva une armée et vint attaquer Helibou. Celui-ci dit à ses soldats : « J'ai fait un mauvais rêve, je ne puis maintenant prendre part au combat. Comme les soldats de l'aile gauche devront déployer le plus de vigueur dans l'attaque, je pourrai y rendre de grands services. » Cela dit, il chargea de commander l'attaque ses trois frères cadets, Polasou-Siei-Liei et Szabousi.

Polasou descendu de cheval, se donnant à lui-même le nom de Helibou, dit : « Si le ciel nous assiste que je sois chef de toutes les tribus, que tous les esprits soient attentifs à ce qui va se passer. » Ayant ainsi dit, il fléchit de nouveau le genou. Puis il alluma une fascine ; en cet instant un vent fort souffla du nord et le feu s'éleva peu-à-peu. On était alors au huitième mois. Dépassant toutes les herbes verdoyantes, la flamme pénétrait le ciel. L'armée de Polasou, attaquant alors à la clarté favorable de la flamme, fit essuyer une défaite complète à l'ennemi. Il prit même Beinai et l'envoya au roi de Tai-liao.

Deux individus nommés Labei et Masan étant venus au pays des Niu-Tchi nomades pour piller et voler, Helibou sortit pour aller les combattre. Labei, ayant reçu quatre blessures, s'en alla. Lorsqu'il fut guéri, il revint au lieu d'habitation d'Ingkou et fit amitié avec toutes les tribus. Helibou l'ayant appris, vint de nouveau l'attaquer. Labei voulut s'entendre avec lui et se retira. Mais peu après il prit avec lui une armée de cent dix sept hommes du désert de Kuli, alla se placer au défilé du fleuve Muleng et le gardait. Helibou l'attaquant subitement, s'empara de tous les soldats de Kuli.

Masan s'échappa par la fuite, et saisissant alors Labei, il le livra au roi de Tai-liao.

A ce moment Oucoun mourut. Omuhan, par l'entremise du Tai-liao, chercha à s'entendre avec Helibou, puis tout à coup vint assaillir son camp. Helibou marcha à sa rencontre, l'attaqua et le battit. Son armée avançant alors, assiégea la ville d'Omuhan.

A cette époque le second fils de Helibou, Agouda, avait 23 ans. Il portait une mince cuirasse mais pas de casque, il commandait seul à toute l'armée. Un homme de la ville, appelé Tai-Yoi, brave guerrier, prit sa lance, monta son cheval et sortant de la ville, s'élança pour frapper Agouda. Mais avant qu'il l'eut atteint, son oncle maternel Holako se précipita entre les deux guerriers, brisa la lance que Tai-Yoi tenait en main, frappa et tua le cheval qu'il montait, mais l'épargna lui-même, parce qu'il était à pied (par la perte de son cheval). Agouda n'informa point Helibou de ce fait; ayant pris quelques hommes avec lui, il s'en alla faire du butin. Tandis qu'il se retirait, l'armée ennemie vint à sa rencontre. Comme il allait seul par une route droite et escarpée, l'ennemi s'approcha et l'atteignit après avoir erré quelque temps. Agouda, éperronnant son cheval, traversa en sautant une déclivite élevée, mais ne pouvant dépasser l'ennemi, il retourna en arrière, et laissant de côté la ville d'Omuhan il échappa par la fuite. Helibou peu après détruisit cette ville et distribua tout le butin à ses soldats, en raison des mérites de chacun.

Après avoir forcé tous les principaux de la ville de se prosterner à genoux, il désigna ceux qui devaient être mis à mort, ou laissés en vie; procédant à cette destruction avec l'envoyé du royaume de Tailiao. Un homme portant un long glaive au côté s'avançant tout-à-coup avec précipitation dit à Helibou : « Ne me tue point. »

L'ambassadeur de Tailiao et ses deux assesseurs reculèrent épouvantés, Helibou ne changea pas du tout de visage. Saisissant les mains de cet homme, il lui dit avec douceur : « Je ne te tuerai point. » Puis châtiant les deux assesseurs qui avaient fui, il fit saisir et tua l'homme qui s'était approché de la sorte.

Lorsque l'armée fut partie, Helibou ayant gagné une maladie grave, envoya Agouda annoncer ces faits au Tong Jion Sze de Tailiao, et lui dit : « Remplis cette mission promptement, sois revenu dans l'espace de cinq mois. Je te retrouverai (ici). »

Agouda partit et ayant rencontré le Tong Jion Sze, il accomplit sa mission et revint la veille de la mort de Helibou. Celui-ci eut une joie indicible du retour d'Agouda, du récit qu'il fit, à sa demande, de son expédition, et de ce que tout s'était passé comme il l'avait prévu.

Son épouse principale Nalasze ne cessait de sangloter. Ne pleurez pas, lui dit Helibou, vous ne resterez après moi qu'une année. Il ajouta en parlant à son frère Polasou, relativement à l'avenir : « Toi, tu me survivras trois années seulement. »

Prenant alors la main de son fils Agouda et embrassant son cou, il appela son frère cadet Ingkou et lui dit : Mon fils aîné Ouyasou est un excellent fils ; il est seulement léger d'esprit. Mais quant à gérer les affaires de l'état de Khi-Tan, c'est mon second fils Agouda qui en est le plus capable. Après avoir ainsi parlé, Hélibou mourut le 15 du cinquième mois de la huitième année du temps appelé Tai-an de Tao-tsong roi de Tailiao (1090). Il était âgé de 54 ans. Il avait 19 ans lorsqu'il succéda au titre de Jiei tousze.

L'année suivante, son épouse Nalasze mourut.

Helibou était d'une nature grave et forte, sage et intelligente. Dès qu'il avait appris une chose, il en conservait toujours l'intelligence. Dès qu'il avait entendu une chose, il la retenait pour toujours. Agissant, en mouvement ou arrêté, il ne regardait jamais en arrière. Au froid le plus intolérable il ne faisait aucune attention. Au combat il ne portait pas de cuirasse. Il recevait en songe avant l'événement (l'annonce de) la victoire ou de la retraite.

Un jour qu'il s'était enivré, il rentra chez lui monté sur une âne. Le lendemain, ayant vu les traces (de l'animal), il demanda (ce que c'était). Depuis lors il ne but plus ni eau de vie, ni vin.

Quand il commença à être Jiei-tousze, le trouble régnait au dedans et au dehors ; ce n'étaient qu'ennemis qui s'attaquaient mutuellement.

Helibou guérit ces maux et fit triompher le faible. Ayant vaincu Hô-wan-An, Sanda, Oucoun et Omouhan, il grandit au-dessus de tous.

D. GOUVERNEMENT DE POLASOU.

Polasou, son frère cadet, né du même père, succéda à ses fonctions ; il était le quatrième fils d'Ougounai. Du vivant de son père et de son aîné, il fut fait ministre du royaume.

Polasou, dès son enfance était habile, intelligent, perspicace. Il pénétrait les pensées du gouvernement et du peuple de Tailiao.

Dans tout ce que Helibou avait à exécuter pour le royaume de Tailiao il se faisait aider de Polasou. Chaque fois que le roi de Tailiao avait à communiquer un ordre aux magistrats, ceux-ci le recevaient prosternés devant l'envoyé royal, l'interprête qui leur communiquait les instructions du gouvernement. Comme l'interprête se trompait et altérait (les ordres à transmettre) Polasou voulut le faire lui-même. L'interprête pris à l'improviste et dans un extrême embarras, mit Polasou en avant. Arrivé ainsi à présenter lui-même les lettres royales, Polasou (pour en bien retenir et faire comprendre les termes) se fit une liste d'objets depuis les plantes, bois, pierres, briques, etc. et (pour les désigner) il indiquait le chiffre de l'objet en question (1).

Les magistrats de Tailiao l'ayant appris en furent dans un grand étonnement, ils demandèrent à Polasou l'explication de son procédé. Polasou la leur donna, en s'abaissant lui-même et se donnant pour un homme sans talent, d'un cœur simple et rude. Les magistrats reconnurent la vérité de ses explications et ne conservèrent aucun doute sur son aptitude à interpréter leurs paroles. Ainsi Polasou ne cachait pas ses pensées.

En ce temps là un individu nommé Masan s'établit sur le fleuve Jentze-ki et se mit à y bâtir un camp et une ville. Il y recevait les fugitifs et ne répondait pas aux ordres de la cour. Polasou envoya les fils de son frère aîné, Ouyasou et Agouda avec une armée, le chasser de là. Les deux officiers partirent à la tête de leurs troupes. Agouda tua Masan, prit sa tête et l'envoya au roi de Tailiao. Celui-ci, pour prix de cet exploit, fit Agouda, tchiangwen ainsi que Ingkou, Szabousi et Howan-tou.

Peu après Polasou remit son frère Agouda à la tête d'une armée; le jeune prince vainquit dans un combat Bahe et Polikeo, chefs de la tribu Nipangkou et depuis lors les luttes et les brigandages cessèrent.

Polasou mourut trois ans après avoir reçu le titre de Jieitoutze. L'évènement était en tout point conforme à ce qu'avait prédit son frère aîné Helibou « qu'il mourrait trois ans après lui. »

Son cinquième frère cadet Ingkou lui succéda à l'âge de 42 ans (1093).

E. GOUVERNEMENT D'INGKOU.

Ingkou nomma Sak'i fils de son frère aîné Heje, ministre de l'état.

Deux hommes de la tribu Hesiliei, nommés Asou et Mao-toulou avaient

---

(1) Il parlait ainsi en désignant, au lieu des mots, les chiffres de son dictionnaire.

réuni des troupes et interceptaient les routes, rendant ainsi la circulation difficile aux gens de la tribu Niu-tchi nomade. Ingkou leva lui-même une armée et marcha contre Asou en même temps qu'il envoyait son frère et ministre Sak'i l'attaquer avec d'autres troupes. Il devait prendre un chemin différent et venir à la rencontre d'Ingkou devant la ville où résidait le rebelle Asou. Celui-ci ayant appris ces nouvelles, s'enfuit au royaume de Tailiao pour les annoncer au gouvernement central. Parti sans retard avec son armée, Sak'i arriva au bord de l'Abouhai. Là un homme de la tribu Ou-Yuen vint au devant de lui et lui dit : Ministre de l'Etat, vous êtes venu ici pour vous y réunir au prince devant la cité d'Asou. Faites une irruption subite et profonde et vous réussirez à vous en emparer. Faites alors périr tous les compagnons du rebelle et vous attirerez à vous tout le peuple, l'armée ne tardera pas à se soumettre paisiblement à votre autorité.

Sak'i écouta ce conseil, attaqua et prit la ville de Tun-an, puis vint rejoindre Ingkou. Ayant pris possession de la ville d'Asou, il y laissa comme gouverneur un grand du nom de Heje, le chargeant de l'autorité sur cette cité. Pour lui, il mit son armée en marche et s'en retourna.

En ce même temps deux officiers de la tribu Hesiliei, Ahopan et Siolu, s'étaient avisé d'obstruer le chemin des Faucons (1). De leur retraite ils saisirent au passage l'envoyé de Tailiao et le tuèrent. Le roi de Tailiao commanda à Ingkou d'aller les combattre. Ahopan posté dans un endroit fortifié, avait pris la frontière et s'y était établi. Ingkou fit marcher en avant les hommes les plus habiles à tirer de l'arc malgré le grand froid et attaqua la ville plusieurs jours durant. S'en étant finalement emparé, il délivra un envoyé de Tailiao ainsi que plusieurs autres détenus échappés à la mort et les renvoya en leur pays.

Lio-Kou et Tzatou, tous deux de la tribu Oukouloun s'étant rencontrés avec Tigoudei des régions du fleuve Soubin, firent arrêter leurs troupes dans la ville de Sihan-tcheng. Cependant un guerrier du nom de Toun-an avait fait défection et excitait des troubles. Ingkou nomma Sak'i général en chef, lui donna pour lieutenants Szabousi, Alihoman et Wai-tai, et les envoya com. attre Lio-kou, Tza-tou et Ougoudou D'autre part, il confia une seconde armée aux deux généraux Mandouho et Sitoumen, et leur donna la mission de combattre Tigoudei. Lorsque l'armée fut

---

(1) Mailla en fait le chemin par où venaient les vendeurs de faucons. C'était une route traversant les hautes montagnes au nord du royaume de Tailiao.

prête à se mettre en marche, Sak'i réunit le conseil de ses officiers et leur dit de commencer par s'emparer des villes placées entre la frontière et le centre du pays; après quoi, pénétrant dans le centre même, ils prendraient la résidence de Lio-kou. Mais il ne pouvait décider ses officiers à suivre cet ordre. Comme on lui conseillait de s'adresser à Agouda, Ingkou dit à celui-ci en l'envoyant combattre : « l'armée hésite, il ne nous reste que 70 cuirassiers, prends les tous et pars. »

L'armée de Mantouho arriva la première devant Si-han-tcheng avant que les soldats de Sitoumen y fussent arrivés, Toun-an accourut au secours de Liokou et sachant que les troupes de Mantouho étaient peu nombreuses, il l'attaqua sans tarder. Mais Sitoumen ayant rejoint Mantouho, les deux généraux fondirent sur l'armée de Toun-an, la défirent complètement et soumirent les habitants de Sihan-tcheng. Ils firent prisonniers Toun-an et Tigoudei mais ne les tuèrent point et leur laissèrent même la liberté. Dans l'entretemps Agouda avait rejoint Sak'i. Aussitôt ils livrèrent bataille à Liokou, Tzatou et Tounan, et les forcèrent à accepter la paix. Les choses se rétablirent alors en l'état antérieur.

Tandis que Heje gardait la ville d'Asou, un certain Moodula vint se soumettre à lui. Asou était entré dans le royaume de Tailiao, Ingkou envoya à Heje deux de ses officiers, Oulinda et Silou, pour le secourir en leur donnant cet avis : « Lorsque le représentant du royaume de Tailiao viendra arrêter l'armée, changez alors le costume, les étendards de nos troupes et que tous soient comme les habitants de la ville d'Asou. Mais que l'on cache habilement la ruse à l'envoyé du roi. » Il faut, dit-il ensuite à Heje, employer un stratagème pour que cet envoyé se retire; en tout cas ne l'écoutez point s'il vous enjoint d'arrêter nos soldats. » Cela dit, il le congédia.

Le représentant du Tailiao vint en effet signifier à l'armée Niu-tchi de cesser ses opérations. Ingkou envoya deux des siens, Holou et Moosiou, accompagner l'envoyé jusqu'à la ville d'Asou. Heje s'étant revêtu de l'habit et du bonnet des soldats d'Asou alla se montrer à l'envoyé de Tailiao et dit à Holou et à Mioosiou d'un ton de colère : «Si nos tribus sont mutuellement en lutte, qu'est-ce que cela vous fait à vous? Qui reconnaît votre Taitze Ingkou? » Là dessus Heje saisit une lance, en frappa et tua les chevaux de Holou et de Mioo Siou. L'envoyé de Tailiao s'enfuit épouvanté. Aussitôt Heje s'étant arrêté là quelques jours détruisit la ville d'Asou, tua le fils d'Aosu, Diku-Boo, puis se retira avec son armée.

Asou était allé de nouveau se plaindre au royaume de Tailiao, le roi de ce pays envoya une seconde fois le Jieitousze, Y-liei. Ingkou, ayant appris son arrivée, alla à sa rencontre ; lorsqu'il l'eût rejoint, Yliei dit à Ingkou au sujet des actes commis dans la ville d'Asou : « Rendez à Asou tout ce qui a été pris dans sa ville, et compensez tout ce qui n'existe plus. Il devra recevoir de ce chef plusieurs centaines de chevaux. »

Ingkou tint conseil avec ses lieutenants et leur dit : « Si je rends à Asou ce qu'il a perdu, il ne sera plus possible de gouverner les tribus. » S'étant alors unis par serment avec les peuples des fleuves Juwei et Tuda, il fit intercepter le chemin des faucons. Puis ayant envoyé le Jiei-tousze de la tribu à Biei Gu, il fit dire au gouvernement de Tailiao : « Si vous voulez faire ouvrir le chemin des Faucons, Ingkou le Jieitousze des Niu-tchi sauvages est seul capable de le faire ; tout autre ne le pourrait pas. »

Le roi de Tailiao ignorant le stratagème d'Ingkou, se fia à sa parole et lui fit dire de combattre celui qui interceptait le chemin et de laisser de côté l'affaire de la ville d'Asou. Ingkou partit, et peu après fit annoncer que le chemin était ouvert, puis s'en alla en chassant.

Cette même année, Lio-K'u ayant réuni sa tribu, s'attacha à Ingkou.

Le roi de Tailiao avait mandé un envoyé pour récompenser Ingkou d'avoir ouvert le chemin des faucons ; Ingkou envoya un de ses gens pour donner aux habitants des deux pays de Ju-Wei et Tuda les présents que lui avait faits le roi et se retira après avoir mis le chemin en état.

Un certain Siao-Hai-Li s'étant détaché du royaume de Tailiao envahit le pays de Si-An. Le roi, sans tarder, envoya un de ses généraux pour le combattre. Celui-ci arrivé, Ingkou levant une armée à lui, réunit plus de mille hommes.

A l'origine l'armée des Niutchi n'arrivait point au nombre de mille soldats. Cependant Agouda qui devenait de jour en jour plus vaillant et plus fort, dit : « Si notre armée est aussi forte, que ne pourra-t-elle opérer ? » Là-dessus l'armée se mettant en marche, vint attaquer Siao-Hai-Li.

Bien que l'armée de Tailiao eut plusieurs milliers d'hommes, elle ne se commettait pas à attaquer le rebelle. Ingkou dit alors aux généraux de Tailiao : « Que votre armée se retire, moi seul j'attaquerai Siao-Hai-Li. » Les généraux acceptèrent la proposition. Un mandarin de Tailiao voulut donner une cuirasse à Agouda ; mais celui-ci la refusa. Ingkou lui ayant demandé pourquoi il n'acceptait pas, il répondit : « Si je triomphe dans l'attaque après avoir revêtu cette cuirasse on dira que je lui dois tout le mérite (de la victoire). »

Ayant ainsi parlé il piqua son cheval, perça les rangs ennemis, frappant de sa lance. Atteignant Siao-Hai-Li à la tête, il le fit tomber de cheval, le saisit et le tua. Ayant mis l'armée en déroute, il envoya Ali-homan porter la tête de Siao-Hai-Li au roi de Tailiao.

Les hommes de Niu-Tchi connurent ainsi la faiblesse de l'armée de Tailiao.

Ingkou ayant rencontré à la pêche le roi de Tailiao, celui-ci le combla de présents et l'élevant d'un grade le fit Sze-Hiang. Le roi de Tailiao envoya un député, à cause de la défaite de Siao-Hai-Li, distribuer des récompenses et donner des charges aux gens du pays des Niu-Tchi.

Ce fut alors que la Corée commença à avoir un représentant au pays des Niu tchis sauvages.

Ingkou, commandant alors à toutes les tribus, supprima toutes les différences dans l'emploi des signaux, le changement des stations, les inspections, l'administration, établit ainsi l'uniformité des lois, et les peuples lui obéirent sans hésitation. Tout cela fut l'œuvre d'Agouda.

Dix ans et dix mois après qu'Ingkou eut hérité de la charge de Jieitousze, il mourut ; il avait 54 ans. C'était la deuxième génération depuis Ougounai. Ces quatre chefs n'ayant qu'une pensée, qu'une même manière d'agir, ils réunirent (les peuples) séparés et dispersés, et gouvernèrent les tribus suivant des règles uniformes.

I-li-ku, Holan, Yei-lan jusqu'à Tu-gu-lon du côté du soleil levant, les cinq royaumes, Juwei jusqu'à Tuda du côté opposé, tels sont les pays soumis par les Niutchi.

Ouyasou, fils du frère aîné d'Ingkou, succéda à ses fonctions de Jieitousze. Le nom d'honneur d'Ouyasou était Mao-lu-Wan. C'était le fils aîné de Helibou. Il était alors âgé de 43 ans.

La Corée bien que unie en paroles, n'en était pas moins séparée en fait. En ces circonstances le peuple des Cinq Fleuves s'unirent à la Corée et arrêtèrent quatorze Tuwan-Lian-sze, fonctionnaires des Niu-tchi. L'année suivante l'armée coréenne vint attaquer Sisi-Howan du royaume de Niu-tchi, mais Sisi-Howan, lui livrant bataille, la défit. La Corée demanda de nouveau de conclure un accord avec les Niu-tchi, rendit la liberté aux mandarins arrêtés et les renvoya dans leur pays.

Sisi-Howan ayant alors soumis le peuple des frontières, s'en retourna.

Le souverain de la Corée envoya ensuite un ambassadeur pour féliciter Ouyasou, chef des Niu-tchi, de son arrivée au pouvoir ; et ce prince envoya de son côté un des siens nommé Bailou en mission de remerciment.

Pour réclamer de la Corée la livraison des rebelles qui s'étaient soulevés contre lui, Ouyasou députa deux de ses officiers, Agua et Scheng Koue, pour les reprendre. Mais les Coréens violant le traité de paix, tuèrent les deux ambassadeurs.

Les Coréens construisirent alors neuf villes dans la plaine de Holan et envoyèrent des troupes nombreuses envahir les états d'Ouyasou. Wasai, général des Niu-tchi les combattit et les mit en déroute.

Un autre officier Niu-tchi bâtit à son tour neuf cités pour les opposer aux villes coréennes. L'armée coréenne vint alors à la rescousse, mais Wasai la défit de nouveau. Aussi les Coréens dirent unanimement : « Rendons-nous mutuellement, nous les gens qui se sont révoltés contre vous et vous les places que vous nous avez enlevées. Nous retirerons nos soldats des neuf villes. » Cette proposition fut acceptée, et le neuvième mois, l'armée Niu-tchi s'en alla.

La septième année après qu'Ouyasou eut hérité de la charge de Jieitoutze, les blés et le riz étaient rares et le peuple souffrait de la faim. Des hommes robustes et violents erraient çà et là volant et pillant. Comme Houn-Tou et autres encore réclamaient l'exécution des lois et le supplice capital des malfaiteurs, Agouda leur dit : « On ne doit point tuer un homme pour des objets matériels. » En se servant de ce terme qui désigne tout ce qui est fait par l'homme il voulait amoindrir le crime des voleurs.

La loi exigeait que le voleur donnât en compensation du vol la valeur triple de l'objet enlevé. Aussi, pour satisfaire à cette obligation, le peuple vendait les enfants et les femmes pour avoir de quoi payer l'amende et n'y réussissait même pas. Ouyasou tint conseil à ce sujet avec ses Magistrats. Agouda, siégeant au tribunal extérieur, attacha une pièce de soie à une perche et la faisant mouvoir il prononça devant tout le monde cette décision : « Dans le besoin du moment le peuple ne sait plus vivre. Si pour payer des amendes, il vend ses enfants et ses femmes, tous en ont également le cœur ému de pitié pour la chair et les os (de ces malheureux); cela ne peut être. »

Et sur ce il dispensa de cette compensation pendant les trois années suivantes. Les trois années révolues, il assembla de nouveau le conseil. Au récit de ce qui s'était passé tout le monde répandit des larmes; proches ou éloignés, tous approuvèrent complètement Agouda.

Ouyasou, dans un songe, se vit poursuivant un loup et tirant plusieurs flèches de suite sans pouvoir l'atteindre. (Survint) son frère cadet Agouda qui le tua du premier coup. Réveillé, Ouyasou interrogea ses conseillers sur la signification de ce rêve. Tous lui dirent unanimement : « C'est un rêve du plus favorable augure. Ce qu'il présage ne se réalisera pas en toi mais en ton frère cadet. »

Ouyasou mourut onze ans après avoir obtenu le titre de Jiei-toutze ; il avait alors 63 ans. Son frère cadet Agouda lui succéda dans sa dignité et obtint le titre de Tou-boujiliei (1).

CHAPITRE II.

RÈGNE DE TAITZOU-AGOUDA.

PREMIERS TEMPS. CRÉATION DU ROYAUME.

Agouda avait pour nom d'honneur Min. Il était le deuxième fils de Helibou ; sa mère s'appelait Nalasza.

Du temps du roi Tao-tzong de Tailiao, cinq nuages vaporeux d'une apparence brillante, s'étaient montré dans la région orientale du ciel, grands comme des magasins pouvant contenir 2000 hôs de grain (2).

Un astronome du nom de Kong-Tchi-Ho ayant vu ces nuages dit secrètement à ses gens : « Sous ce nuage, certainement, naîtra un personnage merveilleux ; il n'annonce pas autre chose. Le ciel indique son extérieur et ne dit point ce qu'il pourra faire. »

L'année du singe blanc, la quatrième du temps dit Hian Young du roi Taotzong de Tailiao (1069), le premier du septième mois, naquit Taitzou-Agouda. En son enfance, quand il jouait avec d'autres garçons, il égalait

---

(1) Tou-boujiliei signifie prince dont l'autorité s'étend sur tout le pays.
(2) Le *hô* contient trois *sin* (boisseau).

en force plusieurs hommes faits. Debout, il se tenait ferme et majestueux. Son père Helibou l'aimait d'une manière indicible. Dès l'âge de dix ans il aimait à manier l'arc et le trait; devenu grand, il excellait à lancer flèches et traits. Un jour que le représentant du Tailiao était assis en sa cour, Taitzou-Agouda prit son arc et ses flèches; on lui dit de tirer un oiseau d'une troupe. Il tira trois fois de suite et abattit à chaque coup. L'envoyé du Tailiao lui dit avec force éloges, qu'il était un enfant extraordinaire.

Taitzou Agouda dînait un jour chez un grand nommé Holi-han. Devant la maison se trouvait une colline élevée. Tous lui dirent de tirer de ce côté, que personne ne pouvait l'atteindre. Taitzou-Agouda lança sa flèche et dépassa même l'élévation. En comptant la distance du lieu atteint, on trouva qu'il y avait 320 pas. Son oncle Mentuho excellait certes à lancer les traits à pointes triangulaires, mais son tir était de cent pas en arrière de celui de Taitzou-Agouda.

Lorsque Taitzou-Agouda succéda au trône, le roi de Tailiao envoya un ambassadeur nommé Asiboo lui demander pourquoi il ne lui avait pas annoncé le deuil (de son frère). Taitzou-Agouda répondit : « Puisque vous n'êtes pas venu assister à ses funérailles, vous ne pouvez me faire aucun reproche. »

Peu après Asiboo revint et, s'approchant à cheval du corps d'Ouyasou, il voulut faire saisir le cheval du cortège. Taitzou-Agouda, pris de colère, donna ordre de le tuer; mais Muliyangho, fils d'Ouyasou l'arrêta par ses conseils. Depuis lors il ne vint plus pendant un certain temps d'envoyé de Tailiao. Tien-tzou, roi de Tailiao, aimait passionnément la chasse; il était adonné au vin et à la volupté. Négligeant les affaires du gouvernement, il n'écoutait point les plaintes qui s'élevaient de tous côtés.

Le sixième mois de la seconde année, le roi de Tailiao envoya un ambassadeur à Taitzou-Agouda, demander pourquoi il ne lui avait pas annoncé sa succession au titre de Jiei-toutze.

Primitivement le roi de Tailiao envoyait chaque année un député chargé d'acheter près de la mer des faucons bons pour la chasse. Cet envoyé traversait le pays des Niu-tchi sauvages; cruel, avide, insatiable dans ses exactions. Le peuple de Niu tchi en souffrait beaucoup. Aussi Ouyasou, prenant comme chef d'accusation qu'on ne lui avait pas livré Asou, arrêta l'envoyé et l'empêcha d'avancer.

Lorsque Taitzou-Agouda eut hérité de la charge de Jiei-toutze, il envoya un député au roi de Tailiao pour réclamer la remise d'Asou. Une seconde fois il députa deux grands de sa maison, Si-Ku-Nai et Inju-Ku, pour chercher le rebelle. A leur retour, ils firent connaître les manières orgueilleuses, négligées du roi de Tailiao. Aussi Agouda réunit les grands de son état et leur annonça qu'il allait faire la guerre à ce souverain.

Le Tong-Jiyôn-tze résidant à la frontière du Tailiao, apprenant que pour fortifier son pays, il bâtissait des villes, et qu'il préparait des armes envoya le Jiei toutze, Niei-Ku-Pe, pour en demander la cause à Taitzou-Agouda. « Avez-vous, dit-il, des intentions hostiles ? Vous préparez des armes de guerre, des mesures de garde et toutes les précautions nécessaires ; quelle armée allez-vous lever ? »

Taitzou-Agouda répondit en lui demandant à son tour s'il ne pouvait pas prendre ses sûretés en se mettant en garde (contre tout événement). Le roi de Tailiao envoya de nouveau Asiboo pour répéter sa demande. Taitzou-Agouda lui dit : « nous formons un petit état ; servant un grand royaume, nous ne devons pas nous départir des règles de la prudence. Ce grand royaume ne promet pas la vertu, la bonté. S'il persiste à ne point rendre les rebelles réfugiés, le petit état pourra-t-il subsister et se conserver ? Si on lui rend Asou, il continuera à payer le tribut. Quand on est réduit à l'extrémité, attend-on en saluant des mains ? » Asiboo s'étant retiré, alla répéter ces paroles.

Taitzou-Agouda apprit bientôt que les gens de Tailiao rassemblaient leurs forces et que le Tong-jiyôn-sze avait conduit une armée dans les pays de Siao-Ta-Pu-Yei et Ning-kiang-tcheou. C'est pourquoi il envoya un certain Pu-K'u-lu réclamer Asou et examiner l'aspect des affaires(1).

Pu-K'u-lu étant revenu, Taitzou-Agouda apprit que l'armée de Tailiao était innombrable. Il dit en conséquence : « pourrons-nous lever une armée et la rassembler aussi vite ? » Puis il envoya un certain Hôsaboo examiner ce qu'on lui avait annoncé. Hôsaboo, à son retour, annonça que l'armée du Tong-Jiyôn-Sze de 4 régions, celle de Ning-kiang-tcheou et du royaume de Pouhai comptaient en tout 800 hommes.

Taitzou-Agouda dit alors : « il en est comme je l'avais dit. » Puis s'adressant à tous ses officiers : « les gens de Taïliao ont su que notre armée était sur pied. En mettant en avant les armées de tous (ces) pays,

---

(1) Ning-kiang-tcheou est situé sur la rive du Hong-Tong. Ayant pris cette ville, il passa ensuite le Kiang.

ils nous ont prévenus. Allons les attaquer les premiers. Ne les laissons pas nous prévenir.» Meoliyangho dit alors : « le roi de Tailiao est orgueilleux et prodigue ; il ne connait pas les règles de l'art militaire ; nous le surprendrons. Bien plus ; lui, il n'a pas pu prendre Siao-Hai-Li ; notre armée l'a pris. » Tous approuvèrent ces paroles.

Taitzou-Agouda ayant ensuite rencontré la femme de son oncle Polasou, Pousatze, lui raconta l'affaire de l'attaque commencée contre le roi de Tailiao. Pousatze lui dit : « tu as succédé à ton père et à ton frère aîné ; veille à faire ce qui convient pour soutenir l'état et le palais. Pour moi, je suis déjà vieille ; ne m'importune pas. »

A ces mots, les larmes coulèrent des yeux d'Agouda. Après avoir reconduit Pousatze, il réunit ses capitaines et sortit. Prenant un verre de vin et le soulevant, il pria le ciel et la terre en ces termes : « Le roi de Tailiao, orgueilleux et méchant, n'a pas rendu Asou, c'est pourquoi mon armée a été levée.» Ayant ainsi prié, Taitzou-Agouda envoya convoquer les armées de toutes les tribus. L'année du cheval vert, le neuvième mois, Taitzou-Agouda leva une armée et marcha sur Ningkiang-tcheou. Etant entré dans Lio-Hôi-C'eng, il rencontra l'armée des provinces réunies près du fleuve Lilio ; elle comprenait 2500 hommes. Taitzou-Agouda dénonçant au ciel et à la terre les actes coupables de Tailiao, dit : « Servant depuis plusieurs générations le royaume de Tailiao, comme ministre de ce royaume, nous avons respecté nos devoirs de tributaires, appaisé les troubles, les révoltes d'Omuhan et d'Oucoun, et abattu Siao-hai-li. Jamais on n'a reconnu nos services Bien plus, lorsque nous demandions qu'on nous livrât Asou, coupable de pillage et de déprédation, on n'a point voulu le faire. Maintenant nous demandons compte de ces actes au royaume de Tailiao. Ciel et Terre regardez et protégez-nous ! »

Alors, se tournant de côté et d'autre, il donna un bâton à chacun des capitaines et faisant un serment solennel, il dit : « O vous ! d'un cœur unanime, faites un effort suprême. Celui qui acquerra des mérites, fût-il même un esclave, sera élevé à un haut rang. Des gens du dernier rang je ferai des magistrats ; ceux qui sont déjà magistrats monteront en grade. Je considérerai la valeur du service. Que celui qui violerait la parole jurée meure par ce bâton ; on n'épargnera rien des biens de sa maison.»

Cela dit, l'armée se mit en marche et, étant entrée dans le pays de Wa-jiyan, elle y campa. Tout à coup une lueur semblable à celle d'un feu brulant s'éleva du pied d'un homme et se réfléta dans les glaives et les lances. Tous se dirent que c'était un heureux présage pour l'armée. Le lendemain lorsqu'elle arriva au fleuve Tzeji, la même lueur que la veille se montra aux yeux de tous.

En arrivant à la frontière de Tailiao, Taitzou-Agouda envoya son fils aîné Wa-Pen faire avancer l'armée; lorsqu'elle eut comblé et passé le fossé de la frontière, elle rencontra l'armée de Tailiao. Dans l'attaque de l'aile gauche, les soldats de sept meoke (1) de l'armée de Niu-Tchi cédèrent quelque peu. L'ennemi attaquant alors le centre de l'armée, Siei Yei, frère cadet de Taitzou, s'avança contre lui pour le repousser. Voyant un commandant du nom de Je-Tiei s'élancer le premier contre l'ennemi en courant, Taitzou-Agouda lui dit : « Il ne faut pas attaquer à la légère », puis il envoya son fils Wa-Pen arrêter Siei-Yei et Je-Tiei.

Wapen rejoignit au galop Siei Yei, et Je Tiei puis arrêta son cheval et revint en arrière avec lui. Le général en chef de l'armée de Tailiao, Yelioi Siei Si, entraînant ses soldats, s'avançait à la rencontre (de l'ennemi); il tomba de cheval. Un soldat de Tailiao accourut à son secours ; Taitzou-Agouda le tua d'une flèche puis frappa Siei Si de la même manière. Visant ensuite un cavalier qui s'avançait hors des rangs, il lui perça la poitrine. YeLioi Siei Si fuyait au galop lançant un trait; Taitzou-Agouda le tua d'une flèche et prit son cheval. Wapen avec quelques soldats se trouvait entouré par l'ennemi, Taitzou-Agouda vint le délivrer sans même avoir mis son casque. Un soldat le frappa d'une flèche, sur le côté, mais ne le blessa que légèrement; voyant que cet homme était adroit au tir, Agouda le tua d'un coup de flèche. Il dit alors à tous ses capitaines : « Quand l'ennemi sera complètement défait, arrêtez-vous. » Les officiers combattaient avec encore plus de valeur et de force. Aussi l'ennemi prit la fuite et dans le désordre ils se foulèrent aux pieds les uns les autres; aussi de dix, sept ou huit trouvèrent la mort.

Sak'i, fils aîné de Heje, arrivait en ce moment par un autre chemin ; Taitzou avant qu'il l'eût rejoint, lui fit dire que la bataille était gagnée. Il donna à Sak'i le cheval de Siei Si et Sak'i, plein de joie, ainsi que les officiers et toute l'armée s'écria : « L'armée du droit, aussitôt qu'elle

---

(1) Dans la formation de l'armée d'Aisin, trois cents familles forment un meoke. Dix meoke réunis portent le nom de Mengan.

passa la frontière du Tailiao, a vaincu, dès le premier combat. Dès ce moment la destruction du royaume de Tailiao a commencé. »

Ayant ainsi parlé, Sak'i envoya son fils Niyamouhon, et Wan-Yan-Si-Yn pour féliciter Taitzou-Agouda et lui demander de prendre le titre de roi. Taitzou-Agouda répondit : « Si je prends le haut titre de roi pour avoir vaincu dans un seul combat, je ferai preuve de légèreté aux yeux des hommes », et il refusa.

L'armée de Taitzou-Agouda s'en alla alors envahir le pays de Ning-Kiyang Tcheou et combla le fossé pour attaquer la ville. Les habitants sortirent par la porte de l'est. Mais un général du royaume de Niutchi, nommé Entuha, marcha contre eux, les surprit et les tua. La ville fut prise le premier du dixième mois. Entuha donna les biens du peuple aux officiers et aux soldats, puis l'armée s'en alla ailleurs. Le onzième mois Hiao fulai, Toutong général de Tailiao et le Toutong lieutenant Ta bou yei levèrent une armée de cavaliers et de fantassins au nombre de 100,000, qui vint s'établir sur la rive du fleuve Ya-tze.

Taitzou-Agouda l'ayant appris, vint l'attaquer. Avant d'arriver au fleuve il s'était endormi le soir sur une natte. Quelque chose comme un homme qui pousse sa tête, se montra à lui. Eveillé, il s'écria : « Un esprit brillant nous est apparu. » Aussitôt on bat le tambour, et soulevant les lanternes, l'armée marche vers le fleuve au point du jour. Agouda envoie dix braves en avant contre les soldats de Tailiao occupés à détruire les chemins et les élévations de terrain, attaque l'ennemi et le met en fuite.

La grande armée passe peu à peu le fleuve et monte sur la rive. Alors les cuirassiers de Taitzou-Agouda, au nombre seulement de 3700, s'élancent contre des forces triples des leurs. Ce jour-là un grand vent s'était levé, la poussière couvrait le ciel. Taitzou-Agouda profite de cette circonstance pour attaquer l'ennemi et l'armée de Tailiao, dans laquelle le trouble s'est mis, prend aussitôt la fuite. Taitzou-Agouda l'atteint, saisit les généraux et les fait mettre à mort. On fit une capture abondante de chars, de chevaux, de cuirasses, de casques et d'armes. Il les laissa prendre jusqu'à la fin du jour par ses officiers et ses soldats. Les gens de Tailiao disaient depuis le commencement : « dès que l'armée de Niu-tchi aura atteint le nombre de 10,000, il ne faut plus l'attaquer. » Or, à ce moment, elle avait atteint ce nombre

Walou, le second fils du niu-tchi Heje ayant battu l'armée de Tailiao, tua le tou-tong Tabouyei. Un officier des Niu-tchi, nommé Pouhori, attaqua et prit la ville de Pin-Tcheou au royaume de Tailiao; Ouzhe et Sougousai se soumirent. Alors un général de Tailiao, nommé Tchi-keo-el, attaqua la ville de Pin-Tcheou, mais Pouhori, du pays de Niutchi et Hôn Tchou le battirent de nouveau.

Hoili Boo, prince de Tiyei Li, dépendant du Tailiao, réunit toutes ses tribus et se rendit au prince de Niu-Tchi. Deux généraux de ce pays Outoubou et Pousai défirent à l'est de la ville de C'iyang tcheou, l'armée des deux généraux de Tailiao, Tchi-Keo-Yl et Liao-Y-Hiowei.

Waloukou, commandant de Niutchi, battit l'armée de Tailiao à l'ouest de la ville de Hiyan-Tcheou et tua Leosei, le tong jiyônsze de cette cité. Wan Yan Leo Si, autre officier de Niu-Tchi attaqua et prit la ville de Hiyan tcheou. Le même mois Oucimai, Sak'i et Tzabusi réunissant tous les fonctionnaires et généraux vinrent exhorter Taitzou-Agouda à prendre le titre suprême le premier jour de l'an. Taitzou-Agouda, n'osant plus refuser, accepta.

Alihôman, Poukiyenou et Niyamouhon entrant alors à trois dirent à Taitzou-Agouda : « Vous avez maintenant accompli de hauts faits d'armes, si vous refusez le trône, il ne sera pas possible de vous attacher le cœur des hommes d'ici bas. » A ces mots Taitzou-Agouda répondit : « Je dois y réfléchir. »

L'année du mouton verdâtre, au printemps, le premier jour du premier mois, tous les mandarins placèrent Taitzou-Agouda sur le trône royal (1115).

Le roi Taitzou dit alors : « Tailiao a donné à son royaume le nom du fer de Pintiyei. Ce fer est fort mais à la fin il s'altère et se brise. L'or seul ne s'altère ni se brise, la couleur de l'or est blanche, nos gens de Wan Yan ont en suprême estime la couleur blanche. » Ainsi il appela son royaume *le grand royaume d'or (Amba Aisin, Tai Kin)* et appela la première année de son règne : Sheou Koue (1115).

Le roi Taitzou alla lui-même assiéger la ville de Howang Longfou, au royaume de Tailiao. Arrivé à Y-Tcheou, les habitants de cette ville s'enfuirent et allèrent se refugier à Howang Longfou pour s'y défendre.

Le roi d'Aisin Taitzou, ayant pris ce qui restait d'habitants dans Y-Tcheou, son armée se retira.

(1) Sheou Koue signifie « qui maintient le royaume » Howang Long fou est K'i Yuen.

Le roi de Tailiao donna à quatre de ses généraux, Yelioi-Olidou, Siao-Y-Siuwei, Yelioi-Jang-nou et Siao-Sioi-fo, une armée de 200,000 cavaliers et 70,000 fantassins, et les envoya défendre ses frontières. Taitzou l'ayant appris vint lui-même à la tête de son armée occuper la région de l'ouest de Ning-Kiang Tcheou. Le roi de Tailiao envoya Seng Kiya Nou demander la paix et dans sa lettre il donnait à Taitzou le titre de roi d'Aisin, et comptait cet état au nombre des royaumes.

L'armée d'Aisin s'avançant vers le midi, une boule d'un feu brillant vint tomber à sa droite. Taitzou d'Aisin dit (en la voyant) : « C'est un présage heureux ; le ciel vient à notre secours. » Puis se mettant à genoux il se prosterna en versant de l'eau. Les officiers et les soldats étaient remplis de joie.

L'armée d'Aisin se dirigeait alors sur la ville de Dalougou. Le roi Taitzou monta sur une élévation pour examiner les lieux. L'armée de Tailiao apparaissait comme un nuage noir au-dessus d'un arbre. Taitzou redescendit et dit à deux de ses lieutenants : « L'armée de Tailiao a le cœur hésitant et craintif. Quelque nombreuse qu'elle soit, elle n'est pas redoutable. » Là dessus il rangea son armée sur une grande colline.

Meoliyangho, fils aîné d'Ouyasou du royaume d'Aisin, emmenant l'aile droite de l'armée la conduisit contre l'aile gauche de l'armée de Tailiao. L'aile gauche de Tailiao recula. L'aile gauche de l'armée d'Aisin attaqua les rangs ennemis par derrière. L'aile droite de l'armée de Tailiao combattit de son mieux. Alors deux officiers de l'armée d'Aisin, Leosi et In Jou K'ou, se faisant route à travers les lieux occupés par l'armée de Tailiao en rangs épais, l'attaquèrent violemment jusqu'à neuf fois. Niyomouhon, général d'Aisin, entraînant les troupes du centre, courut à leur secours. Taitzou roi d'Aisin envoya en ce moment son fils Wapen (prendre part à l'action). Ce nouveau choc ébranla l'armée de Tailiao ; alors Meoliyangho, saisissant l'occasion, tomba sur l'aile droite ennemie et toute l'armée de Tailiao prit la fuite. L'armée d'Aisin victorieuse poursuivit vigoureusement les fuyards et pénétra jusqu'au camp de Tailiao.

Le soleil se couchait lorsqu'ils vinrent faire l'assaut du camp. En ce moment le ciel s'éclaira subitement ; l'armée de Tailiao mise en désordre sortirent du camp enveloppé. Les soldats d'Aisin les poursuivirent, les atteignirent près de An-leo-k'eng et massacrèrent tous les fantassins. Ils prirent des milliers d'instruments de culture. Le roi Taitzou frappant amicalement l'épaule de Meoliyangho lui dit : « Si tu étais mon fils, quels exploits ne ferais-tu point? »; puis il ôta son vêtement et l'en revêtit. Ce jour là les gens de Tailiao étaient venus cultiver leurs terres et les défendre par les armes; c'est pourquoi l'on prit tant d'outils de labour.

Le deuxième mois, le roi Taitzou ramena son armée en arrière. Le troisième, il alla chasser au pays de Lio-Hoi-Ceng et Meoliyangho l'y accompagna. Tandis que ce dernier chassait un lièvre, un officier du nom de Talan tirant derrière lui, lui cria à haute voix : « le trait a atteint. » Meoliyangho reculant trouva le trait et le ramassa, et de ce trait il tua le lièvre. Un autre individu tirant à faux atteignit Meoliyangho. Celui ci ne changea ni de couleur ni de visage. Il retira le trait et craignant que le roi, s'il savait l'affaire, ne voulut punir le malheureux tireur, il retourna furtivement chez lui, prétextant une maladie. Se tenant au lit pendant deux mois il étudia tous les livres, grands et petits, du royaume de Tailiao.

Le quatrième mois, le roi de Tailiao envoya Yelioi-Jangnou porter une lettre offensante qu'il écrivait à Taitzou d'Aisin. Taitzou arrêta et retint cinq des compagnons d'Yelioi, mais renvoya celui-ci en le chargeant de porter à son souverain une lettre blessante semblable à la sienne.

Le premier du cinquième mois Taitzou étant revenu dans sa capitale fendit un arbre d'un coup d'arc, et se prosterna devant le ciel. Le cinq du même mois, le quinze du septième, le neuf du neuvième mois, après s'être prosterné devant le ciel il perça également un arbre et ne se départit plus de cette coutume aucune année.

Le sixième mois Yelioi Jangkou de Tailiao revint apportant une lettre dans laquelle Taitzou était désigné comme roi d'Aisin. Taitzou voulant rendre la pareille au roi de Tailiao écrivit également le titre de roi (mais le sommant de se reconnaître son vassal).

Le septième mois Taitzou nomma son frère cadet Oucimai, an pan boujiliei; Tzabusi, amai boujiliei ; Sak'i et She-Yeipe, kou lôn boujiliei.

— Les gens Tcheou Pe du pays de Si-Ing vinrent se soumettre au royaume d'Aisin.

Le huitième mois, Taitzou roi d'Aisin, allant lui-même assiéger la ville de Howang Long-fou au royaume de Tailiao, arriva devant le Hôn-Tong-Kiang. Il était sans bâteau. Mais il fit marcher un homme devant lui, et passa le fleuve sur un cheval pommelé, disant : «avancez en observant les places que je désigne de mon bâton. » Tous alors passèrent à sa suite; l'eau s'élevait jusqu'à la poitrine des chevaux. Un bâtelier mesurant par la suite l'endroit où ils avaient passé, ne put plus trouver le fond.

Le neuvième mois, l'armée d'Aisin assiégea et prit Hôwang Long fou. En se retirant elle arriva au Kiang et le passa comme elle avait fait précédemment.

Le douzième mois, Tiyantzou roi de Tailiao ayant appris la prise de Hôwang Long fou, fut pris de crainte, il leva une armée de 700,000 hommes et entra sur le territoire de Toumen. Le gendre du roi de Tailiao, nommé Shao-Temo et le général Shao-An-La levèrent une armée de 50,000 cavaliers et de 40,000 fantassins, et vinrent s'établir au pays de Walinlou. Taitzou l'ayant appris alla lui-même à leur rencontre et entra sur le territoire de Yaola. Ayant réuni tous ses généraux, il tint conseil. Tous lui dirent unanimement : « L'armée de Tailiao a, dit-on, 700,000 hommes. Il n'est pas facile de l'emporter. Notre armée est venue de loin; hommes et chevaux sont fatigués. Faisons ici un fossé profond et un mur élevé et attendons l'ennemi. » Taitzou approuva ces paroles. Il envoya Digounai et Injouk'ou garder la ville de Daloukou. Pour lui, prenant avec lui ses cavaliers, il alla chercher des nouvelles de l'armée de Tailiao. Ayant pris en route le chef de l'administration des vivres de cette armée il l'interrogea. Celui-ci lui apprit que Thian tzou s'était retiré deux jours auparavant parce que l'un des siens, Yelioi-Jangkou s'était révolté.

Ce jour même Taitzou roi d'Aisin, en se retirant, arriva au pays de Sou-jiei-li; une lumière apparut au-dessus de sa lance. Tous ses officiers s'écrièrent : « puisque le roi de Tailiao s'en va, attaquons-le en ces circonstances défavorables. » Taitzou dit : « lorsque l'ennemi s'avançait, vous n'avez pas osé aller à sa rencontre et l'attaquer, maintenant qu'il s'en va, sera-t-il digne de l'attaquer?» Tous rougirent : «nous désirons tous, dirent-ils, le combattre de notre mieux. » Le roi d'Aisin Taitzou dit alors : « Si vous voulez sincèrement rencontrer l'ennemi, prenez une petite quantité de biscuits, n'en emportez pas beaucoup; quand l'ennemi sera abattu, on ne saura même plus pourquoi on les a pris ». Tous alors se mettent en mouvement comme en sautant, et allant au devant de l'armée de Tailiao ils s'emparèrent de la colline de Hobuda k'eng.

L'armée d'Aisin n'était alors que de 20,000 hommes. Le roi Taitzou dit : « Leur armée est nombreuse, la notre a peu de soldats ; il ne faut point séparer nos troupes. Le centre de l'ennemi est de beaucoup le le plus fort et le plus épais. Le roi de Tailiao doit être là. Si le centre de l'ennemi est mis en déroute, notre but sera atteint, nous réussirons dans l'attaque. » Là dessus il envoie d'abord les troupes de l'aile droite faire plusieurs attaques réitérées et lorsque l'aile gauche attaqua à son tour pour soutenir l'autre, le trouble se mit dans l'armée de Tailiao. Alors les troupes du centre de l'armée d'Aisin, fondant sur le centre ennemi, le percent d'outre en outre ; battant l'armée de Tailiao, ils couchèrent sur le sol une centaine de soldats. Ils prirent en nombres énormes, des litières, des chars, des tentes de différentes formes, des armes, des bijoux et objets précieux, des chevaux et des bœufs. En ce combat le frère cadet de Taitzou, Sheyei tua de sa lance plusieurs dizaines d'hommes.

Deux guerriers, Wen-Ti-Han et Ti-Ho-Tiyei, attaquant l'ennemi avec un corps de quatre meoke délivrèrent Abilden enveloppé par l'ennemi. Un officier du nom de Wan-Yan-Meng Kuwa, bien qu'ayant reçu plusieurs blessures, ne cessa point de combattre et gagna la palme du mérite par sa vaillance au combat.

Siao-Te-Mose, de Tailiao, mit le feu au camp et s'enfuit. L'armée d'Aisin se retira alors à Jiya kou. Un commandant de l'armée d'Aisin avait attaqué et pris la ville de K'i Tcheou du Tailiao (1).

Un officier d'Aisin nommé Poulouko assiégeait la ville de Ta Ling tcheng. Le chef de cette cité Szele-Han en sortit et s'enfuit. Poulouho prit alors Ta ling et fit prisonniers les enfants et l'épouse de Szele-Han et celui-ci se soumit au vainqueur.

La deuxième année Sheou Koue (1116), le premier mois, un homme du royaume de Pouhai, nommé K'ao-Yong-Tchang, officier du Tailiao leva une armée de 3000 hommes et vint se placer au défilé Pa Wa Keou de la capitale orientale. L'armée chinoise qui occupait cette ville irritée contre ces gens de Pouhai, en tua un grand nombre. K'ao-Yong-Tchang ayant alors réuni toutes les troupes de l'état de Pouhai et celles qui gardaient la frontière vint s'emparer de la capitale orientale. Ayant, en quelques mois, réuni une armée de 8000 hommes il se proclama lui-

---

(1) K'i tcheou dépend de la cour orientale (des Liao) (Liao Yang).

même souverain et appela Long tchi, la première année de son règne. Puis, ayant envoyé un messager aux habitants de Ho sou kuen (1), il fit avec eux un traité d'alliance et se les unit.

Les gens de Ho sou kuen craignant la force de l'armée de K'ao Yong tchang promirent de le suivre. Hòsimen, prince de Ho su kuen, assemblant les gens de sa maison, tint conseil et leur dit : « Notre ancêtre originaire, Ougounai et ses frères Siyan-Pou et Bohori furent tous trois en Corée. L'aïeul du roi Taitzou, Siyan-Pou, s'est établi dans la tribu de Wan-Yan ; notre aïeul Ougounai étant resté en Corée a, de là, servi le royaume de Tailiao. Moi je suis le descendant de ces trois ancêtres. Maintenant le roi Taitzou est assis sur le trône. On ne peut ignorer que le royaume de Tailiao décline. Pourrais-je, moi, convenablement vivre sujet de K'ao Yong tchang? » Là-dessus, entraînant avec lui sa tribu et sa famille, il s'attacha au roi d'Aisin et lui dit : « Mon ancêtre et ses deux frères s'étant séparés se sont fixés chacun en un endroit différent. Moi je suis le petit-fils d'Ougounai. Digounei et Situmen se proclamaient tous deux petits-fils de Bohori. »

Cependant l'armée de Tailiao voulait attaquer K'ao Yong tchang mais ne réussissait pas. K'ao Yong tchang envoya deux de ses gens, Tabouyei et Shao-Ho chargés de présents, pour demander le secours de l'armée d'Aisin. Arrivé en ce pays, l'envoyé dit à Taitzou : « notre prince désire attaquer le Tailiao d'un effort commun avec vous. » Sur ce message Taitzou envoya un des siens, Hôsabou et celui-ci, arrivé près de K'ao Yong tchang lui dit : « Il est bien et juste que nous attaquions ensemble le Tailiao. Mais la capitale orientale est très proche de vous. Comment vous, après vous en être rendu maître, avez-vous pu prendre ce haut titre de roi? Soumettez vous à mon pouvoir et vous aurez le titre de prince. » Mais K'ao Yong tchang entré dans le nombre des rois vassaux du Tailiao ne consentit pas à servir les Niu-tchi. Hosabou alors s'en revint.

Le quatrième mois le roi Taitzou ayant nommé un de ses officiers du nom de Walou (2), Kouse chef de toutes ses armées, l'envoya avec Digounai combattre K'ao Yong tchang et lui donnant ses patentes, il lui dit : « K'ao Yong tchang répandant la terreur, par sa ruse, dans l'armée de la frontière s'est rendu maître d'une légion, et profitant des circon-

---

(1) Hô sou kuen dépend de Hoi Ning fou. — Mukden en Mandchouri.
(2) Deuxième fils de Heje.

stances il s'est emparé du pouvoir, mais ce moyen ne peut le conduire loin. Sa déchéance ne tardera pas. Les gens de Pouhai résidant à Liao Yang espèrent depuis longtemps en ma puissance ; il est facile de se les concilier et soumettre. S'ils ne se soumettent pas, forcez-les par les armes mais ne tuez pas inutilement. »

Le cinquième mois Walou emmena l'armée et s'en alla. Ayant rencontré l'armée de Tailiao près de Sin Tcheou il la défit, puis donna l'assaut à la ville et s'en empara.

K'ao Yong tchang ayant appris cette nouvelle prit peur, il fit prendre à l'un de ses esclaves nommé Doula un sceau d'or et 80 écus d'argent, abdiqua le titre de roi et s'en alla, disant rester seulement gouverneur de la frontière. Walou lui envoya Hôsabou et Saba répondre à ses offres et les accepter. Mais en ce moment un homme de Pouhai nommé K'ao Jei, vint se soumettre à Walou et lui dit : « K'ao Yong tchang ne s'est pas soumis réellement ; ce n'a été qu'un artifice pour arrêter votre armée. » A ces mots, Walou leva le camp et se mit en marche. K'ao Yong tchang, à cette nouvelle, tua les deux envoyés d'Aisin et rassemblant ses troupes, s'avança à sa rencontre jusqu'au fleuve Yao li ho. L'armée d'Aisin ayant passé le fleuve, commença l'attaque ; les troupes de K'ao Yong tchang ne combattirent point mais s'enfuirent aussitôt ; l'armée d'Aisin les poursuivit jusque sous les murs de Liao-Yang.

Le lendemain K'ao Yong tchang réunissant toutes ses troupes revint à la charge ; mais l'armée d'Aisin le défit ; il se réfugia alors avec 5000 cavaliers dans l'île de Jang Song Tao.

An Sing Nou et Siang K'ao, tous deux habitants de Liao Yang, emmenant avec eux les gens de la ville ainsi que les fils et la femme de K'ao Yong tchang, faits prisonniers, allèrent se roumettre à Walou. Peu après un certain Tabouyei se saisissant de K'ao Yong tchang et de Dula les mena au camp d'Aisin et, arrivé là, tua K'ao Yong tchang.

Alors les Tcheous et les Hiens de la province de la résidence orientale ainsi que les Niu tchi soumis au royaume de Liao reconnurent la souveraineté du roi d'Aisin.

Le roi d'Aisin Taitzou publia alors de Leao Yang un décret abolissant les lois du Tailiao et diminua les impots et le tribut. Il constitua des chefs de Mengan et de Meoke, établit en Liao les lois de son royaume et nomma Walou toutong des provinces méridionales (Liao Yang che). — An-Tou-Han, qui était alors Tiyei boujiliei d'Aisin, battit près de Joo san tcheng 60,000 hommes de l'armée de Tailiao.

Le neuvième mois le roi Taitzou fit faire des écus d'or et commença à s'en servir. Sak'i et tous les fonctionnaires vinrent alors lui présenter leurs hommages et services ; tous réunis se prosternèrent devant lui. Alors le roi Taitzou se levant répandit des larmes (de joie) ; puis ayant vaincu son émotion, il dit : « Si j'ai pu acquérir des mérites et du renom, je le dois au puissant secours de mes officiers. Aussi, bien qu'assis sur le trône royal, je ne changerai point ma manière d'agir antérieure. » Sak'i, le cœur ému, fléchit le genou et se prosterna de nouveau.

Les fonctionnaires donnèrent un banquet à Taitzou. Celui-ci y vint également ; après que son maître d'hôtel se fut prosterné, Taitzou leur exprima toute sa reconnaissance.

Le premier jour du douzième mois Oucimai qui était an ban boujiliei réunit tous les fonctionnaires et tous proclamèrent Taitzou le grand et saint roi ; puis changeant le nom des années donnèrent à l'année suivante le titre de Tien fou (1). Et de là on fixa complètement les règles des rapports entre roi et sujets.

1118. La première année Tien fou, le premier mois, les gens de la ville de K'ei tcheou s'étant révoltés, Sa-ho, officier d'Aisin, leur livra bataille et les défit. She yei, kuelôn boujiliei d'Aisin, suivi de 10,000 hommes, assiégea et prit la ville de Tai tcheou au royaume de Tailiao. Yelioi-niei-li, prince du Tchin jin kue, de Tailiao, ayant levé une armée vint attaquer Digounai. Leosi et Poulouho, tous deux officiers d'Aisin, levèrent alors 20,000 hommes et s'étant réuni à Waloukou dans la province de Hiang tcheou, ils allèrent au-devant de Yelioi-niei, l'attaquèrent et lui infligèrent une défaite.

Le cinquième mois, le roi d'Aisin, Taitzou, publia une proclamation portant : « Si, depuis la prise de la ville de Ning kiang tcheou, quelqu'un a conclu un mariage avec une personne de la même famille il lui est ordonné de se séparer. »

Le douzième mois Walou et les autres officiers d'Aisin défirent une seconde fois l'armée de Tailiao près de la montagne de Jili-san ; s'étant emparé de Siyan tcheou, les habitants de Tchiyan, Y, Hoo, Hôi, Tcheng, Tchuan et Hôi-tcheou se soumirent au roi d'Aisin (2).

---

(1) Tienfou veut dire le ciel secourt.
(2) Siyan et Tchian Tcheou dépendent de Liao Yang. Elles sont maintenant près de la montagne Lioi san au Kvang Ning. — Y, Hoo, Hôi et Tcheng tcheou sont de l'arrondissement de Li Howang fou. Tchuan et Hoi tcheou appartiennent à l'arrondissement de la capitale du centre (Ta ting fou).

En ce même mois, l'empereur Tchao ho tzong des Song (1) envoya un de ses magistrats, nommé Ma jeng, porter une lettre au roi d'Aisin. Le contenu de cette lettre était : « Du côté du lever du soleil vit un prince vraiment saint qui a entendu parler de la défaite des armées de Tailiao. Après avoir complètement anéanti le royaume de Tailiao, voudriez-vous nous donner les pays chinois qui nous appartenaient au temps des Cinq-Royaumes et qui ont été pris par le Tailiao? »

Taitzou roi d'Aisin remit sa réponse à l'un de ses fonctionnaires nommé Tzan Tou et l'envoya au royaume de Song en mission de réciprocité. La lettre portait : « Nos deux royaumes garderont les lieux conquis comme ils les auront pris. »

La deuxième année Tien fou (1119), le premier mois, Jang Song, magistrat de Suwang tcheou du royaume de Tailiao vint se soumettre au royaume d'Aisin.

Le cinquième mois, 800 familles des quatre villes Tong tcheou, Tchi tcheou, Suwang tcheou et Lio tcheou (2) du royaume de Tailiao firent également leur soumission volontaire.

Le septième mois, deux cents autres familles du royaume de Tailiao firent la même chose. Le neuvième mois, le roi Taitzou d'Aisin publia un édit portant : « Pour rédiger le code des lois du royaume et les édits on choisira et constituera des hommes experts dans les lettres. Mandarins de toute cité cherchez des hommes probes, très instruits, vertueux, et quand vous les aurez trouvés, envoyez-les avec honneur à la ville royale. »

Au neuvième mois intercalaire (3) Shao boo y de la tribu Jeo basi, Oli yei de la tribu Sin be, Wang lu il et Wang pe long de Chine, Te mo de Tchi tan et K'ao song yo, amenant chacun leurs sujets, vinrent faire adhésion au royaume d'Aisin.

Le dixième mois Liao siao kong de Chine et El k'u de Pouhai en firent autant avec tous leurs gens.

Le roi Tientzou de Tailiao ayant remis à Yeliu nou k'ou une lettre proposant un traité de paix l'envoya au roi d'Aisin.

(1) I. e. de la Chine gouvernée alors par la dynastie de Song.
(2) Ces quatre villes appartiennent au département de Liao yang.
(3) Mois intercalaire. L'année chinoise étant lunaire et de 355 jours, nécessite de temps en temps des mois intercalaires pour rétablir l'ordre de la succession des ans. Mais la place de ces mois n'est pas toujours la même. Ainsi l'on compte comme tel le mois lunaire où le soleil n'entre pas dans une nouvelle constellation du zodiaque. Ce mois porte un nom spécial et n'entre pas dans la série.

Le douzième mois, le jiei toutze de Y tcheou du Tailiao, nommé Lio hong avec 3000 familles, arrêta les gardes de Tailiao et passa au royaume d'Aisin. Le même mois 20,000 hommes de Tchuwan tcheou, qui menaient une vie de vol, et s'étaient soumis au roi d'Aisin, se séparèrent de nouveau. Un général d'Aisin du nom de Yooli les attaqua et les détruisit.

La troisième année Tien fou (1120), le premier mois, Yong ji et quatre autres ôtages de la ville de Tong king sollicitaient des habitants de faire défection. Taitzou l'ayant su fit mettre à mort le principal d'entre eux. Aux autres il fit donner cent coups de bâton et confisquer la moitié de leur mobilier de maison.

Le sixième mois le roi de Tailiao envoya de nouveau le Taifou Siniliyei présenter une lettre scellée au roi d'Aisin. Taitzou l'ayant lue avec attention y trouva bien des choses qui s'écartaient entièrement de ses intentions, et conséquemment congédia Siniliyei en lui rendant la lettre.

Un homme d'Aisin, nommé Tzan-tou étant venu au royaume de Song, comme embassadeur, l'empereur de Song le fit Tuwan liyan sze. Tzantou étant revenu à la cour d'Aisin, Taitzou entra en une violente colère ; parce qu'il avait accepté un titre de l'empereur Song, il lui fit donner la bastonnade et lui enleva sa charge.

Le septième mois Yang siyôn et Lotze wei, tous deux magistrats de Tailiao, vinrent se soumettre au roi Taitsou avec tous leurs gens.

A l'origine, le royaume d'Aisin n'avait point d'écriture. Mais comme sa puissance grandissait toujours et qu'il devait, dans ses rapports avec avec les royaumes voisins, envoyer des embassades, il adopta l'écriture du Tailiao. Taitzou chargea l'un de ses mandarins nommé Si-in de former la première écriture (1) pour son royaume et d'en fixer les règles et méthode. Si-in tout en imitant les lettres et livres chinois et en suivant l'écriture de Tailiao l'appropria au langage de son pays et écrivit las premières lettres Niu tchi. Taitzou, auquel il les présenta, en eut une extrême joie, et l'ayant annoncé à tous ses sujets, il fit présent à Si-in d'un cheval et d'un habillement.

La quatrième année Tien fou (1121), le deuxième mois, le roi Taitzou envoya à la cour de Song deux de ses fonctionnaires, Sze liei et Holu, en qualité d'ambassadeurs. Après leur retour, un ambassadeur du

---

(1) Ou d'écrire les premiers livres.

royaume de Song, nommé Tchao liang tze, vint pour délibérer au sujet des villes de Yan king (1) et de la cour occidentale (Wargi king) du royaume de Tailiao.

Le troisième mois Taitzou dit à tous ses ministres réunis : « L'armée de Tailiao ayant été constamment battue, ce royaume a envoyé un ambassadeur pour demander et conclure un traité de paix. Mais c'était un artifice pour arrêter par cette ruse la marche de notre armée. Nous devons donc recommencer la guerre. »

Le quatrième mois, Taitzou entra lui-même dans le royaume de Tailiao. L'envoyé de Tailiao, Siniliyei, et l'ambassadeur de Song furent emmenés par l'armée en marche.

Le cinquième mois, Taitzou pénétra dans les régions au nord du fleuve Hôn-ho, envoya en avant le fils de son frère aîné Meoliyangho pour ravager le pays de Shang king du royaume de Tailiao et le suivant peu après, il confia à un certain Ma-y une proclamation qu'il devait aller communiquer à la ville de Shang-king (2).

Meoliyangho descendit alors vers le midi, rencontra l'armée de Tailiao forte de 5,000 hommes, et l'attaqua. Le gros de l'armée d'Aisin arriva à sa suite et battit celle de Tailiao. Taitzou, s'approchant de Shang-king, envoya un de ses gens avec une proclamation disant aux habitants de cette ville : « Le roi de Tailiao ayant perdu toute autorité, tout est dans le trouble et la peine. Mais depuis que mon armée est sur pied, toutes les villes qui, se fiant en leur solidité, ne se rendent pas, ont été prises d'assaut. Celles qui se sont soumises je les ai traitées avec bienveillance. Vous l'avez certainement appris. Depuis que votre gouvernement a demandé la paix, il n'a que plus cherché à nuire. Pour moi je ne désire nullement faire éprouver aux peuples de cet empire le fléau du feu et de l'eau, mais déjouant ses ruses je dois combattre (votre gouvernement). C'est pourquoi j'ai envoyé Meoliyangho et d'autres successivement vous demander d'entrer en arrangement avec moi; mais vous n'écoutez point mes envoyés. Dès lors je ferai donner l'assaut à votre ville et la détruirai. Comme je fais la guerre justement, je ne supporte point de tourmenter inutilement les peuples. C'est pourquoi je vous ai annoncé ouvertement, par une proclamation, les calamités ou le bon-

---

(1) Yan king est Peking. — Wargi king est Tai-tong.
(2) La capitale principale. — Shang king est en dehors de la frontière et à 360 milles au nord-ouest de Kouang ning.

heur (qui attendent les peuples selon qu'ils répondent ou non, à mes avances). »

Après qu'il les eut avertis de réfléchir sérieusement au parti à prendre, les habitants de Shang king, réunis en grand nombre, profitant du temps accordé aux mesures de défense, fortifièrent la ville. Alors le roi d'Aisin Taitzou ordonna l'assaut; pendant l'attaque il dit à Siniliyei, envoyé de Tailiao et Joo liang tze, envoyé de l'empire des Songs : « Voyez comment, dans ses manœuvres, mon armée va et vient. » S'approchant ensuite de la ville, il y fit conduire toute l'armée par ses capitaines. De bon matin, au son du tambour, l'attaque se donna. On était à l'heure du serpent, lorsqu'un officier d'Aisin du nom de Shemou, à la tête de ses soldats, escaladant les murs, s'empara de la ville extérieure. Alors le commandant de la ville, Tabouyei se soumit à Taitzou ainsi que toute la ville. (Voyant cela) Tchao liang tze, l'envoyé des Songs, prenant un verre de vin et le levant en l'air, proclama Taitzou l'empereur aux dix mille ans (1). Ce jour là les chefs de la ville de Shang king ainsi que le peuple obtinrent une amnistie complète.

L'armée d'Aisin avançant toujours était arrivée au fleuve Ouhe. Wabou fils du roi Taitzou ayant réuni tous les officiers dit au roi : « Ce pays est éloigné, le temps est très chaud ; les soldats et les chevaux sont fatigués, harassés ; si nous pénétrons profondément dans le pays ennemi, les vivres nous manqueront et je crains que la situation ne devienne difficile. » Taitzou se rendit à cet avis et l'armée se retira. Yoi-tou, général de Tailiao, marchant contre Shemou d'Aisin, s'avançait près du fleuve Liao-ho pour l'attaquer ; mais Ouda et Beida d'Aisin le surprirent et le défirent.

Le neuvième mois, Silikouto de la tribu Tzou-wei ayant tué deux mandarins d'Aisin, Tcheo wa et Puhôte, se révolta. Taitzou envoya son général Walou pour combattre Silikouta. Walou partit avec son armée, attaqua Silikouto, le défit, fit mettre à mort les quatre principaux chefs de son armée et rétablit l'ordre parmi les autres.

Le onzième mois, le commandant de la capitale orientale étant venu demander que l'on gardât les enfants pris comme ôtages et que l'on échangeât les autres. Taitzou lui dit : « Les enfants pris en ôtage ont déjà regagné leurs champs et leurs maisons. Faire l'échange des autres est impossible ; on doit s'en tenir aux anciens usages. »

(1) Qualificatif des empereurs chinois; immortel.

La cinquième année Tien fou (1122), le général Niyamouho vint dire au roi : « Le roi de Tailiao ayant perdu sa puissance, le cœur de ses peuples s'est détaché de lui. Depuis que notre armée est sur pied, notre empire s'est constitué ; mais si nous n'en renouvelons pas la racine, les désastres viendront dans la suite. Nous devons donc saisir avec ardeur et force l'occasion qui se présente de les écarter. Le temps du ciel (la saison) ne contrarie pas l'œuvre de l'homme. » Le roi approuva ces paroles. Le cinq du cinquième mois, Taitzou après avoir percé d'un coup d'arc un bois fendu, réunit ses officiers en un banquet. Le roi dit alors à Niyamouho : « Après avoir délibéré, je vais envoyer porter la guerre à l'Ouest. Tout ce que tu m'as dit à différentes reprises est entièrement conforme à ma pensée. Bien que dans ma famille il y ait des gens plus âgés que toi, la charge de général ne convient qu'à toi seul. Attends que l'armée se mette en marche et alors commande-la. » Et il lui ôta son vêtement pour le revêtir d'un autre à lui. Le général de Tailiao, Yelioi yoi tou se sépara du royaume de Tailiao et vint se joindre aux troupes d'Aisin.

Le cinquième mois supplémentaire, Sak'i qui était kuelòn hòlu boujiliyei, mourut. Taitzou était à ses funérailles, monté sur un cheval blanc ; dans son chagrin et au milieu de ses sanglots, il sacrifia son cheval.

Le sixième mois Taitzou se donna pour successeur à l'empire son frère cadet Oucimai qui était an ban boujiliyei. A cette occasion il lui donna des lettres patentes portant ceci : « Toi qui es le fils de la même mère que moi, nous sommes de par le droit un seul et même corps. C'est pourquoi je te fais mon successeur. Tout acte des armées que tu constateras certainement nous être hostile ou rebelle punis le selon les lois de la justice. Désormais en tout acte d'importance grande ou médiocre suis les anciennes lois de notre royaume. » Après cela il nomma She Yei, Pugiyanou et Niyamouho respectivement hòlu boujiliyei, ou boujiliyei et yioili boujiliyei (titres d'une hiérarchie féodale).

Niyamouho donna de nouveau cet avis au roi : « Tous nos soldats sont depuis longtemps rentrés chez eux. Aussi tous désirent la guerre ; les chevaux se sont engraissés. C'est l'occasion, prenons la capitale du centre de Tailiao. » Les officiers observèrent : « la température est froide, ce n'est point le moment de combattre. » Ces paroles ne plurent point à Taitzou ; se rangeant à l'avis de Niyamouho, il nomma son frère cadet She yei, qui était hôlou boujiliyei, commandant en chef de toutes les armées; et lui donna pour lieutenants Pougiyanou, Niyamouho, Walou, Walibou et Poulouho. Il dit alors : « Le royaume de Tailiyao n'a point de fondement, les hommes et les esprits l'ont abandonné; il il faut unir tout en un seul royaume. Je vous confierai la grande armée et vous enverrai l'attaquer. Veillez avec soin sur les opérations de l'armée, choisissez et employez la meilleure tactique; usez des récompenses et des châtiments. Ne détruisez pas les aliments, ne faites point de mal à ceux qui se soumettent, ne pillez pas inutilement. Ce que vous saurez devoir être, faites-le. Ne retardez pas ce que l'armée doit faire à un moment déterminé; tenez secrètes les opérations à exécuter. » Puis il ajouta : « Si en vous emparant de la capitale du centre, de la capitale de Tailiao vous prenez un objet quelconque se rapportant aux lois, ou à la musique, des tableaux peints représentant les localités, des livres et papiers, envoyez-les moi par les stations postales. » Là-dessus les officiers partirent emmenant l'armée.

La sixième année Tien fou (1123) le premier mois, Sheyei, le général en chef d'Aisin, après avoir détruit les villes de K'eou, An et Hôi, prit la capitale centrale de Tailiao, puis après la ville de Tze-tcheou (1).

Le deuxième mois, Niyamouho et les autres généraux d'Aisin battirent l'armée de Si-wang et de Sian-moo de Tailiao près de Pean-tcheou et les habitants de cette ville se soumirent à Aisin. Puis Oulilan, jiyei-toutze de Tailiao en fit autant avec toute sa tribu. Sheyei, général en chef d'Aisin, envoya alors annoncer ses victoires et porter l'argent et les pierres précieuses qu'on avait pris.

Le roi Taitzou lui envoya une proclamation où il disait : « J'ai appris qu'étant parti avec votre armée vous avez parfaitement rempli votre devoir, vous vous êtes emparés des villes que vous avez attaquées; que, les ayant prises, vous y avez rétabli l'ordre parmi les peuples et j'en ai conçu une joie indicible. Maintenant, vous conformant à mes instructions, divisez l'armée en plusieurs corps et envoyez-la demander la soumission volontaire des tribus des montagnes. Lorsque ce sera définitivement arrangé, envoyez-moi quelqu'un me l'annoncer. Si vous ne pouvez pénétrer au nord des montagnes; formez-y un camp, entretenez les chevaux et attendez l'automne. Vous y pénétrerez alors avec la

---

(1) K'eou tcheou et An tcheou étaient de l'arrondissement de la capitale centrale (Ta-ting-fou). Celle-ci est maintenant au delà de la frontière de Yong Ping.

grande armée. Faites tout ce que, après mûre délibération, vous aurez jugé nécessaire. Si vous me demandez de renforcer le nombre de vos soldats, faites-moi savoir le nombre que vous désirez. Ne vous reposez pas sur vos victoires et ne tombez pas dans la négligence. Traitez bien les peuples nouvellement soumis, attirez-les à vous de cette manière. Faites connaître complètement mes paroles aux officiers et aux soldats. »

Niyamouho, s'étant établi dans la ville de Pe-an-tcheou (1), envoya Si-yn-se piller les environs. Ayant pris un officier de Tailiao, nommé Yelioi-Sinilyei, il l'interrogea, et apprit de lui que le roi de Tailiao avait l'habitude de venir chasser près de la ville de Youwan lang li; que ce roi ayant conçu de la haine contre son fils le Tchin wang, parce que tout le monde lui témoignait l'estime qu'il méritait, l'avait fait tuer et que tous les cœurs s'étaient détachés de lui, en outre, que l'armée des deux provinces occidentales au nord et au sud étaient composée de gens vieillis et affaiblis. En conséquence Niyamouho envoya dire au général de son armée, Sheyei : « Le roi de Tailiao, bien que réduit à l'extrémité, est constamment à la chasse sans se préoccuper du dépérissement et de la chute de sa puissance. Ayant tué son fils le tchin-wang, il a indisposé contre lui les cœurs des peuples et de leurs chefs. J'attends de ta décision les moyens d'attaquer et de conquérir. Si l'on perd l'occasion propice, il deviendra dans la suite difficile de combattre avantageusement. Si tu es d'un autre avis, j'irai combattre avec ma seule armée, bien que peu nombreuse. » Sheyei se rendit à cet avis.

Le troisième mois, le général en chef d'Aisin, Sheyei envahit le pays de Tching-ling et Niyamouho celui de Piao-ling. Lorsque, marchant contre le roi de Tailiao, ils arrivèrent à Yuwan-yanghi, le roi s'enfuit dans sa capitale de l'ouest. Niyamouho le poursuivit jusqu'à Pu sui li mais ne put l'atteindre; il s'empara seulement de ses trésors et de ses pierres précieuses. L'armée d'Aisin étant arrivée devant la capitale occidentale, les habitants se rendirent, puis peu après firent défection.

En ce même mois, Yelioi-liei-li, prince tchin jin koue de Tailiao se fit proclamer roi à Yen king.

En ce même temps les vivres venaient à manquer dans l'armée d'Aisin, tous les officiers, après avoir tenu conseil, étaient d'avis de cesser le siège de la capitale occidentale. Meoliyangho dit alors : « Cette ville est

---

(1) Pe-an-tcheou est du département de la capitale du centre.

le centre de tout ; si nous la laissons de côté sans la prendre, les peuples qui se sont soumis, se détacheront de nous. Les soldats qui restent au roi de Tailiao se joignant au royaume de Hia (1) et voyant notre inaction, viendront nous écraser. Alors les plus grandes récompenses ne suffiront pas pour ramener le courage de nos soldats. »

Cette nuit même un grand feu semblable à un vase s'éleva du sein de la ville. A cette vue, Meoliyangho s'écria : « C'est là le présage de la chute de cette ville. » Aussitôt entraînant l'armée avec Niyamouho, il commença l'attaque. Le frère du roi, Shemeo, à la tête de ses gens livra l'assaut à la ville et s'en empara.

Le même mois, She-yei, général en chef d'Aisin, quitta la résidence occidentale et s'en alla à Pe-sui-li. Pougiyanou, ou boujiliyei d'Aisin, étant allé piller les régions de Tiyei-yoi-tchuwan de la tribu Pi-si, au royaume de Tailiao, fut battu par l'ennemi. Dans sa retraite il rencontra l'armée de Sala. Retournant alors au combat, il gagna le fleuve Hôwang sui et infligea une défaite complète à la tribu Pi-si. Le général Yelioi tan qui s'était soumis au royaume d'Aisin après avoir gagné par des accords volontaires les tribus de l'ouest et du sud, se porta vers le royaume de Hia occidental. Le général Yelioi joo tang le suivit. La garnison chinoise des deux villes de Jin sou et Si piang, comptant plus de 4000 hommes s'en allait, ayant fait défection ; Yelioi-tan la poursuivit et la captura. Semeo et Leosi, généraux d'Aisin, soumirent par un traité de paix les quatre villes de Tiyen te, Yon nei, Ning pian et Tong sing (2) et firent Asou prisonnier. Les soldats d'Aisin ne le reconnaissant pas, lui demandèrent qui il était. Asou répondit : « je suis le démon qui a détruit le royaume de Tailiao. »

En ce temps là les villes de la province de Sansi, ainsi que toutes les tribus, après s'être soumises au royaume d'Aisin, ne restèrent point généralement fidèles en leur cœur. Le roi de Tailiao gardait les monts Insan. Le général en chef d'Aisin envoya le troisième fils de son roi Taitzou, Walibou, dire au roi de venir lui-même à l'armée.

Le cinquième mois, Walibou, arrivé à la cour, raconta les hauts faits

---

(1) *Hia*, nom d'un royaume fondé par les Tangoutes sur le Hoang-ho au nord ouest de la Chine. Leur chef reçut l'investure royale du souverain de Tailiao en 990. Le royaume de Hia se soumit en partie aux Mongols en 1209. En 1227 les derniers restes en furent anéantis par Tchin-ghis-khan.

(2) Ces quatre villes sont situées sur le territoire du San tong.

exécutés. Tous les mandarins se réunirent pour le féliciter et lui offrir un banquet selon la coutume. Le roi leur dit : « Je dois d'abord donner de justes éloges à Walibou qui, avec 40 cavaliers, a traversé tous les champs de la guerre et a franchi, pour venir ici, plusieurs milliers de milles. » Walibou reprit : « en ce moment la province de Yontzong (1) vient d'être soumise. Mais les armées de Tailiao, répandues en différents endroits, montent à plusieurs dix-milliers d'hommes. Le roi de Tailiao habite entre Insan et Tiente; Yelioi-niyei-li, s'est fait roi lui-même à Yen. Le cœur des peuples nouvellement soumis n'est pas encore affermi dans sa soumission. C'est pourquoi tous les officiers demandent que le roi vienne lui-même à You-tzong (1). »

Yelioi-niyei-li de Tailiao envoya demander que l'armée d'Aisin cessât de le combattre; Taitzou lui envoya par Yang-liyan une lettre dans laquelle il lui disait de se soumettre.

Le premier jour du sixième mois, Taitzou roi d'Aisin vint lui-même attaquer le royaume de Tailiao, laissant l'an-ban-boujiliyei Oumicai, chargé de veiller aux intérêts de l'empire. Taitzou adressa une proclamation au peuple et aux magistrats de Shang-king; il y disait : « Moi, faisant la guerre par la volonté du ciel, j'ai soumis trois capitales. Mais je n'ai pas encore pris le roi de Tailiao ; mon armée ne peut donc s'arrêter. On m'a maintenant demandé de venir moi-même à Shang-king diriger les opérations, si quelquefois les peuples nouvellement soumis, pris de crainte et hésitants voulaient abandonner les lieux où ils sont établis et sortir de Douni liyoi. Peuples, qui, faisant défection après vous être soumis, êtes tombés dans des dangers et dans des extrémités fâcheuses, j'ai voulu que cette proclamation vous fût adressée, venez à moi et évitez une nouvelle faute. Si vous n'obéissez pas à mes ordres, on vous mettra à mort sans épargner vos enfants et vos femmes. »

Ce même mois, Yelioi-niei-li de Tailiao mourut. Le prince de Hia envoya une armée de 30,000 hommes sous la conduite de Li-zhin-fou, au secours du royaume de Tailiao. Arrivé à la frontière de Tien-te, il rencontra les deux généraux d'Aisin, Walou et Lousei. Ceux-ci battirent l'armée de Hia, la poursuivirent de près jusqu'à Yei-kou et lui tuèrent plusieurs milliers d'hommes. Au passage d'un fossé l'eau s'éleva subitement ; un grand nombre des soldats de Hia y tombèrent et se noyèrent.

---

(1) Youtzong est la province de Taitzong.

Le septième mois, le gouverneur chinois, établi dans la ville de Shang-king au royaume de Tailiao, nommé Moo-basi, fit soumission au royaume d'Aisin, entraînant avec lui plus de 2000 familles. Si-in, général d'Aisin ayant fait Asou prisonnier, vint rejoindre le roi Taitzou ; celui-ci fit bâtonner Asou et le laissa aller.

Le huitième mois, Taitzou s'était rendu à Youwen-yang-li, She-yei, général en chef d'Aisin vint avec tous les officiers au devant de lui. Celui-ci voulant se porter contre le roi de Tailiao envoya devant lui ses deux généraux Pougiyanou et Walibou avec 4000 hommes. Pougiyanou et Walibou partirent avec leur armée ; marchant jour et nuit, sans regarder à la fatigue des chevaux, ils atteignirent le roi de Tailiao à à Si-niyan. Des 4000 hommes d'Aisin, 1000 seulement les avaient suivis, l'armée de Tailiao comptait 25,000 hommes et combattait sur les remparts de son camp. Pougiyanou ayant réuni en conseil tous les officiers, Youelioi-yoi-tou dit : « le gros de notre armée n'est pas encore arrivé ; les hommes et les chevaux sont harrassés il ne faut pas livrer bataille. » Walibou répondit : « si, après avoir atteint le roi de Tailiao, nous ne l'attaquons pas, il fuira lorsque le soir sera venu et nous ne pourrons le prendre. » Cela dit, brandissant son glaive, il s'élance à l'attaque ; l'armée de Tailiao était entourée de nombreuses palissades. Celle d'Aisin l'atteint et combat à mort. Le roi de Tailiao voyant le petit nombre des ennemis et se disant que leur défaite était certaine, descendit de la hauteur où il se tenait avec ses femmes pour contempler le combat. Alors Loï tou le montrant aux généraux dit : « cette bannière plantée là doit être celle du roi de Tailiao. Venez avec moi, approchons-nous à l'improviste et abattons-la. » La cavalerie fond dessus ; le roi de Tailiao l'apperçoit ; pénétré de frayeur, il prend la fuite. Alors Walibou revenant en arrière rencontre Taitzou. Celui-ci lui dit : « Le roi de Tailiao n'est pas allé loin ; atteinds-le promptement. » Et lui donnant 1000 soldats, il l'envoya à la poursuite.

Un officier résidant dans la capitale d'Aisin, appelé Hôn-tchou, battit à K'eou tcheou un général de Tailiao nommé Si-han avec 60,000 hommes. La tribu Deli-deman de Tailiao se soumit à Aisin. Walibou et Pougiyanou poursuivirent le roi de Tailiao jusqu'à Ouli-jidou, mais ne purent le saisir.

Le neuvième mois Taitzou se porta sur Sao-li ; son général Shemou ayant écrasé les familles et tribus de la résidence centrale, qui s'étaient révoltées, soumit par un traité les jòn et les hien de Tzong-hai. Yelioishen-tze, jiei toutze de Tailiao vint avec de nombreuses tribus se soumettre au roi d'Aisin.

Taitzou envoya une proclamation par l'entremise de Loubousi habitant de Kui-hôwa tcheou (1). Il y disait : « Après vous être soumis, vous vous êtes révoltés entraînant tous les autres après vous ; je ne puis pardonner ce crime. Qu'y a-t-il donc à faire ? Quand vous vous êtes attachés à moi sans y mettre de retard, vous ne connaissiez pas encore les lois et coutumes. C'est pourquoi je veux encore entrer en accord avec vous. En vous soumettant sur le champ, vous réparerez votre faute ; et je remettrai en place les anciens magistrats. » Les gens de Kui-hôwa tcheou se soumirent complètement.

Le roi d'Aisin, Taitzou, arrivé dans cette ville, y apprit que Meoliyangho était tombé malade ; il voulut aller le visiter, mais Meoliyangho mourut avant son arrivée ; il avait alors 40 ans. Le roi n'ayant donc pu le voir, se mit à sangloter et dit à ses officiers : « Le fils de mon frère aîné surpassait tout le monde en habileté et en prévoyance ; valeureux au combat il ne peut être comparé à qui que ce soit. » Dans ces sentiments il fit faire pour lui un deuil de grande pompe et d'un rang supérieur à celui du défunt. Par ordre du roi son gendre Sigiyenou fit enterrer le corps de Meoliyangho à Koui-hôwa tcheou. Sur sa tombe il éleva un temple à Bouddha.

Meoliyangho était d'une stature élevée, d'un aspect noble ; très perspicace, il excellait à trouver les expédients et à prévoir. Plein de piété filiale et de convenance, humain, attentif en tout il était aimé et désiré de tous. Les habitants de Feng-tcheng au Tailiao se soumirent au royaume d'Aisin.

Le premier du dixième mois, Taitzou vint à Feng-tcheng-tcheou. De là il envoya à Yoi-tcheou (2) une proclamation dans laquelle il disait : « Quand j'ordonne à mes officiers de traiter les peuples avec bonté, pacifiquement, de ne faire tort à personne, ces gens grossiers ne comprennent pas cette conduite. Ils ne fuient que plus dans les montagnes et les forêts pour se révolter. Si j'envoie l'armée, ils ne soutiennent pas le choc. C'est pourquoi je dois bien être indulgent sans distinguer si la

---

(1) Kui-hôwa tcheou était dans le département de la résidence occidentale.

(2) Feng-tcheng-tcheou et Yoi-tcheou appartiennent toutes deux au département de la résidence occidentale.

faute de ceux qui résistent et s'enfuient, est grave ou légère. A ceux qui viendront en communautés complètes se soumettre à mon autorité, il faut donner des magistrats héréditaires, Si les esclaves se soumettent avant leurs maîtres, il faut les constituer maîtres. » Là dessus les habitants de Yoi-tcheou firent leur soumission.

Le douzième mois Taitzou vint assiéger Yan-ting. Confiant une armée de 7000 hommes à son troisième fils Walibou, il le fit partir le premier et envoya Ougounai à Te-siang-keo et In-jou-kou au défilé de Jioi-yong-kouwan. Il donna le commandement de la gauche à Leosi et celui de la droite à Poulouho. Taitzou vint ensuite lui même au défilé de Jioi-yong-kouwan et là après une défaite complète, les troupes de Tailiao qui gardaient la frontière, se précipitèrent des roches et y trouvèrent la mort. L'armée du Tailiao se dispersa sans combattre. L'impératrice Siao-te-fei (1) s'échappa et s'enfuit à Tien-te jon.

Le général en chef de Tailiao, Kouo-Luse, qui avait la charge de tou-jiya se soumit, et écrivit à Taitzou pour le lui annoncer. Taitzou ayant passé le défilé de Jioi yong kouwan, entra dans Yan-king par la porte du sud. Puis il chargea In-jou-k'ou et Leosi de ranger toute l'armée depuis le dessus jusqu'en dessous de la ville. Tzo-tchi-kong, magistrat de Tailiao réunit alors tous les fonctionnaires, Zong-wen, Sao Yong-y, Jang-yan-tzong, K'ong-kong-bi, Lio-yan tzong et autres, et écrivit au roi une lettre de soumission en nom commun. Tous ces fonctionnaires se rendirent au camp, se prosternèrent devant le roi en implorant le pardon. Taitzou pardonna toute faute, puis s'étant rendu à la cour Te-sing-tiyen, tous ses officiers vinrent lui offrir leurs félicitations. Taitzou envoya ensuite Tzo-tchi-kong reconstituer le gouvernement des *tcheou* et *hien* du département de Yan-king.

Sur ces entrefaits, Yelioi-dasi, lin-ya de Tailiao, leva une armée et vint attaquer la ville de Feng-tcheng tcheou ; il établit son camp à l'est de la porte Long à une distance de 25 milles. Walibou d'Aisin l'ayant appris envoya une armée sous la conduite de Yooli, Leosi et Ma-ho-sheng pour le chasser de là. Ces généraux ayant vaincu ces troupes prirent Yelioi-dasi et forcèrent toute son armée à la soumission. Dans ce même temps un individu de Hôwang long fou s'étant révolté, le neuvième fils de Taitzou, Tyong-fou, le poursuivit et le défit complètement.

(1) Siao-te-fei était l'épouse de Yelioi-niei-li.

La septième année Tien fou (1124), le premier mois, le prince Hôili-boo de Tailiao se déclara lui-même souverain. Tze-li-ai, jiei-toutze de Ping-tcheou au royaume de Tailiao s'étant rallié au royaume d'Aisin, le roi Taitzou lui envoya une proclamation repoussant la demande de pardon du peuple de cette ville. Il adressa ensuite à l'an ban boujiliei Oucimai une lettre dans laquelle il disait : « Lorsque nous avons envoyé notre frère cadet Oudoubou ; il a chassé les peuples de toutes les tribus sur les sommets des montagnes. Méchant, cruel, Oudoubou a excité le peuple, l'a porté à la rébellion par ses vexations. Méprisant mes ordres, il en a fait périr un grand nombre. Il doit subir une peine sévère. S'il s'élève quelque doute en votre esprit, mettez-le en prison et attendez. »

En ce même temps les gens de Tzitcheou vinrent se soumettre à à Taitzou et peu après se rebellèrent. Un homme du peuple leur dit : « La première fois que les armes d'Aisin prennent des villes, ils les traitent avec bonté ; après cela, ils les pillent et dépouillent. » A ces mots, un magistrat du nom de Tzeli-ai voulut vanter devant le peuple les vertus du roi Taitzou, mais le peuple ne le crut point. Tzeli alors écrivit au roi : « que le roi publie une proclamation solennelle et envoie des magistrats qui fassent connaître les vertus et la justice du souverain. Si par la suite on attaque l'empire des Songs et qu'il se soumette, qu'on le traite avec bonté, s'il résiste qu'on lui fasse la guerre. Ainsi l'armée sera exempte de maux nouveaux et l'empire sera fermement établi. »

Le roi ayant vu cette lettre en fit grand éloge et conclut avec toutes les tribus un traité qui leur rendit l'ordre et la paix. Les villes de Tailiao, Y tcheou, Jin tcheou, Sian tcheou, Tcheng tchuwan, Hoo tcheou, Yi tcheou se soumirent au royaume d'Aisin (1). En suite de quoi le roi Taitzou lança une proclamation disant : « Les peuples et familles des tribus qui se sont empressés de se rallier à notre empire, n'ont point encore le cœur en paix. Maintenant les travaux de la campagne ont commencé et s'étendent, il convient qu'on envoie donner les instructions convenables aux officiers qui commandent l'armée. Car je crains qu'en retenant inutilement les soldats à l'armée, en tracassant et excitant les gens du peuple, on n'entrave la culture des champs. »

Le second mois, Taitzou envoya un certain Saba porter une procla-

(1) Yn tcheou et Jin tcheou sont dans la province de Sing tzong fou.

mation à Sing tzong fou (1) ; entré en pourparler avec le peuple de cette ville, il l'amena à se soumettre. Tian sian, jiei toutze de Lai tcheou au royaume de Tailiao, Toutze-hôi, tszetze de Si tcheou ; K'uo yong fou, tszetse de Tchian tcheou et Yang tcheng, tzetze de Jôn tcheou (2), du même royaume, vinrent faire leur soumission au royaume d'Aisin.

L'envoyé de l'empire des Song, Tchao liyang sze, vint demander que le roi Taitzou augmentât la quote part du tribut annuel de Yan king, que l'on discutât la fixation de la frontière, que l'on envoyât un mandataire le premier jour de l'an et le jour anniversaire de la naissance de l'empereur pour faire les présents d'usage et que l'on réglât les relations de commerce entre les deux états en établissant un marché. Il parla en outre des affaires de la résidence occidentale.

Taitzou envoya In-jou-k'ou et Tou-la-be à la cour des Song. Puis il adressa une proclamation au magistrat de Ping tcheou ordonnant de partager également les six villes du pays de Yan king, avec l'envoyé des Songs ; et décréta l'amnistie de toutes les fautes commises.

Ce même mois il changea le nom de Ping tcheou et l'appela la résidence du sud (Nan king), puis nomma Jang-jiyo au poste de Liyoseo de Nan king.

Le troisième mois l'an ban boujiliyei Oucimai lui demandait de faire mettre à mort son frère cadet Oudoubou, à cause de ses cruautés. Un officier du nom de Sibousi le reprit en disant : « Les frères aînés et cadets sont comme les os et la chair. Si, faisant taire les droits de l'humanité on passe à côté de la loi, la joie n'entrera pas dans l'empire et le palais. Il faut faire grâce de la vie à Oudoubou. Si le roi blâme mes paroles, faites-le moi savoir. » Oucimai, suivant cet avis, fit donner septante coups de bâton à son frère cadet Oudoubou et l'ayant emprisonné à Taitcheou, il en informa le roi.

S'e yei, généralissime d'Aisin, annonça au roi que Yelioi-ma-ye, Yoi tou, Ousi et Doula s'étant réunis, voulaient se révolter ; il fallait y pourvoir sans retard, disait-il. Le roi ayant fait amener Yoi-tou et ses complices leur dit avec bonté : « Moi qui ai conquis l'empire du monde je n'ai qu'une pensée commune avec mes officiers ; c'est par une même vertu que nous avons accompli ces hauts faits. Ce n'est point par votre

---

(1) Sing tzong fou est la résidence centrale de Tailiao. Elle devint par la suite la résidence septentrionale du royaume d'Aisin.

(2) Ces quatre villes dépendent de Sing tzong fou.

propre force que vous pourrez obtenir (ces grands biens). Maintenant on me dit que vous projetez de vous révolter. Si vous êtes sincères et fidèles je vous donnerai des chevaux, des selles, des cuirasses, des casques, des armes de guerre; ma parole ne trompe point. Mais si vous tombez une seconde fois entre mes mains après vous être révoltés, n'espérez pas que je vous ferai grâce de la vie. Si vous voulez me donner l'appui de vos forces, ne soyez pas hésitants dans votre fidélité, et moi je ne me défierai pas de vous. » A ces mots Yoï tou et ses compagnons saisis de frayeur tremblaient et se trouvaient incapables de répondre. Alors le roi ayant fait infliger septante coups de bâton à Doula, pardonna leur faute à tous les autres.

Le quatrième mois, Taitzou envoya ses deux généraux Walou et Walibou poursuivre le roi de Tailiao dans les montagnes d'In-san; puis il chargea Sigounaï et Poulouho d'aller voir tous les objets précieux et d'art de Yan king et de les transporter à l'intérieur du royaume, en deça du défilé de Song-ting-kouwan. Walou, Walibou et d'autres officiers poursuivirent Holiji, lu-youwan-sze de Tailiao et le saisirent à Pe-sui-li. La famille, la maison du roi de Tailiao, les Tchin wang, les Sin wang au nombre total de 15 hommes le suivaient. D'après ce qu'ils dirent, le roi de Tailiao avait laissé tous ses objets précieux à Tching-jong. Ayant appris d'eux qu'il était allé à Ing-tcheou avec une armée de 10,000 hommes, Taitzou envoya contre lui ses cinq généraux Tchao-li, Pei-te, Walibou, Leosi et In-jou k'ou. Walibou ayant rencontré le roi de Tailiao, l'attaqua et le défit complètement, et Siniliyei fils du roi (Tchao wang) s'empara du sceau de l'état.

Le cinquième mois, Jang Jiyo magistrat de la résidence du sud, se révolta et entraîna toute la ville après lui. Walibou et les autres officiers prirent Siniliyei, Yelioï dasi et Foumen-jou-ou, ainsi que le sceau du royaume et les donnèrent au roi. Un officier d'Aisin nommé Oulougnwan saisit le tchin wang fils du roi de Tailiao, le Sin wang et Yoï-joo yei et les conduisit au roi Taitzou. Un autre officier d'Aisin, Toulan, attaqua les treize montagnes des tribus Sougou, Jouweli, et Tiyei-li-sou, écrasa ces tribus, et tua un de ses officiers, Hôi-li-boo, qui s'était déclaré roi. Taitzou dans l'entretemps rétablit en état de paix le peuple et les magistrats de la résidence du sud.

Le sixième mois, le jour du singe rouge, Taitzou se sentant malade, revint à Shang-king (1). Ayant élevé le yoilai boujiliyei Niyamouho au au rang de Tou-tong, il fit Pougiyenou, ou boujiliyei et Walou, diei boujiliyei. Il laissa des troupes en arrière garder la frontière de Yôntzong. Par une lettre qu'il lui fit porter par un de ses gens, il fit venir l'an ban boujiliyei Oucimai. Cette lettre portait : « Après avoir détruit toute l'armée du roi de Tailiao nous sommes arrivés au royaume de Hia. Teliyei et Yoose, généraux du roi de Tailiao, ont installé furtivement son fils Yoli. J'ai chargé Niyamouho d'aviser au parti à prendre. Pour moi, après avoir fait la guerre si longtemps j'ai déjà acquis de grands mérites. J'ai ordonné de remettre en ordre les tcheou et les hiyen qui ont été pris, et cela étant fait, je me suis retiré des champs de bataille. Au huitième mois j'irai à Tchôn tcheou. Réunis les grands de ma maison, de ma famille et amène-les moi. »

Le premier jour du huitième mois, le chien mangea le soleil (2). Le roi d'Aisin Taitzou vint jusqu'à la rive septentrionale du fleuve Hôn-ho. Là l'an ban boujiliyei Oucimai, avec tous les grands de la maison royale vinrent le trouver. Le jour du singe blanc Taitzou roi d'Aisin mourut à Si-sing-kong, au pays de Boudouli. Il avait été 9 ans sur le trône ; il était âgé de 86 ans.

Le neuvième mois, Oucimai prit le cadavre du roi Taitzou et vint l'enterrer à Shang king dans le Ning s'en tiyen yamen, dans la partie méridionale de la ville.

(1) Shang-king est la ville de Hôi-ning-fou près de la montagne blanche.
(2 Il y eut une éclipse.

LIVRE II.

RÈGNE DE TAITZONG-OUCIMAI.

Le nom de Taitzong, roi d'Aisin, était Tcheng; son nom premier, Oucimai. Il était le quatrième fils de Helibou et frère cadet, par la même mère, du roi Taitzou. Sa mère s'appelait Nalnatza. Il naquit la première année du lièvre vert du temps dit Tai-keng de l'empereur Tao-tzong (1074); ce fut son oncle Ingkou qui l'éleva d'abord. Pendant que Taitzou était à la guerre il restait ordinairement veillant à la garde du royaume. Après la mort de Taitzou, arrivée le huitième mois de la septième année tien-fou, le neuvième mois de la même année, Sheyei, qui était alors koue-lôn-holo-boujiliyei, réunit le Yôn-wang Oudoubou, Sing k'ou, Wapen et tous les grands de la maison royale et invita Oucimai à s'asseoir sur le trône. Celui-ci déclara ne pouvoir accepter. Tous alors insistant pour qu'il prît le trône, il accepta tout en protestant de son incapacité. Wapen et tous ses frères cadets revêtirent Oucimai de la robe blanche royale, lui remirent le sceau d'état et le placèrent sur le trône.

Le roi Taitzong offrit un sacrifice pour annoncer son avènement au ciel et à la terre et fit grâcier les gens du dedans et du dehors coupables de fautes. Changeant alors le nom des années, Tien fou, il lui substitua Tien hoei (1).

Il ouvrit les magasins de l'état et distribua les vivres qui s'y trouvaient, selon le nombre des bouches des familles qui en manquaient.

She Mou (2) généralissime des troupes des provinces méridionales battit à Leo fang keo, un officier de Tailiao appelé Jangjiyo.

Le onzième mois, Taitzong, roi d'Aisin, envoyant à Niyamouho, toutong des deux provinces situées en face et en arrière du soleil couchant une centaine de blancs seings et lui fit dire : « Toutes les affaires de ces régions te sont maintenant confiées. Tout homme de bien que tu ren-

(1) Tien hô signifie le temps propice du ciel.
(2) She Mou était le neuvième fils de Taitzou.

contreras, tu me le feras connaître et ne crains pas que j'use de lenteur. De toute affaire qui se présentera, occupe-toi avec soin. »

Après que les bonzes du temple de Shang king (1) lui eurent donné un os de Bouddha, Taitzong retourna à sa cour. Shelou, frère cadet de Taitzong, porta ses armes vers la montagne Tou-el-san contre Jangjiyo de Tailiao, mais il éprouva un échec.

Le onzième mois, le roi d'Aisin envoya Walibou combattre Janjiyo. Walibou emmenant l'armée de She mou, partit de Kuwang ning et s'empara de toutes les villes voisines de la mer, puis il attaqua Jang jiyo au nord de la résidence orientale et remporta une victoire signalée. Jang jiyo se réfugia dans l'empire des Song. Les habitants de la ville prirent alors le père et les deux fils du vaincu et les livrèrent à Walibou qui les fit mettre à mort.

Peu après Walibou envoya demander à An tchong, prince des Songs, pourquoi il avait donné refuge à Janjiyo et le requit de le livrer. Le prince cacha Janjiyo et dit mensongèrement à l'envoyé que le fugitif n'était pas là. Walibou insistant pour qu'on le livrât tout de suite, An tchong fit tuer un homme qui ressemblait à Jan jiyo et le fit porter à l'armée d'Aisin. Mais les gens le reconnurent sans peine et dirent tous que ce n'était point Jan jiyo. A ces mots Wang an tchong, pressé dans ses retranchements, fit venir Jan jiyo, le mit à mort et envoya sa tête à l'armée d'Aisin.

Deux habitants de la capitale du sud, Jang-tong-tze et Jeng-tôn-kou, étant venu se soumettre à Walibou, celui-ci envoya Jeng-tòn-kou accompagné d'un de ses gens pour s'entendre avec les habitants de cette résidence. Mais Jeng-tôn-kou tua l'envoyé qui l'accompagnait et fit défection. Puis, sortant de la ville à la tête de 8000 hommes qu'il forma en quatre corps, il marcha contre Walibou. Celui-ci l'ayant défait le pressa à plusieurs reprises de se soumettre ; mais il répondit : « comme nous vous avons résisté et attaqué ; nous ne pouvons nous soumettre, la crainte nous en empêche. » Walibou, pressant encore Jang-tòn-kou de fléchir le genou devant le roi, parvint à l'y déterminer ; alors Jang-tòn-kou ouvrit les portes de la ville et se soumit. Taitzong reconnaissant que c'étaient Walibou, ses officiers et ses soldats qui avaient pris la résidence du sud voulut récompenser leurs mérites et donna à Walibou 50 pièces de monnaie de papier et dix écus d'argent.

(1) Hò ning fou.

Leosi, général d'Aisin, ayant défait l'armée qui occupait la montagne à l'ouest de Tzu-tcheou, fit prisonnier son général Jao kuwang j'i. — Waloubiye et Pouhasu, tous deux officiers d'Aisin battirent, près de Kui hôwa tcheou, l'armée de la tribu Bede-isi.

Le douzième mois, Taitzong éleva son frère cadet Shiyei au rang de Kue lôn boujiliyei et nomma an ban boujiliyei à sa place le fils aîné de Taitzou, Waben. Puis il envoya Li jing annoncer son deuil à la cour des Songs.

La deuxième année Tien-hoei (1124), le premier mois, Taitzong nomma son oncle maternel Mandouho, ashen boujiliyei et dès lors délibéra avec lui sur toutes les affaires du royaume. Des envoyés de Song étant venus lui demander de rendre les villes du San-si, Walibou et Niyamouho écrivirent au roi une lettre portant : « Le royaume de Song a recueilli nos fugitifs et n'a point voulu les rendre, il a coupé les chemins qui traversent, en divers sens, la province de Yan-san. Ils ont ainsi violé la parole jurée. Ne rendez pas les villes du San-si à l'empire des Songs. » Taitzong répondit à ces paroles : « ce serait violer la parole du feu roi » et leur fit dire de rendre les villes.

Niyamouho écrivit une seconde fois : « Quand le feu roi commença la guerre contre le Tailiao il entra en campagne de commun accord avec les Songs et ceux-ci nous promirent de nous donner le pays de Yen. Les Songs l'ont juré puis ils ont augmenté le tribut de soie et d'argent, et nous ont demandé de livrer les villes du San-si. Le feu roi s'y est refusé consentant seulement à rendre les villes, au cas où l'on n'augmenterait pas le tribut. Dans le texte du serment il est dit que l'on ne recueillera point les rebelles fugitifs et que l'on ne molestera pas les peuples des frontières. Or les Songs accueillent partout les transfuges et les entretiennent avec la plus grande faveur. Lorsque nous avons redemandé nos transfuges, en donnant par écrit les noms et noms de famille de ces fugitifs, le magistrat de Song, Tongkouan, conseilla de les donner conformément au traité, mais on ne nous en a point livré un seul. Cela a été consigné il y a un an dans le traité ; mais nous pourrions attendre dix mille générations avant qu'on l'observe. Loin de là les frontières de l'ouest ne sont pas encore fixées. Si vous rendez toutes les villes du San-si, toutes ces garnisons de nos armées seront perdues pour nous et bien que ces affaires soient arrangées, cela ne pourra durer longtemps. Ne rendez donc pas ce que l'on vous demande. » Taitzong approuva l'avis de Niyamouho et ne rendit point les villes.

Le prince du pays de Hiya envoya un ambassadeur présenter une lettre demandant que l'on établit des magistrats des frontières. Le roi Taitzong leur céda les tribus Isi-yele, le pays à l'ouest de Touloula, au nord du pays de Siyan-tza et au midi de la montagne In san.

Le deuxième mois, le roi Taitzong publia un édit portant que si quelqu'un détruisait et pillait les tombes des rois de Tailiao, il serait puni de mort. Taitzong, pour récompenser les mérites acquis dans les rapports avec le royaume de Hia et la destruction du Tailiao, présenta à Niyamouho dix chevaux et lui en fit choisir deux ; les autres il les donna aux chefs de l'armée.

Le quatrième mois il admit à se racheter les membres des familles transportées en dernier lieu à Ning kiang tcheou et ceux qui s'étaient vendus eux mêmes, le tout au nombre de 600 personnes. L'empire de Song envoya un ambassadeur assister aux funérailles de Taitzou. Par réciprocité, le roi chargea K'uo et Jou pou gou d'aller lui porter des objets ayant appartenu au roi défunt. Puis il envoya à la cour des Songs K'uo Sing fou, et Liao sing tze annoncer son accession au trône.

Le cinquième mois, un grand du nom de Holabou, dit au roi : « Jadis, chaque année on prenait aux confins de la Corée des chiens de mer et des faucons. Maintenant les bateliers de ce pays ont repoussé ceux de nos gens qui ont été en ces régions dans deux canots ; ils les ont même tués et ont pris leurs armes. » Taitzong répondit : « Il n'est pas bien de mettre l'armée sur pied pour une si petite cause. Que désormais on n'aille plus là sans ma permission et sans motif suffisant. »

Jang tôn kou de la résidence du sud s'étant de nouveau révolté, le frère cadet du roi, Shemou, prit cette ville d'assaut et tua son gouverneur rebelle.

Le septième mois, le deuxième fils du roi Taitzong, Sing kou, mourut.

Un grand d'Aisin, du nom de Gousida, dit au roi : « Les Coréens reçoivent les rebelles qui se sont soulevés contre nous et cherchent à étendre leurs positions pour les fortifier. Evidemment leurs dispositions à notre égard sont changées. » Le roi répondit à Gousida par une lettre publique dans laquelle il disait : « il faut réclamer nos fugitifs et s'ils ne nous les rendent pas, il leur arrivera malheur. Dans tout ce que vous m'enverrez demander, il ne faut rien faire qui soit contraire à la justice. Si l'on nous lèse en quelque chose, mettez votre armée en ordre de bataille et attaquez; mais ne molestez pas le premier. Quoique nous ayons été vainqueurs jusqu'ici, ne vous négligez pas. » La tribu d'Ou-ho soulevant tous ses campements fit en ce moment défection ; Taitzong envoya le tze-boujiliyei Pougiyanou les combattre et les réduire à l'obéissance.

Le huitième mois Taitzong envoya un ambassadeur féliciter l'empereur des Songs à l'occasion de l'anniversaire de sa naissance. Talan, chef de la tribu Ningoun (1), faisant partie de l'état d'Aisin, attaqua Joo gouya de la tribu Yao-niyan, et tua son général Holotzoo, puis détruisit les armées des pays de Yin-youwan et Sing tzong dans les montagnes de Lo-to-san. Aussi Taitzong envoya à Talan en présent dix pai d'argent.

Le dixième mois, le jour du cheval blanc, c'était le jour anniversaire de la naissance de Taitzong ; l'empire des Songs et l'état de Hia envoyèrent féliciter le roi d'Aisin. Jao gu Ya, chef de la tribu Yoo-niyan au royaume de Tailiao vint avec tous ses gens se soumettre au roi d'Aisin, à la suite de quoi les habitants de Sing-tzong-fou en firent autant.

Walou (2) qui était alors gouverneur des deux provinces orientale et occidentale écrivit au roi en ces termes : « Un grand (3) de Tailiao, nommé Tabouyei venant faire sa soumission nous a avertis que Yelioidasi s'est déclaré roi, a constitué des autorités au sud et au nord, et possède une armée de 10,000 cavaliers. Le nombre des familles qui ont suivi le roi de Tailiao, ne s'élève pas au dessus de 4000. Fantassins et cavaliers dépassent les dix mille. Se rendant à la ville de Tien-te, il s'est arrêté à Yoi tou gou. » Taitzong lui répondit par une lettre portant : « Si tu attaques et mets en fuite le roi de Tailiao, observe en ce faisant les lois de la justice. En ce qui concerne Yelioi-dasi attends mes instructions avant de l'attaquer. »

Le onzième mois le général Shemou d'Aisin emporta la ville de Ytcheou prit le mont Sheyasan, et tua le gouverneur Han-tching-min.

La troisième année Tien-hoei (1125) qui était celle du cheval rouge, le premier mois, les états de Song et de Hia envoyèrent un ambassadeur pour assister à l'enterrement du feu roi (4) et féliciter Taitzong de son avènement au trône. Le général d'Aisin Leosi ayant pris le roi Yansi de Tailiao à Yoi tou gou, Taitzong donna à Leosi un hiowan (5) de fer, lui

---

(1) Ou de six tribus ; les habitudes du mandchou rendent la première version plus probable.
(2) Second fils de Heje.
(3) Tchiang wen.
(4) Le cadavre avait été conservé jusqu'alors selon la mode chinoise.
(5) Le hiowan ressemble à une tuile, il se donne au mérite.

fit dire de punir de la bastonade les crimes capitaux et de pardonner les autres.

Taitzong étant venu prendre le roi de Tailiao fait prisonnier, Taitzong alla annoncer cet événement dans le temple de Taitzou. Le roi de Tailiao arrivé à la résidence fut présenté devant Taitzong et celui-ci le réduisit au rang de prince (Hoi bin wang). Un officier du nom de Siao-pe-jiei ayant trouvé le sceau du trésor de Tailiao le porta à Taitzong.

Le sixième mois, Taitzong envoya Li yong annoncer à la cour des Songs l'heureux évènement de la prise du roi de Tailiao. Puis il porta un décret adressé aux magistrats du dedans et du dehors, à la famille et à la maison royale, leur annonçant qu'il leur était interdit d'imposer des corvées au peuple. Le gouverneur de la résidence du midi, ayant trouvé des vers à soie qui faisaient d'eux-mêmes de l'étoffe de soie dans la plaine de Jin tcheou, les envoya à la cour.

Par une proclamation, Taitzong défendit aux maisons riches d'acheter les gens pauvres pour en faire des esclaves. S'ils emploient les menaces pour se les procurer, pour un homme on leur en prendra la valeur de quinze; s'ils les achètent par fraude, pour un on leur en prendra deux. Les uns et les autres subiront une bastonnade de cent coups.

Le dixième mois, deux fonctionnaires de la frontière des Songs, Tong-kuen et K'ü-yao-tze, préparèrent des armes de guerre. L'ayant appris, le général d'Aisin, Shemou, écrivit à Taitzong pour l'en informer. De leur côté Niyamouho et Walibou demandaient au roi de donner ordre d'attaquer l'empire des Songs. Taitzong, se rendant à leur avis, envoya tous ses officiers envahir l'empire chinois; il fit son frère cadet l'anban boujiliyei Shiyei (tou you wan souwai) (1) général en chef de toutes les armées et le yoilai boujiliyei Niyamouho général de l'aile gauche. Il nomma en outre Wan-yan-sin-in, général et commandant jiyangiyôn) et Yelioi-yòi-tou général lieutenant (toujyan) de l'aile droite. Puis il les envoya, de la résidence du midi, envahir la province de Tai youen et nomma Talan gouverneur de la province des six tribus.

Walibou, troisième fils de Taitzou, fut en même temps fait Toutong. et Shemou designé comme son successeur, tandis que Lio yan tzong était chargé du commandement (toutong) des Chinois. Après quoi le roi

---

(1) Youwansouwai, Jianjiyôn, Toujiyan, Tou tong sont des titres supérieurs de fonctions militaires en l'état de guerre. Sijing est Taitong.

les envoya tous trois envahir la province de Yan san. Taitzong éleva un temple à Taitzou dans la résidence occidentale. Hannan général préposé à la garde des frontières de Song, vint avec son armée se soumettre au roi d'Aisin.

Le douzième mois, Niyamouho d'Aisin étant entré dans la province de Tai youen, força la ville de Song-sou tcheou, à la soumission. Walibou envahit avec toute son armée la province de Yan san passa le fleuve Peho sous les yeux des trois généraux de Song, Kouyutze, Jangtchi-hô et Lio shun jin, défit les soldats de Song et en tua un grand nombre. Pou-siyan, général d'Aisin, battit l'armée de Song près du défilé de Kou-pe-keo et Kou-you-tze, général de Song, se soumit au roi d'Aisin, entraînant après lui ses officiers et ses soldats, en suite de quoi toutes les villes du Yan san furent en paix. Niyamouho, général d'Aisin, s'étant emparé de Tai tcheou, tout le peuple des monts Song san se soumirent, tandis que Walibou battait près de Jeng teng 50,000 hommes de l'empire de Song, puis prenait d'assaut la ville de Sin te fou. Après avoir conquis les villes du Tai-yuen, Niyamouho s'unit à Yelioi yoi tou et ayant attaqué les armées du Hotong et du Sian-si, revenues dans le Tai youen, leur infligea une défaite complète, au nord du fleuve Fou-ho.

La quatrième année Tien hoei (1126), le premier mois du printemps, Oujou (1), général d'Aisin, assaillit et prit la ville de Tang sou au royaume de Song et entraîna à sa suite les 3000 hommes qui la défendaient. Le même mois Tabouyei prit Jouwei tcheou; Digou bou s'empara de Li-yang-ni et l'armée entière d'Aisin, ayant passé le fleuve, prit les autres villes. Walibou d'Aisin envoya l'un des siens, Ousiao-min, à Piyan king pour réclamer les chefs des rebelles réfugiés. Il avait redemandé Tong kouwan du pays de Bing san, Tan jeu et Jan tou. Jao hoi tzong han du royaume de song s'échappa et s'enfuit.

Tandis que l'armée d'Aisin assiégeait Piyen king, l'empereur Song députa un ambassadeur nommé Liouei qui vint reconnaître ses torts et demander de conclure une entente. Walibou lui répondit : « Si vous voulez que nous nous entendions rendez-nous les pays des trois provinces de Tai youen (2), Tzong son et Ho kien ; prenons pour frontière le Hoang ho et augmentez le tribut annuel. Donnez au roi dans vos lettres le titre d'oncle, titre d'honneur. » Cela dit, il le congédia.

---

(1) Oujou était le quatrième fils de Taitzou.
(2) Tai youwen dépend de la province de San si et Ho king de Peking.

Le jour du tigre blanc, K'eng wang keou (1) de l'empire des Songs, ayant donné le shuotzai Jang pang cang en ôtage, rédigea et envoya le texte de la convention et le plan des pays, employant pour désigner l'empereur de Song le titre de *fils* et celui d'*oncle* pour le roi d'Aisin. Là-dessus l'armée d'Aisin abandonna le siège, se retira et alla camper ailleurs.

Le deuxième mois, Yao ping jong général des Songs ayant levé pendant la nuit une armée de 400,000 hommes, vint pour assaillir le camp de Walibou. Walibou attaquant le premier, le défit, et ramenant son armée en arrière, alla de nouveau assiéger Pien king. Cependant il fit demander pourquoi l'armée de Song s'était mise en campagne. L'empereur Tching tzong effrayé, envoya un des grands nommé You-wen-siou tzong, porteur d'une lettre d'excuses, donna comme ôtage Sou wang tchin, fit lui-même faire l'échange et dire à Walibou : « Nous ne savions rien de cette affaire. Yao ping yong a mis son armée en campagne de son propre mouvement. Châtiez-le comme il le mérite. » A ces mots Walibou renvoya Heng wang keou, rendit aux Songs les deux villes de Hao tcheou (2) et Jhiei tcheou, et se retira. Niyamouho d'Aisin ayant rétabli l'ordre dans Wei sheng koun, prit Long te fou, puis s'en alla à Tze tcheou.

In jou kou, général d'Aisin, entreprit alors le siège de la ville de Tai youen et Niyamouho se rendit à la résidence occidentale.

Le quatrième mois Walibou envoya son frère cadet Oujou annoncer au roi ses victoires. Keng sheo tzong d'Aisin défit l'armée de Song près de Si tou kou.

Le cinquième mois, Honio, général d'Aisin, défit sur la montagne Sashong-ling, le général Tzong tze yong des Songs qui avait franchi la frontière avec une armée, et tua le général song. Le même jour Palisou remporta une victoire signalée dans la vallée de Long tcheou kou sur l'armée du général song Tao kou.

Le sixième jour Walibou ayant fait présent au roi de trois éléphants qu'il avait capturés, le roi le fit général (fou youwansouwai) de l'aile droite. Shomao jong kong d'Aisin s'était rendu à la cour de Song en

---

(1) K'eng wang keou était le neuvième fils de Hoei tzong, empereur de 1101 à 1126.

(2) Hao tcheou, Jhuei tcheou, Wei sheng kioun et Long the fou sont tous quatre au San si.

qualité d'envoyé du roi. Lorsqu'il fut revenu, l'empereur des Songs fit venir à sa cour, au moyen d'une lettre cachée dans de la cire, et y reçut Yelioi yoi tou d'Aisin qui s'était révolté contre son roi. On annonça cette nouvelle au roi d'Aisin. C'est pourquoi, le huitième mois, Taitzong nomma Niyamouho commandant de l'aile gauche et Walibou de l'aile droite, et les envoya porter la guerre dans le royaume de Song. Jang hao, général de Song, leva une armée, vainquit Palisou d'Aisin qui s'était avancé dans le pays de Fen tcheou (1) tandis qu'un autre général des Songs, Liou sheng, était vaincu par Leosi d'Aisin au pays de Sheo yang ni.

Niyamouho d'Aisin, dans l'entretemps s'avançait contre la région de la résidence occidentale. Alors Leosi et les autres généraux d'Aisin défirent l'armée de Jang hao de Song, près du fleuve Wen soui. Walibou quitta Pao tcheou (2) avec son armée pour prendre part à l'expédition, et le même jour Yelioi tou d'Aisin battit l'armée de Song près de la ville de Song tcheou et Nou yei d'Aisin au pied de la montagne Tzong san. Un individu d'Aisin ayant pris un corbeau blanc en fit présent au roi. Touzan, général d'Aisin prit la ville de Sin lou.

Le neuvième mois, Niyamouho s'empara de Tai youen et y fit prisonnier le jing lio sze Jang siao shoun. Kousaho d'Aisin prit les quatre villes de Ping yao, Ling si, Siao y et Jiei sio, toutes quatre du Sansi; puis il donna à la résidence du sud le nom de Ping tcheou.

Walibou d'Aisin ayant battu à Jing jing (3) l'armée de Tzong tze nin de Song et pris Tien wei tchin, s'empara également de Jen ting, les fortifia et tua Li miao.

Le dixième mois Leosi d'Aisin ayant pris la ville de Fen tcheou, Sitcheou fit sa soumission. De la même manière Pousa, général d'Aisin, ayant pris Ping ten tchioun, Liao tcheou (4) se soumit au roi d'Aisin.

Le onzième mois, Niyamouho vint de la province de Tai youen à Pien king et Walibou de Jen ting à Pien king. De là Niyamouho alla prendre Sing tchioun et Long te fou, tandis que Salda, général d'Aisin s'emparait du défilé de Tien jing kouen. De son côté Ho yiai d'Aisin passait le fleuve Meng jin et recevait la soumission de la résidence occidentale,

---

(1) Sheou tcheou et Fen tcheou sont toutes deux au San si.
(2) Pao tcheou et Shong tcheou sont de l'arrondissement de Peking.
(3) Jing jing, Tien wei et Jen ting sont du département de Peking.
(4) Liao tcheou est de la province de San si.

de Yong nan jiyôn et de Jeng tcheou (1). Niyamouho (poursuivant ses conquêtes) prit Tze tcheou; et Walibou ayant fait passer le fleuve à toute l'armée, s'empara de Min ho hien (2) et Te ming hien, de Te ching jiyôn et de K'ei te fou; puis après avoir détruit Hôai tcheou, il revint à Pien king.

Le onzième mois complémentaire, le premier jour, Walibou marcha contre l'armée de Song qui venait à sa rencontre et la défit. Le deux, Niyamouho arriva à Pien king et le prit. Tchao tchin tzong empereur de Song sortit de sa capitale et s'arrêta à Tching tcheng.

Le douzième mois, le jour du porc noirâtre, l'empereur des Song se soumit au roi d'Aisin et le jour même se retira à Pien king. Taitzong publia alors une proclamation portant ceci : « Pensant aux intérêts du royaume et du palais, je vois que malgré la grande distance de nos frontières, les armes n'ont point cessé (de frapper), Bien que le terrain soit immense les champs n'ont point produit du riz; bien que les fonctionnaires soient en nombre complet, la solde et les rangs ne sont point distribués également. Bien que les tributs soient abondants, la cour des revenus étrangers ne suffit pas encore. Tous ces biens proviennent du travail du peuple. Si l'on ne soigne pas le fondement de toute chose, si l'on ne met pas un terme à la négligence paresseuse, quoique l'on pense avoir le suffisant, on ne l'obtiendra d'aucun côté. Communiquez cette ordonnance à chacun des fonctionnaires et veillez à ce que l'on cultive les champs avec soin. »

La cinquième année Tien hoei (1127), le premier mois, un envoyé du royaume de Corée vint apporter une lettre demandant que l'on établisse des intendants des frontières.

Bien que depuis longtemps la Corée eut consenti à un accord, on n'avait pas rédigé le texte écrit du traité juré. Bien que Taitzong l'eut demandé à différentes reprises; il ne lui était point encore parvenu. C'est pourquoi Taitzong manda Han fang pour réclamer avec force la délivrance de ce titre. Comme il n'arrivait point encore, Taitzong envoya un nouveau député pour presser les Coréens avec plus d'instance. Le prince de Corée chercha alors des gens bien instruits des lois et coutumes du pays, puis ayant délibéré dix jours sur la réponse à donner,

---

(1) Jeng tcheou est de la province de Ho nan.
(2) Lin ho, Te ming, Hôai tcheou, sont du département de Shang king.

il l'arrêta définitivement et dit à Han fang : « les habitants de notre petit royaume ont servi pendant deux cents ans les souverains de Tai-liao et de Song. On n'a jamais donné de traité écrit et l'on ne s'est jamais écarté des règlements des frontières. Devenus maintenant vassaux du souverain empire, ils doivent suivre les mêmes règles qu'ils observaient à l'égard des Tailiao et des Songs. Susciter des troubles en exigeant un texte écrit ce serait un acte réprouvé par tous les saints. Nous n'en donnerons pas certainement. » Han fang répondit : « le royaume suprême doit exiger que l'on suive les ancienne règles. Or jadis le roi Shoun, à la fin de chaque cinquième année, parcourait et inspectait son royaume. Tous les princes (beise) des provinces venaient se prosterner quatre fois devant lui. Les princes des Tcheou inspectaient de même leurs états tous les six ans et les grands vassaux venaient se prosterner une fois. Maintenant notre souverain est en route pour inspecter son empire, il convient que le prince d'un haut état même vienne faire en personne les prostrations d'usage. »

Les représentants de la Corée sans répondre directement à cette demande dirent à Han fang : « nous devons délibérer à l'aise sur ce sujet. » Han fang reprit vivement : « le texte écrit doit nous être délivré et cessez tout discours. » Là dessus l'état de Corée donna la pièce authentique de la convention jurée et Han fang s'en retourna.

Wapen en eut une grande joie et dit à Han fang : « Si vous n'aviez point été là, qui aurait pu mener cette affaire à bonne fin? Il faut désormais que l'on choisisse avec soin les ambassadeurs à envoyer en pays étranger. »

Niyamouho et Walibou, généraux d'Aisin, envoyèrent porter à Taitzong la lettre de l'empire des Songs. Lio yan tzong présentant ce document au roi d'Aisin lui dit de faire Jao hala empereur, mais Taitzong ne voulut point y consentir. Mais il créa le shouotzai-général de Song Jang pang tchang, roi de Ta sou et partageant en deux ce pays, il en donna une partie aux Hias.

Le quatrième mois, l'armée d'Aisin prit les deux villes de Shan fou et He tcheou. Walibou et Niyamouho d'Aisin après la sortie de l'armée de Pien king s'emparèrent des deux princes impériaux de Song, Hoï song et Cin song, de 470 personnes restées de leur famille et de leur maison, de leurs sceaux et cachets, des vêtements et bonnets impériaux, des chars et litières, des instruments du sacrifice, des grands instruments de musique, des plans de terrains, enfin de tous les objets à l'usage du souverain ; puis il s'en retourna en Aisin. Taitzong lança peu après une proclamation portant que chez toutes les tribus de Ho-sou-kouan, chez les peuples nouvellement soumis, ceux qui depuis leur soumission auraient contracté mariage dans une même famille, devaient se divorcer.

Le cinquième mois, le premier jour, K'eng wang k'en de l'empire des Songs s'étant déclaré souverain à Kou te fou (1), tua Jang pang cang. Leosi d'Aisin soumit les tcheous, Jiyai, Fong, Sze, Siji, Si, Kôsong, K'u lan, Ing howa, Baote, Hosan (2). Talan d'Aisin étant entré, en pillant, dans le San tong, prit Nitcheou ; puis Tikô général du même pays s'empara de Tan tcheou (3) et reçut la soumission des gens de Kuang-sin-jiyôn.

Le premier jour du sixième mois Walibou général en chef de l'aile droite mourut. On lui donna après sa mort le nom de Wei wang. Shemou d'Aisin ayant pris Ho-jiyan, battit l'armée de Song près de Mo tcheou, ce qui amena la reddition volontaire de Song tcheou. Talan d'Aisin prit Tchi tcheou et obtint par là la soumission de Yong-ning-jiyôn, de Pao tcheou et de Siun nan jiyôn (4).

Le dixième mois, en hiver, Holaso roi de Hoi kou au pays de Sa tcheou envoya un ambassadeur payer le tribut au royaume d'Aisin. Un grand d'Aisin nommé Oulinda tai yoi, battit l'armée du général song Li ceng près de Tze tcheou (5) et reçut l'adhésion de Tchao tcheou. Alio d'Aisin alla piller le pays de Zhoui tcheou, y défit l'armée ennemie, prit la ville de Hoa tcheou tandis que Saili, autre général d'Aisin, s'emparait de Shou tcheou

La sixième année Tien hôei (1128), le premier mois, Oujou officier d'Aisin battit l'armée de Song près de Tching tcheou (6) ; Injoukou d'Aisin prit la ville de Tong tcheou, Malou celle de Fang tcheou et re-

(1) Kou te fou est dans le Hinan.
(2) Ces dix villes sont dans le San si.
(3) Tau tcheou dépend de Kui-te-fou.
(4) Toutes ces villes sont dans la province de Peking.
(5) Tze tcheou est au Sang-tong, Jio tcheou est de l'arrondissement de Jen teng fou dépendant de Peking. — Zhou tcheou, Hou tcheou sont de la province de Honan.
(6) Tching tcheou dépend de Ho tchian fou et Wei tcheou de Idou fou dans la province de San tong.

prit Tching tcheou, tandis que Shemou emportait d'assaut Wei tcheou.

Digoubou d'Aisin battit l'armée de Tchaotze fang de l'empire de Song et Saliho celle du pays de Hoshang. Ma kuwan général des Songs s'étant avancé au pays de Lou an fut battu par Song fou de l'armée d'Aisin. L'armée d'Aisin ayant appris que Kao tzong empereur des Songs se trouvait à Wei yang, se retira à cause des travaux des champs. Oujou défit en outre l'armée de Song près de Hoshang.

Le deuxième mois Palisou prit Tang tcheou, puis Sai tcheou. Ilakou d'Aisin battit l'armée de Tai song jiyôn des Songs près de Tai ming.

Le deuxième jour il la défit de nouveau et fit prisonnier Tai song jiyôn et Song tzeng. L'armée d'Aisin prit Tchen tcheou et Ing tchang fou ainsi que Jen tcheou, qui avait fait défection et s'était ralliée aux Songs. En ce même mois les habitants de Teng tcheou, Tchen tcheou, Loyang, Siang yang (1), Ing tchang, Jhou tcheou, Jeng tcheou, Zhou tcheou, Fang tcheou, Teng tcheou et Sai tcheou furent transportés au nord du fleuve.

Niyamouho d'Aisin envoya l'un de ses officiers nommé Leosi attaquer et prendre les villes de Tong hoa, Jing tchao et Fong siang (2). Dans ces conquêtes il fit prisonnier Fouliang officier de l'empire Song. Alin, officier d'Aisin, ravagea le pays de Ho tzong.

Le troisième mois, Talan d'Aisin prit An tcheou (3).

Le sixième mois Taitzong ordonna de consigner dans les livres historiques les actions de ses ancêtres et d'en rechercher le récit auprès de ceux qui s'en souvenaient. Il chargea de rédiger cette histoire Ouyei fils de Poulasou et Yelioi te youwai. Ouyei rechercha soigneusement les paroles et les actes des aïeux de la race royale et fit un livre en trois chapitres des actes des dix souverains d'Aisin à compter de leur ancêtre originaire. Il sépara distinctement, les tribus et les familles, les habitants des rives de tel fleuve, de telles contrées, les bourgs, les villages. Il recueillit tout ce qui avait été fait contre les Khitans, les défaites des tribus, les stratagèmes et les ruses employés, sans rien cacher, tout conformément à la vérité.

Pendant la vie de Taitzou, après qu'un accord eut été conclu avec la

---

(1) Siang yang est dans la province de Ho kuang, les huit autres villes sont situées dans le Honan.

(2) Jing tchao et Fong siang sont de la province de San-si.

(3) An tcheou dépend de Tai ming fou.

Corée, les Niu tchi y avaient envoyé réclamer les rebelles refugiés en ce pays, et depuis dix ans ils n'avaient cessé de le faire. Un jour un fonctionnaire nommé Ouyei présenta ces observations au roi Taitzong : « Moi votre sujet, d'après ce que j'entends dire, la vertu n'a rien de plus grand que la conformité de nos pensées avec celles du ciel ; l'humanité n'a rien de supérieur au soin des petits. Ceux que nous voulons qu'on nous livre sont des gens malicieux et pervers qui se sont dérobés sous la génération précédente, Oucoun, Omouhan, Atai, les petits-fils d'Akotzo. Bien que pendant cette génération nous ayons cherché en tout sens à nous les concilier par des propositions de paix, ils ne se sont point du tout attachés à nous. Depuis que le roi précédent a fait un traité avec la Corée, ayant entendu dire quelle était notre puissance, ils se sont dit alors originaires du même lieu que nous et ils se sont soumis à notre royaume successivement. La Corée n'ayant pas écouté notre voix, la division et la guerre ont duré longtemps. Il y a maintenant trente ans que l'accord a été fait. Les gens de cette époque sont tous morts. Les enfants et les petits-enfants se sont établis en paix chacun de son côté, et ont contracté des mariages de part et d'autre. Comme nous n'avons pas cessé de réclamer l'extradition des fugitifs, on nous les livrera par crainte. Mais séparer la chair et les os est une chose qui répugne au cœur de tout le monde ; le devoir est d'aimer les autres. Certainement, chercher son propre avantage en distinguant le mien et le tien, est contraire au grand cœur qui garde les lois de l'humanité. Notre royaume compte un grand nombre d'habitants. En circonférence il compte dix mille lis. Quelle utilité y a-t-il à y ajouter encore ces gens ? Si, lorsque nous en réclamons l'extradition, on ne nous les livre point, alors nous n'aurons pas difficile de nous en saisir en conduisant contre eux, notre armée victorieuse, notre élite. Mais devons-nous le faire ? L'armée est un mauvais instrument ; la guerre, une œuvre de destruction. On ne doit l'employer qu'à la dernière extrémité. Depuis qu'il y a des officiers de garde à la frontière de Corée, le tribu n'a point subi d'amoindrissement. Si le prince de cet état entre dans le nombre de nos vassaux, son peuple ne sera plus étranger. Les saints en suivant la justice ne blâment pas les petits manquements. Ils ne restaient pas un jour en dehors des voies de la justice. Selon ma faible intelligence, on doit faire sa chose principale de la vertu qui imite le ciel en témoignant sa bienveillance, son attention à soutenir les petits. On ne doit point dire que c'est leur affaire. C'est à nous que cela incombe. » Le roi Taitzong suivit cet avis.

Talan d'Aisin envoya une armée assiéger Tze tcheou et Sin te fou (1); et les prit. Un brigand du pays de Jeng teng s'étant proclamé lui-même général et Tchin wang, Soliho d'Aisin lui livra bataille et le défit.

Le septième mois K'ao tzong empereur des Songs envoya par un messager une lettre demandant la paix. Taitzong s'y refusa et répondit par une lettre déclarant la guerre, et prit dans Shan king deux princes songs, Hô tzong et Tchin tzong.

Le huitième mois Leosi d'Aisin battit l'armée des Songs à Hoa tcheou (2). Outela d'Aisin ayant défait l'armée de Song près du fleuve Wei soui prit la ville de Soukoui (3).

Le jour du bœuf rouge Taitzong fit revêtir d'habits bleus les deux Khans de Song, et les ayant fait conduire au temple de Taitzou, il vint les y trouver; là il proclama Hôtzong prince Hûn-te (4) et Tchin tzong, duc Tzong hôn. Puis il désigna dans une proclamation adressée à tout l'empire, les noms des gouverneurs des tcheou et des kiun en fixant la prestation et les limites des tributs.

Le neuvième mois Sing k'eou et autres officiers d'Aisin battirent l'armée des Songs près de Pou tcheng d'abord, puis à Tong tcheou et de là s'emparèrent de Tan tcheou (5).

Le dixième mois Pousa Leosi battit l'armée de Song dans le pays de Lin jen (6). Il donna à Hôn te kong et Tzong hôn heou la ville de Han tcheou (7) et les y établit. Niyamouho et Tzong fou d'Aisin s'étant réunis à Pou tcheou, entrèrent dans le royaume de Song pour lui faire la guerre; ils prirent Yan an fou et Pou tcheou (8) et entraînèrent à leur suite l'armée song de Soui te kioun.

Le douzième mois Oujou d'Aisin prit K'ei te fou, tandis que Song fou s'emparait de Tai ming fou, et Kou sa ho de Kong tcheou (9).

---

(1) Tze tcheou, est dans la province de Honan. Sin te fou est le nom que le roi d'Aisin donna à Sing tcheou. Maintenant elle dépend de Peking.

(2) Hou tcheou est dans la province de Sansi.

(3) Soukoui dépend de Hao tcheou.

(4) Hûn te veut dire « à la vertu simple ». — Tzonghùn signifie « doublement simple. »

(5) Tong tcheou, Putcheng et Tan tcheou sont au San si.

(6) Lin jen dépend de Yan an fou.

(7) Han tcheou dépend de Ling hoang fou.

(8) Pou tcheou dépend de Ji nan fou, Yan nan fou est au Shan si.

(9) Tai ming fou dépend de Peking; Kong tcheou est au San si.

La septième année Tien hoei (1130), le deuxième mois, Je-kou-tcheou, fonctionnaire de la province de Sin fou au royaume de Song se soumit à Aisin avec tous les habitants des trois villes Lin, Fou et Fong (1).

Trois officiers d'Aisin, Leosi, Saili et Kousaho ayant pris et détruit Jing king jiyôn (2), Siou hoei yan gouverneur de cette ville réunit les habitants au centre de la ville et chercha à s'échapper en perçant le camp des assiégeants ; mais il fut pris par l'armée d'Aisin. Les officiers d'Aisin ayant voulu forcer Siou hoei yan à fléchir le genou, celui-ci s'y refusa ; ils le pressèrent avec menaces de déposer ses armes, il ne bougea pas. Les officiers d'Aisin et les généraux soumis au pouvoir d'Aisin envoyèrent Je kou tcheou lui intimer l'ordre de se rendre. Siou hoei yan rit de leurs menaces et leur rappela l'échec de Je kou tcheou. Ces paroles excitant la colère des généraux on le tua, ainsi que son lieutenant Souo ang et tous les soldats qui refusaient de se rendre.

Le quatrième mois Pousa Leosi prit Lou tcheou et Fang tcheou (3).

Le cinquième mois Palisou et les autres officiers d'Aisin poursuivirent Kao tzong empereur des Songs jusqu'à Yang tcheou.

Le neuvième mois Oujou battit l'armée de Song près de Fou yang et soumit cette ville ainsi que Tzao tcheou (4).

Le dixième mois les habitants de Jing jao fou et de Kong tcheou se soumirent. Ali, Teng hai, Te k'u, tous trois officiers d'Aisin, battirent l'armée des Songs près de Sheou tchun ; après quoi Ma si yuen, magistrat du titre d'An fou tze se soumit avec tous les habitants de la ville, il en fut de même de Lou tcheou (5).

Le onzième mois Oujou prit Ho tcheou. Puis ayant passé le Kiang, il battit à Kiang ning (6) l'armée de Tou song, général des Songs et le gouverneur de Kiang ning, Tchen pang kuwang se rendit avec tous les habitants de la ville.

Le douzième mois, Oujou ayant pris Ho tcheou, s'empara également

(1) Lin tcheou est le hien Te fou kou. Fou tcheou est le hien Te chen mou. Ces trois villes sont au Shansi.
(2) Jing ning jiyôn est au Sansi. C'est maintenant Tuan tcheou.
(3) Ces deux villes dépendent de Yan nan fou.
(4) Fou yang dépend de Koui te fou ; Tzao tcheou est dans la province de San tong.
(5) Lou tcheou, Yang tcheou, Ho tcheou sont situées dans le pays de Nan king.
(6) Kiang ning hien dépend de Ing tien fou. Ho tchéou et Hang tcheou sont dans la province de Tche kiang.

de Hang tcheou. Alibou lou hôn d'Aisin tout en poursuivant l'empereur Song jusqu'à Ming tcheou (1), soumit Youwai tcheou. Tek'u d'Aisin vainquit l'armée de Tcheou wang de Song à Siou tcheou et remporta sur lui une deuxième victoire à l'ouest de Hang tcheou. Alibou lou hôn ayant de nouveau battu l'armée des Songs dans les défilés de l'est, passa le Sao-ou-kiang et la défit une seconde fois à Kuo tcheo kiao. Alors l'empereur Song s'enfuit jusqu'à la mer.

La huitième année Tien hoei (1131), le premier mois, il éleva en grade le ping jang sze Han c'i sian, le fit Shangsou tzo bou et le reçut dans Shang king. Han c'i sian y étant venu et s'étant présenté devant le roi, Taitzong tout étonné dit : « depuis longtemps j'ai vu cet homme en rêve et maintenant il m'advient véritablement » ; et depuis lors il le consulta constamment relativement aux changements, suppressions et additions à faire aux lois et coutumes et aux anciens usages. Han c'i siyan avait étudié à fond les kings et les livres historiques ; il connaissait parfaitement les anciennes coutumes des âges antérieurs. C'est par lui que se fit la conservation ou l'abolition des lois.

Han c'i siyan étant secrétaire du roi, prit sur lui le choix des hommes propres à recevoir des fonctions publiques, l'enseignement, l'éducation de la jeunesse. Comme en ce temps il y avait beaucoup de gens vertueux il apprenait à distinguer le bon et le mauvais, à corriger les défauts, à donner de sages conseils en cachant les moyens que l'on employait pour arriver à ces fins. Niyamouho, Waben et les autres officiers d'Aisin respectaient extrêmement Han c'i sian. Tout le monde alors l'exaltait et l'appelait « le vertueux ministre. » Alibou lou hôn d'Aisin ayant pris Ming tcheou du royaume des Songs ; fit prisonnier le gouverneur de cette ville, Tchao-pe-ou. Pendant ce temps Aloubou et Shali ye d'Aisin s'emparèrent de Tai ping, Siun tcheng et Ho tcheou (2), trois villes de l'empire des Songs.

En ce même mois Tou song, général des Songs vint se soumettre au roi d'Aisin, avec tous ses gens.

Le deuxième mois Oujou d'Aisin étant parti de Hang tcheou avec son armée prit Siu tcheou et Ping kiang (3). Profitant des troubles qui

(1) Ming tcheou est maintenant Ning pao fou, Youei tcheou est Shao sing fou ; tous deux dépendent de Tche kiang. Sao ou kiang dépend de Shao sing fou.
(2) Tai ping, Siun tcheng, Ho tcheou, dépendent de Nan king.
(3) Ping kiang est dans la province de Tche kiang.

s'étaient élevés dans Pien-king, Dili d'Aisin s'en empara de nouveau. D'autre part ayant attaqué à Jen kiang l'armée de Song, Oujou et son armée essuyèrent une défaite.

Le quatrième mois il marcha contre Han-si-tzong du côté de Kiang ning et l'armée de Song fut mise en déroute. L'armée d'Aisin alors passa le Kiang et Alibou livra bataille aux Songs à Tokouo tandis que Jeo c'i combattait à Sheou tchun et Leosi à Siun hoa. L'armée d'Aisin triompha en ces trois batailles ce qui amena la reddition de Li tcheou et la prise de Pin tcheou (1).

Le cinquième mois, le roi Taitzong porta une loi statuant que l'on ne pouvait plus se faire bonze ou bonzesse à son gré et que les fils et les filles de pères ou de mères d'adoption ne pourraient plus se marier entre eux.

Le septième mois Taitzong étant venu aux eaux froides de la résidence orientale, exila Hon te kong et Tzong han heou dans la province de Goulikei (2).

Le neuvième mois Taitzong, fit Lio yoi, hôwangti du royaume de Tatchi avec titre héréditaire et la condition d'un fils vis-à-vis du roi d'Aisin; il lui donna pour résidence Tai ming fou (3). Song fou d'Aisin ayant battu près de Fou ping l'armée de Jang siun de Song, les villes de Yao tcheou (4) et Fong sien fou se rendirent.

Le dixième mois Taitzong donna aux fonctionnaires de Tailiao et de l'empire de Song des titres, qu'il répartit selon les rangs.

Le onzième mois Song fou d'Aisin prit Jing tcheou et reçut la soumission de Wei tcheou (5), puis ayant défait l'armée de Lio des Songs à Ting wai, il soumit Yuen tcheou. Le Tong ji de la province de Jing yuen au royaume de Song, nommé Jang song feou et Li yan tchi, commandant l'armée de la frontière, amenèrent tous leurs gens à se soumettre au roi d'Aisin. Ma ou et d'autres officiers d'Aisin battirent l'armée de Song près de Long tcheou (6).

(1) Shou tcheou dépend de Fong yang fou; c'est maintenant Sheou tcheou. Pin tcheou et Li tcheou appartiennent au Sansi.
(2) Goulikei est dans la province de Ho ning fou.
(3) Tai ming fou dépend de Peking.
(4) Yao tcheou et Fou ping dépendent de Si an fou.
(5) Wei tcheou dépend de Ping liang fou, dans la province de Shansi. Jing tcheou et Yuen tcheou dépendent de Tching yang fou.
(6) Long tcheou dépend de Ping liang fou.

— 68 —

Le douzième mois, après la défaite de l'armée de Lio kouang si de Song près de Si-ho par Song fou d'Aisin, la ville de Si tcheou (1) se rendit.

La neuvième année Tien hoei (1132), le premier mois au printemps, trois officiers d'Aisin, Pousagou, Bolu et Teli de la famille Yan wan (2), étant venu attaquer Jang wen ti du royaume de Song, furent défaits par l'ennemi à Pe niaho. Oujou et Alibou d'Aisin ayant rétabli l'ordre dans les tcheous de Kong, Tao ko, Lo, Si ning, Lan, Ku jiei, les deux provinces de Jing yuen et de Siho (3) furent complètement pacifiées.

Le dixième mois Saliho d'Aisin ayant pris Tching yang, Mou yo vint se soumettre avec les habitants de Hoa tcheou (4). Oujou d'Aisin attaqua Ou ji ei de l'empire Song près de Ho shang yuen (5), mais son armée subit un échec complet.

La dixième année Tien hoei (1132), le quatrième mois, Niyamouho, commandant de l'aile droite, Song fou commandant de l'aile gauche et Si yn général de l'aile gauche s'étant rendus à la cour tinrent conseil avec Waben et dirent : « Les fonctions d'an ban boujiliyei sont vacantes, et la nomination de l'an ban boujiliyei se fait bien attendre. Si on ne le désigne pas promptement il est à craindre que l'on ne donne pas cette charge à un homme distingué. Hola l'aîné des petit-fils du roi précédent est celui qui convient le mieux pour cette charge. » Ayant décidé ce choix ils entrèrent près du roi et lui dirent peu à peu, avec ménagement, ce qu'ils voulaient demander de lui; Taitzong alors accueillant l'avertissement de Niyamouho et des autres grands, dit qu'il ne fallait pas retarder ce qui devait être de droit et nomma en conséquence Hola an ban boujiliyei; Song pan (6), holu boujiliyei; Waben, boujiliyei de la gauche et Niyamouho, boujiliyei de la droite et chargea ce dernier des fonctions de tou-jouwansuwai en même temps qu'il faisait Song fou, fou youwansuwai de la gauche. Taitzong donna donc à Hola un édit portant : « Tu es le petit-fils aîné de Taitzou, c'est pourquoi je t'ai fait

(1) Si tcheou est Lin tao fou.
(2) La famille royale.
(3) Toutes ces villes sont dans la province de Shansi.
(4) Tching yang et Hoan tcheou sont au Shansi.
(5) Ho shang yuen dépend de Fong shang fou.
(6) Tzong pan était fils d'Oumicai-Taitzong. Song fou était fils de Taitzou et père d'Oulo. Son premier nom était Olidou.

an ban boujiliyei. Terminant ici le temps de ton enfance, ne joue point avec les autres enfants, ne t'occupe que de la vertu. »

Le douzième mois Saliho d'Aisin prit Jin tcheou.

La onzième année Tien hoei (1133), le premier mois, ayant défait près du défilé de Zhao fong kuen l'armée d'Ou jia de l'empire Song et pris la ville de Yang tcheou, il entra dans Sing yuen fou (1).

Le onzième mois, Oujou d'Aisin prit Ho sang yuen au royaume de Song.

La douzième année Tien hoei (1134), le deuxième mois, Saliho d'Aisin défit l'armée d'Ou jia de l'empire Song près de Ku jen.

La treizième année Tien hoei (1135), le jour du serpent jaune, Taitzong roi d'Aisin mourut au Ming te kong. Il avait régné 13 ans et vécu 61 ans.

---

(1) Jin tcheou, Zhao fong hien, Yang tcheou forment le Han tzong fou. Sing yuen fou dépend de Han tzong fou. Elles se trouvent dans la province de Shansi.

LIVRE III.

PREMIÈRE PARTIE.

RÈGNE DE HITZONG TROISIÈME ROI D'AISIN.

Hitzong roi d'Aisin s'appelait Dan ; son premier nom était Hola. Il était petit-fils de Taitzou Agouda et fils de Fong-wang-sing-kou. Sa mère avait pour nom Bou-sa-tze. Il naquit la cinquième année Tien fou (1122).

La treizième année du temps Tien hoei (1135), le premier mois, le roi Taitzong étant mort, Hitzong monta sur le trône comme son successeur et lança une proclamation aux pays du dehors. Puis il envoya un ambassadeur aux états de Tchi, de Corée et de Hia pour leur annoncer le deuil et son avènement au trône. Peu après il envoya une nouvelle lettre à Liu yoi du royaume de Tchi pour lui signifier qu'il eût désormais à s'intituler « vassal » et plus « fils ».

Le troisième mois Hitzong donna à son père Taitzong le nom de temple Wen liei hôang ti. Il passa le temps de deuil à Ho ling. Ayant nommé tai pao (1) le boujiliyei de la droite et tou youwansouwei, Niyamouho, il le chargea de diriger les affaires des trois tribunaux supérieurs (2) et le nomma comme tel jing koue wang (prince de Tching).

Le quatrième mois le hônte kong, Tchao ji, mourut.

Le neuvième mois, Hitzong donna à son père Sing kou, prince de Fong, le nom posthume de Jing hiouen hôwang ti et celui de temple Hotzong. Puis à sa mère il donna le nom de Hoei tchao hoang heu. Il donna encore à l'impératrice épouse de Taitzou, He si lie tze, et à celle de Taitzong, Tang koue tze, les titres de Tai hoang heu (grande et vénérable princesse).

La quatorzième année Tien hoei (1136), le huitième mois, Hitzong

---

(1) Grand protecteur, régent.
(2) Ces trois cours sont Shang shou seng, Tzong shou seng et Mensia seng.

donna des noms d'honneur posthumes à ses neuf ancêtres des deux sexes. Sian pou reçut celui de « premier illustre empereur » et dans le temple « l'ancêtre originaire ». Le fils de Sian pou, Oulou, devint « le vertueux empereur » (erdemungge). Bahai fils d'Oulou fut déclaré « le pacifique empereur » (elhe). Sui kou, fils de Bahai reçut le nom de « l'empereur éclairé » et dans le temple : « l'illustre ancêtre » (iletu mafa). Silou, fils de Sui kou obtint celui du « réussissant, pacifiant empereur » (mutuhe necin obuha); au temple : « l'illustre empereur » (genggiyen). Ougounai, fils de Silou fut appelé « le bienveillant et puissant empereur » (fulehun horonggo); au temple : « le brillant empereur » (eldenge). Helibou, deuxième fils d'Ougounai fut « le saint et vénérable empereur (Enduringge fafunga); au temple : « l'ancêtre des générations » (jalan i mafa). Poulasou, quatrième frère cadet de Helibou fut intitulé « l'empereur sublime et éclairé » (s'umin getuken); au temple : « le vénérable ancêtre ». Ingkou, cinquième frère de Helibou « le pieux et juste empereur » (hioosungga necin); au temple : « le sublime ancêtre » (s'umin). Ouyasou, fils aîné de Hélibou reçut pour nom « le respectueux et modéré empereur » (gungnecuke boljonggo); au temple : « l'ancêtre constitué » (toktobuha mafa). Tous les ancêtres du sexe féminin furent déclarés Hoang heu (les impératrices vénérables). Ainsi il affermit (1) le trône de Sian pou, Ougounai, Helibou, Taitzou et Taitzong (2).

La quinzième année Tien hoei (1137), le septième mois, le taipao, président des trois cours supérieures, le Tchin koue wang Niyamouho mourut à l'âge de 58 ans. Il reçut le titre de prince Tcheou song. Il avait fait prince (wang) Olou kuan, septième fils de Taitzou et Hôlo deuxième fils de Taitzong; puis Talan de Yan wan, général (fou youwan souwai) de la gauche et le Lou koue wang, Oujou général de la droite et leur donna le titre de Siu wang.

Le onzième mois il déposa Liu yoi roi de Tchi et le fit Lou wang.

Le douzième mois le roi Hitzong changea le nom des années et par une proclamation, donna à l'année qui allait s'ouvrir le nom de première année Tien kuen (1138) (3).

(1) Litt. n'ébranla pas.
(2) D'après les coutumes impériales, on ne sacrifie dans un même temple qu'à neuf ancêtres. Quand leur nombre atteint le dixième on considère la génération comme accomplie et l'on transporte le trône d'un ancêtre dans un autre temple où l'on sacrifie en son honneur. En proclamant les vertus et la grandeur de Sian pou, Ougounai, Helibou, Taitzou et Taitzong il affermit leur trône.
3) Tien kuen signifie « le ciel favorise ».

La première année Tien kuen, le septième mois, la cour de Song ayant envoyé secrètement des sommes considérables à Talan, celui-ci conseilla à Hitzong de rendre le Honan aux Songs ; le roi accueillit ce conseil et restitua cette province aux Chinois.

Le huitième mois Hitzong fit sa capitale principale, sa résidence ordinaire de Shang king (la cour supérieure) et l'appela Hoei ning fou. L'ancienne Shang king devint la résidence septentrionale (Peking).

Le neuvième mois Hitzong donna aux magistrats des Niu-tchis, Khitans et Chinois des ordonnances réglant les registres de l'empire.

Le dix-huitième mois il défendit aux grands d'un rang inférieur aux Tchin wang d'entrer au palais avec le glaive au côté.

La deuxième année Tien kuen (1139), le quatrième mois, Hitzong détermina les vêtements de cérémonies des mandarins. L'empereur des Songs envoya un ambassadeur remercier Hitzong de lui avoir rendu le Honan.

Le sixième mois Hitzong dit à ses secrétaires : « les livres réglant les rites et usages au temps de Tang Taitzong portent que les entretiens du prince avec ses sujets sont une très bonne chose. » Là dessus un mandarin de la cour des Hanlins du nom de Hanfang répondit : « Tang Taitzong avait soin d'interroger avec douceur et sans opiniatreté. Fang hiun ling, Tou zhou ho et autres mandarins en étaient d'autant plus affermis dans leur fidélité et leur sincérité. Il est bon de suivre ce livre des Tangs en tout et partout ». L'empereur répondit : « Tang Taitzong fut un bon souverain. Que fut Tang ming hoang? Han fang répondit : depuis Taitzong de l'empire des Tangs, il n'y eut que deux bons souverains, Ming hoang et Sien tzong. Ming hoang fut bon au commencement, mais à la fin il se pervertit. Il reçut le trône après avoir eu beaucoup de peines et de difficultés. Dans des circonstances difficiles et grâce à ses deux ministres Yao tzong et Song jing qu'il sut employer et à sa conduite droite, la paix régna au temps K'ei yuen (713-742). A la fin tombé dans la négligence, il laissa gouverner un rusé mandarin du nom de Li ling fou. C'est pourquoi au temps Tien pao (1) il y eut de grands troubles (742-756). Enfin étant rentré en lui-même, il redevint ce qu'il était d'abord, mais ne put atteindre la conduite de Tang Taitzong.

---

(1) K'ai yuen et Tien pao sont les noms de règne de Tang ming hoang (Hiuen tzong 713-756). Taitzong, le second des Tang, régna de 627 a 650.

L'empereur approuva ces paroles ; il dit ensuite : « que fut le roi Tcheng wang (1) de la dynastie Tcheou? » Han fang répondit : « Ce fut un bon roi des temps antiques. » Hitzong reprit : « bien qu'on le dise vertueux, il prêta son appui à Tcheou kong et la postérité a soupçonné Tcheou kong d'avoir tué ses deux frères aînés Kouansou et Saisou. Pour moi, en examinant ces choses, je trouve qu'on ne doit pas blâmer ce qui a été fait pour l'empire et la cour. »

Le septième mois, le fils aîné de Taitzong, le prince aîné de Song Poulouho et le septième fils de Taitzou, le prince de Yen, Olouguen projetaient une rebellion. Hitzong l'ayant appris, les fit mettre à mort.

Le neuvième mois l'empereur de Song envoya Wang loun en mission près de la cour d'Aisin pour redemander le corps de son père et de sa mère Wei ; Hitzong fit arrêter l'envoyé et ne le renvoya point.

La troisième année Tien kiuen (1139), le cinquième mois, le Lou koue wang, Talan, général d'Aisin, ayant laissé transpirer le dessein qu'il avait formé et s'étant rendu de Yan king dans l'empire de Song pour s'y déclarer contre le royaume d'Aisin, Oujou réunit une armée, le rencontra près de Tchi tcheou et le tua.

Hitzong avait réuni son conseil pour déclarer la guerre aux Songs. Waben et les autres officiers lui dirent : « K'eng fang k'eu de l'empire Song a oublié nos faveurs et ne pense nullement à nous rendre service. Prenant sans droit des airs hautains, il n'a aucune bienveillance dans le cœur. Si l'on ne l'arrête pas maintenant, ne sera-t-il pas bien difficile d'y réussir plus tard? » Le roi reprit : « ils ont agi ainsi certainement parce que nous n'avons pas gardé les villes du Honan. Notre tou-you-wansouwai Oujou qui a été si longtemps dans les provinces du sud, en connaît tous les avantages et désavantages ; c'est lui qu'il convient d'envoyer pour conduire les opérations militaires. » Cela dit, il fit porter un ordre écrit enjoignant à Oujou de quitter Li yang (2) pour marcher sur Pian king et au général Saliho de sortir de Hotzong pour envahir le Shansi. En suite de cet ordre Oujou s'avança avec son armée à droite de Pien king et Saliho envahit le Shan si. Oujou envoya alors un de ses officiers nommé Kong yan tcheou, attaquer et prendre les deux villes de Pien tcheou et Jeng tcheou, tandis que Wang pe long d'Aisin prenait Tchen tcheou et Lic'eng s'emparait de Lo yang. Oujou, conduisant lui-

(1) Le second Tcheou, fils de Wou Wang, 1115-1078.
(2) Li yang, dépendance de Tai ming fou, est la moderne Jhoui kieu.

même toute son armée, prit successivement à l'empire des Songs, Hao tcheou, Siun tchang fou, K'ao tcheou et Jhou tcheou ; de son côté, Saliho battit l'armée song près de Fong siang.

Le sixième mois, Saliho d'Aisin laissant en arrière ses généraux prit lui même le commandement de l'élite et de la cavalerie, vint battre l'armée de Song à King tcheou, la poursuivit dans sa fuite jusqu'à Wei tcheou et en fit un grand massacre. En ce même temps, la température s'étant refroidie, Oujou et Saliho se retirèrent avec leur armée à Pien king. Oujou envoya alors annoncer ses victoires au roi et les mandarins composèrent une lettre de félicitations en vers qu'ils présentèrent à Hitzong. Celui-ci, ayant lu la lettre, dit : « il ne faut pas envoyer de ces lettres que dans un âge de paix. Anciennement lorsque l'on était en temps de paix, on faisait de ces choses (mais pas en temps de guerre). »

Le huitième mois Hitzong créa les divers rangs de goungju, sianju, fuma, etc. Le roi Hitzong n'avait point d'enfants ; on vint dire au roi, faussement, qu'un ministre de la gauche, Si-in, répétait en secret : « le trône est en ruines. » Hitzong croyant à cette calomnie envoya à Si-in une lettre ainsi conçue : « le langage que tu tiens secrètement est méchant et fourbe ; en ton intérieur tu considères le roi comme mort. Les propos que tu as tenus sont coupables. Tu dis tout bas à l'un et à l'autre : le trône est en ruines ! Je le sais depuis longtemps, ta méchanceté s'est manifestée clairement. » Là dessus il fit mourir Si-in ainsi que le ministre de la droité, Siao tching, Jao-ou fils de Si-in, le généralissime Bada, et le mandarin Madai, accusés tous quatre d'avoir pris part au prétendu complot de Si-in.

Le onzième mois, Hitzong donna à Kong fan descendant à la quarante-neuvième génération de Kong fou tze, le titre de Yan sheng kong. Ayant appris ensuite qu'il avait fait mourir Si-in innocent, il en eut une extrême douleur et dit à Tzong sien : « Si-in était un homme d'un grand mérite ; il a été tué innocent. Que pourrai-je faire pour son petit-fils ? » Tzong sien répondit : « si vous donnez une charge au petit-fils de Si-in en considération de son grand-père, ce sera une grande faveur. Mais si avant cela vous ne proclamez pas l'innocense de Si-in, comment pourrez-vous mettre son petit-fils en charge ? » Hitzong répondit : « Tes paroles sont bien sages. » Et le jour même il rendit son rang à Si-in (1) et donna à Sheou-tao, son petit-fils, la charge de yuen des Hanlin.

---

(1) En Chine on confère des titres et des charges, même après la mort.

La quatrième année Tien kiuen (1141), le premier mois, tous les grands voulant exalter le roi, proclamèrent Hitzong « l'empereur qui honore le ciel, fidèle aux lois, brillant, éclairé, d'une haute science littéraire, brave au combat, vertueux, céleste. » S'étant d'abord baigné et purifié, revêtu du bonnet Miyan, le roi alla offrir un sacrifice au temple de Taitzou et publia un édit annonçant cet évènement. Puis changeant le le nom des années de son règne il appela l'année suivante la première de Hoang tong. Il inaugura la coutume de donner des titres et charges aux femmes.

Le deuxième mois il décora Yansi roi de Tailiao du titre de You wang; et Jao ji, le Hôn te hong de Song, de Tien sui kiun wang; Tchao koa, le Song hun heou, de Tien sui kiun kong. Après quoi étant allé sacrifier lui même à Kong fou tze, il se leva et se tournant vers le nord, il renouvela les cérémonies. Revenu au palais il dit à ses officiers : « Dans ma jeunesse je vivais dans l'oisiveté et je n'ai point su étudier les lettres. Je déplore d'une manière inexprimable les mois et les ans ainsi passés inutilement. Bien que Kong fou tze n'ait point eu de trône, on gardera sa doctrine avec amour jusqu'à la dix millième génération. Tout qui veut être bon ne peut se dispenser de l'étudier et de la suivre. » Depuis lors il lut nuit et jour le Shou-king, le Lun-yu, le livre des cinq royaumes, l'histoire de Tailiao, des livres de toute espèce.

Le cinquième mois, le président des trois cours supérieures, le Taisze, Liang tzong kue wang, Waben mourut. Hitzong étant venu assister à ses funérailles, les grands lui représentèrent que le jour du chien rouge, on ne pouvait point verser de larmes. Le roi leur dit : « les rapports du roi et des sujets sont comme ceux de la chair et des os, peut-on les bannir de son cœur? » et s'en étant allé, il sanglota pendant sept jours, sans plus s'occuper des affaires.

Le sixième mois le Tsi wang, Elou, fils de Taitzou, vint à mourir; le roi alla également à ses funérailles et resta sept jours encore éloigné des affaires; portant pour lui le deuil comme il l'avait fait pour Waben.

Le neuvième mois, Oujou d'Aisin envahit la province de Kiang nan du royaume de Song; après avoir franchi le fleuve Hoai hao, il écrivit une lettre de reproches à l'empereur des Songs, sur quoi l'envoyé de ce prince vint demander à Oujou de se retirer. Le général d'Aisin accepta comme frontière le fleuve qu'il venait de passer et s'en retourna avec son armée.

Le huitième mois, Ouwei, le cinquième fils de Polatou, écrivit trois kiens (livres) des coutumes véritables de sa race et les présenta au roi Hitzong; celui-ci les reçut debout, au milieu des parfums d'encens allumé et le récompensa selon son mérite et rang.

La deuxième année Hoang tong (1142) (1), le deuxième mois, le roi eut un fils qui fut nommé Ji-an; il l'annonça par une proclamation publique. Tzao siun de l'empire Song, envoyé près de la cour d'Aisin, apporta 250,000 taëls d'argent et 250,000 pièces de soie; il demanda que l'on fixât la frontière au fleuve Hoai hao et que l'on confirmât l'accord par un serment que les descendants dans les âges éloignés dussent observer intégralement.

Le troisième mois le roi Hitzong voulant conclure le traité avec l'empire Song envoya Lio sian porteur des pendants et du bonnet de cérémonies impériales (2), du sceau et du texte du contrat, reconnaître K'eng wang comme empereur de Song. Il le chargea en même temps de reconduire dans le Kiang nan la mère de K'eng wang, Weitze (qui avait été faite prisonnière pendant les conquêtes en Chine) et d'y ramener les corps de Sing tze, l'épouse principale de K'eng wang, de Tien sui tsun wang (3), et de Jeng tze son épouse. Puis il déclara son fils Ji-an, hoang taitze (le grand héritier) et annonça urbi et orbi qu'il avait fait l'empereur de Song son vassal.

Au cinquième mois il commença à ne plus s'occuper des affaires; depuis un an il s'adonnait au vin et passait les nuits et les jours à boire avec les grands de sa cour. Un ministre étant venu lui faire des représentations, Hitzong lui présenta du vin en lui disant : « Je connais votre pensée à vous fonctionnaires, c'est pourquoi je bois du vin aujourd'hui. Je cesserai lorsque le matin sera venu » et là dessus il continua à boire. Le roi Hitzong réunit ensuite ses officiers dans cinq salles et leur donna un banquet. Lorsque tous furent enivrés, il finit la fête.

Le douzième mois le fils de Hitzong, le prince héritier, mourut le jour du singe vert.

La troisième année Hoang tong (1143), le sixième mois, un certain Hiei tzai de la province de Tai youen vint apporter au roi une bête fauve qu'il avait capturée.

---

(1) Hoang tong signifie grand, universel (uhe),
(2) Comme pour lui donner l'investiture.
(3) Tien sui tsun wang est un nom d'honneur donné à Hoei tzong de l'empire des Songs (1101-1126).

La quatrième année (1144), le huitième mois, le roi Hitzong s'étant mis en colère sans aucun motif, tua son fils le Wei wang, Tao ji.

Le huitième mois, à la suite d'un tremblement de terre dans la province de Ho so, Hitzong publia un édit faisant remise du tribut d'une année au peuple de ce pays et ordonnant aux magistrats de requérir et employer les gens soumis au service obligatoire pour enterrer les morts si les bras faisaient défaut pour cela. Comme les peuples du Shan si, de Pou tcheou, Siai tcheou (1), Zhou tcheou et Sai tcheou souffraient de la famine, il racheta aux dépens du trésor impérial les gens qui errant çà et là se vendaient eux-mêmes (pour vivre) et les recueillant à ses frais, les fit reconduire chacun en son endroit.

La cinquième année Hoang tong (1145), le cinquième mois, Hitzong recommença à boire sans cesse avec ses officiers. Les magistrats n'osaient plus l'avertir ; mais l'un d'eux nommé Ou yei ayant la charge de Ping-jang jeng tze lui présenta une lettre d'avertissement ; alors on annonça à tous les fonctionnaires que le roi avait cessé de boire.

Le dixième mois, Hitzong voulant donner à son père le roi Taitzou des titres d'honneur convenables, lui décerna ceux de « roi selon le vœu du ciel, auteur de la prospérité du temps, propagateur de la vertu, observateur du mérite, perspicace, spirituel, modeste, pieux, bienveillant, illustre, saint, grand, le premier des guerriers. »

Le onzième mois il donna au roi Taitzong les titres d'honneur appropriés de « imitateur du ciel, se conformant au temps, vertueux en ce monde, illustrateur du mérite, sage, perspicace, bienfaisant, saint, qui fait briller les lettres. »

La sixième année Hoang tong (1146), le premier mois, Hitzong créa (wang) tous les descendants de Taitzou.

Le cinquième mois le prince de Corée, Wang jiei mourut. Hitzong envoya un représentant d'Aisin pour reconnaître Sian comme successeur du prince défunt et assister aux funérailles.

Le neuvième mois il créa kong Walibou siu wang destructeur de Ping tcheou, le zhoui tzong, Olidou qui avait soumis le Shan si et le Jen wang Wasa, vainqueur de Tailiao et fit élever sur leur tombe un arc de triomphe ainsi que sur celles de Leosi et d'Injoukou. Le même mois, le Sou wang Lio yoi mourut.

(1) Ho tcheou dépend de Liu tao fou ; So tcheou de Si jin tcheou ; Pou tcheou, Siai tcheou, dépendent de Ping yang fou.

cuteur des ordres du Shang-sou-seng-yamen. Wan-yan-liang traversa la résidence du centre et arriva à la ville de Liang siong. Là Hitzong lui envoya dire de revenir. Wan-yan-liang ne comprenant point pourquoi on le rappelait, s'en retourna plein d'appréhension. Hitzong lui rendit la charge de Ping jang jen tze. Mais Wan-yan-liang n'en concevait que plus de crainte.

Un jour Wan-yan-liang délibérait avec Tang kouwe pang, vice-ministre de la droite et Ping te, ministre de la gauche et le teli tching Ouda sur le choix à faire d'un nouveau roi, au cas où l'on se débarrasserait du prince régnant. Wan-yan-liang pensant qu'on devait le choisir en tant que petit fils de Taitzou, demanda à ses deux collègues : « qui choisirons-nous si nous tentons cette entreprise hardie? » Mais Ping te et Tang kouwe pang n'avaient jamais eu l'intention de nommer Wan-yan-liang. Aussi Tang kouwe pang répondit : « ce sera le frère cadet du roi, Tchang sing, prince de Sou. » Wan-yan-liang reprit : qui lui succèdera? Ce sera Alan fils de Teng wang, dit Teng kouwe pan. Mais répartit Wan-yan-liang, Alan est d'une famille étrangère, comment pourra-t-il être placé sur le trône? — Votre pensée est-elle qu'on vous nomme? dit Tang kouwe pan. — Dans ces difficultés répondit Wan-yan-liang, si l'on me laisse de côté, qui pourra occuper le trône?

Depuis ce moment ils délibérèrent nuit et jour en secret. Un grand nommé Tesze se défiant de leur conciliabule le signala à Pei man. La Hoang heou, ayant rapporté ses paroles au roi Hitzong, celui-ci entra dans une colère violente; il fit venir Tang kouwe pan et lui dit : « Qu'avez-vous résolu avec Wan-yan-liang? et pourquoi me comptez-vous? » et là-dessus il fit donner la bastonnade à Tang kouwe pan et le laissa aller. Depuis lors Wan-yan-liang conçut une inimitié profonde contre Tchang sing, Alan et Tetze.

Sur ces entrefaites un homme du Honan nommé Soun jin voulut se faire passer pour le frère cadet du roi, An-san-tai-wang, et prit ce nom. Le roi était dans l'hésitation, il ne se connaissait d'autre frère cadet que Tchang sing. Il crut donc devoir consulter celui-ci et lui dépêcha un officier du nom de Tetze pour l'interroger à ce sujet. Tchang sing l'assura que c'était faux (que Sun jin n'avait pas ce titre). Wan yan liang alors sachant que Hitzong se défiait de Tchang sing, voulut profiter de l'occasion pour le faire mourir. Il dit donc à Hitzong : « c'est là la vraie cause de la révolte de ce Sun jin du Honan; il n'a point pris un nom étranger. Il se donne le titre de Taï wang (grand prince) frère cadet du roi. Mais il n'y a que deux frères du souverain : Tchang sing et Salan. Le rapport de Tetze est contraire à la vérité. » Hitzong croyant à ces paroles, suivit le conseil de Wan-yan-liang. Il envoya Tang koue pan et Silao interroger Tetze. Arrivés près de celui-ci, ils le mirent à la torture pour lui arracher un aveu. Tetze pressé par la douleur déclara, contrairement à la vérité, que ce que disait Wan-yan-liang était vrai. Alors Hitzong irrité fit mourir Tchang sing, son frère cadet Salan, Tetze et Alan. Il n'avait nullement l'intention de mettre à mort Talan, frère cadet d'Alan; ce que voyant, Wan-yan liang lui dit : « l'aîné ayant été exécuté, son frère cadet restera-t-il seul ici? » Et Hitzong le fit également mourir. Hitzong jugeant Wan-yan-liang sincère et fidèle, se servit de lui de plus en plus, et ne s'aperçut point de ses fourberies.

Le onzième mois, Hitzong fit tuer la Hoang heou, Pei man et introduire dans son harem Samoo épouse du Sou wang, Tchang sing. Peu après, étant allé à la chasse, il envoya l'un de ses gens tuer quatre de ses épouses, Te fei, Ougou lôn sze, Jie gou lônsze et Jang tze.

Le douzième mois, en revenant de la chasse il fit mettre à mort une cinquième épouse, Pei mansze, dans ses appartements de nuit. Wan-yan-liang instruit de la crainte dont tous les mandarins étaient saisis, ainsi que Fouman tang-koue-pan, et l'officier du palais, Te-sing-koue, réunirent Jang pou san, Hôtou, Alicouho et autres aides de camp du roi ; et, après délibération commune, ils résolurent d'accomplir leur dessein cette nuit même. Hôtou, tandis qu'Alicouho était de service à l'intérieur, envoya Lilao seng informer Te-sing-kue de leur entreprise. A la fin de la deuxième veille Te sing kue vint prendre furtivement le sceau royal et prétextant un faux ordre du roi il ouvrit la porte du palais et fit entrer Tang-koue-pan et ses complices. Wan-yan-liang entra portant un glaive caché et suivant Tang-koue-pan son beau-frère; les gardes de la porte du palais sachant que Tang-koue-pan était gendre du roi, les laissèrent entrer sans soupçon ni hésitation. Arrivés dans la cour intérieure, ils furent remarqués par les gens de la suite du prince : mais Tang-koue-pan tirant son glaive menaça de les frapper et la frayeur les tint à distance. Hôtou et Alicouho arrivèrent alors en face du roi. Celui-ci cherchait à saisir son épée placée au-dessus de son lit, mais Te-sing-koue s'était déjà caché dans une autre chambre. Ils entrèrent en ce moment et percèrent le roi de leurs épées. En même temps Wan-yan-liang s'approchant le frappa à son tour. Le sang coulant à grands flots couvrit les vêtements de Wan-yan-liang et le roi succomba à la perte du sang. Il avait occupé le trône pendant 15 ans ; il avait 31 ans (1).

DEUXIÈME PARTIE.

RÈGNE DE WAN-YAN-LIANG QUATRIÈME ROI D'AISIN.

Wan-yan-liang s'appelait originairement Tigounai ; il était le deuxième fils du prince de Liao, Wapen. Le nom de sa mère était Datze ; il naquit la sixième année du temps dit Tien-fou du roi Taitzou (1123). La neuvième année Hoang tong de Hitzong, le troisième mois, il fut nommé taipao et président des trois cours supérieures (1149).

Le douzième mois après avoir tué le roi Hitzong, il demanda aux grands réunis qui l'on placerait sur le trône ; avant que cela fut décidé, Hôtou dit : « nous avions d'abord résolu de faire roi le Ping jang tze ; maintenant pourquoi hésiter de nouveau ? » Là-dessus on plaça Wan-yan-liang sur le trône, tous vinrent fléchir le genou devant lui et l'acclamèrent « le monarque dix-millenaire » en se prosternant devant lui. Celui-ci prétextant faussement que Hotzong voulait faire régner la Hoang heou, fit saisir les principaux d'entre les grands et mettre à mort Tzou ling, prince de Sao et Tzong sian ministre de la gauche.

Tushan sze, grand'mère de Wan-yan-liang et Siao tze épouse secondaire de Taitzou ayant appris ces nouvelles, en furent consternées et se dirent entre elles : « si le roi a violé les principes de justice ses sujets peuvent-ils agir de même ? » Tushan tze se rendit alors au palais et ayant rencontré Wan-yan-liang, elle ne lui adressa point les félicitations exigées par les règles. Le roi en fut fort irrité. Le jour même il nomma Pingte ministre de la gauche, Tang koue pan ministre de la droite ; Oudai, ping jang jengtze ; Hôtou, fou tien jien de la gauche, et Alicouho

(1) Son nom d'honneur était Yuen kong ; il était le petit-fils du roi Taitzou-Agouda.

de la droite; Jen pe, général de la gauche et Ta sing koue, kong ning nin. Puis il éleva au rang de mandarin vingt des subalternes du Taitze Ouyei et publia un édit changeant le nom des années Hoang tong en Tien te (1).

La première année Tien te (1149), le roi Wan-yan-liang ayant fait venir Siao li, lui dit d'un ton de blâme : « qu'avait fait Jan jun le Han lin siaotze pour que vous l'ayez fait mettre à mort ? Quel mérite aviez-vous acquis pour en recevoir la récompense? » Siao li restait sans pouvoir répondre. Le roi reprit alors : « il ne me serait pas difficile de vous faire mourir; vous avez voulu faire croire que j'étais impliqué dans l'affaire et que j'avais voulu me venger de lui comme d'un ennemi. » Et ce disant, il le dépouilla de son titre de mandarin et l'exila à la campagne. Le roi Wan-yan distribua, selon le rang, au ministre Pingde, à Tang koue pan, à Oudai le Ping-jang-jengtze et à quatre autres mandarins de l'argent, de la soie, des chevaux, des bœufs et des moutons, et leur fit jurer fidélité dans le temple de Taitzou. Après cela il voulut exalter son père Wapen et lui donner des noms d'honneur; il l'appela : imitateur de l'antiquité, propagateur des lois de justice, l'illustrateur des lettres, l'empereur qui illustra l'armée, fit grandir la piété filiale, l'empereur éclairé, illustre; et lui donna comme nom de temple le titre de l'ancêtre vertueux.

La deuxième année Tien te (1150), le premier mois, le roi Wan-yan-liang donna à sa grand'mère Tushan sze et à sa mère Dasze le titre de « vénérable et grande princesse » *(hoang tai heou)*. Puis il publia urbi et orbi un édit portant ces sept avis : « exhortez les magistrats, ayez soin des champs, craignez les châtiments et les tortures, encouragez le bien que font les petits, aimez les pauvres, dépensez avec parcimonie vos richesses, efforcez-vous d'acquérir la vraie vertu. » — Peu après il envoya Sekong avec d'autres députés annoncer aux royaumes de Song, de Corée et de Hia, comment il avait succédé au trône de Hitzong en lui donnant la mort.

Le troisième mois, Wan-yan-liang nomma son fils Yuen sheou, Tzong wang et donna le titre de Tong hun wang au feu roi Hitzong, le rabaissant ainsi comme il l'avait mérité par sa conduite. Tous les mandarins proclamèrent alors Wan-yan-liang « le roi qui imite le ciel, qui affermit

---

(1) Tien te signifie vertu du ciel.

l'armée, expert dans les lettres, grand, éclairé, saint, pieux » et lancèrent une proclamation annonçant ces nouveaux titres.

Wan-yan-liang savait parfaitement que dès le temps de l'intronisation de Hitzong, les fils et descendants de Taitzong étaient vaillants et nobles; il les craignait et dès lors il avait résolu de les faire périr. En ayant délibéré avec Siao you, l'un de ses officiers, il décida leur mort. Il envoya un de ses gens engager Tzong pan, le septième fils de Taitzong et les autres à venir jouer une partie de balle. Lui-même alla se placer à l'étage supérieur, et logea Tushan, Tetze et d'autres encore dans les appartements de dessous. Aussitôt que Tzong pan, Tzong mei (1) et Tang koue pan furent entrés, on les saisit et les tua. Comme les grands du pays disaient que ces malheureux princes avaient été tués injustement et qu'il craignait que le peuple en eût quelque soupçon, il s'entendit avec un certain Siao you et fit accuser ses victimes d'avoir voulu se révolter, puis il fit également mettre à mort Pingde, membre du tribunal Shang sou pour l'extérieur, Tzong-y, liosheo de la résidence de l'est, Bian, liosheo de la résidence du nord, septante fils et descendants restants du roi Taitzong, trente descendants de Niyamouho, cinquante autres membres restants de la famille impériale, en tout 150 personnes.

Wan-yan-liang haïssait aussi les descendants de Shiyei, frère cadet de Taitzong, parce qu'il les jugeait braves et nobles. Il s'entendit secrètement avec un individu nommé Tabouyei et fit tuer tous les grands de la famille impériale. Ce Tabouyei avait conçu de l'inimitié contre Saliho de la famille impériale, et liosheo de la ville de Pian-king. Il chargea le ling tze Yooshe d'aller dire au roi qu'il avait trouvé une lettre envoyée par Saliho à son fils Tzong an et qui était tombée en dehors de la porte du palais. Cette lettre contenait un projet de rébellion formé par Tzong-y fils de Shiyei avec Meo li yei. Wan-yan-liang déféra ces paroles au tribunal pour que l'on instruisît le procès. Tzong an repoussa l'accusation. « Si mon père m'eut écrit vraiment cette lettre, je me serais fendu la chair pour la cacher de peur d'en laisser rien paraître. Comment donc est-elle tombée en dehors de la porte du palais? » Les juges le mirent à la torture mais il ne changea pas le moins du monde de couleur ni de figure. On mit alors à la torture un homme nommé Sao ho; placé sur

---

(1) Tzong mei était le neuvième fils de Taitzong.

des charbons ardents, il ne put supporter la douleur et avoua faussement la conspiration. Les juges torturèrent également le fils de Shiyei, mais Tzong y ne put supporter la douleur et avoua mensongèrement, ajoutant : « on ne nous épargnera pas certainement. Si l'on veut nous tuer, qu'on le fasse tout de suite ; à quoi bon nous questionner inutilement ? » Tzong an dit alors : « maintenant la chose n'est point claire ; réussirait-on peut-être en cherchant sous la terre ? Pour moi, certainement je n'accepterai jamais l'accusation, » et persistant dans son refus, il mourut. Après cela le roi envoya un émissaire tuer Saliho à Pien king, et fit exterminer toute la famille et la maison de Saliho, tous les descendants de Shiyei, frère cadet de Taitzong, ainsi que l'épouse secondaire de Taitzou, Siaosze, Meo liei, Holi jiyan, petit-fils du Wei wang Fada et Ho sio si,

Le douzième mois, les magistrats vinrent annoncer à Wan-yan-liang qu'ils avaient vu un nuage de favorable augure. Le roi leur répondit : « Quelle vertu ce nuage annonce-t-il en ma personne ? Désormais ne m'annoncez plus les heureux présages ; si vous en avez des mauvais, avertissez-moi, je me tiendrai en garde. »

La troisième année Tien te (1154), Wan-yan-liang institua un collège d'après les règles du Koue tze kien, et dit à Tchao tze fou, ministre et membre de la cour des censeurs : « vous, mandarin, vous parlez toujours favorablement et selon votre fantaisie ; je n'entends jamais que vous ayez signalé les fautes de qui que ce soit. Je déteste cette manière d'agir. Désormais si quelque fonctionnaire viole les lois, faites le connaître par vos rapports, ne craignez point parce que j'occupe le trône impérial. » Wan-yan-liang partant pour la chasse, tous les mandarins inférieurs en rang aux ministres étaient venus lui faire cortège. Au moment de se séparer, le roi arrêtant son cheval, leur donna cet avertissement : « Je vous ai employés sans épargner les hauts rangs, ni les soldes considérables. Que j'apprenne donc que vous remplissez vos fonctions avec soin ; cherchant le loisir et le repos pour vous mêmes, vous ne pensez guère à soigner les intérêts du peuple. Désormais ce ne sera qu'après m'être enquis de votre zèle et de votre négligence que je déterminerai les récompenses et les châtiments. Soyez donc tous, en ce qui vous regarde particulièrement, actifs et zélés. »

Le deuxième mois, le roi Wan-yan-liang dit aux mandarins réunis : « C'était hier l'anniversaire de la naissance du prince héritier. L'impératrice m'a envoyé un objet en présent. C'est vraiment étonnant ! Mandarins faites y bien attention ! » Là dessus il tira quelque chose de sa bourse jaune et c'était un petit tableau représentant les travaux des champs. Le roi ajouta : « La pensée de l'impératrice est que le prince héritier, né dans une maison de rang élevé, pourrait ignorer les peines qu'éprouve le peuple dans les travaux de l'agriculture. Aussi je lui dois de grands éloges. »

Le quatrième mois, le roi Wan-yan-liang se rendant à Yen king, en avertit ses peuples par une proclamation. Les magistrats de cette ville, le jour où l'on devait inaugurer les peintures de la salle royale du palais, y firent paraître les deux principes des choses, l'In et le Yang, s'harmonisant dans les cinq éléments. Lorsqu'ils les présentèrent au roi celui-ci leur dit : « le bonheur et le malheur du royaume ont leur source dans la vertu et non dans la terre. Le roi Koue tcheou bien qu'il fût en position de contempler d'heureux pays, quel avantage en a-t-il retiré? Pour établir Yao et Shun sur le trône a-t-on employé ces vues? »

Le cinquième mois, les mandarins voulant gagner la faveur du roi, l'engagèrent à grossir le nombre de ses épouses pour multiplier sa postérité. Mais le roi Wan-yan-liang leur envoya dire par Tushan jen : « Les femmes des gens qui ont été mis à mort me sont d'une parenté très proche. Faites les venir au palais. » Entendant ce message, Siao you dit au roi ; « On parle encore de l'exécution des membres de la famille et de la maison. Et tous jettent le blâme sur vous au dedans et au dehors. Convient-il de faire ce que vous ordonnez? » Le roi ne se rendit pas à cet avis et fit introduire dans le palais Tze lou kiun, fille de Tzong ben, sa sœur cadette, encore vierge, Holila, fille de Tzongkou, Hosida et Foulai sœur cadette de Pingde, pour en faire des épouses du roi.

Cette même année mourut le Tzong wang, Youen sheou, fils du roi.

La quatrième année Tien te (1152), le deuxième mois, le roi proclama son fils Kouang ing prince héritier et lança une proclamation urbi et regno. Wan-yan-liang s'était depuis longtemps pris d'amour pour Tang koue ting kou, femme du mandarin Oudai parce que, disait-il, elle était d'une grande beauté. Il envoya une femme du nom de Kui kou lui dire de sa part : « Depuis longtemps les rois ont deux épouses-reines. Veux tu tuer ton époux et te donner à moi? » Tang koue ting kou répondit : « je suis mauvaise de nature et de passion; j'ai à rougir de mes actes antérieurs. Maintenant que mes fils sont grands je ne dois pas commettre un pareil crime. » Ces paroles ayant été rapportées au roi, il renvoya Kui kou dire à la jeune femme. « Si tu ne veux pas tuer ton époux, je ferai périr toute ta maison. » Tang koue ting kou bien qu'épouvantée, répondit encore par un refus et dit : « Mon fils Oudabou ne manquera pas de me tuer pour secourir son père. » Là-dessus le roi fit venir Oudabou et lui donna la charge de Tubo ti heou. Tang koue ting kou se dit alors que cette malheureuse affaire ne pourrait se terminer heureument et, profitant d'un moment où son époux Oudai était complètement ivre, elle le fit étrangler par deux de ses gens, K'ou wen et K'ou lou. Wan-yan-liang ayant appris la mort d'Oudai témoigna une douleur hypocrite et lorsque le temps de deuil fut passé, il fit amener Tang koue ting kou au palais et la prit comme épouse secondaire. Du vivant de son époux, Tang koue ting kou avait donné son cœur à l'un de ses serviteurs nommé Yan tchi el, et lui avait donné des habillements neufs. Comme Wan-yan-liang tardait de le prendre à son service, un jour qu'il était absent, et qu'elle sentait son cœur se porter de nouveau vers son amant, elle envoya trois servantes occupées du service intérieur, dire à Yan tchi el d'apporter ses anciens vêtements. Yan tchi el comprit l'intention de la princesse et dit en souriant : « l'impératrice devenue riche et puissante ne m'oublie donc pas. » Depuis lors Tang koue ting kou cherchait un artifice pour faire venir son amant à l'intérieur du palais. Pour que le portier ne fit point de perquisition à ce sujet, elle mit un vêtement de dessous au battant de la porte intérieure du palais et envoya des serviteurs chercher Yan tchi el. Lorsque le portier ouvrit, il vit la robe suspendue et s'arrêta à la regarder ; mais aussitôt Tang koue ting kou dépêcha un serviteur dire au portier : « pourquoi avez-vous regardé mon vêtement de dessous ; je le dirai au roi qui vous fera mourir. » Le portier effrayé se demandait : que faire, après avoir encouru une peine capitale? il promit de ne plus recommencer. Le serviteur de la princesse ayant conduit Yan tchi el à la porte intérieure et l'ayant introduit dans le palais, le portier n'osa plus s'en occuper. Yan tchi el entra alors, prit un habillement de femme, resta au milieu des femmes et passa la nuit avec la reine dix jours durant. Une femme du nom de Kui kou l'ayant remarqué, en avertit le roi. Grandement irrité, Wan-yan-liang fit tuer Tang koue tong kou, les trois Kutze et Yan tchi el, et prit Kui kou au nombre de ses concubines.

En ce temps là le prince Oulou, petit-fils de Taitzou résidait au Santong à Jian fou. Le roi Wan-yan-liang ayant entendu dire que sa femme Oulidasze était belle et vertueuse envoya l'un de ses gens la chercher et l'amener à la cour. Oulidasze pensait en elle-même : « si je me rends près de lui, le roi tuera certainement mon époux. Si je réponds à son invitation et que là je sois mise à mort, mon époux sera épargné. » Elle dit donc à son mari : « Je me connais moi-même, je ne déshonorerai pas le prince mon époux (1). » Puis elle dit au grand intendant de sa maison : « tu es comme le cœur de mon époux, viens avec moi prier l'esprit Tong yo, car je ne peux pas être ingrate envers mon mari. Mais le ciel et la terre illuminant mon cœur, peuvent voir sa sincérité. » Faisant ensuite venir tous ses serviteurs elle ajouta : « je suis depuis mon enfance l'épouse du prince et la suis encore, et je n'ai jamais manqué à mon devoir. S'il en est qui sont une source de mal pour leur famille et leur maison, c'est qu'elles excitent la colère du maître et y sèment la méchanceté et la calomnie. Vous maintenant anciens serviteurs de celui qui a été et sera toujours mon prince, pensez à ses anciens bienfaits, ne soyez jamais ingrats et méchants. Si quelqu'un de vous n'obéit pas à mes injonctions, après ma mort je verrai ce que vous faites. » Elle les laissa tous fondant en larmes. Puis quittant Yian fou, elle s'en alla. Les gens de sa suite, sachant bien qu'elle n'irait pas chez le roi mais mourrait plutôt que de le faire, la surveillaient avec soin. Arrivés à Liang-siang, ils se relachèrent quelque peu de leur surveillance. La princesse saisit ce moment et se tua.

La cinquième année Tiente (1152), Wan-yan-liang passait son temps à la chasse et négligeait les affaires de l'état.

Le deuxième mois, comme il revenait de la ville de Shang king, Andahai, le second fils de Meoliyangho lui dit : « il n'est pas bien que vous cessiez de suivre les règles posées par nos ancêtres et que vous vous rendiez (pour vos plaisirs) dans d'autres endroits. » Le roi fut irrité de cette remontrance. Il s'en alla, laissant Andahai à Shang king, et se rendit à Yen king. Là il s'empara à son gré des objets mobiliers des gens et choisissant parmi les familles principales de la ville 130 jeunes filles et plus encore, il les emmena dans son palais.

Après cela il changea le nom des années Tien te en Tchen yuen (2).

---

(1) Le texte est effacé en partie, mais il semble que ce doit être cela : *mini beye*.

(2) Tchen yuen veut dire bon principe (tob da).

La première année Tchen yuen (1153), il fit de Yen king une ville de gouverneur général et l'appela Ta sing fou, en même temps qu'il donnait à Pien king le nom de Nan king et à Tsong king celui de Peking.

Le quatrième mois, la mère de Wan-yan-liang, l'illustre et vénérable princesse Datze mourut.

Le dixième mois, le roi parcourait en chassant le pays de Liang siang; à cette occasion il décerna à l'esprit du temple qui s'élevait sur la colline de Liao si k'eng le titre de Ling ing wang. Jadis un jour que Wan-yan-liang, avant d'être roi, passait devant ce temple, il y pria en tenant en main du Jiyoo (1) et dit : «Si je suis destiné par le ciel à être roi, qu'il tombe un koua (2) de favorable augure. » Puis ayant jeté le sort il fit tomber un koua heureux ; priant alors de nouveau, il dit : « S'il en advient comme tu me l'as fait présager, je te serai reconnaissant ; sinon, je détruirai ton temple. » Et jetant une seconde fois le sort, il lui tomba encore un koua favorable. C'est pourquoi il voulut honorer ce temple

La deuxième année Tchen yuen (1154), le premier mois, Siao-you, ministre de la gauche, Fong jiyan nou, magistrat de Jen ting, Siao-jao-je, vice-président de la cour des censeurs, et Yao she, tong j'i de Po tcheou (3) résolurent de concert de se révolter. Wan-yan-liang l'ayant appris, les fit tuer tous les quatre.

Le onzième mois, Wan-yan-liang attacha toutes ses sœurs au service de ses épouses, les partageant entre ces dernières. Comme elles allaient et venaient dans les appartements du palais il y fit étendre des tapis et et des nattes et exigeait que toutes les femmes allassent nus pieds, et ainsi elles jouaient ensemble se poursuivant l'une l'autre.

La troisième année Yen yuen (1155), le quatrième mois, de profondes ténèbres obscurcirent le soleil pendant dix-sept jours entiers.

Le neuvième mois, le roi dit aux mandarins : « le roi traitant avec le plus grand soin les affaires de ses sujets, on doit tenir caché ce qu'il fait. Or, bien avant que j'aie délivré les lettres patentes qui attribuent la succession à des fonctions, aux deux mandarins Jang szong fou et Jao tching, le secret en a été trahi par vous tous ; si cela vous arrive encore je vous ferai mourir. » Wan-yan-liang envoya des mandarins à Shang king, fit rechercher les ossements de Taitzou et de Taitzong et ramener

---

(1) Jiyoo : regarder le koua après avoir fendu en deux une dent de bœuf.
(2) Une des figures de l'Y king désignée par le sort.
(3) Po tcheou dépend de Tong ping fou de la province de San tong.

sa grand'mère l'illustre princesse Tushan. A leur approche il alla lui-même à leur rencontre et faisant tenir par les gens de la droite un faisceau de roseaux, il fléchit le genou devant l'impératrice mère et dit : « je suis hélas sans piété filiale, j'ai manqué aux lois de l'affection ; que l'illustre princesse prenne donc ces verges et me frappe de manière à me faire souffrir. » La princesse le fit relever et lui dit : « les enfants des gens du peuple, même lorsqu'ils causent la ruine de leur maison, aiment encore leurs père et mère ; combien plus en est-il ainsi de mon fils. » Ce disant d'une voix forte et haute, elle fit retirer les porteurs de verges. Wan-yan-liang étant à la chasse sacrifia son butin aux corps de ses deux ancêtres; de là il se rendit au chef-lieu du centre et fit enterrer ces corps sur la montagne Tafang san (1).

La quatrième année Yen yuen, le premier mois, les mandarins réunis proclamèrent Wan-yan-liang roi saint, éclairé, dévot aux esprits, puissant. A cette occasion il changea le titre des années qui devint Tcheng long (2) (1156).

Le sixième mois, Jao tchin song mourut.

Le huitième mois, le roi envoya un mandarin, membre de sa famille, nommé Oudou, à Shang king pour recueillir les ossements de dix ancêtres à partir de Sian pou, l'ancêtre originaire, et les fit enterrer sur la montagne Ta fang san.

La deuxième année Tcheng long (1157), le deuxième mois, le roi Wan-yan-liang effaça et changea le rang de tous les mandarins en dessous de celui de Tchin wang ; revenant sur les titres des vivants et des morts, il abaissa les rangs des vivants à partir du troisième, de deux degrés, et des morts à partir du deuxième degré ; il effaça des livres tous les titres de Wang, puis rechercha et fit détruire tous les arcs de triomphe en pierre qui se trouvaient sur les tombeaux.

Le deuxième mois il envoya des mandarins détruire les palais, les maisons des magistrats et le temple de Tchou tching sze qui se trouvaient à Hoei ning fou. Puis il fit raser la ville et labourer le sol. Le même mois on commença à fondre de la monnaie.

La troisième année Tchen long (1158), le premier mois, Sin sze abou fils de Wan-yan-liang, âgé de trois ans, tomba malade. Siyei yo jeng et

---

(1) Cette montagne est dans le département de Siun tien fou.
(2) Tcheng long signifie qui croit ferme.

An szong li ses médecins ne purent le guérir et le jeune prince mourut. Le lendemain on donna à Sin sze abou le titre de Sou wang. Mais irrité de sa mort, le roi fit mourir Siyei yo seng, An tzong li et la nourrice de son fils. Il fit en outre donner cent coups de bâton à son père nourricier Tong sing et le dépouilla de toute charge. Le Jian y tai fou, Yang pe shong, étant rentré chez lui dit à ses amis : « Sou wang est mort parce qu'il a été élevé au dehors. Bien qu'au dehors on élève les enfants avec soin et crainte, ces soins peuvent-ils être comparés à ceux des père et mère? Les mœurs primitives du royaume n'étaient point ainsi. » Certaines gens ayant entendu ces paroles, les rapportèrent au roi. Wan-yan-liang en fut irrité et dit à Yang pe shong : « Vous êtes fils et sujet, vous sied-il de blâmer votre prince et votre père sous prétexte des anciennes coutumes? Avez-vous le droit de censurer tout ce qui se fait à la cour? Moi-même, lorsque je suis malade et que je ne vais pas à la cour, on ne se prosterne pas devant moi. Mais j'informe mon conseil de tout ce qu'il y a à faire. S'il se présente un cas de peine de mort et qu'il ne puisse se décider tout de suite, on met l'accusé en prison et l'on retarde l'exécution capitale. Lorsque le magistrat remet son mémoire, bien que l'on ait retardé d'abord l'exécution, traine-t-on la chose en longueur? Moi alors, pour me donner le temps, j'écoute jouer de la lyre ou de la flute pour prévenir toute précipitation de ma part. Il est dit dans les kings : vous vous adonnez à la maison au plaisir et au dehors à la chasse; si, passant le temps à boire jusqu'à l'ivresse et à écouter à votre gré des sons harmonieux, vous construisez des palais splendides et élevez des hauts murs, une pareille conduite ne sera-t-elle pas la ruine du royaume? C'est là une leçon avertissant les rois de ne point se livrer au plaisir en négligeant les affaires de l'état. Pour moi, bien que d'après le dire général, le plaisir des sons harmonieux mette en action le ciel et la terre, je n'ai jamais osé donner la fonction de ministre à un homme sans valeur. Le magistrat peut-il à son tour sans crainte s'emparer des biens des particuliers? Les gens étrangers à la cour peuvent-ils se permettre de critiquer méchamment en secret? Toi, conseiller d'état, si tu as une représentation à faire, fais la ouvertement. Si je ne suis pas de ton avis, je serai en faute. Pourquoi donc critiques-tu en secret? » Yang pe shong répondit : « Le roi est vertueux, accompli, perspicace, éclairé, saint. Comment osé-je critiquer à la dérobée? Simple que je suis, j'ai failli en mes paroles, j'ai mérité mille fois la mort; mais que le roi considère la chose avec bonté. » Wan-yan-liang reprit : « J'avais d'abord pensé te faire mourir ; maintenant je te ferai seulement donner deux cents coups de bastonnade. » Toutefois, lorsqu'il eut reçu quarante coups, le roi considérant son âge et son passé, le relâcha.

Le septième mois, Wan yan-liang donna à son fils Kouang yang, le titre de Teng wang. Le neuvième mois, ce fils ainsi promu, vint à mourir.

La quatrième année Tcheng long, le deuxième mois, le roi Wan-yan-liang après en avoir conféré avec ses mandarins, donna un gouvernement à la résidence du centre et chargea un fonctionnaire, nommé Siu wen, de construire des bâteaux à Tong tcheou, dans l'intention, disait-il, d'attaquer l'empire de Song. En conséquence il envoya à tous ses ministres l'ordre d'inscrire dans un registre tous les soldats des divisions et des compagnies de chaque province entre l'âge de vingt et de cinquante ans. S'il en est beaucoup dont les pères et mères soient âgés, on ne doit point, disait-il, les laisser en arrière. Ensuite il envoya à chacun des tribunaux militaires des provinces porter ordre de surveiller et presser activement la fabrication des armes. Il fit de plus élever un palais à Pien king et fabriquer des armes aux quatre quartiers de la capitale du centre ; les objets nécessaires devaient être pris comme un tribut parmi tout le peuple. Mille pièces de monnaie pour une plume d'un pied, en sorte que le peuple des bourgs et villages ne pouvaient plus s'en procurer. D'un bœuf tué on devait prélever la peau et les nerfs, on n'épargnait ni porc, ni chien domestique, ni même les petits oiseaux sauvages. Le Taisze Tchi szai voulut arrêter le prince en cette voie mais il ne réussit pas. En ces circonstances, la reine Yuen fei tomba malade et se fit soigner par Tchitzai ; il profita de cette occasion pour présenter au roi une lettre d'avertissement. Cette lettre portait : « La sage conduite de notre royaume suivie par nos ancêtres a su en combattant l'injustice conformément au droit, abattre la puissance de Tailiao et réduire l'empire song à accepter la paix imposée. En ces temps au pouvoir suprême étaient les rois éclairés et puissants, Taitzou et Taitzong. En dessous d'eux Niyamouho, Meoliyangho et les autres généraux aussi prudents que braves. Malgré cela nous n'avons pu réunir l'empire sous notre autorité ; nous avons laissé aux Songs Kiang hoa et Paszou. Maintenant nos généraux sont bien différents des anciens, quoique prudents et valeureux ; il ne faut point lancer, sans raison, notre armée contre l'empire song. En outre former une capitale centrale au moyen de nouveaux impôts et tributs, élever une capitale au midi, lever des troupes et faire faire des cuirasses, des casques, des armes, en écrasant le peuple d'impôts, tout cela excite sa colère et contrarie tous ses travaux. En ce moment l'étoile Tcheou sing a été vue dans l'aire de l'étoile Niu teou, l'Ing hoa s'est approché de l'Y tcheou, un souffle de malheur passa par l'aire de Yang tcheou. L'armée qui part en guerre avant le lever de l'astre Tai pe, éprouvera certainement de grands revers. La saison n'est certainement pas favorable; lorsque les eaux sont desséchées, les troupes des bâteaux de guerre ne peuvent se suivre convenablement. Devant le Kiang ho il y a des sources en abondance, la cavalerie ne pourra y courir, y poursuivre l'ennemi en manœuvrant la lance; on ne pourra profiter des avantages de ce pays. » Wan-yan-liang ayant lu cet écrit fut fort irrité de la répétition de ce langage; il envoya des émissaires saisir Tchi szai sur le grand chemin et le tuer; il confisqua en outre sa maison et tous les sujets du royaume en furent dans la consternation.

La cinquième année Tcheng long (1160), le deuxième mois, il y eut un tremblement de terre dans les provinces de Hotong et de Sansi. Un vent violent renversa les maisons à Tchen zhong et à Te sing kiun, et beaucoup d'habitants périrent écrasés. Wan-yan-liang envoya Hoei tchi et Hai keou chacun dans une province; les voleurs que l'on put saisir furent découpés, sciés, déchirés au couteau, écorchés, puis mis à mort après avoir les mains et les pieds brisés.

Le troisième mois des habitants de Tong hai sien, Tchang wang, Siu yuen et autres se séparèrent d'Aisin. Apprenant cette nouvelle Wan-yan-liang envoya quatre de ses officiers : Siu wen, Tchang kseng sin, Li wei szong et Siao anwa avec une flotte de 1900 vaisseaux, combattre au delà de la mer et leur dit : « Ma pensée ne se porte pas sur un seul objet, mon envoi a pour but de constater ce qu'est notre flotte. » Siu wen et les autres officiers partirent alors avec la flotte. Arrivés à Tonghai sian ils attaquèrent l'armée des pirates et la défirent. Ils tuèrent plus de 5000 hommes. Si yuen et Tchang wang y périrent également et les restes de leur armée firent leur soumission complète.

La sixième année Tcheng long (1161), le jour du bœuf jaune du premier mois, comme c'était l'anniversaire de la naissance du roi, les états de Song, de Corée et de Hia envoyèrent chacun un représentant adresser leurs félicitations à Wan-yan-liang. Celui-ci dit au représentant des Songs, Sin tou : « Lorsque j'étais encore Liang wang, étant venu à la suite de l'armée j'ai vu avec admiration le pays de Pian king méridional Je pense encore à m'y rendre. C'est pourquoi j'ai presque achevé de construire un palais et de rétablir la ville. Dans deux mois j'irai d'abord au Honan, c'est une ancienne coutume d'aller visiter les états du souverain et des princes ; à la droite du fleuve Hoei ho il y a un vaste espace vide ; j'irai y chasser et ne prendrai pas avec moi plus de 10,000 soldats. En outre les tombeaux et les temples de mes ancêtres se trouvent dans ce pays, je ne puis tarder encore de le visiter. Allez, en retournant, avertir votre maître de mon projet. » Il dit ensuite à ses officiers : « Allez expliquer complètement mes intentions, dites au peuple du Hoei nan de ne rien craindre. »

Le deuxième mois Wan yan liang vint à la résidence du sud ; arrivé de la résidence du centre à An sou tcheou, il changea le nom de la montagne Mang san et l'appela Tai ping san.

Le troisième mois, arrivé à Honan fou, il fit fouler par ses chevaux le grain de tout le terrain situé entre la résidence du centre Tong king et Honan fou, et ne laissa qu'un pays désert.

Le quatrième mois il sortit de Honan fou et arrivé aux eaux chaudes de Zhoui tcheou, il rencontra un homme du pays des Khitans, nommé Boubou qui, accourant des montagnes, se mit au côté gauche du chemin et fléchit le genou en disant : « J'ai acquis des mérites en taillant en pièces les voleurs de Tong hai sien, mais Li wei szong a tenu mes services cachés. » Le roi s'irrita de ce langage et, sans aucun motif, fit tuer le khitan Boubou sur le lieu même. Arrivé aux thermes, le roi fut blessé à la chasse, par un cerf ; tombé de cheval, il cracha du sang pendant plusieurs jours. Après cela il envoya partout des messagers lever et et réunir les armées de toutes les provinces.

Le cinquième mois toutes les tribus des Khitans firent défection. Alors le roi Wan-yan-liang envoya Pousa sze kong et Siao hoai tzong à la tête de 10,000 hommes combattre les Khitans. Saba, chef des khitans, ayant appris l'apprche de cette armée, voulant se rallier à Yeliu dasi (1), s'en vint aux bords du fleuve Long tchiu ho. Pousa et Sze kong accoururent avec leurs troupes à Lin hoang fou mais ne purent saisir le chef Khitan.

(1) Dernier roi des Khitans qui soutenait son autorité dans les montagnes.

Wan-yan-liang quitta alors Zhoui tcheou, et s'avança dans la plaine de Pien king. Tchang hao, ministre de la gauche, de résidence à Pien king, vint à sa rencontre avec tous les magistrats. Cette nuit même un vent violent renversa un angle de la porte Tchang tien men de la ville. Wan-yan-liang y entra le jour suivant.

Le septième mois, le roi d'Aisin fit mourir tous les descendants de la famille Yeliu de Tailiao, et de la famille Tchao des Songs, au nombre de trente personnes. La princesse Toushan, grand'mère de Wan-yan-liang, lui avait déconseillé d'attaquer l'empire des Songs; il la fit mourir dans son palais, fit mettre le feu à cet édifice et jeter le cadavre de la princesse dans l'eau. Dix femmes restant de la suite de la princesse furent tuées en même temps.

Le neuvième mois Wang tchiou de Taiming fou se sépara d'Aisin, entraînant avec lui toute la ville, plusieurs dix milliers de personnes. Les partageant et plaçant secrètement en tous lieux comme des abeilles, il se rendit maître du pays et mit en état de défense nombre de villes de différents ordres. Puis il fortifia les monts et les vallées insuffisamment munies. Cependant le roi d'Aisin donnait un festin à tous ses officiers pour leur annoncer la guerre contre les Songs. Il dit alors à Siao you : « As-tu étudié les lettres depuis longtemps? » Siao you répondit : « certainement, j'ai depuis longtemps quelque peu lu. » Le roi alors se leva au milieu du festin, emmena Siao you dans les appartements intérieurs et lui fit lire un chapitre d'un livre chinois; puis l'ayant mis de côté, il dit : « ce n'est pas là réellement ce que je voulais vous demander; je veux vous consulter. Mon intention est de porter la guerre dans le Kiang nan; qu'en pensez-vous au fond? » Siao you répondit qu'il ne fallait point le faire. Le roi reprit : « pour moi, je considère l'empire des Songs comme aussi facile à saisir que s'il était dans la paume de ma main. Pourquoi croyez-vous qu'il n'en est point ainsi? » Siao you repartit : « Le ciel couvre le grand fleuve du nord au sud. Nous ne sommes point exercés à combattre en navire. Bien que Tsian fou eut jadis des millions de soldats, pas un cavalier ne fut en état de traverser les eaux pour combattre le royaume de Tchin. C'est pourquoi je pense que nous ne le pouvons pas. » Ces paroles irritèrent vivement le roi, il chassa Siao you avec des accents de colère, puis lui fit donner la bastonnade ainsi qu'au ministre Tsang hao et les renvoya. Il dit ensuite à ses officiers : « Tsang hao est premier ministre; il néglige de communiquer les ordres à ceux avec qui il ne parle point. Siao you m'a comparé à Fou tsian. Je voulais, en lui perçant la langue et y enfonçant un clou, lui faire couper la chair. Mais en pensant à ses mérites j'ai été, cette fois, indulgent. Le premier ministre, en recevant la bastonnade, en a souffert en sa chair; c'est comme si je souffrais moi-même. Et vous pensez aussi aux angoisses de la bastonnade. Que ce soit comme si vous étiez frappés vous mêmes. » Wan-yan-liang ayant réuni les divers corps d'armée des 32 généraux pour attaquer l'empire des Songs, nomma Patou général de la droite et lui donna Li tong pour lieutenant; puis il donna à Liang li le commandement de la gauche avec Pou louhun pour lieutenant. Il fit en outre Tushan jen général de la gauche et Tushan yong de la droite; Yoi liu, toutsian de la gauche et Pousa Walun, de la droite et attacha ce dernier à sa personne; So foo heng fut nommé commandant (toutongji) de l'armée navale avec Jang jian pour lieutenant et ils eurent ordre de se rendre à Lin nan par voie de mer. Le roi ordonna ensuite à Lio ou, nommé général et à qui il avait adjoint Pousa on je comme lieutenant, de partir de Sai tcheou; et à Tushan hoei, également créé général, ainsi qu'à son lieutenant Jang szong yan de quitter Fong sian pour s'emparer de San kuen (1) « que l'armée s'arrêtant là, attende mes ordres, » ajouta-t-il. A l'armée de combat, aux soldats chargés des travaux de campagne, à l'élite, à ces trois corps des bannières il donna pour généralissime Wan yan youen y et en forma une avant-garde. Alors il envoya Tushan jen avec 100,000 hommes s'emparer de Hoai in (2). Il remit la garde de la capitale à la reine Tushan et au Taitze Kouang in, et l'administration des affaires aux trois magistrats Jang hao, Siao you et Jang sze hoei.

Le jour du cheval vert, au moment où Wan-yan-liang partait de la résidence du sud, la reine et le Taitze saisissant les vêtements du roi se mirent à fondre en larmes. Les larmes coulèrent alors aussi des yeux du roi, mais il leur dit : « je m'en vais, mais je reviendrai. » La reine et le Taitze arrêtèrent alors leurs sanglots. Tandis que le roi se mettait en marche avec l'armée, le temps de l'étoile Taipe se montra; un général qui désapprouvait complètement l'expédition guerrière se cacha sur le bord du chemin et s'en revint chez lui.

---

(1) San kuen dépend de Fong sian fou.
(2) Hoai in est l'actuelle Hoai an au pays de Nan king.

Le chef de mengan, Fousheou, entraînant avec lui Leosi et Taida s'en alla dans la province de San tong et entra dans Taitcheou. Là il réunit 10,000 hommes qui y étaient restés et se rendit à la capitale de l'est. Arrivé là, il déclara qu'il voulait proclamer roi le Sao koue kong Oulou, puis s'en alla à l'embouchure du Liao ho. Oulou ayant appris cette nouvelle, envoya un de ses gens nommé Tushan sze tzong pour aller demander à Fousheo ce que cela voulait dire. Celui-ci prit avec lui quelques cavaliers et s'en courut trouver Fousheo au dedans de son camp. L'ayant rencontré, il lui demanda pourquoi il agissait ainsi, pourquoi il était venu là ; Fousheou se tournant vers le midi et désignant Wan-yan-liang, répondit : « le roi Wan-yan-liang a violé les lois morales, il ne peut plus gouverner et protéger le monde. Le Sao koue kong est le petit-fils de Taitzou ; nous sommes venus en conséquence le proclamer roi. Toute l'armée, à ces mots, se tournant vers l'est, fléchit le genou et le proclama le roi dix-millénaire. Là-dessus il donna une lettre à Toushan sze tzong et le renvoya à Oulou. Puis réunissant ses soldats, il passa le Liao ho et vint sous la capitale de l'Est ; là il dit à ses soldats de prendre tous la cuirasse et de garder la maison du Sao koue kong Oulou, ce qu'ils firent, puis il tua le méchant K'ue sun fou et autres de son espèce. Le lendemain il réunit ses généraux, les magistrats et le peuple de la ville et, d'accord avec Meo yan commandant en chef de l'armée de la province de Pousoulou, ils pressèrent itérativement Oulou d'accepter le trône ; finalement ils l'y placèrent et donnèrent à cette année le titre de première année Tai ting. Ils publièrent ensuite une proclamation dans laquelle ils rappelaient à tout le peuple les cruautés de Wan-yan-liang : « il a, disaient-ils, tué sa grand'mère Tushan et fait exécuter également les descendants de Taitzong, comme aussi ceux de Niyamouho et d'Oujou et tous les princes de la famille royale. Il a détruit le palais de Shang king et fait mettre à mort les descendants des rois de Tailiao et ceux des empereurs songs. »

Cependant l'armée de Wan-yan-liang avait passé le Hoai ho ; étant entrée dans Lou tcheou, elle y avait pris un cerf blanc, ce que l'on tint pour un heureux présage semblable à celui du poisson blanc d'Ou wang. D'autre part un général d'Aisin, nommé Lio ou, avait pris trois villes de l'empire Song : Tong hao kiun, Kang tcheou et Sin yang kiun (1) et Tushan jen d'Aisin avait attaqué et battu l'armée de Wan tchouan, gé-

---

(1) Sin yang kiun dépend de Zhoui ning fou. C'est maintenant Sin yang tcheou.

néral de Song, près de Yu tai et pris Yang tcheou. Wan-yan-youen-y, avec l'avant-garde, envahit le territoire de Tuen sa ; à son approche, l'armée chinoise qui le gardait s'enfuit précipitamment. Le général d'Aisin lui infligea une double défaite à Yu tze Kiao et à Tzao hien (1), et lui tua 200 hommes. Après l'entrée de Wan-yan-yuen dans Ho tcheou, le général chinois Wang tchuen rassembla les mille soldats qui lui restaient vint assiéger le camp d'Aisin, mais l'armée d'Aisin le repoussa à coups de flèches. La nuit suivante l'armée chinoise s'enfuit après avoir brûlé ses blés et fourrages. Le ciel brillant d'un éclat subit, l'armée d'Aisin accourut ; les Chinois reculèrent d'abord puis revinrent à l'attaque et l'armée d'Aisin fut vaincue, Wan tu olan s'enfuit. Alors Asan, chef de l'élite, rassemblant ses meokis et mengans fit un effort suprême et repoussa l'ennemi. Wang tchouan de Song s'étant retiré, alla garder la rive du fleuve.

Cependant Wan-yan-liang roi d'Aisin, étant entré dans Hotcheou, éleva en grade Wan yan yuen y et le nomma intendant de la solde. Prenant alors le commandement de l'armée il passa le Kiang, pour attaquer l'ennemi et distribua entre ses officiers, d'après leur rang, des écus d'or et des vêtements royaux. Tushan Hoai, officier d'Aisin, tenait l'armée arrêtée dans la passe de Lan kuen ; dans l'entretemps l'armée chinoise s'empara des trois villes de Tchin tcheou, La jian tcheng et Te siun tcheou ; d'autre part les troupes de Sou boo heng d'Aisin ayant attaqué les Chinois sur la voie qui conduit à la mer, y subissaient un échec et perdaient un de leurs chefs nommé Jeng jian.

Le onzième mois, un certain Oubou ko ayant appris la proclamation du roi Sitzong vint en avertir Wan-yan-liang ; Oulou, prince de Sao s'était fait reconnaître roi à la capitale de l'est et avait commencé les années Tai ting. A cette nouvelle Wan-yan-liang consterné, se frappa la poitrine en disant : « Lorsque j'eus précédemment abaissé la puissance des Songs, je changeai le nom de Tai ting. C'est décrété par le ciel. » Prenant alors le livre où était inscrit ce changement de titre, il le montra à tout le monde. Après quoi il reprit son armée et alla se placer sur la rive septentrionale du Kiang ; là, il fit d'abord passer le fleuve par un officier du nom d'Alin, puis ayant attaqué l'armée chinoise il subit une défaite signalée. A la suite de cet échec le roi d'Aisin revint vers Yang tcheou ; ayant rencontré l'armée navale sur le chemin de Kua

(1) Yu tai tzao dépend de Fong yang fou, elle est sur le territoire de Nan king.

tcheou il fit passer le fleuve à ses troupes dès le premier matin. Dans ces conjonctures l'armée ayant appris que Sitzong s'était déclaré roi à Liao tong, ne sut plus supporter la cruauté de la discipline militaire de Wan-yan-liang ; tous désiraient se rendre au roi Sitzong. Ils délibèrent réunis autour de Wan yan yuen y. Le chef de mengan Tang koue ouyei dit alors : « lorsque nous aurons passé le Kiang nous serons enveloppés par l'armée de Song. Mais voilà que nous apprenons l'intronisation de Sitzong à Liao tong ; nous ne pourrons, après avoir commencé cette vaste entreprise avec toutes nos forces, rassembler nos troupes, et nous retirer. » A ces mots Wan yan yuen y reprit : « attendons mon fils Wang tchang, puis nous délibérerons là-dessus. » Wang tchang en sa qualité de Tutze hoei sze était dans un autre camp. Son père lui envoya secrètement un émissaire et le fit venir à son armée. Les officiers firent ensuite jurer à Fan tai, garde du roi, de seconder leur plan. Wan yan yuen y dit alors à l'armée mensongèrement : « Par ordre du roi vous devez tous au point du jour passer le Kiang à pied. » Ce qui remplit les soldats de frayeur. Il répéta une seconde fois cette annonce et toute l'armée se rendit à sa parole.

Le dixième mois, le jour du bélier vert, aux ténèbres du soir, Wan yan yuen y, Wan tchang, Tushan siosou, Tang koue yu, Waloubou, Lio sioei, Wan tou et Tchang sheo, entraînant tous leurs soldats, allèrent attaquer le camp de Wan-yan-liang. Le roi entendant le tumulte et pensant que l'armée des Songs était déjà arrivée, se leva subitement. En ce moment une flèche lancée pénétra dans sa tente ; le roi la voyant fut saisi de crainte et s'écria : « c'est un de nos traits. » Ta tcheng san, l'un de ses officiers lui dit : « Dans quelle extrémité nous sommes ! Sortons pour nous sauver. » Le roi répondit : « Comment pourrons-nous échapper ? Prenons nos arcs. » Mais atteint alors par une flèche il tomba à terre. En ce moment un officier du nom de Naho Waloubou entra le premier dans la tente et perça le roi d'une flèche. Comme les pieds et les mains du prince remuaient encore, il le frappa du bâton et l'acheva. Les soldats alors s'emparèrent des vêtements et de tous les objets appartenant au roi. Un officier du nom de Tapan prit sa robe et en revêtit le corps du roi, l'arrangea et l'ensevelit ; puis tua les six officiers Lilong, Koo an kue, Tousian, Yong nian, Siang tzong et Te tcheng san. Quant à Wan yan yuen y, il resta à Pian king et fit tuer le taitze Kouang ing par Olai yei.

Wan-yan-liang occupa le trône 13 ans ; il mourut à 40 ans.

LIVRE IV.

RÈGNE DE SITZONG.

Le nom de Sitzong, roi d'Aisin, était Yong ; son premier nom Oulou. C'était le petit-fils de Taitzou Agouda et le fils de Zhuei-tzong-Olidou, le neuvième fils de Taitzou. Le nom de sa mère était Li sze. Elle enfanta Oulou la septième année Tien fou du roi Taitzou (1124). Il était d'une beauté extraordinaire, d'un port majestueux. Sa barbe belle et épaisse atteignait le bas du corps. Sur sa poitrine il avait sept taches qui ressemblaient à la constellation des sept étoiles. Il avait le cœur bon et pieux ; grave et réfléchi, il était également judicieux et perspicace. Habile à tirer de l'arc et à manier la lance, il était le premier du royaume.

La première année Tiente de Wan-yan-liang (1149), ce roi le fit prince de Hoei ning fou et lui donna le gouvernement de cette ville ; la troisième année Tcheng yuen du même souverain (1155) il fut nommé Tcheng koue kong et désigné pour gouverner l'état de Wei. La sixième année Tcheng long de Wan-yan-liang (1161), le cinquième mois, sa mère Li tze princesse de Yen y vint à mourir. Tandis qu'il en portait le deuil, un jour qu'il voulait aller se reposer, une lumière éclatante brilla subitement dans son palais, un dragon jaune parut au-dessus de ses appartements de nuit. Peu après une étoile d'une grandeur extraordinaire pénétra dans l'appartement où il se trouvait.

Cette même année les eaux inondèrent le pays de Tang liang ; lorsqu'elles arrivèrent à la hauteur de la ville, les petits murs s'écroulèrent ; lorsque l'eau envahit les pierres, le courant des ondes sembla baisser. Les habitants enfermés par les eaux étaient dans la plus grande anxiété. En ce danger Oulou alla lui-même sur un mont dominant la ville, y pria en faisant une libation de vin, et l'eau se retira.

Le huitième mois, Wan-yan-liang nomma Oulou, leosi de la résidence orientale. Ce roi, ayant pris comme épouse la fille de Heo sun fou, le fou-liosio de cette ville, chargea ce magistrat de surveiller les agissements et le maintien extérieur d'Oulou. Ce prince avait fait faire de nombreuses cuirasses du fer qui restait après la fabrication des armes nécessaires à l'armée. Heo sun fou en avertit secrètement le roi ; puis ayant délibéré sur le cas avec un magistrat du nom de Li yang long, ils décidèrent de tuer Oulou et d'user, pour ce faire, d'une invitation à jouer à la balle. Mais celui-ci, averti de ce projet par un homme de la maison de Heo sun fou, feignit d'être malade et se mit au lit. Cependant Wan-yan-liang ayant reçu le message, envoya l'un de ses gens s'assurer de ce que faisait Oulou pour le lui rapporter. Il dépêcha en outre Meolyangho pour ordonner aux princes gouvernant les provinces au nord du Hoei ho occidental de veiller attentivement sur les actes d'Oulou. Le jeune prince l'ayant appris en fut fort en peine. Tandis que Heo sun fou était occupé à cette surveillance, Oulou, vivement pressé par un magistrat du nom de Li sai, réunit les fonctionnaires dans le temple de Tching an sze pour délibérer secrètement sur la résolution à prendre, et de là fit arrêter Heo sun fou et Yan long dans leur résidence. En ce même mois un nuage vint de l'ouest ; un dragon jaune parut au milieu de la nuée.

Le dixième mois, trois généraux d'Aisin partis pour porter la guerre dans le midi, le Wan ho, Wan yan fou sio, K'eo song jian et Lou wan ja nou arrivèrent du Santong à la tête de 20,000 hommes, en même temps que Wan yan meo yen en amenait 5000 de Tchang an. Tous venaient se ranger sous les ordres d'Oulou. Wan yan meo yen se présenta devant le prince dans l'attitude d'un sujet vis-à-vis de son roi. Toute l'armée entra dans la ville ; l'on saisit Heo sun fou et Li yan long, et on les mit à mort. Cette nuit même tous les soldats ayant revêtu la cuirasse et le casque firent la garde autour d'Oulou. Officiers et soldats pressaient Oulou de prendre possession du trône. Le prince ne put persister dans son refus ; il alla donc annoncer le fait dans le temple de Taitzou et prit la dignité royale dans la cour Siuen tcheng tien. Puis il nomma Wan yan meo yan généralissime de la droite, K'eo tzong jian général de la gauche, Wan yan fou sio général de la droite et Lou wan jan nou, jiyei tusze. Par une proclamation subséquente il accorda une amnistie complète de tous les crimes. Et changeant le titre des années, il appela les années suivantes du nom de Taiting.

La première année Taiting, le roi Sitzong ayant déterminé et publié les dix crimes principaux de Wan-yan-liang, le dégrada (1). Puis il

---

(1) En Chine on dégrade les morts comme on les élève en rang.

donna un festin à ses officiers et à ses soldats et les récompensa, selon leur rang, par des dons et des fonctions. Au peuple il fit remise de trois années d'impôt. Toutes les troupes des provinces de Hoei ning fou, Holi k'ei et Sou pin qui étaient en marche pour combattre l'empire des Songs furent autorisées, à leur demande, à s'en retourner. Sitzong prit en outre dans les magasins impériaux de l'or, de l'argent, des armes de différentes espèces et les donna aux soldats.

Le onzième mois, Sitzong donna les noms d'honneur appropriés qui suivent : à son père le titre de Kian sou hoangti, à Pousa sze, la première épouse de son père, celui de Tchin sze hoang heou ; à sa mère Lisze celui de Tchen y hoang heou. Les mandarins à leur tour proclamèrent Sitzong « l'empereur (Hoangti) bienveillant, illustre, saint, pieux » et feu le roi Hitzong « l'empereur vaillant et merveilleux empereur. » Sitzong donna ensuite à ses fils Siloula et Hatou wa les titres respectifs de princes de Siu et de Tzou. Il se rendit alors, selon la coutume, à la capitale du centre pour visiter le temple de Taitzou et le tombeau de Tchen y hoang heou, selon que cela devait se faire quand le roi visitait cette ville.

Le douzième mois il arriva à la capitale du centre et alla au temple de Taitzou ; le lendemain il tint assises à la cour Tchen yuen tien et y reçut les hommages de tous les mandarins. Il envoya de là un mandarin du nom de K'ao tzong pour annoncer à l'empire des Songs sa prise de possession du trône. Enfin il accorda remise de trois années d'impôts aux soldats amenés de la résidence de l'est à celle du centre, pour former sa garde personnelle.

La deuxième année Taiting (1162), le premier mois, le roi Sitzong dit à ses ministres : « Le devoir d'un ministre est de propager (1) le le bien et d'arrêter le mal. Les gens vertueux sont plus élevés que vous. Si quelqu'un de vous, par crainte, qu'ils ne partagent son autorité ne les fait point parvenir au rang convenable, certes je ne pourrai l'avoir en estime. N'ayez jamais en vous de semblables dispositions. » Il punit le général (Tou tong) Siei k'ou, ainsi que son adjudant Puhori et le secrétaire de la résidence du centre pour avoir changé et nommé les fonctionnaires à leur fantaisie ; il traita avec la plus grande rigueur Siei k'ou et le réduisit au dernier rang. Il dégrada également Puhori de

---

(1) Litt. faire entendre, faire retirer.

de deux rangs et les exclut de l'administration des affaires. Dans la cour Tai ho tien, le roi Sitzong donna un banquet à tous les mandarins, aux membres de la famille et de la maison royale, ainsi qu'aux femmes titrées et leur fit des présents selon leurs rangs. Puis il dit en présence des mandarins : « je désire accueillir les avertissements avec les mêmes dispositions que les anciens empereurs et princes. S'il y a quelque chose à dire, dites-le sans hésiter; ne pensez pas intérieurement et sans le dire (1), à ce qui peut faire notre bonheur. »

Le roi Sitzong envoya Souboukeng, président du ministère des travaux publics et K'ao sze lian du titre de Taisze shabao, réclamer des habitants de San tong le tribut d'argent et de denrées, et l'inscription des noms personnels et de famille des célibataires. Sitzong délibérait en son conseil sur les règles à suivre dans les sacrifices à offrir au ciel dans les plaines et pour constituer une maison aux ancêtres dans le ciel (2). Un mandarin du nom de Si tsioei lui dit : « constituer c'est donner un chef de maison aux esprits. Les hommes qui se trouvent à l'extérieur ne peuvent rester sans un chef de maison. C'est pourquoi on choisit un ancêtre et on lui rend les honneurs dus en le constituant chef dans le ciel. Jadis les souverains des dynasties Han, Wei et Tsin ne donnaient cet honneur qu'à un seul ancêtre. K'ao tzong de la dynastie Tang, le premier, établit de la sorte, les empereurs K'ao tzong et Taitzong. Au temps de In tzong de la dynastie Song (1064-1068) on a constitué chefs trois souverains : Taitzou, Taitzong et Tchen tzong. Si maintenant le roi veut sacrifier convenablement au ciel, il doit conférer ce titre à un seul ancêtre, conformément aux règles anciennes. » Sitzong répondit : « on ne doit point imiter les Tangs et les Songs, Taitzou est le seul qui puisse être reconnu chef de la famille au ciel. »

Le chef des cent hommes de la garde royale, Aszaboo, s'étant introduit dans le jardin du roi, l'épée au côté, entra à l'obscurité dans le trésor, tua le préposé Toujian k'u liang tchen, prit et emporta de l'or, de l'argent, des perles (sans qu'on s'en aperçut. Lorsque le vol fut découvert) le Tien jian sze, soupçonnant huit des gardiens, les fit arrêter et torturer pour leur arracher un aveu. Trois moururent dans les tortures, les cinq autres avouèrent le vol; mais requis de rendre les objets

---

(1) Tenant la bouche fermée.
(2) On donnait aux ancêtres morts un chef de famille.

dérobés ils déclarèrent ne les avoir point. Sitzong était dans l'hésitation; il chargea Ilan tao d'aller interroger habilement les prévenus. Ilan tao, après avoir attendu un jour entier, se fit conduire à la prison. Ayant appris qu'Aszaboo avait vendu de l'or et volé le trésor, il le fit arrêter et mettre à mort. Le roi Sitzong dit alors : « ce n'est point en arrachant une réponse par la question, que l'on obtient l'aveu d'un méfait. Pourquoi le Tien jian sze a-t-il, sans rechercher l'origine du fait, mis inutilement à la torture et fait mourir ? Que pour chacun de ceux qui ont succombé l'on donne 200 onces d'argent ; à chacun de ceux qui ont survécu 50 onces. En outre que désormais on ne laisse plus entrer au palais, armés du glaive, les chefs de compagnie (100 hommmes) et de demi compagnie qui ne sont pas de service ce jour-là. » Sitzong donna ensuite le titre de Hoang taitze, prince impérial, à Hôton wa, né de la reine Hoang heou, Oulindasze, et lui dit à cette occasion : « D'après la coutume établie, le fils de la reine principale occupe un rang très élevé. C'est pourquoi je t'ai fait Hoang taitze. Aime donc tes frères ; respecte, selon les règles cérémonielles, tous les magistrats ; ne tire point vanité de ton titre et ne deviens pas négligent. Chaque jour étudie les lettres et demande des leçons. Si tu n'es point appelé par mon ordre, ne les interromps point pour venir près de moi. »

Le roi Sitzong ayant nommé Sitsioei à la charge de Jiyan y taifou ; celui-ci observa scrupuleusement les règles tracées par les ordres du roi pour l'exécution de six genres de travaux. Puis il présenta à Sitzong un écrit dans lequel il disait : « Donnez de la fixité aux lois ; faites connaître clairement les récompenses et les châtiments ; rendez votre entourage droit et fidèle ; éloignez-vous des méchants, astucieux ; diminuez de plus en plus les dépenses inutiles ; supprimez les impôts superflus. » Le roi approuva fortement ce langage. Sitzong demanda un jour à son ministre : « Les anciens magistrats, occupant une dignité inférieure, travaillaient pour le bien du peuple et disaient la vérité, sans crainte. Pourquoi n'en est-il plus ainsi aujourd'hui ? » Sitsioei répondit : « des hommes de ce genre ne manquent pas aujourd'hui, mais en haut lieu on ne les sonde pas. » Le roi reprit : « cherche soigneusement des gens vertueux de cette espèce et emploie-les sans manquer. » Puis le roi ajouta : « La moitié de la première année de mon règne n'était point encore achevée et déjà j'avais eu bien des œuvres à exécuter. Pour toi, tu ne m'as jamais informé de ce qui était à faire. Assis dans le palais, sur les neuf degrés du trône, je dois me fier à votre assistance, à vous magistrats. Faites-moi donc savoir tout et chacune des choses utiles auxquelles vous aurez pensé ; je n'ai point, n'est-ce pas, l'habitude de me négliger et de m'adonner à l'oisiveté. » Et une autre fois : « Vous tous magistrats recherchez avec soin tout ce qui peut être une cause de bien ou de mal pour le peuple ; tout ce qui convient ou non aux circonstances et informez-moi de toutes ces choses. Tandis que vous exécuterez avec peine les œuvres de vos fonctions, il n'arrivera pas que, sous prétexte de jouir de repos, je néglige le travail. »

Le deuxième mois, Sitzong envoya au Shantong, Liang tchio, en qualité de président du tribunal Hou pou (1), et Yelioi tao à titre de langtzong avec les ordres suivants : « Faites règner la paix parmi les peuples du Shan tong. Gagnez par une amnistie et un accord les brigands et les voleurs. Il est des gens qui se sont enfuis par crainte des voleurs, d'autres pour ne point devoir le paiement des impôts et tributs. Faites-les revenir à leur domicile. Que l'on travaille aux champs selon les saisons ; soyez indulgents pour tous, sans tenir compte de l'importance ou du peu d'importance de leurs travaux. »

Joulata et autres généraux d'Aisin ayant ensuite attaqué l'armée de Song près de Scheou an sian, lui infligèrent une défaite. Le lendemain Pousa si jiei d'Aisin vainquit également l'armée de Song près de Si ho et peu après un corps de mille hommes venait au secours des premiers ; puis il vint mettre le siège devant Sian tcheou. Apprenant qu'une armée chinoise de 2000 hommes arrivait des passes de Tong kuen, il alla à sa rencontre avec 240 hommes. Ses soldats abattirent aussitôt 10 hommes du premier rang à coups de flèches et l'armée de Song ébranlée, prit la fuite. Pousa si jiei poursuivit les Chinois jusqu'à la montagne Tou hao, les y mit de nouveau en déroute et prit vivant un de leurs généraux. Continuant à avancer avec 300 hommes il entra dans la ville chinoise de Teou men tcheng et y rencontra les 10,000 hommes qui restaient de l'armée de Song. Trois officiers s'élancèrent ensemble, la lance à la main (2), pour percer Pousa si jiei, mais Pousa si jiei brisa d'un coup la lance menaçante et l'armée chinoise se retira sans avoir combattu. Alors Pousa si jiei, prenant avec lui quatre meokis, poursuivit et vain-

---

(1) Des revenus publics.
(2) Ou bien croisèrent la lance l'un contre l'autre.

quit l'armée chinoise à Tou hoa et reprit le siège de Sien tcheou. Pousa si jiei, revêtu de la cuirasse, le glaive au côté, le carquois muni de cent flèches, à cheval et la lance à la main, était constamment au milieu de l'armée, allant çà et là. Un des ennemis l'ayant remarqué dit plein d'admiration : « Voilà un général vraiment semblable à un esprit. » Pousa si jiei alors, avec 200 hommes d'élite, creusa une mine, pénétra dans Sien tcheou et s'en empara. Peu après il battit encore 30,000 chinois et prit Ou tcheou. Apprenant ces conquêtes Sitzong fit venir Pousa si jiei, l'accueillit avec honneur, et témoignant qu'il reconnaissait ses services et ses efforts, il le nomma général de division des provinces occidentales, puis il lui donna un cheval de monture, son glaive, son arc et ses flèches.

Sitzong dit un jour à son ministre : « A entendre ce qui se dit au dehors, me présenter des rapports et projets est chose très difficile. Mais moi je ne puis hésiter à exécuter ce qui doit être fait. Qu'à l'avenir donc on ne me cache pas les placets ; je désire tout entendre. Les membres du tribunal Shangsou examinent tout en secret, les demandes des mandarins et du peuple et ne me les présentent pas. Les peuples de l'empire croient que j'écoute leurs paroles inutilement et se disent que je n'en fais rien. Faites moi donc connaître promptement et convenablement toutes les suppliques. »

Le troisième mois le général d'Aisin Tushan hosai battit l'armée de Song près de Hoa tcheou. En ce même temps, Oulou, général chinois, envahit le pays de Kou jen dans la province de Shansi d'Aisin et prit les huit villes de San kouen, Ho shang yuen, Shen sa keou, Yu niu tan, Tatzong ling, Sibitzai, Pao ji hien et Hotcheou, et divisant son armée forte de 100,000 hommes, y mit garnison. Là dessus Tushan hosai fit demander des renforts au roi Sitzong qui lui envoya 10,000 hommes du Hao nan. Tushan hosai confia alors 20,000 hommes aux deux généraux Howan you et Siniliei pour aller combattre les Chinois. Mais bien qu'ils eussent attaqué ceux-ci victorieusement, Oulin, confiant dans le nombre de ses troupes ne se retira point. Partageant même son armée, il occupa Tchin tcheou. Ce fut seulement quand Tushan hosai eût été se placer entre Te shan tcheou et Tchin tcheou, interceptant ainsi la route par où on lui apportait les vivres de l'état de Song, qu'Oulin se décida à s'en aller. Howan you et Siniliei attaquèrent et défirent l'armée de Jing kao, liutze de Song et dans la déroute ils tuèrent plusieurs milliers d'hommes et prirent vivants vingt officiers inférieurs au général Juyong. Le général chinois Jang an fou gardait la ville de Tashun tcheou, il l'abandonna subitement et s'enfuit; Sulugi d'Aisin lui barra le chemin, l'attaqua, le tua et prit vivants les dix autres officiers; il reprit ainsi Tchin tcheou. A la suite de quoi le commandant chinois de Tchin tcheou abandonna la ville et s'en fuit; et de la sorte ayant reconquis les seize villes prises par les Chinois, il pacifia tout le Shansi. Le roi Sitzong appréciant le mérite de chacun, récompensa par des emplois et des dons, les officiers et les soldats de la province de Shansi, pour avoir vaincu et chassé au delà des frontières l'armée de l'empire Song. Sitzong adressa encore une proclamation aux mandarins et secrétaires chargés des affaires intérieures et extérieures, les engageant à rester fidèles et justes.

Le quatrième mois, Li zhin siu roi de Hia envoya une ambassade féliciter Sitzong de son avènement au trône et lui offrir en présent des objets provenant de ses états. Paiman anel, Ilan et Salati, généraux d'Aisin, défirent l'armée chinoise près de Hoatcheou.

Le sixième mois, l'empereur K'ao tzong envoya également féliciter Sitzong de son avènement. Pousan song y d'Aisin vainquit à Sien tchuen le rebelle Siao o fa et prit vivant Nio, frère cadet de ce dernier.

Le septième mois, l'empereur K'ao tzong céda le trône à son fils Siao tzong. Hôma yu de la province de Sien si, attaqua et vainquit, à Jang y, Oulin général des Songs. Le roi Sitzong avait nommé ministre de la gauche, Wan yan jen parce qu'il était son frère, Mais Wan yan sio tao fit à ce sujet des représentations au souverain. « Prince, dit-il, quand vous êtes monté sur le trône, le monde n'était pas en repos, la paix ne régnait pas encore sur les frontières. Au moment où les plus grands efforts et la plus grande vigilence sont nécessaires, si vous nommez Wan yan jen ministre, je crainds bien qu'il n'ait pas les qualités suffisantes pour remplir ces fonctions. Si vous avez pour lui des sentiments d'amitié et de bienveillance, donnez lui pour son entretien un traitement considérable, mais ne le chargez pas d'une administration. » Sitzong accueillit cet avis, donna à Wan yan jen la charge de Tai wei mais ne l'employa pas dans le gouvernement de l'état. Sitzong voulant récompenser le mérite des officiers et des soldats qui l'avaient suivi et trouvant son trésor vide, voulait lever un impôt sur le peuple pour leur faire des présents. Mais Wan yan sio tao lui observa que le peuple avait eu beaucoup à souffrir d'une mauvaise administration, que lui Sitzong avait voulu lui témoigner sa bienveillance et sa faveur en le faisant vivre heureux et que s'il allait les tourmenter par des impôts tous se demanderaient si c'est ainsi qu'il veut qu'ils vivent contents. Il fallait donc donner les objets appartenant au palais et non les prendre au peuple. Le roi se rendit et changea de résolution.

Le huitième mois, K'ao tzong jian général d'Aisin défit l'armée de la tribu Si près de la montagne K'ao lo et conclut un traité de soumission avec six bourgs environnant le territoire de cette tribu ; ceux qui ne voulurent pas se soumettre furent défaits et fait prisonniers. Tous les hommes furent tués, les femmes et les enfants distribués entre les soldats d'Aisin. Sitzong dit aux mandarins principaux : « Dans les suppliques que le petit peuple présente au sujet du gouvernement il y a souvent des choses utiles. Magistrats placés dans les plus hautes dignités est-il bien que vous ne fassiez aucun rapport relativement à ce qui peut être bien ou mal ? Qui donc ne pourrait écouter les plaintes et les enquêtes, et insérer ces choses dans les registres avec le temps et le jour ? Si l'on examine avec soin comment les saints empereurs Yao et Shu examinaient toutes choses, avaient tant de choses sous les yeux, on saura alors bien gouverner. Wan-yan-liang ne voyait que par lui-même et agissait en conséquence, c'est pourquoi il est tombé. Pour moi ma sollicitude ne connaît ni jour ni nuit ; c'est pourquoi j'aime à entendre (les vœux) et les avis sages. Vous, mandarins, vous devez absolument vous conformer à mes intentions. » Dans une autre proclamation Sitzong dit encore : « Si, lorsque les fonctionnaires et secrétaires m'ont présenté un placet, les magistrats judiciaires en arrêtent l'effet et ne me présentent pas leur sentence, qu'on me le fasse savoir sans manquer. Le dossier de ces pièces sera la preuve de leur vertu et de leur zèle. »

Le roi Sitzong ordonna aux troupes du toujian Wan yan szejing d'opérer leur jonction avec le corps d'armée principal et les envoya attaquer Siao ou wa qui avait fait défection. La jonction opérée, le Toujian marcha contre Siao ou wa et le fit prisonnier ; tous ses soldats se joignirent au général d'Aisin. Sitzong appela le You sze tai et lui dit : « Toutes vos représentations, vos placets, n'ont pour but que la paix et de permettre aux mandarins de rester à la cour. Ce sont des choses minimes, bien en dessous des trois œuvres de mérite. Ce qui doit vous occuper c'est de rechercher si les mandarins se conduisent bien ou mal s'ils sont justes et fidèles ou provocateurs ; si vous soignez très bien les affaires insignifiantes et que vous négligiez l'important, Mandarins, vous serez certainement coupables. »

Wan yan mouyan, officier d'Aisin, attaqua la tribu des Si, prit vivant leur chef de mengan Haju, tandis que Tushan hosai, autre général d'Aisin, remportait une victoire signalée sur le général chinois Oulin, près de Shun tcheou.

Le dixième mois, Pousa si jiei et Souluk'ai d'Aisin défirent une seconde fois l'armée de Song, près de Te shun tcheou.

Le onzième mois, on fit subir un examen aux mandarins chargés de l'administration du royaume et l'on en fit deux catégories ; l'une comprenant les fonctionnaires capables, bienveillants, désintéressés ; l'autre les incapables, cupides, cruels. On en fit trois degrés : les fonctionnaires désintéressés et capables furent avancés ; les incapables et cupides descendirent de rang. Sitzong dégrada également le roi défunt Wan-yan-liang et lui donna le titre très inférieur de Hai ling kiun.

La troisième année Tai ting (1163), le deuxième mois, la Corée et le Hia envoyèrent des présents au roi Sitzong, le jour anniversaire de sa naissance ; la Corée le fit également féliciter de son avènement au trône. Un bonze de Tong king nommé Fatong ayant voulu bouleverser tout le culte des idoles bouddiques, produisit de grands troubles ; le Toutong d'Aisin le fit châtier et réduire à la soumission.

Le troisième mois, Sitzong porta un décret statuant que les officiers et les secrétaires qui se montreraient avides et cruels, et se seraient rendus coupables de cette manière, bien qu'ils fussent mentionnés dans un édit, ne seraient pas admis à l'amnistie. Le Toutong d'Aisin, Sitabouei, ayant négligé ses fonctions finit par faire défection et se rendit au royaume de Song. L'armée de Song s'empara de Son tcheou, ville d'Aisin. Tze ming, officier d'Aisin, reprit la ville de Son tcheou dont les troupes de Song s'étaient emparées. Lou ting fang, leur général, fut tué.

Le huitième mois, Sitzong publia un décret dans lequel il disait : « Du temps de nos ancêtres, les mandarins malgré leurs efforts et leurs peines n'ont reçu en récompense ni charge, ni don. Faites-moi donc connaître les mandarins d'un rang supérieur au troisième. Quant aux fonctionnaires inférieurs au sixième degré et à ceux qui n'ont point de charge, que les membres de la cour Shangsou procèdent ainsi respectivement : à ceux qui ont déjà une charge, donnez-en une plus élevée. A ceux qui n'en ont point, donnez une fonction. »

Le onzième mois, Sitzong porte un édit ainsi conçu : « que les fonctionnaires en charge qui, venus auprès des mandarins revêtus de l'autorité, n'ont pu pour indignité obtenir une charge à conférer, descendent tous d'un degré. Si ce sont des gens sans fonction, ils seront déclarés inadmissibles à l'avenir. Faites-moi connaître ceux qui auraient reçu des présents à l'occasion de la demande d'une fonction. »

Les mandarins voulurent par trois fois honorer Sitzong en lui conférant des titres pompeux, mais le roi refusa de les accepter.

Le douzième mois le roi Sitzong franchit en chassant la frontière la plus rapprochée; ayant tué des animaux sauvages il les offrit en sacrifice à son père Zhouwai et depuis il observa cette coutume dans les chasses annuelles. Il supprima ensuite les tributs que les vice-rois (Beise) des provinces lui apportaient chaque année au jour anniversaire de sa naissance. Sitzong dit un jour à ses aides-de-camp : « Le Tchin wang Niyamouho a rendu tant de services au pays; a-t-il encore des descendants? » A cette question, dont les mandarins ignoraient le motif, aucun n'osa répondre. Le roi reprit : « à ce que j'apprends, tandis que Niyamouho résidait à la capitale de l'Ouest, il tua par surprise mille vagabonds mendiants. N'est-ce point pour cela qu'il est sans descendants ? » Le général en chef de l'armée vint avertir Sitzong que l'empereur Song avait envoyé un ambassadeur du nom de Hofang pour demander de faire la paix. Il ajoutait que comme les Songs avaient violé les accords précédents, il retenait Hofang dans son camp; qu'il avait répondu à l'empereur Song comme il le méritait et qu'il avait la lettre venue de ce prince. Le roi ayant lu la lettre dit : « L'empire de Song seul a failli à sa parole. Mais l'ambassadeur n'y est pour rien; qu'on le laisse donc aller. Vous général prenez les mesures que vous verrez être nécessaires pour la garde de la frontière. » Sitzong fit partir de son palais vingt-six femmes qui y étaient occupées et les maria.

La 4ᵉ année, le cinquième mois, le ciel étant sec, Sitzong envoya un édit aux mandarins leur ordonnant de rechercher ceux qui auraient été mis en prison injustement et fit cesser les jeux qui se pratiquaient dans le palais. Puis il ordonna au président, Wang jing, d'aller selon les rites et les règles suivies, sacrifier sur la montagne du Nord pour demander de la pluie. Aussitôt il plut abondamment.

Le huitième mois le roi Sitzong dit à ses ministres : « Vous retombez tous dans vos fautes habituelles relativement aux rapports qui doivent m'être faits; jamais vous ne m'informez de ce qui pourrait être utile ou nuisible au gouvernement du royaume ou au bien du peuple, à faire régner la paix. Dans ces conditions-là qui serait incapable d'être ministre? »

Le neuvième mois, le roi dit encore à ses ministres : « Les fonctionnaires revêtus de l'autorité, lorsqu'un membre quelconque de leur famille a quelque plainte ou réclamation à formuler, viennent eux-même porter leur cause entre les mains des magistrats et des secrétaires. Les juges criminels ont l'habitude de juger ces causes d'une manière contraire aux lois. Faites cesser ces abus et réprimez-les sérieusement. »

Il ajouta encore : « Les provinces de notre résidence du nord, d'Y tcheou et de Ling hoang fou sont toutes trois ravagées par les brigands de Khitan. Les insectes infectent les deux pays de Ping tcheou et de Jitcheou, l'atmosphère est de nouveau d'une complète sécheresse; le peuple souffrira de la disette d'aliments; les pères et mères, les frères ne pouvant se soutenir mutuellement emploient la violence pour vendre leurs enfants et leurs femmes; il se fait ainsi de nombreux esclaves. Cela me cause une peine extrême. Envoyez immédiatement faire constater le nombre de ces malheureux, rachetez-les aux frais du trésor royal. »

Le roi était allé un jour visiter la volière des faucons. Il trouva que le gardien de ces oiseaux avait mis faucons et éperviers dans la cour intérieure. Irrité de cette audace, il dit : « c'est ici la cour des ministres. Est-ce là un endroit où placer les faucons? » Sur ce il fit donner la bastonnade jusqu'à plaies au nourrisseur de ces oiseaux et les fit transporter ailleurs.

Le onzième mois, il se mit en marche pour porter la guerre dans l'empire des Songs méridionaux (1). Toushan-pa-ing, général d'Aisin, défit les troupes chinoises, donna l'assaut à Sou tcheou et la prit. K'ao tchin san, du même royaume, prit de la même façon la ville de Shang tcheou, des Songs.

La cinquième année Taiting (1165), le premier mois, Wei tchi de Song vint pour conclure un traité entre les deux états; il apportait un écrit où l'empereur Song était traité de « fils » et qui lui imposait de se prosterner, en qualifiant le roi d'Aisin d'oncle, d'empereur saint, illustre,

---

(1) Ainsi nommé depuis 1127.

bon, pieux, et de livrer chaque année 200,000 pièces de soie et de 200,000 onces d'argent. L'envoyé de Song, Wei tchi, s'en retournant, Sitzong lui remit sa réponse qui portait que l'empereur-oncle du grand royaume d'Aisin envoyait cet écrit à son fils l'empereur de Song et cela fait, il le renvoya à la cour de Song. Le roi Sitzong dit à ses généraux : « faites garder nos frontières par 60,000 hommes jeunes et vieux réunis, et renvoyez le reste, chacun chez soi. » Puis il les chargea de distribuer entre les soldats, à titre de récompense, les soies et l'argent donnés par l'empire Song. Les mandarins s'unirent alors pour exalter le roi et le proclamer : « empereur selon le cœur du ciel, auteur de la prospérité du temps, bon, vertueux, saint, pieux » et publièrent ces titres dans une proclamation adressée à tout l'empire.

Le quatrième mois, le lio sheo de la résidence occidentale, Sheou wang, ayant manifesté son intention de se révolter, fut dénoncé, jugé et condamné à mort. Mais Sitzong lui fit grâce de la vie et le condamna à la bastonnade et à la perte de son titre; puis le fit conduire à Sui tcheou.

Le sixième mois, près d'une colonne de la salle Tai an tien du palais de Sitzong, il poussa tout à coup une plante nommée Lingtze (1). Un tremblement de terre se fit sentir à la capitale où résidait le roi, il tomba du ciel une pluie torrentielle.

Le huitième mois, les états de Song et de Hia, et la Corée envoyèrent des représentants féliciter Sitzong des titres d'honneur qui lui avaient été conférés. Le jour anniversaire de sa naissance et le jour de l'an, ces trois états renouvelèrent leurs missions de félicitation et continuèrent à le faire chaque année. Les envoyés apportaient des présents et se prosternaient la face contre terre.

Le onzième mois Sitzong dit à ses ministres : « J'occupe le trône depuis peu de temps, je ne connais point encore suffisamment le bien et le mal fait par les mandarins; tous les magistrats vous sont confiés. Vous mandarins, présentez-les moi d'un cœur droit et sincère. Si l'on ne peut me faire connaître les hommes vertueux inférieurs aux six ordres de fonctionnaires, ce sera très mal répondre à ma volonté de rechercher tous les mérites. »

---

(1) Lingtze veut dire « merveilleux. » La naissance de cette plante annonce grandeur et bonheur à un état.

La sixième année Taiting (1166), le premier mois, le roi Sitzong dit aux magistrats des cours : « pour toute ornementation des objets qui servent au palais ne laissez pas employer l'or. »

Le onzième mois le roi d'Aisin dit à ses ministres : « Vous grands du royaume, dans le choix des hommes, soyez pleins de prudence et de circonspection. C'est en recherchant et élevant le mérite que vous porterez tous les hommes au bien. Si vous élevez ce qui ne le mérite pas, la méchanceté et l'esprit d'insubordination prendront le dessus. Grands du royaume, quand vous aurez constaté les bonnes et les mauvaises qualités des hommes, employez et élevez seulement les gens sérieusement vertueux. »

Ce même mois, au jour de la naissance de l'héritier du trône, il fit un grand festin au palais; pendant le repas Sitzong dit à Liang pi et à Tze ming, en leur donnant du vin : « Il n'y a plus rien à faire à la frontière; la paix qui règne au dedans et au dehors repose sur la vigueur et l'activité des généraux et des ministres. » Liang pi répondit : « nous sommes dépourvus de vertus; entrés au conseil des ministres, pourrions-nous ne pas employer convenablement notre autorité et faire tous nos efforts, semblables en cela aux chiens et aux chevaux? » Le roi loua fortement (cette modestie) et confiant sur le champ à Liang pi la charge d'historien du royaume, il lui dit : « Du temps du roi Wan-yan-liang, les magistrats chargés de rédiger notre histoire n'ont rien écrit. Leur devoir est de recueillir et consigner les bonnes et les mauvaises actions du roi, les actes de fidélité ou d'injustice des fonctionnaires pour servir de leçons et d'exhortation aux âges futurs. Si on omet de les mentionner, que pourra-t-on montrer aux générations à venir? Maintenant que les historiens s'informent auprès des gens qui se rappellent les actes commis par le roi Wan-yan-liang, qu'ils recueillent et écrivent le tout sans exception. » Sitzong dit encore à ses ministres : « Wan-yan-liang a fait exécuter injustement un grand nombre de gens innocents de crimes capitaux. Grands du royaume! c'est à vous que l'on confie la grande œuvre du gouvernement. Qu'il ne vous arrive jamais, en violant les lois de la justice, d'attirer sur vous mêmes des malheurs, et de me tromper en écoutant des inspirations mauvaises. Gardez votre cœur fidèle, juste, pieux; aidez-moi, conseillez-moi et assurez ainsi une paix profonde à l'empire. » Liang pi répondit à ces paroles : « la faveur, la bonté que le souverain m'a témoignée malgré mon peu d'intelligence et mes mauvaises inclinations, m'obligent à tout faire pour perfectionner mon intérieur. Les instructions si sages de notre saint roi, sont pour nous magistrats une faveur infinie et sans bornes. » Le roi ajouta : « si tous les juges ne sont point des gens intègres, je ne pense pas que, si je l'apprends, le sommeil puisse me visiter même une nuit. Grands du royaume! Ayez cela à cœur, choisissez des hommes de bien. Pour moi c'est ma préoccupation continuelle. » Liang pi répondit : « Il faut absolument que l'on apprenne les lettres chinoises aux gens de notre empire. Nos gens, lorsqu'ils ont choisi un compagnon (1) (pour apprendre de lui), tantôt le trouvent bon et l'approuvent, tantôt le jugent mauvais et le calomnient. De cette manière il est difficile de trouver un homme capable (2). » Le roi reprit : « c'est là aussi ce qui me préoccupe en mon intérieur. »

La septième année Taiting (1167), le cinquième mois, la prison de Tai sing fou se trouvant vide, le roi Sitzong donna un banquet au gouverneur de cette ville, lui témoigna sa joie en le pressant de manger et lui donna comme récompense 300 taels de monnaie.

Le septième mois, comme les gens du peuple tissaient et vendaient des fils d'or pour coudre et porter aux vêtements, Sitzong établit la coutume de porter cet ornement et d'en faire tisser. Le mandarin chargé d'écrire l'histoire du royaume, le ministre de la droite, Liang pi ayant rédigé l'histoire du roi Taitzong, l'apporta à Sitzong. Le roi se leva pour la recevoir avec les cérémonies usitées quand l'histoire du royaume est achevée ; il donna à Liang pi une ceinture d'or et vingt pièces de soie, et récompensa également, selon leur rang, tous les fonctionnaires inférieurs au Jang jing zhin.

Le dixième mois, Sitzong dit à ses lieutenants : « Tous les employés des palais des villes où je loge, s'en retirent pour le motif que ce sont les palais où je viens. Cela est tout-à-fait mal. Ordonnez aussitôt qu'ils y restent conformément à la coutume primitive.» Le roi dit à ses ministres : « le roi Wan-yan-liang ne s'inquiétait nullement de distinguer les qualités ou les défauts d'intelligence, il n'estimait, n'ordonnait, et ne louait que ce qui était conforme à ses idées à lui. Pour moi, depuis que je suis sur le trône, j'ai pris cette conduite comme un moyen

---

(1) Ou simplement un ami.
(2) Ou de bien.

d'avertissement, je ne cherche et n'emploie que les gens vrais et vertueux. A ce que j'entends, Ha yan sio de Litcheou, depuis qu'il est en charge, s'est montré avide et cruel. Ayant demandé ce qu'avait été cet homme auparavant, j'ai appris qu'au temps de Wan-yan-liang il était fauconnier. Est-il permis de confier une ville et donner le gouvernement du peuple à un homme de cette espèce, à un fauconnier? Désormais on ne pourra plus confier une fonction et la gestion des intérêts du peuple à de telles gens. » Sitzong disait un jour aux fonctionnaires d'agrandir le salon du prince héritier, situé en face des appartements supérieurs nommés « Tehe liang du prince royal »; un fonctionnaire du nom de Menghao le reprit en ces termes : « bien que le roi ait désigné le prince comme son héritier, celui-ci doit néanmoins faire preuve de vertu et d'habileté; il ne convient donc pas de l'élever au niveau du roi quant à ses appartements. » Le roi accueillit cette représentation et renonça à son projet.

Le onzième mois le roi dit à ses ministres : « Parmi les fonctionnaires des villes extérieures beaucoup sont incapables et indignes. Portez la chose devant la cour des magistrats. Que l'on recherche soigneusement quels sont les bons et les mauvais, que l'on confirme dans leur charge et fasse connaître les premiers, et force les autres à se retirer. » Trois mandarins, Tushan hosai, tiosheo de Tongking, Mouyan, liosheo de Peking et Bousatong, fang yu sze de Tchao tcheou étant venus près de Sitzong en audience de congé avant de se rendre à leurs résidences, le roi leur donna à chacun une ceinture d'or et leur dit : « grands du royaume, bien que vous vous disiez vertueux, vos cœurs sont bien trompeurs. Je veux avoir à mes côtés des hommes fidèles et droits, c'est pourquoi je vous envoie à l'extérieur. Si je vous donne cette ceinture d'or, c'est pour vous récompenser de vos efforts persévérants. » Puis le roi ajouta en s'adressant au Hiouen hoeisze Jing sehoei : « Pour vous je ne puis dire que vous êtes sans vertu, vous manquez seulement en gravité et en fermeté. »

La huitième année Taiting (1168), le premier mois, le roi Sitzong causant avec Liang pi et Sio tao, leur dit : « les officiers des mengan et des meoke sont en grande partie fort jeunes encore; n'ayant point été instruits avec soin, ils ignorent complètement les lois du respect et de l'amitié. Jadis les anciens des bourgs et des villages y enseignaient la jeunesse. Il y a certainement encore beaucoup de gens âgés capables de le faire; mais la plupart disent que ce n'est pas leur affaire et ne s'occupent plus de l'instruction. Beaucoup ne cherchent pas l'enseignement sous prétexte que ce n'est pas leur devoir (1). Maintenant suivant la coutume chinoise, l'on devra choisir des hommes intelligents, irréprochables, fidèles à leur devoir, justes, capables d'être précepteurs et les charger d'enseigner. » Liang pi répondit : « notre saint empereur, en pensant à ces choses, fera le bonheur de tous les peuples. » Le roi demanda à Liang pi : « En examinant l'histoire des temps passés, je vois que tous les mandarins, dès les degrés inférieurs, n'avaient qu'un cœur pour veiller au bien du royaume, toujours fidèles et vrais dans leurs paroles, occupés des intérêts du peuple. Pourquoi n'y a-t-il plus aujourd'hui des hommes de cette espèce? » Liang pi répondit : « Il n'est pas vraisemblable qu'il n'y ait plus d'hommes semblables aux anciens. Mais si lorsqu'ils font leur devoir avec droiture ils n'en retirent que des désagréments et d'encourir des accusations, ils n'entreprendront rien. »

Le dixième mois, Sitzong dit à ses ministres : « c'est avec vous, grands de l'état, que je gouverne le royaume. S'il se fait quelque chose qui ne convient point, avertissez m'en sans faute. Aidez-moi en ce que je puis faire. Suivant, avec crainte, la voie droite, ne cherchez pas à vous satisfaire ou à complaire à d'autres. Pour vous qui êtes parvenus aux rangs de prince ou de ministre, il est temps de suivre fidèlement les principes de la justice et de rendre votre nom digne d'honneur. Si maintenant vous cherchez votre repos et votre avantage, vous l'obtiendrez pour un moment mais plus tard que deviendrez-vous? Que serez-vous dans les temps à venir? » Tous les mandarins répondirent à ces paroles par des exclamations d'approbation et proclamèrent Sitzong l'empereur immortel. Le roi Sitzong dit encore aux grands : « Jadis au temps de Yao et de Shun on n'usait point de vains ornements et de luxe. L'empereur Siao wen de la dynastie des Hans se conformait complètement à ce principe. Je craigns d'avoir, pour mes palais, dépassé la juste mesure. S'il y a encore quelque chose à y faire et arranger, je ferai travailler de manière à diminuer le nombre des gens occupés à orner le palais, et je ne ferai plus rien construire de nouveau. Quant aux repas et aux occasions de boire, il n'y en aura plus qu'au jour anniversaire de la naissance du prince héritier au jour du nouvel an on y suivra la cou-

---

(1) Ou que la doctrine n'est pas bonne.

tume. Précédemment le 15 du premier et du huitième mois de l'année, bien que l'on bût on ne s'enivrait pas, on ne buvait pas au delà des bornes. Bien qu'on dise que c'est la doctrine de Bouddha, il ne faut pas trop s'y fier. L'empereur Outi de Liang s'est fait esclave du temple de Tong tai se. Taosong de Tailiao a rendu son peuple esclave des Bonzes, puis donna de hautes fonctions aux trois Kongs (1). L'erreur de ces princes est vraiment profonde. »

Le troisième mois, Sitzong dit à un magistrat du nom de Jing-se-hôi : « Tout homme qui occupe une charge pour obtenir la faveur du prince s'il est d'un rang supérieur, ou pour avoir les louanges du peuple, s'il est d'un ordre inférieur, n'observe qu'à moitié les principes du droit et de la justice. Ayez soin d'éviter ces écueils. »

Le quatrième mois Sitzong dit : « le cheval est employé à l'armée, le bœuf laboure les champs ; si l'on s'abstient de tuer les bœufs, pourquoi ne s'abstient-on pas également de tuer les chevaux ? » Et là dessus il défendit par une loi de les abattre (inutilement). Un jour que Sitzong avait joué à la balle dans la cour Tchang ou tian, le setian Magouei tzong lui dit en le reprenant : « Le roi est le souverain du peuple ; si, ayant en mains l'autorité suprême, il passe son temps toute l'année à jouer à la balle et à chasser, il néglige les affaires ; il doit donc cesser de se livrer à ces divertissements. » Le roi répondit : « Je dois et veux montrer la manière d'exercer aux manœuvres militaires. »

Le cinquième mois au lieu du Pe wang tian (2), sur un espace de dix milles (li) de large et trente milles de long, il tomba une pluie violente avec accompagnement de grêle et de tonnerre. Sitzong, à cette occasion, défendit aux magistrats de la cour Houpou et du département des travaux publics, d'employer encore de l'or pour l'ornement du palais. Sitzong dit au ping jang jeng sze Sejin se de Wan yan : « Constamment préoccupé d'employer les hommes de bien, je ne l'oublie même pas pendant que je repose sur ma couche. Employez les mandarins de la résidence à rechercher quelles sont les capacités et les qualités des mandarins chargés du gouvernement de l'extérieur. Même ceux qui habitent sous un toit de paille peuvent être d'heureux auxiliaires pour les gouvernants. Inscrivez les noms propres et ceux des familles dans

---

(1) Les trois Kongs sont Tai wei, Setou et Szekong.
(2) Palais du prince du nord.

un régistre et faites les connaître. » Le roi dit aussi à ses ministres : « Vous grands du royaume! vous devez présenter et employer les hommes vertueux. Si vous en connaissez de tels et que vous en indiquiez d'autres pour être mis en fonctions, je vous blâme hautement. Si ce sont vraiment des gens probes, vous ne pouvez les laisser de côté parce que ce seraient des parents ou des étrangers (1). » Sitzong dit une autre fois au yousze taifou Lisi : « Notre devoir est de veiller sur la fidélité et les mauvaises dispositions des gens. Parmi nos cent mandarins n'en est-il pas un qui soit homme de bien ? Si j'examine vos rapports je n'y vois que des renseignements défavorables, jamais je n'entends vanter le mérite. Maintenant j'ai envoyé des Jian tze yoi sze dans les diverses provinces, je leur ai ordonné de me faire désormais rapport en louant le bien et blâmant le mal. »

Le dixième mois Sitzong adressa un édit à tous les mandarins et secrétaires au dedans et au dehors, leur enjoignant de se garder de tout acte de cupidité ou de cruauté. Le roi Sitzong chargea le Tszesze de Tzo tcheou de veiller soigneusement à la garde de la montagne des sépulchres royaux, d'y offrir des sacrifices le premier et le 15 de chaque mois, et de faire construire les arcs de triomphe en pierre qui n'auraient point encore été dressés au temple de Taitzou, en l'honneur des grands d'un mérite signalé. Sitzong dit ensuite à ses ministres : « Sous le roi Wan-yan-liang, la rédaction de l'histoire de notre empire n'avait point été confiée à des magistrats intègres. C'est pourquoi ce qu'ils ont écrit est souvent dépourvu de vérité. Il faut donc maintenant dans la mention des actes de mon règne s'en tenir strictement à la réalité. » Un grand nommé Menghoo lui répondit : « Si les historiens sont fidèles, ils doivent relater exactement les faits et gestes des rois. Depuis l'antiquité les rois n'ont point vu eux-mêmes leur histoire, car ils ont chargé de sa rédaction des hommes fidèles et sûrs. »

La neuvième année Taiting (1179), le premier mois, le roi Titzong dit à Jing se hôi et Ilan tze jing : « au temps de la décadence de l'empire de Tailiao, on tuait, pour manger en un jour, 300 moutons. Comme on ne parvenait pas à consommer tout cela, on détruisait inutilement des êtres vivants. Pour moi, bien que je sois au faîte de la grandeur quand je mange, je me préoccupe toujours de la faim du peuple pauvre, comme

---

(1) Parce que vos parents objecteraient que ce sont des étrangers.

de la mienne. Faire le mal de tout son corps et chercher l'abondance pour sa bouche, est-ce un avantage? Lorsque, comme Wan-yan-liang, on charge des gens du genre de Jang tzong pour en faire des Jian y taifou et avertir le prince, peut-on espérer entendre la vérité? Pour moi, quand je m'entretiens avec les grands de mon royaume et que nous tenons conseil, s'il n'y a point d'acte utile à propoper, je ne parle point. Et vous, grands de l'état, si vous ne répondez pas conformément à la vérité, vous manquez à votre devoir. » Sitzong établit, pour les gens de Pouhai et les Chinois, la règle que les veuves après le temps de deuil se retireraient chez leurs parents, qu'elles passeraient successivement à leurs frères et seraient sous la dépendance absolue de celui qui serait leur maître. Les membres du tribunal Shangshou seng ayant décrété que l'individu qui aurait tendu des filets et pris un quadrupède sauvage, serait puni de l'exil, le roi en fut informé et porta cet édit : « Si pour un animal, un oiseau sauvage vous exilez un homme, vous estimez donc l'animal comme objet important et la vie des gens comme sans valeur. Il serait mal que je pensasse de la sorte. »

Le quatrième mois, Sitzong dit à ses ministres : « A ce que je vois, bien des magistrats revêtus d'une dignité étaient, quand ils l'ont reçue, pleins d'une noble émulation et désireux de rendre leur nom illustre. Depuis qu'ils sont au pouvoir ils se tiennent au contraire comme immobiles et ne font plus entendre leur voix ; ils ne cherchent qu'à jouir du repos et se faire louer de tous d'une manière répréhensible. Pour moi, je déteste cette manière d'agir. »

Le cinquième mois, les magistrats du tribunal Shangsou seng demandèrent l'autorisation de fournir aux deux princes Yong tzong de Youei et Yong kong de Sui, des gens soumis aux tributs pour construire leurs cours. Le roi répondit : « J'ai vu que les bambous plantés dans le jardin du palais se dessèchent et meurent. J'aurais voulu en faire planter d'autres, mais je crains d'être à charge à ces gens et j'y ai renoncé. Ces deux princes ont des moyens suffisants ; ils ont des serviteurs et des esclaves en grand nombre. Pourquoi forceraient-ils le peuple à ce travail? Vous invoquerez, peut-être, l'usage ; mais peut-on appeler de ce nom les corvées sans mesure qu'imposait le roi Wan-yan-liang? Désormais quand on fera faire de petits ouvrages dans la capitale, s'il y a un usage antique qu'on le suive et pas d'autre. Si l'on fait faire d'autres ouvrages, qu'on prenne des gens à gage et qu'on les paie de l'argent du trésor. Qu'on ne me parle pas de tribut accablant. »

Le sixième mois Sitzong dit aux censeurs : « à ce que j'apprends parmi les grands du royaume, il en est qui se font un profit en recevant de l'argent des eunuques du palais. Pourquoi ne m'avez-vous jamais dénoncé cette pratique? » Tous répondirent qu'ils l'ignoraient. « Comment se fait-il, reprit le roi, que vous ignorez ce que vous devriez savoir? Si c'est moi qui dois l'apprendre et vous le dire, que faites-vous donc? » Sitzong établit encore la règle que l'on sacrifierait au temple des ancêtres un cerf au lieu d'un bœuf.

La dixième année Taiting (1170), le deuxième mois, le gouverneur de An hoa kiun, Tushan tze wen fit mettre à mort Lao jion ou parce qu'il était trop avide de richesses. Sitzong dit à ce sujet à ses lieutenants : « Précédemment ma garde seule avait ce droit, maintenant tous les fonctionnaires se l'arrogent. Faites que tous apprennent à connaître les livres (et les lois). »

Le troisième mois, au jour anniversaire de la naissance de Sitzong, les états de Song, de Corée et de Hia envoyèrent féliciter le roi d'Aisin. Pendant le banquet, Sitzong fit venir les soldats des gardes du corps les plus habiles à tirer de l'arc et les fit tirer devant ses hôtes. L'envoyé chinois atteignit 50 fois le but, les soldats de la garde 7 fois seulement. Sitzong dit alors à deux de ses aides-de-camp généraux : « Après dix ans on me propose et je nomme comme mandarins de cinquième classe les gens de ma garde qui ont montré du zèle tout ce temps. De trois jours l'an seulement ils font la garde à ma porte. C'est là un service insignifiant. Vous autres vous ne pensez qu'à manger à satiété et à dormir tranquillement. S'ils n'apprennent pas à tirer, à quoi servent-ils? » Sitzong dit à Song sui qui était Tzachi : « Au temps où tu étais Tong jiôn sze du Haonan, tu m'as dit que les rives du Hoangho étaient faciles si on les arrangeait convenablement; et d'un abord difficile si on ne le faisait pas. Cet avis s'accordait parfaitement avec l'idée que j'en avais. Si, préoccupé comme je le suis du bien du peuple, j'y envoie des fonctionnaires secrétaires, ils s'entendent pour user de ruse et commettre quelque méfait. On n'y a d'abord pas fait attention, mais avec le temps, beaucoup ont dépensé l'argent que l'on avait reçu en impôt et tribut. Cette faute n'est certes pas petite. Vous mandarins, qui êtes chargé du gouvernement du royaume, faites cesser cet abus; car votre devoir est de préférer et de faire ce qui est utile. » Le roi ajouta en parlant au vice-ministre de la gauche, Sijioi : « L'homme de Niu tchi, élevé subitement à une haute dignité, ne sait pas tout ce qui vexe et afflige le peuple. Vous, élevés des rangs inférieurs de la magistrature, que ne connaissez-vous pas de ce qui se passe dans le peuple ? Faites-moi donc savoir tout acte bon ou mauvais qui aura été commis. »

Le cinquième mois, un grand du royaume de Hia, nommé Zhin te jing, força par ses menaces son roi Lizhin hiao de lui céder une partie de ses états et écrivit à Sitzong pour lui faire ratifier le partage. Sitzong ayant interrogé à ce sujet son ministre Lisi, celui-ci lui répondit : « qu'ils agissent à leur guise comme dans les autres états; pour nous, nous ne devons pas nous refuser à sa demande. » Sitzong reprit : « Zhin te jing est un fonctionnaire qui abuse de son autorité et veut commettre un acte de brigandage. » Il n'accepta pas les propositions de ce ministre et lui renvoya ses présents.

Le dixième mois, Sitzong alla chasser dans le pays de Bajou. Lorsqu'il fut revenu, il dit aux grands de sa cour : « j'ai été à la chasse tout en faisant une inspection; j'ai trouvé que K'ao tchang, magistrat de Kouan sien, était incapable de remplir les fonctions dont il était chargé et je l'ai déposé. Tcheng fang sian, sze tcheou du même endroit remplit sa charge avec prudence et vigilance, je l'ai élevé d'un degré et je lui ai donné le titre de Ling hafan de cette ville. » Sitzong dit ensuite à ses ministres : « il m'est de nouveau impossible de connaître tous les avantages et les dangers des choses dont nous nous entretenons. Vous ministres, vous devez me dire en chaque affaire votre pensée entière. Agissez donc ainsi et n'allez pas, après vous être retirés, dire en secret (ce que je devrais savoir). »

Le onzième mois, Le roi porta un décret statuant que désormais le crime de voler les objets du grand temple (Tai miao) serait assimilé au vol des objets du palais. Li zhin shao, prince de Hia, fit mettre à mort Zhin te jing, pour avoir usurpé le trône. Un ambassadeur vint (de sa part) faire hommage à Sitzong et se prosterner devant lui. Sitzong lui écrivit pour le rassurer.

Le douzième mois, Sitzong dit à ses ministres : « n'ayant point eu la paix, j'ai dû négliger les affaires intérieures du royaume. Quant aux rapports et projets que l'on me présente, tout va selon la vieille routine et l'on ne fait rien pour le bien de l'état. Si l'on faisait chaque jour quelque bonne action, en un an il se serait fait bien des choses utiles au pays. Pour moi, assis au fond de mon palais, comment pourrais-je savoir tout ce qui se passe au dehors? C'est à vous mes ministres à y veiller constamment et avec zèle. » Sitzong étant allé sacrifier au Génie des champs, Sheji, les magistrats lui présentèrent un placet dans lequel ils demandaient que l'on inscrivit le nom du roi sur les écussons des tables. Celui-ci demanda à Sijiyoi si c'était bien réellement l'usage réglé. Sijioi répondit : « cela est certainement conforme aux anciennes coutumes. » Le roi reprit alors : « grands du royaume, observez toujours parfaitement les rites des sacrifices, ne vous attirez point le blâme des générations futures. Lorsque notre souverain Hitzong conféra les noms d'honneur à Taitzou, d'après la coutume établie par Yoi wen shou tzong, on ne fit point revêtir aux mandarins les vêtements des cérémonies sacrificielles, tandis qu'on les obligeait à les prendre quand ils venaient faire la cour au prince. Bien que je fusse alors bien jeune encore, je blâmai en moi-même cette manière d'agir. » Sijioi reprit : « l'offrande des divers sacrifices est une œuvre d'une grande importance. On ne peut se permettre de rien faire en ce qui les concerne, qui ne soit point réglé par l'antique coutume. »

Sitzong délibérait avec les grands fonctionnaires sur la fonte de la monnaie. Quelques uns d'entre eux firent cette réflexion : « La fonte de la monnaie entraine de grandes dépenses, on devrait apprendre à creuser et recueillir l'or et l'argent. » « Il faut, reprit le roi, partager l'or et l'argent des montagnes et des fleuves avec le peuple. Quand la richesse aura pénétré dans les quatre coins de l'empire, ce sera comme si elle était dans le trésor public. » A ces mots Sijioi s'avança et dit : « je sais que le fils du ciel est riche ; il a tésaurisé pour le bien de l'empire. En réalité, si le peuple est riche et fortuné, il vivra sans peine comme coule l'eau d'une source perpétuelle. » Là-dessus Sitzong demanda à Sijioi : « est-ce que jadis les peuples fondaient de la monnaie à leur gré? » Sijioi répondit : « si on laisse le peuple fondre de la monnaie à sa fantaisie, il arrivera facilement que des hommes de bas rang et avides de gain en fondent constamment. Anciennement on a, par suite de l'expérience, mis un terme à ces pratiques. » Le jour anniversaire de la naissance du prince héritier, Sitzong donna un banquet en son palais de l'est. Un peu échauffé par la boisson, on fit danser la princesse Yoi koue. Les larmes tombèrent des yeux du roi : «la princesse Oulindasze mère de ma fille que vous voyez là, dit-il, a atteint la perfection féminine. Si je ne l'ai pas faite princesse impériale, c'est qu'en pensant aux vertus de l'impératrice, je n'ai pu la mettre sur le même rang. »

La onzième année Taiting (1171), le premier mois, Sitzong publia un édit ainsi conçu : « Si les fonctionnaires âgés de plus de 70 ans, qui ont renoncé à leur charge, demeurent chez eux, on ne doit plus tenir compte de leur rang et leur donner à tous la moitié de leur traitement. » Le tribunal Shang shou seng informa le roi que le gouverneur de Ten yang kiun, Nio sing tchang, avait, à l'occasion de l'anniversaire de sa naissance, accepté les présents qui lui avaient été faits et lui rappela que d'après les lois anciennes ils devaient être distribués. A cette lettre Sitzong répondit : « Si celui qui est chargé du gouvernement n'est pas intègre lui-même, comment rendra-t-il le peuple intègre et juste ? Les magistrats des deux cours Shang shou seng et Shuni yuen reçoivent fréquemment des cadeaux aux jours anniversaires de leur naissance et aux *jieis* (1). Si l'on ne les punit point de cette faute et que l'on frappe ceux qui ont reçu une fonction inférieure et de peu de rapport, comment rendra-t-on le peuple juste et vertueux ? Désormais l'on destituera les ministres et shunisze, qui accepteront des présents. » Parlant ensuite à ses ministres, le roi ajouta : « l'année passée, je m'écartai à l'improviste de ma route et je vins dans une province toute proche du Sansi ; les terrains cultivés étant très vastes et la place manquant pour les troupeaux, j'ai ordonné de ne labourer qu'à une distance de 5 milles des villes. J'ai appris que le peuple s'est transporté ailleurs, ce qui m'a fortement peiné. Qu'on leur dise de cultiver chacun aux lieux accoutumés. Vous devriez, vous mes ministres, m'informer de faits semblables. »

Le sixième mois Sitzong dit : « dans le nombre des tributs perçus dans toutes les provinces se trouve une redevance de moutons levée à Tong'tcheou. Cela n'est pas bien ; c'est tourmenter le peuple inutilement. Qu'on s'en abstienne désormais. Assis au fond du palais, comment pourrais je savoir complètement tout ce qui vexe le peuple ; faites-moi donc savoir tous les actes de ce genre. » Le roi Sitzong allait chaque année inspecter les champs du territoire voisin de la capitale.

Le huitième mois il dit à tous les mandarins : « je discute constamment avec vous toutes les décisions qui peuvent procurer quelqu'avantage à l'empire. Dites-moi donc sincèrement tout ce qui a été omis dans les affaires de l'administration. Les magistrats et le peuple des provinces

---

(1) Les Jiei sont au nombre de huit en un an : ce sont le premier jour et le jour du milieu du printemps ainsi que de l'automne, le premier de l'été et de l'hiver, et le jour le plus élevé de ces saisons.

extérieures m'informent de ce qui les concerne. Si vous allez jusqu'à la fin sans me présenter aucune observation, comment la gestion des affaires pourra-t-elle se conformer à la justice? Désormais traitez devant moi tout évènement heureux ou malheureux ; ne le cachez pas pour le dire ailleurs en secret. » Il dit en outre à ses ministres : « les gens qui ont obtenu une fonction, parlant selon leurs caprices, disent qu'après le premier examen ils obtiennent telle fonction déterminée et après le second telle autre ; aussi estiment-ils par-dessus tout la négligence et la paresse. Il faut donc examiner les magistrats des provinces extérieures qui ont quitté la résidence et ne proposer à une élévation en grade que ceux qui sont restés justes et zélés, et destituer au contraire avant le terme fixé pour rendre compte de leur conduite, ceux qui se montrent paresseux et négligents dans leurs fonctions. Si la récompense et le châtiment ne sont pas clairement sous les yeux de tous, comment pourra-t-on les encourager et les exciter à bien remplir leurs devoirs? » Il dit encore à ses ministres : « Le rang des fonctionnaires en-dessous du cinquième est très inférieur ; il est très difficile, dit-on, de trouver des gens honnêtes pour l'occuper. Pour moi, je ne connais que ceux qui occupent les trois rangs supérieurs ; ceux des ordres inférieurs au cinquième, me sont inconnus. Je ne vous ai jamais entendu me dire : tel ou tel convient. Bien que je vous aie prescrit de chercher un moyen d'arranger cela et d'encourager ce qui est avantageux au peuple, comme il n'y a pas d'homme qui m'aide sincèrement, bien que vous me disiez que c'est fait, tout va selon la vieille routine. Bien que vous soyez venus très souvent à la cour, il n'en est rien résulté d'utile. Grands du royaume, vous devez y penser sérieusement. »

Le dixième mois, Sitzong dit encore à ses ministres : « lorsque je vous ai prescrit de faire quelque chose et que vous l'avez fait selon mes instructions, il ne faut pas penser que vous ne pouvez rien y changer et qu'il faut simplement vous conformer à mes ordres. Je ne parle point pour faire commettre une faute (1). Quel est celui de vos avis signalant l'excellence d'une chose que je n'aie point suivi? Désormais bien que j'aie porté un décret examinez d'abord, avant d'agir, ce qui est convenable. S'il y a dans mon décret quelque chose qui puisse produire de mauvais résultats, avertissez-moi des changements à faire. Si les fonctionnaires des rangs inférieurs jugent que les procédés du tribunal

---

(1) Ou il ne faut pas que vous ayez à reconnaître une faute.

Shangshou seng sont propres à produire des effets funestes, avertissez moi ; examinez ce qu'il conviendrait de faire et faites les changements nécessaires mais ne faites pas d'opposition opiniâtre. »

Hesiliei Liang pi, ministre de la gauche, ayant écrit à nouveau l'histoire des faits et gestes de Zhoui tzong, père de Sitzong, la présenta au roi. Celui-ci lui donna en récompense une ceinture de corne de rhinoceros et 10 pièces de belle soie. Sitzong dit à ses ministres : « Ordre a été donné d'augmenter le nombre des portraits des magistrats méritants, qui se trouvaient au palais Yan tching et de les porter à vingt. » Le ministre Han tchi sian dit : « c'est depuis que notre empire s'est élevé que les usages et les lois se sont développées. Quand on ne faisait que gérer les affaires du gouvernement royal, on n'en conférait qu'avec les magistrats préposés à la direction du peuple et l'on n'instruisait nullement les peuples de l'extérieur de ce que l'on y faisait. On ne doit point prendre pour exemples les ministres chinois des différents temps. Si l'on relève et met en lumière ce (qui a été fait chez nous), on pourra dire que l'on a assuré le meilleur moyen d'encouragement et d'exhortation, et c'est ce que l'on doit représenter dans ces tableaux. »

Le onzième mois, le roi étant entré dans le palais oriental dit au prince royal : « Vous ayant destiné à vous asseoir sur le trône après moi, j'ai gouverné de façon qu'il n'y ait pour vous aucun sujet d'embarras, aucune crainte de trouble. Pour vous, ayez seulement soin de ne point oublier les règles si graves, si sages, si parfaites qu'ont suivies nos aïeux. Si vous gouvernez en suivant la vertu et la justice, si vous gardez la piété filiale et que vous mettiez en évidence et rendiez sûres les récompenses et les châtiments, vous aurez suivi ces règles. Jadis Taitzong de la dynastie Tang disait à son fils Kaotzong : J'ai attaqué la Corée et n'ai point eu de succès ; toi attaques-la après moi. Je ne te laisse, moi, rien de semblable à faire. Haibin wang de Tailiao tua son fils Jin Wang, parce que le peuple faisait son éloge. Quelles mœurs sont-ce celles là ? Si tout le monde loue un fils, son père doit en être d'autant mieux disposé. Quand on agit de la sorte, la décadence est certaine. Taitzong de Tang était un roi de sage conduite. Il dit un jour à son fils K'ao tzong : Liji a encouru ta disgrâce. J'ai puni Liji et l'ai destitué. Lorsque je serai mort, emploie le en lui donnant la charge de Pou-y (1) ; certainement il te secondera de toutes ses forces

---

(1) Pou-y est le premier ministre.

jusqu'à la mort. Un roi qui tromperait! ce serait indigne. Et lorsque la faveur du père s'est donnée à quelqu'un, pourrait-il oublier de reconnaître ce bienfait en servant le fils. Pour moi j'ai toujours agi dans mes rapports avec les grands avec toute sincérité et droiture. » Les grands accueillirent ces paroles en exaltant de nouveau l'*immortel* empereur. Et tous le proclamèrent « l'empereur soumis au ciel, qui fait fleurir les lois morales, tient en honneur les lettres, a rendu l'armée grande et forte, bon, vertueux, saint, pieux » et l'annoncèrent par une proclamation urbi et orbi. Sitzong voulant donner à ses fils des titres plus élevés fit Yong tzeng, prince de Tchao; Yong kong, prince de Tsao; Yong tcheng, prince de Pui; Yong sing, prince de You; Yong tao, prince de Siu; Yong tsi, prince de Teng. Il nomma en outre Yong tzong et Yong kong chefs de Mengan.

La douzième année Taiting, le premier mois, Sitzong dit aux magistrats : « en tout rapport qui m'est présenté on traite de tous les évènements heureux ou malheureux qui concernent le royaume. Désormais quand on indiquera une chose à faire, que l'on change la forme de la supplique et l'adresse au tribunal Shui jian. L'exécution de ce qui est à faire sera confiée au tribunal compétent » (1172).

Le deuxième mois, Sitzong ayant réuni tous les gouverneurs des palais des princes, leur donna cet avertissement : « en vous choisissant et vous confiant cette charge, ma volonté a été que vous enseigniez et dirigiez les princes et les rendiez vertueux. Si leur conduite n'est pas conforme à la justice, vous devez les avertir et les corriger le mieux que vous pouvez. S'ils n'écoutent pas vos remontrances, vous devez m'avertir sans retard des fautes qu'ils commettent et du jour où elles ont été commises. Si, pour les flatter, vous gardez le silence, moi alors je vous punirai moi-même. » Les magistrats de la cour Shang shou seng présentèrent à Sitzong un rapport portant que dans leur recherche de ce qui est bien et bon, ils ont constaté que les officiers administrateurs de l'armée aux pays de Tcheng yang, Sanhao shang et autres sont irréprochables et très zélés dans l'accomplissement de leurs fonctions. Le roi leur dit à cette occasion : « Vous avez recherché secrètement et interrogé publiquement, et tous méritèrent des éloges dans les fonctions publiques. Si les récompenses et les châtiments sont assurés, les gens de bien seront encouragés et les méchants remplis de terreur. Si l'on persévère à suivre cette règle, on trouvera des gens probes et fidèles. Distinguez donc le degré des mérites et témoignez-en, en leur donnant comme récompense une fonction appropriée; présentez sans retard un rapport à ce sujet. » Sitzong publia le décret suivant : « désormais les ministres qui ne sauront pas me dénoncer et blâmer la mauvaise conduite des mandarins supérieurs seront punis, sans distinction. »

Le troisième mois, le roi Sitzong envoya ce décret au tribunal Shang shou seng : « Si l'on remet en leur fonction les magistrats récidivistes qui ont reçu des présents et dont la faute a été constatée par enquête, il est certain qu'ils recommenceront à opprimer le peuple. Envoyez promptement de province en province destituer ces fonctionnaires le jour même de l'arrivée des députés. » Sitzong envoya le général (Suji jiang sou) Seliyei instituer le prince Hoa de Corée prince du royaume d'Aisin. D'autre part, il fit déposer le Jing wang, Wen pe, gouverneur de Taiming-fou accusé de cupidité, et le nomma Fang you sze de Te tcheou. Le roi Sitzong dit ensuite à ses ministres : « partout où je me suis arrêté (j'ai vu que) tous les objets servant à l'entretien des chevaux sont pris au peuple, et comme on ne doit pas les remettre au gouverneur, ils sont grandement défectueux. Cela vient de ce que les fonctionnaires sont incapables. Que l'on choisisse donc des gens honnêtes et qu'on les mette à leur place. A mon passage, ayant fait rechercher si tout était en ordre, j'ai appris que tous s'étaient réunis pour suppléer les objets que le peuple avait négligé de fournir. »

Le dixième mois, le prince de Corée envoya un ambassadeur remercier Sitzong du titre qu'il lui avait donné. Sitzong ayant appelé à la cour le prince héritier et le Tchao wang, Yong tzong, dit à ses ministres : « Wan yan jing fomente des troubles; si on ne l'arrête pas il en résultera des malheurs, je le crains bien. » Puis il ajouta : « le monde est comme un grand vase. Quand la vertu y règne, il marche bien. Notre roi Wan-yan-liang ayant perdu le pouvoir, c'est moi qui l'ai reçu; pour gouverner on ne doit se préoccuper que de la vertu; pourquoi se tracasserait-on pour autre chose? » Les deux princes et tous les grands répondirent à ces mots : « vraiment vous nous instruisez comme le ferait un esprit. » Après cela on renonça à faire mourir Wan yan jing.

Le onzième mois, Sitzong dit à ses ministres : « Si l'on ne donne pas des marques de faveur aux membres de la famille royale qui n'ont pas de dignité publique, je crains bien qu'ils soient sans amour et sans bienveillance pour leurs parents. C'est pourquoi je leur donnerai des titres honoriques et un traitement restreint. Que faisait-on au temps passé ? » A ces paroles, Sijioi ministre de la droite, répondit : « le roi Tang Yao établit les rapports d'amitié des neuf degrés de parenté. Les rois de la dynastie Tcheou favorisèrent la concorde et l'amitié entre les neuf degrés de parenté. Tout cela est dans le Sze king et le Shou king. Telle fut la sage conduite de tous les rois. » Le ling hafan de Wan ping avait fait châtier une esclave du palais de la princesse Sao koue parce qu'elle avait, disait-il, commis une faute. La princesse, pour satisfaire sa suivante, avait insulté, outragé le magistrat. Sitzong, l'ayant appris, tança vertement la princesse, puis il priva du traitement d'un mois le magistrat inspecteur pour s'être abstenu de toute action, par crainte de l'influence de la princesse. Le roi ayant dit à ses aides-de-camp de se retirer, qu'il voulait conférer avec ses ministres, les premiers se retirèrent selon les ordres du roi et Sitzong dit alors à ses ministres : « les mandarins de l'histoire relatent les actions bonnes et mauvaises des souverains. Mentionnez donc mes paroles, mes actes, ce qui a été dit dans nos délibérations, tout en un mot. Recueillez les et mentionnez les dans vos annales sans rien cacher. Faites connaître et expliquez mes intentions à ce sujet. »

Le douzième mois, Sitzong fit sortir du palais 20 femmes qui y étaient de trop et publia un édit portant : « que les juges des tribunaux criminels ne boivent ni eau de vie ni vin, car ils commettent des erreurs dans leurs fonctions; qu'ils n'exigent point d'argent ou d'or donné sans obligation légale, qu'ils ne lèvent point d'impôt (par eux-mêmes). »

La treizième année Taiting (1173), le premier mois, les magistrats du Shang shou seng présentèrent à Sitzong ce placet : « des Jioi jiyôn et autres commerçants du royaume de Song méridional allant vendre du thé ont passé nos frontières par erreur. » Ils représentèrent au roi que c'était là un crime digne de mort. Le roi répondit : « il n'y a eu chez eux en venant ici aucune intention coupable; pardonnez donc leur faute et laissez les aller. N'en informez pas leur état; car je crains qu'on ne les punisse. » Sitzong dit au gouverneur du prince impérial : « quand vous choisissez les officiers attachés au prince ne prenez que des hommes probes. S'ils ne savent point se conduire régulièrement et qu'ils ne puissent remplir le devoir qui leur a été imposé, faites moi connaître les noms et les familles de ces personnages. »

Le troisième mois, Sitzong dit à ses ministres : « notre ville de Hoei ning fou est le lieu le plus florissant et prospère de notre royaume. Depuis que le roi Wan-yan-liang s'est transporté à Yan king, nos gens de Niu tchi, oubliant peu à peu les usages et la langue originaires, ont adopté en grande partie les mœurs chinoises. Pour moi qui connais les coutumes primitives des Niu tchi, je ne les ai pas oubliées. Aux festins le son des instruments de musique est maintenant conforme aux usages chinois. On n'use plus que de ceux-là sous prétexte de leur perfection. Mon cœur dans ses affections est éloigné de ces coutumes. Le prince royal et tous les princes ignorent les us et coutumes de nos Niu tchi. Ce n'est qu'à ma considération que l'on conserve encore quelque chose de nos anciennes coutumes. Si plus tard, par ce changement, on perd entièrement tous nos usages et que l'on adopte entièrement ceux des Chinois, à la longue il n'y aura plus de remède à ce mal. Si nous envoyons nos fils et petit-fils à Hoei ning fou, ils verront et connaîtront nos anciennes coutumes, ils apprendront la langue des Niu tchi et n'oublieront pas les usages de nos ancêtres et les suivront à l'avenir, comme c'est mon désir. »

Lio tzong hoei, gouverneur du prince impérial, ayant demandé au roi d'augmenter le nombre des objets du palais dont les gardiens du bétail du prince royal avaient besoin, Sitzong dit : « les gens chargés du soin des appartements propres au prince ont tout ce dont le nombre a été fixé par eux mêmes. Les meubles et objets nécessaires au palais sont au complet; pourquoi dites vous de les multiplier? Le prince royal est né au sein de la grandeur et de la richesse, il lui est facile de tomber dans la prodigalité; on doit lui apprendre la modération et la gravité. Depuis que je suis roi, en tout, depuis mes habillements et les meubles, tout est conforme aux anciennes règles. Grands du royaume, faites connaître ma volonté à cet égard. »

Le quatrième mois, Sitzong ayant fait chanter aux musiciens du Zouwai se tien, selon le mode Niu tchi, dit au prince royal et aux autres princes : « je pense toujours aux actes des anciens rois et ne puis les oublier. En entendant ces airs, je suis pris du désir que vous les connaissiez. Vous, depuis votre enfance, vous n'avez suivi que les usages chinois, vous ne savez rien de ce qui est grave, simple ou extraordinaire chez nous. Si vous n'apprenez point les lettres et les mots de nos livres, de notre langue niu tchi, vous oublierez notre origine, les choses fondamentales. Pour vous, faisant réfléter ma pensée jusqu'à nos fils et descendants, enseignez les comme je le fais ici. » Les magistrats de la cour Shang shou seng lui présentèrent le rapport suivant : « Un homme de Teng tcheou, nommé Wansan, ayant tué un autre, a été condamné à mort ; mais on dit que ses père et mère sont vieux et que lui seul peut les nourrir. » Le roi répondit : « Quand on est en charge et que l'on n'a point de querelle, c'est qu'on a la piété filiale ; si l'on est pieux on sait entretenir comme il faut ses père et mère. Mais cet homme s'étant oublié à ce point par suite d'un accès de colère, aura-t-il le cœur de servir ses parents ? Qu'on le punisse donc selon la loi. Quant à ses parents, qu'on les entretienne aux frais du trésor. »

Le septième mois il fit de Hoei ning fou la résidence principale et dit à ses ministres : « pourquoi les fonctionnaires de cinquième classe, chargés de la gestion des affaires des provinces extérieures, sont-ils si négligents ? » Le ta-you Lisi lui répondit : « Il est rare que l'on parvienne par promotion du cinquième rang, aux rangs supérieurs. C'est pourquoi ces mandarins sont peu zélés. » Le roi reprit alors : « s'il y a parmi eux des hommes vraiment capables, pourquoi hésite-t-on à les nommer aux grades supérieurs ? Qu'on le fasse donc à l'avenir. » Liang sou, alors président du tribunal des mandarins répartit : « il faudrait interdire aux esclaves de porter de la soie ordinaire ou fine et de la gaze. » Sitzong lui répondit : « on leur a déjà interdit de porter des galons et fils d'or, il n'y a pas longtemps ; faites ceci avec ménagement. Faites leur faire des remontrances et corrigez les doucement. On commencera par les grands les plus proches de ma personne. Moi-même j'ai toujours soin d'user d'économie en ce qui concerne les habillements des habitants du palais et j'ai supprimé l'usage de porter des fils d'or cousus aux vêtements. Quant au vêtement du peuple, depuis Wanyan liang, il est devenu un peu plus modeste et moins dispendieux. Grands du royaume, ayez donc soin de plus en plus de vous vêtir simplement et économiquement ; il faudra bien que le peuple vous imite. »

La quatorzième année Taiting (1174), le roi Sitzong envoya à l'empereur Song un ambassadeur nommé Jang ; après son départ il dépêcha quelqu'un pour le rejoindre et lui dire : « si l'empereur des Songs n'observe pas la règle fixée et ne vous fait pas venir devant lui, ne vous reçoit pas comme il le doit, ne donnez pas la lettre que vous avez en main, mais gardez-la et revenez ici. Si l'on prend cette lettre par violence n'assistez pas à leur banquet, ne recevez pas les présents d'usage ni leur réponse. » Jang s'en alla donc à la cour des Songs. Là on lui dit que le prince héritier recevrait la lettre (et non l'empereur); mais l'envoyé d'Aisin ne voulut pas la donner. On la lui enleva de force; Jang céda et, contrairement aux ordres du roi, il accepta des présents en grand nombre. A son retour, les juges firent à ce sujet leur rapport à Sitzong; fortement irrité, le roi ordonna de mettre Jang à mort Mais le ministre Liang pi lui dit : « Jang, lorsqu'il était général, a vaincu complètement l'armée de Song; les gens de Song lui sont fortement hostiles; quand ils apprendront que Jang a été exécuté, ils triompheront de ce qu'il est ainsi tombé dans leurs artifices. » Le roi approuva cet avis et s'y conforma. Il se contenta de faire donner à Jang 150 coups de bâton et de le priver de son office. En outre il confisqua les présents qu'il avait reçus et les déposa dans les magasins de l'état. Puis Sitzong envoya Liang sou au pays de Song pour demander raison de la saisie violente de sa missive. Les grande de Song réunis lui répondirent : « que chaque année portant le nom du cheval il mettait sur pied son armée. » Le roi demanda au ministre Liang pi, ce que voulait dire cette réponse; celui-ci lui dit : « Le roi Taitzou a commencé ses attaques contre le Tailiao l'année du cheval vert; Taitzong a vaincu l'empire de Song l'année du cheval rouge. C'est pourquoi les grands de Song, en saisissant notre message, ont voulu prévenir les dangers des années du cheval. Mais c'est contraire au droit. » Le roi accepta cette explication. Liang sou d'Aisin était dans l'entretemps arrivé à la cour des Songs; le chef de l'empire reçut lui-même debout la lettre royale selon l'ancienne coutume; et Liang sou ayant pris la lettre qui lui fut remise, s'en retourna en son pays.

L'empereur Hiao tzong envoya Jan tze yan et Lio tzong en mission auprès de Sitzong et porteurs d'un message dans lequel il était dit : « veuillez considérer mon jeune âge, depuis longtemps héritier de la suprême puissance, la faveur éclatante du royaume supérieur, est venue à nous. Il y a dix ans et plus qu'un pacte confirmé par serment a été conclu et constamment occupé des gouvernements des deux états, on n'a jamais oublié un seul jour de ces temps successifs, combien cet accord était heureux. Mais quand il nous a été dit de recevoir un message selon les règles d'un royaume étranger, j'ai dit alors plusieurs fois que mes intentions étaient vaines et sans effet. Maintenant je vous envoie demander une marque d'honneur. Si vous êtes disposé à accueillir favorablement une demande de ma part, vous accepterez mes propositions. » Sitzong réunit les grands du royaume et se mit à délibérer avec eux sur cette demande. Le ministre Liang pi prenant la parole, dit : « l'empereur de Song a cessé de se reconnaître notre vassal, et s'est dit le fils de notre frère aîné. Il a cessé de recevoir l'investiture et ces lettres sont devenues un vain objet. C'était là une grande marque de bienveillance de notre part; maintenant qu'il demande de ne plus devoir recevoir lui-même nos messages, c'est vraiment se montrer insatiable d'empiètements. Il ne faut pas accueillir sa demande. » Le ministre Sijioi et Tang koue an li, ministre de la droite, dirent alors : « Si vous n'accédez pas à cette demande, alors que votre armée soit immédiatement sur pied. » A ces mots Sitzong dit à Sijioi : « ce que vous dites, ô grands du royaume, ne peut se faire. S'il demandait encore quelque chose de plus, pourrait-on l'accueillir favorablement ? » Puis se rangeant à l'avis de Liang pi, il écrivit sa réponse en ces termes : « Après avoir violé doublement la convention, pourquoi voulez-vous encore refuser de recevoir directement mes lettres ? Vous dites que vous avez succédé à la puissance suprême; vous devez, d'autant plus, maintenir intacte votre dignité. Pourquoi voulez-vous ainsi agir à votre fantaisie ? Loin de là, une fois qu'une convention est conclue, on ne peut la changer arbitrairement. Vous ne cesserez certainement point de recevoir vous-même mes messages. » Cela fait, il remit cette lettre à l'envoyé de Song et le congédia.

Le troisième mois, Sitzong dit à ses ministres : « Wan-yan-liang n'estimant que les charges de mandarins, les ministres de cette époque n'ont tenu pour méritoire que de faire des tableaux des règlements successifs. Pour vous, grands du royaume, cherchez les meilleurs moyens de gouverner le monde, les usages des temps anciens ne doivent point être suivis comme alors. » Par une proclamation suivante il défendit de laisser encore les gens soumis aux chefs de Mengan et de Meoke tuer des êtres vivants pour les offrir en sacrifice et permettre aux jours Jiye comme à ceux des sacrifices au ciel, de boire à volonté. A partir du deuxième mois jusqu'à la fin du huitième, il défendit de faire des banquets et de boire, ou de boire en faisant route, en quelque endroit que ce fût, parce que cela pouvait nuire aux travaux des champs. Même aux mois inoccupés, il interdisait de s'enivrer. Toute contravention à cette règle serait considérée comme un délit. Enfin il ordonnait d'afficher partout cet édit. Le roi Sitzong dit à sa garde du corps : « que ceux d'entre vous qui ne comprennent pas notre langue niutchi l'étudient soigneusement et que désormais on ne parle plus le chinois. »

Le quatrième mois, le roi Sitzong dit à ses ministres : « à ce que j'apprends, le peuple inintelligent, recherchant la richesse, bâtit de nombreux temples à Bouddha. Bien que ce ne soit pas interdit par la loi, cela va bien au delà de ce qu'elle permet. Défendez-le par une loi nouvelle et qu'on ne dépense pas ses ressources en pure perte. » Le roi Sitzong se trouvant au palais du duc de Soui dit au prince héritier et aux Tchin wangs : « il n'est point d'œuvre humaine au dessus de la piété filiale et fraternelle. Si l'on possède ces vertus, le ciel et le soleil se plaisent à répandre leurs faveurs. Vous donc, remplissez exactement vos devoirs de piété envers vos pères et mères et d'affection envers vos frères. Depuis l'antiquité les femmes ont suscité des divisions entre les frères et de là naissaient la discorde et la séparation, car les épouses sont des étrangères, on ne peut comparer leurs cœurs à ceux des frères. Si l'on écoute les femmes, la division se mettra parmi les frères ; ce qui est un grand mal. Ayez donc soin de recueillir mes paroles en votre cœur et de vous les rappeler. »

Le cinquième mois, allant au pays de Jin lian tchuan, il entra dans Fou lai shen et s'y arrêta. Tout à coup, en plein midi, un dragon blanc sortant d'un petit lac vint se placer au-dessus de la tente du roi et s'arrêta aussitôt après dans un nuage, tandis que le tonnerre éclatait avec fracas.

Le neuvième mois, Sitzong, quittant la cour d'audience, dit à ses aides de camp : « mes parents, ma famille, mes anciennes connaissances — depuis que je suis sur le trône après avoir été wang, — se montrent ingrats et me peinent le cœur. Les juges instructeurs viennent de me représenter que mon fils Yong tzong a écrit à Wan yan tzong, le tong kiun sze de Haonan, pour lui enjoindre de vendre ses chevaux. Quand j'ai su ce fait, je n'ai point ordonné de le punir. C'est le seul acte que j'aie tenu caché (1), mais j'y pense jour et nuit et cela est pour moi comme une maladie. » Puis il ajouta : « désirant savoir ce que font les fonctionnaires et de bien et de mal, j'envoie examiner leurs actes ; mais

---

(1) Ou qui m'ait peiné.

mes envoyés craignent et sont infidèles, comment pourrais-je connaître leur conduite? » Liang pi répondit : « Eh bien nous nous informerons soigneusement pour satisfaire le roi. » Celui-ci reprit : « faites que la vérité soit conforme à la réputation et ne confondez pas l'une avec l'autre. » Sitzong avait ordonné d'exiler, en les dispersant dans le Liao tong, les complices de la révolte de Siao-oo-wa. » Liang pi lui fit cette observation : « si, après leur avoir pardonné ce méfait vous les exilez, ils en auront une grande affliction. » « Vous ne considérez, dit le roi, que les circonstances présentes ; moi je pense à l'avenir, à mes fils et mes descendants. » A ces mots Liang pi répondit : « en vérité, cela nous avait échappé. » Ainsi l'on exila les séditieux à Ouguli, parmi les gens de la tribu Silei. Sitzong demanda à ses ministres : « Bien que sous le roi Yao il y ait eu neuf ans de grandes inondations, et sous Tcheng tang sept ans de sécheresse, cependant le peuple ne souffrit nullement de la faim. Comment se fait-il que maintenant, lorsque le blé a manqué un an ou deux, le peuple en a si peu? » Liang pi répondit : « autrefois l'espace était vaste et les hommes honnêtes ; ils estimaient hautement l'économie et l'épargne. Ils soignaient spécialement l'agriculture et s'y appliquaient tout entiers. C'est pourquoi ils n'éprouvaient ni la faim ni la misère. Maintenant le pays est étroit et les hommes nombreux. Quand on abandonne le fondement pour se porter vers la fin, le profit est rare. Les bouches sont abondantes. Aussi quand le grain d'une année vient à manquer, le peuple en souffre cruellement. » Ces paroles plurent fortement au roi. Il dit aux magistrats judiciaires : « infligez un châtiment aux gens qui négligent le travail des champs et ne cultivent pas avec soin. » Le roi demanda ensuite à ses ministres : « je demande constamment que l'on me signale les mandarins intègres du dedans et du dehors; pourquoi n'en entends-je jamais citer aucun? » Wei tze ping, du titre de san jeng lui donna à ce sujet l'avis suivant : « que les mandarins désignent chacun un homme digne d'être signalé, c'est bien ; mais pour que vous voyez le vrai mérite de ces fonctionnaires, il faut supprimer les récompenses et les peines. » Le roi reprit : « c'est une coutume établie dans l'empire des Songs de signaler les hommes de mérite ou coupables. Quand on impute arbitrairement des fautes, fût-ce même un ministre, le chef porte d'après cela le décret de châtiment. C'est pourquoi il est bien rare que les hommes soient d'accord et en paix. Quand il a en vue la richesse et le gain, le cœur s'agite et viole le droit qu'il devrait observer. Convient-il de parler, de présenter les rapports au prince pour obtenir le ministère, les présidences, les charges, et de lui faire porter des décrets de nomination (par pur intérêt)? » Sitzong ayant fait venir le Shang si jioi sze lui dit : « tout ce que je mange me vient du travail du peuple. Ce qui sert chaque jour à la nourriture et les goûts différents des aliments sont très nombreux. Peut-on manger de tout cela? Que l'on ne dépense donc point inutilement. Que désormais on prépare (uniquement) les différentes choses que l'on peut consommer (et pas plus). »

La quinzième année Taiting, le neuvième mois, le liosheo de la résidence du nord de la Corée, Joo wei song, se révolta contre son prince et se rendit maître de plus de 40 villes depuis au delà du mont Sze bei ling jusqu'au Ya lao kiang. Il fit demander secrètement de devenir sujet de l'empire d'Aisin mais le roi d'Aisin n'y consentit point. Sitzong dit à son ministre Liang pi : « Nos magistrats actuels, s'ils ont obtenu une charge selon leur désir, la remplissent avec zèle; mais dans le cas contraire ils vivent sans penser à autre chose qu'à passer le jour présent. Certainement ce n'est point là la conduite d'un magistrat fidèle. » Puis il ajouta : « sous Wan-yan-liang, Bingde, membre du tribunal Shangsou seng et Yan, ministre de la gauche avaient, tous deux, une grande réputation d'habileté. Mis en charge ils ne s'inquiétaient nullement de prévoir ce qui devait être fait ou évité et se conduisaient en tout avec avidité et cruauté. Yan, pendant qu'il était à Kouei se hoei ning, fit mourir en un seul mois 20 malheureux qui n'avaient point commis de crime capital. Certes ce n'est point de la justice. Le roi Wan-yan-liang était comme un tigre comptant surtout sur des moyens vils et bas, il est mort en prétendant soutenir la justice. En était-il bien capable? » Par un nouvel édit, Sitzong défendit de nommer des gens âgés, officiers de la garde. « Si l'on donne à un homme âgé une place dans l'administration on devra lui adjoindre un jeune secrétaire ou lieutenant, » tel était le décret.

La seizième année Taiting, le premier mois, Sitzong publia un édit portant : « les noms de la famille impériale ne sont point inscrits dans la liste des tributaires, il faudra désormais les y insérer successivement. » Sitzong s'entretenait avec les Tchin wangs, les ministres et les mandarins, examinait les succès et les revers dans tout ce qui s'était fait jadis et à ce temps-là; il leur dit : « l'histoire depuis qu'elle a commencé à être écrite, n'a point été interrompue; en laissant ainsi ses enseignements aux générations futures, on accomplit un grand bien. Quand les étudiants de nos jours savent lire ces annales, ils doivent en profiter pour leur conduite. Mais il y en a beaucoup qui, bien qu'ils sachent tout cela, ne sont point capable de les mettre en pratique. S'ils ne savent point le faire, quelle utilité retirent-ils de leurs études? Nos peuples de Niutchi, dès l'origine du royaume, étaient droits et justes; bien que ne connaissant point de livres, ils savaient sacrifier au ciel et à la terre, respecter leurs parents, vénérer les vieillards, exercer l'hospitalité envers les étrangers, être fidèles à leurs amis, observer parfaitement les lois de la politesse et de la prévenance. Ils faisaient tout cela spontanément et leurs vertus ne différaient en rien de celles qui sont décrites dans les livres. Vous devez étudier et pratiquer les mœurs de notre pays de Niutchi, et ne point les oublier. »

Sitzong était allé au pays de Keou tchio chasser au faucon. Il vit un homme ivre qui, descendu de son âne, s'était couché au bord du chemin. Il ordonna à ses aides-de-camp de le relever, de le remettre sur sa monture et de le reconduire chez lui. Arrivé sur les limites de Lin hoang fou, comme il pleuvait à verse, le roi s'arrêta au palais de Kouang zhin. Pendant le dîner, se voyant entouré du prince héritier et des Tchin wangs, il leur fit avec bonté la leçon suivante : « soyez économes en toute chose dont vous faites usage; si vous avez du superflu, donnez-le à vos père et mère, à votre parenté avec ordre. Ne faites aucune dépense inutile. » Puis soulevant son vêtement il ajouta : « bien que je porte cette robe depuis trois ans sans en avoir changé, elle est encore entièrement neuve; rappelez-vous ma juste parcimonie. »

Le neuvième mois, le roi d'Aisin dit à Liang pi : « le roi Wan-yan-liang faisait mourir les fonctionnaires inférieurs sans aucun motif; ils étaient vraiment digne de la plus grande compassion. Faites rechercher avec soin et enterrer aux frais du trésor les corps de Bolòn, Tcheou et autres, tués par ordre de ce roi cruel. »

Le dixième mois, Sitzong publia un édit portant : « les noms d'honneur donnés aux princes dans leur enfance ne ressemblent pas aux noms dont on se sert dans notre pays de Niu tchi; on les fait en imitant les chinois. Il faut les changer tous. Grands du royaume, choisissez des noms convenables parmi les mots du pays de Niutchi et présentez-les moi. »

Le onzième mois il ordonna par un édit de nourrir aux dépends du trésor les gens sans ressource, vivant de mendicité et les vieillards affligés de maladie. Puis il dit à ses ministres : « lorsque vous m'avez présenté un projet qui ne concorde pas avec le résultat de mes investigations et que vous l'avez mis une fois à exécution, faites le moi savoir et ce sera conservé sans changement. Ne peut-il se faire qu'en décidant des milliers de cas incertains, je ne me trompe une fois? Ministres, dites moi tout ce que vous savez; moi je n'hésiterai pas à changer de décision. »

LIVRE V.

RÈGNE DE SITZONG.

(*Suite.*)

La dix-septième année Taiting (1177), le premier mois, le roi Sitzong dit : « me faire connaître et relever (le mérite) des gens probes, c'est la charge des mandarins supérieurs. Tandis que les magistrats du cinquième rang de l'extérieur les signalent, pourquoi les ministres ne le font-ils point? » Un grand nommé Tang koue an li répondit : « Kong-tze dit : il est difficile de trouver un homme de bien ; les hommes vertueux, les sages sont rares en ce monde. Si le roi veut que nous en rencontrions, qu'il ouvre le chemin où ils se trouvent, comme avec un instrument approprié à cette fin, et nous les découvrirons. » Sitzong demanda à ses ministres : « le censeur You sze tai fréquente la demeure de ses parents et connaissances, et ceux-ci viennent chez lui dit-on. Est-ce vrai? » Les ministres répondirent : « ceux qui vont çà et là sont rares. » Le roi reprit : « s'ils le font il faut les dépouiller de leurs fonctions de censeurs. Les magistrats chargés de reprendre, d'observer les discours, après qu'ils ont discuté en conseil et reçu confidence des secrets, ne peuvent sans danger fréquenter inutilement les autres hommes. » Tang koue an li répondit : « je crains qu'il soit impossible de les empêcher de fréquenter leur famille et leurs connaissances. » Le roi reprit : « en présence du devoir professionnel, pourquoi ne pourrait-on empêcher les communications, par crainte des indiscrétions des gens? » Sitzong dit à ses ministres : « il ne faut apporter aucun retard à récompenser le mérite. Si on le fait, on ne pourra pas stimuler le zèle. » Tang koue an li répartit : « on disait anciennement : ne laissez pas passer le moment de la récompense, c'est dit avec bien de raison. »

Les magistrats judiciaires représentèrent que les Coréens avaient envoyé en présent une ceinture qu'ils disaient être de pierre précieuse mais que ce n'était qu'une imitation de pierre. Le roi répondit : « la

Corée est un petit pays; elle a failli par manque de connaissance des bijoux. Serait-il bien de couvrir ces gens de honte en leur montrant les défauts de leurs présents? Il faut seulement tenir compte de la manière dont s'est fait ce présent. Si on le refusait et le renvoyait ce ne serait pas un procédé convenable. » Puis le roi ajouta en parlant à ses ministres : « les vieillards de la famille impériale n'ont point de charge publique. Leurs ancêtres, dans les âges antérieurs, ont tous bien mérité de l'empire. Je veux leur conférer une dignité inférieure, mais de quel nom l'appellerons-nous? » Les ministres répondirent : « aimer ses parents et récompenser le mérite c'était une vertu des princes antérieurs. »

Le troisième mois, Sitzong ayant appris que dans le Shangton et dix autres provinces, le produit des champs était dévoré par les vers ou avait péri par la sécheresse, exempta les grains des impôts et fit ouvrir les greniers des provinces de la résidence de l'est de Pousu et Hosou kuen, pour donner du grain au peuple. Les magistrats du Shang shou seng représentèrent au prince que la récolte de ces trois provinces ne suffirait pas. « Je vous ai dit maintes fois, reprit le roi, d'acheter et d'emmagasiner des grains, aux frais du trésor, dans les années d'abondance et d'entretenir ces greniers pour les besoins des affamés et des malheureux. Et vous m'aviez tous dit que tout était plein dans nos magasins publics. Maintenant que je prescris de les ouvrir et de distribuer aux pauvres, vous me dites qu'ils ne suffiront pas. Les empereurs et rois du temps passé faisaient un principe fondamental de l'état d'amasser des provisions. Moi seul, lorsque je dis de les emmagasiner, je ne réussis pas. Si le grain ne suffit pas aux distributions à faire, que l'on prenne celui qui a été récolté dans les autres provinces. Que désormais on se fasse une règle, avant tout, de faire les provisions nécessaires. »

Le quatrième mois, le roi Sitzong décréta que désormais les fils et descendants des officiers des mengan et meoke à charge héréditaire, remplaceraient leurs parents quand même ceux-ci n'auraient point atteint l'âge de 60 ans. Puis il dit à ses ministres : « les magistrats des Kiun et des Hiyen qui auront été destitué pour faute commise, après un an ou deux seront remis en fonction. Tous les officiers de Mengan et de Meoke, au temps où Taitzou fonda notre empire, étaient des hommes de mérite, pleins de zèle et se donnant toute la peine possible pour le bien de l'état. Il ne faut point priver de leurs fonctions, pour de petites fautes, des magistrats dont la charge est héréditaire et se transmet de génération en génération sans interruption. »

Le sixième mois, Sitzong dit : « je suis âgé maintenant, si en un moment de colère ou de joie irréfléchie je commets une faute, représentez-le moi aussitôt. Suivant cet ordre ne me faites jamais commettre une seconde faute (par ignorance de la première). » Sitzong avait nommé chef de division à l'armée de Tzong shun kiun, Szeliei, fils de Ing fang souang. Ce dernier étant venu remercier le roi, Sitzong lui dit : « puisque vous êtes malade, j'ai nommé votre fils à cette charge; je vous souhaite toute joie et que votre maladie prenne fin. Si l'on eut demandé une charge élevée, je n'aurais pu la lui donner. En raison du jeune âge de Szeliei j'aurais craint qu'il n'eût pas été capable de gérer les affaires de l'état. Donnez-lui de sages leçons et s'il est probe on le présentera à mon approbation et à une élévation en grade. » Les membres du tribunal Shang shou seng représentèrent dans un rapport au roi Sitzong que l'on donnait tous les ans trente mille moutons aux troupes qui gardent les frontières des provinces situées à l'opposite du soleil couchant. Là dessus Sitzong demanda comment on les leur procurait, et l'un des ministres lui répondit que cela ne se pouvait plus. Le roi répliqua : « alors même que j'ai quitté la salle du conseil, j'ai encore à cœur les affaires de l'état et je m'en occupe. Je ne suis pas oisif et ne me repose pas complètement. Et vous, ministres, quand le roi vous interroge ne pensez pas qu'il ne doive point consulter les princes sur une affaire de peu d'importance. C'est parce que je savais le peu de souci que vous avez des affaires de l'état, que j'ai posé cette question. » Le roi dit alors aux ministres : « les mandarins de nos jours, au sein d'une même cour, incriminent les actes légitimes et conformes au devoir qui ont été faits avec succès par leurs collègues. Si je me rangeais à leur avis on craindrait de parler ; on craindrait que les gens pensent que les actes d'administration ne proviennent pas de mon initiative. Il y en aurait beaucoup qui parleraient ainsi et, pour moi, je hais les gens de cette espèce. Qu'on y fasse attention. Les juges instructeurs du tribunal Ta lisze, bien que les règles du droit soient fixées, et lorsqu'il se présente une affaire qu'il n'est même pas nécessaire d'instruire, examinent s'il ne conviendrait pas de le faire et instruisent avec le plus grand soin. C'est là une conduite que j'approuve hautement. Tout droit d'un individu qui concourt au bien des autres doit être considéré comme un bien véritable. » Le roi Sitzong dit aux ministres : « dans les rangs inférieurs des magistratures il ne manque pas d'hommes vertueux. Mais les magistrats des rangs élevés ne les signalent pas. Loin de là, ils les détestent parce qu'ils ont plus de vertu qu'eux-mêmes. » Les censeurs étant venus inspecter le magistrat de la province et ayant reçu des plaintes contre lui, châtièrent le You sze, le considérant comme incapable de remplir ses fonctions. Le roi dit à Hesiliei miao qui était song tcheng du tribunal des censeurs : « en vertu du droit qui a établi le You sze tai, examinez à nouveau la capacité et l'incapacité des mandarins ; mettez une fin à l'oppression du peuple et cherchez des hommes probes. Puis quand vous recevez une lettre exposant les plaintes du peuple du lieu où vous vous êtes rendu, si vous apprenez qu'il s'agit de gens accusés injustement, comment traiterez-vous les magistrats impliqués dans l'affaire? (Vous devez le faire avec sévérité.) »

Le dixième mois, Sitzong dit à ses ministres : « pourquoi n'entends-je point les magistrats occupant les positions élevées signaler les hommes probes? Jadis un fonctionnaire, nommé Ti zhin jiyei, monté des rangs inférieurs mit tous ses soins à soutenir la puissance des Tangs et fit périr ceux qui la mettaient en péril et cet empire dura encore plusieurs centaines d'années. Bien que Ti zhin jiyei fut d'un grand mérite, si Leo sze te ne l'avait signalé au prince, se serait-il désigné lui-même? » Le roi Sitzong dit à ses ministres : « j'ai beau regarder les rapports qui me sont présentés, je n'y vois point renseigner les évènements heureux ou malheureux. Les anciens conseillers du prince, accomplissant fidèlement leur devoir ont acquis une juste renommée. Ceux d'aujourd'hui ne cherchent dans leurs rapports et placets que le profit personnel. Tzao wang tze, président de la cour Hupu et Liang sou, préfet de Jinan fou dans leurs rapports sur les faits n'avaient d'autre vue que d'acquérir du pouvoir à l'intérieur. Cela étant, quel avantage en retirait l'état? S'il en est ainsi des hauts fonctionnaires, que devra-t-on dire du reste du peuple? Précédemment, Wan-yan-liang, marchant contre l'empire des Songs, fit mettre à mort, chemin faisant, son médecin Tchitzai, parce qu'il s'efforçait de l'arrêter par ses conseils. C'est le seul conseiller de notre royaume qui soit mort pour cette cause. »

Le douzième mois, Sitzong dit à ses ministres : « j'ai maintenant 57 ans, si je dépasse les 60 ans, quand même je voudrais encore agir, je n'en serais plus capable... Si la conduite du peuple Niu tchi, si celle des chefs de Mengan et de Meoki, si le gouvernement de l'état n'est pas conforme aux lois et coutumes comme du temps de ma jeunesse, ayez soin de m'en avertir. Je ne craindz pas qu'on me fasse connaître, qu'on m'exhorte à faire quoi que ce soit. »

La dix-huitième année Taiting (1178), le huitième mois, le mandarin de l'histoire, Ilan jiyei présenta au roi un placet portant : « tout ce que l'on présente au roi de placets et de rapports, toutes les délibérations qui se font en conseil m'échappent et je n'en entends rien ; je n'ai vraiment qu'un vain nom d'historien de l'empire. Je ne puis donc consigner ces choses dans les annales. » Le roi interrogea sur cette question Si jioi et Tang koue an li. Si jioi lui répondit : « jadis le fils du ciel avait établi un historien à chacun de ses côtés. Ils recueillaient ainsi toutes ses paroles, tous ses actes, pour l'avertir et l'empêcher d'agir d'une manière répréhensible. Tcheng wang, du royaume de Tcheou, coupant un jour une feuille d'outong en forme de pierre précieuse, dit en jouant à son frère cadet Sou yoi : « voilà qui te confère une dignité, n'est ce pas ? » A ces mots un grand nommé Sze-y reprit : « Le fils du ciel ne doit pas parler en plaisantant. On écrira ces paroles dans les annales. » Considérant cela, l'histoire de l'empire doit recueillir et reproduire sans aucune omission les paroles émanées du souverain. » Le roi repartit : « Je crains qu'on n'ait mentionné que les actions. Choisis un homme probe et consciencieux et donne lui cette charge et que désormais, tout en éloignant les autres de vos délibérations, vous n'en écartiez pas celui qui sera chargé d'écrire les paroles et les discours. »

Le troisième mois, le roi dit à son ministre : « les affaires dont sont chargés les magistrats des Hiens, touchent le peuple de tout près ; il est donc nécessaire de n'employer dans ces fonctions que des hommes capables de faire le bien. Or, je n'entends jamais dire que tel ou tel administrateur des villes est probe et capable, bien qu'ils soient si nombreux ; lorsque j'allai à Tchun sui, je vis que les deux gouverneurs de Hien, Si tcheng et Yu tian étaient vieux et mangeaient leur traitement en pure perte. Aux districts voisins, il en était de même. Il faudrait savoir ce qui en est des cantons plus éloignés. » Si jioi répondit : « Jiyao soui, gouverneur de Liang siang, et Libeta, de Tchingtou, sont tous deux très capables de gérer les affaires de la ville. On peut leur conférer d'autres charges. » Le roi reprit : « s'il en est vraiment comme vous le dites, présentez les, qu'on les nomme. »

Le quatrième mois, le roi dit à ses ministres : « partout où je vais, j'examine de tous côtés et je m'informe soigneusement de la conduite des magistrats. Hier, comme on me parlait de Si moo tcheou, le joubou de You tien, j'ai dit de le nommer Jihien de sa ville natale. »

Le sixième mois, Hesi liei, Liang pi, ministre de la gauche, vint à mourir. Sitzong, profondément affligé, versa d'abondantes larmes. Pour son enterrement et ses funérailles il dépensa l'or, l'argent, la soie et toutes les richesses du trésor public; l'élevant au dessus de son grade, il lui donna le titre d'honneur de Jin yuen kiun wang. Le roi dit au Han lin tan ji, Hali d'élever un arc de triomphe de pierre sur la tombe de Liang pi pour exalter sa vertu. Liang pi avait l'esprit éclairé, perspicace; le coeur fidèle et droit; il réussissait en tout. Ses paroles, ses conseils renfermaient plus de sagesse et d'intelligence que celles d'aucun autre. Pauvre à l'origine et parvenu jusqu'à la dignité de ministre, toujours vigilant la nuit comme le jour, il cherchait à rendre son coeur parfait pour le bien de l'état. Profond dans ses vues, habile dans ses moyens, il cherchait et trouvait les hommes de bien et après les avoir signalés, il ne s'arrêtait point à cela; ce n'était point assez pour lui. Chez lui modéré et économe, il secourait abondamment ses parents pauvres ou à la gêne. Toujours bienveillant envers les autres, il observait les lois du respect. Il occupa 20 ans le siège de ministre, il perpétua la paix de l'empire et acquit la réputation d'un ministre sage.

Le septième mois, le roi Sitzong dit à ses ministres : « si les mandarins chargés de l'administration commettent quelque faute par amour des richesses, ils sont grandement coupables. Quand par cette avidité ils commettent quelque délit, ils n'ont point le courage de se corriger. Si par suite du même vice ils se rendent coupables de nouvelles fautes, ne faites aucune distinction ; qu'ils aient reçu pour cela peu ou beaucoup d'argent, destituez les. »

Le huitième mois, Sitzong nomma Wang yan shao tao, ministre de la gauche et Si jioi ministre de la droite. Les magistrats de la cour Shang shou seng ayant proposé Aigou, gouverneur et administrateur de Yong ning pour les fonctions de tsze sze, Sitzong leur répondit : « Aigou est jeune et n'est point encore mûr pour la gestion des affaires. Ce qui lui convient c'est de le nommer adjoint au ministère. » Le ping wang jeng sze Tang koue an li, reprit : « Nous avons mis Aigou en fonction parce qu'il est membre de la famille impériale. » Le roi dit à ces mots : « celui qui gouverne une province s'occupe à la fois du bien et du mal de mille lieux. Celui qui ne sait pas choisir les hommes mais accorde sa faveur sans discernement, est incapable d'une haute fonction. Celui au contraire qui tout en donnant avec abondance suit dans sa bienveillance les règles qui doivent diriger le cœur, nuira-t-il aux affaires de de l'état? Si, dans le gouvernement d'une province on ne donne pas le pouvoir à des hommes vertueux, les habitants de ce pays ne pourront pas sans doute vivre en sûreté et avoir confiance en leurs chefs. »

Le onzième mois, le magistrat de la cour Shang shou seng représenta au roi que Sian jiei, le Ji hien de Song sin avait acheté à ses administrés le bois nécessaire pour faire les chars et que trois jours s'étaient passé, sans qu'il en eut payé le prix. Il demandait que Sian jiei fut mis à un rang moins élevé. Sitzong lui répondit : « c'est en élevant ou en abaissant les magistrats en charge, selon qu'ils ont été avides et cruels ou bienveillants et désintéressés que l'on sait encourager ou punir les hommes. Si le gouvernement est très indulgent, les hommes n'auront aucune crainte ; s'il est trop sévère, il ne pardonnera pas aux fautes légères. On ne doit suivre que le juste milieu. » Sitzong, blâmant ses ministres, leur dit : « je vous ai demandé pourquoi on a remis en fonctions si promptement Tchao tcheng yuen, et vous m'avez répondu : Tzao wang (1) nous l'a recommandé en nous disant que c'était un homme vertueux et très capable. C'est pourquoi nous lui avons donné un emploi. Faire conférer ou accepter une magistrature, bien qu'elles s'accordent au gré des ministres, est un acte de pouvoir qui provient de moi seul. Comment donc apprécierai-je votre complaisance pour la demande de Tzao wang ou du prince héritier ? Je connais ceci parce que je l'ai appris de votre bouche ; comment saurai-je ce que l'on ne m'aura pas dit ? Vous ne devez point écouter tout ce que l'on vous dit. »

Le douzième mois, Sitzong accorda des titres à ses petit-fils ; il nomma Oudoubou Wen koue kong (prince de Wen) ; Medargiyin, Yuen kiun wang (prince du Kiun Yuen) ; Tcheng tching, Tao koue kong. »

La dix-neuvième année Taiting (1179), le premier mois, Sitzong s'entretenant avec ses ministres, leur dit : « En lisant l'histoire des générations antérieures, j'ai vu que l'on avait de beaucoup dépassé les limites d'une œuvre consciencieuse. Dans tout livre historique le but suprême à atteindre est de rapporter les faits avec une entière vérité. On ne doit donc point chercher à gagner le prince en le flattant par des paroles

---

(1) Fils du roi.

mensongères. » Sitzong dit à ses ministres : « Les magistrats rusés et pervers, cherchant à satisfaire leurs désirs, confèrent en secret avec leurs partisans. Ceux-ci ne s'expliquent pas ouvertement ; ne se dévoilent pas même par inadvertence à l'occasion d'un autre fait, mais en secret font tous leurs efforts pour seconder leur patron. Pour moi j'ai étudié la conduite des mandarins artificieux des âges antérieurs. L'institution d'un prince héritier, pour le bien de l'état, la présence sur le trône d'un roi éclairé, perspicace, n'est pas pour eux un avantage. Relevant les actes cachés pour les blâmer, détruisant l'effet des résolutions bien concertées, ils ne choisissent pour les mettre en place que les hommes inintelligents et peu éclairés. Quand ils doivent ensuite prendre part au pouvoir, ils ne pensent à acquérir de mérites que pour en retirer du profit. L'empereur Outi de la dynastie de Tsin voulait désigner comme successeur son frère cadet ; mais de rusés ministres l'en empêchèrent. Il nomma donc son fils Hoeiti et mourut peu après. Aussi le trouble régna dans l'empire. Une semblable conduite devait produire ces effets. » Il ajouta : « à ce que j'ai vu, les ministres des temps antérieurs, lorsqu'ils avaient à reprendre le souverain, disaient adieu à leurs père et mère, à leurs enfants et leurs femmes, et leur annonçaient qu'ils allaient à la mort. Bien que, à cause de ces remontrances, on les faisait mourir sous les yeux même du prince, ces magistrats ne s'épargnaient pas eux-mêmes et accomplissaient ce devoir. C'était là certainement remplir parfaitement son devoir envers l'état. Les hommes capables de le faire ainsi, sont bien précieux. » Sitzong dit à ses ministres : « bien des gens cherchent la fortune en flattant les bonzes et les Tao sse, je connais leur première erreur excusable et leur obstination coupable, subséquente. Le ciel ayant créé le monarque pour gouverner les peuples, si ce prince des hommes s'adonne à son gré au plaisir et à l'indolence, il lui sera bien difficile d'obtenir la prospérité, la cherchant ainsi dans la jouissance. Mais s'il aime vraiment le peuple et se montre capable de l'entretenir, le ciel suprême secondant ses intentions, lui donnera certainement cette heureuse fortune. »

Le septième mois, les magistrats judiciaires adressèrent au roi une supplique demandant que l'on donnât au prince S'abunei, fils du Tchao wang les moyens de s'attacher des amis. A cette occasion le roi dit à ses ministres : « quand on donne outre mesure à ses fils, dans leur jeune âge, les moyens de se faire honorer, ils croissent petit-à-petit avec un cœur orgueilleux et porté à la prodigalité; et par la suite il est bien difficile d'en appaiser les désirs, il ne faut point qu'ils s'élèvent en leur cœur. Lorsque mes fils sont en ma présence, tout en leur donnant les objets de jeux et de rire qui leur conviennent, je dois me garder sérieux et grave. S'ils comprennent mes enseignements et mes avertissements, ils pourront, par respect et crainte, se corriger de leurs défauts. »

Le dixième mois, le roi Sitzong établit la règle qu'un mariage ne serait point valide lorsqu'il serait contracté sciemment avec un homme de la même famille, que l'on devrait désormais se conformer à la loi.

La vingtième année Taiting (1180), le deuxième mois, il donna à Tushan ke ning la charge de ministre de la droite.

Le quatrième mois, il dit à ses ministres : « les magistrats niu tchi me disent que je suis trop économe quant au manger et au mobilier. A mon avis, il n'en est point ainsi. Dépenser beaucoup en un moment pour sa table, est-ce là, peut-on dire, une sage conduite? Loin de là, à mon âge, déjà avancé, je n'aime point de donner la mort à des êtres vivants pour me nourrir. Bien que je sois le fils du ciel, il n'est point mal de ma part d'épargner et d'être économe. Quand mes vêtements sont sâlis, je les fais laver; s'ils se déchirent, j'en change. Autrefois on ornait les huttes et les tentes en les recouvrant de laque doré; il n'en est plus ainsi maintenant. Mais si les dépenses sont suffisantes, c'est tout ce qu'il faut. Quand on a orné modérément, c'est tout ce qu'il faut. »

Le dixième mois, le roi dit à ses ministres : « en interrogeant avec soin sur les plus petites choses, je sais certainement tout ce qui est contraire aux règles de conduite d'un souverain. Cela étant, tout est bien. Mais de vous, ministres, je le sais, le cœur est sans aucun zèle. C'est pourquoi je m'informe constamment et minutieusement. Si ceux qui gouvernent les maisons des Tchin wangs et des princesses, n'ayant point fait achever les travaux de culture des champs situés au nord des montagnes, doivent louer des champs du peuple, la faute en est à vous ministres, qui ne soignez pas ces affaires. Grands du royaume vous devez perfectionner votre cœur et vous occuper avec zèle de vos fonctions. Ne me tourmentez pas, ne me chagrinez pas. » Le roi dit à Wan yan sheou tao : « Magistrat qui êtes le parent de ministres vertueux des âges passés, chargé des graves fonctions des trois Kongs, depuis que la gestion des affaires est entre vos mains, vous les avez remplies avec un zèle et une fidélité irréprochables; je ne saurais assez vous louer.

Depuis un an vous me demandez de vous décharger du ministère en raison de votre âge. Vous avez acquis tous les droits des ministres, mais je n'ai pas encore trouvé quelqu'un digne d'être mis à votre place, c'est pourquoi je ne puis accueillir votre demande. Pensez-y mûrement. »

Le roi dit à ses ministres : « les fonctionnaires placés aux derniers rangs, espérant un avancement en grade, se conduisent avec fidélité et désintéressement; cependant on ne peut savoir ce qu'ils sont. Mais lorsqu'ils sont arrivés aux rangs supérieurs alors, si on examine leur conduite, on verra le fond de leur cœur. Le joutousze Jiye tien, avait d'abord été nommé tong ji de Tiang scheou ; plus tard il devint tousze. Alors sa conduite ne témoignait nullement d'un cœur méchant et il acquit partout une renommée de vraie intégrité. Depuis qu'il est jou tou sze il n'a plus su contenir son cœur. Le cœur de l'homme a des écueils plus dangereux que les rochers et les fleuves. Il est difficile de l'éprouver véritablement. » Le roi Sitzong dit à ses ministres : « En lisant le livre Tze ji tong kien, on y trouve écrit successivement tous les évènements passés, c'est un miroir qui avertit d'une manière admirable. Ce livre du Tong kien a été écrit avec le plus grand soin par Sze ma kouang ; il ne sort pas des écrits des anciens magistrats de l'histoire. Sur quoi que ce soit que je l'interroge, le Tchao shou lang Mao koei répond à l'instant. Les vieux lettrés sont vraiment instruits. Chargé des affaires du tribunal Tai tchang sze, il peut rendre de grands services si on l'interroge et s'entretient avec lui. »

Le onzième mois, Sitzong dit à ses ministres : « les mandarins qui gouvernent les provinces extérieures, lorsqu'ils veulent conférer un emploi ne doivent point, quant à ceux qui, après leur examen, n'ont point atteint le degré auquel ils visent, tenir compte de ce que l'année n'est pas finie. S'ils considèrent seulement la vertu et les capacités ils les présentent à la nomination, ils donneront ainsi de l'encouragement à tout le monde. »

Le douzième mois, Sitzong dit à ses ministres : « Wan-yan-liang dans la collation des charges faisait souvent avancer en grade pour un seul mot qui lui plaisait; d'autre part il dégradait pour une seule parole qui lui déplaisait. Tout homme réussit tantôt dans son parler, tantôt commet une faute. Bien que sage, on ne peut éviter de faillir. Jadis pour donner un emploi on ne considérait que l'aptitude aux affaires. Ce n'est point en parlant et répondant que l'on peut connaître les qualités et les vices des hommes. Quand je dis de nommer quelqu'un, on choisit selon l'opinion de tous ; à ce que je sais moi seul, on ne fait point attention. »

La vingt-unième année Taiting (1181), le premier mois, Sitzong ayant appris que les commandants de mengan et de meoke de Tai ming fou, ville du San tong, et le peuple, dans leur orgueil, se livraient à de folles dépenses et négligeaient les travaux des champs, envoya un magistrat et lui dit de vérifier exactement le nombre des champs, de les distribuer d'après le nombre des membres des familles et de les faire cultiver avec soin. Si les champs étaient en trop grand nombre et que les gens n'y travaillaient pas suffisamment, il devait les louer à d'autres et porter une loi défendant de boire de l'eau-de-vie et du vin pendant le temps de la culture.

Un individu nommé Yoi li yei, citoyen du royaume de Tailiao, était magistrat inférieur d'Aloubou. Yoi liyei avait deux femmes ; son épouse principale avait six enfants, sa concubine n'en avait que quatre. L'épouse principale étant morte, ses six enfants firent une tente d'osier pour le corps de leur mère, et la gardait, alternant et se couchant tour-à-tour. Les enfants de la concubine leur dirent : « c'est notre grand'mère (1), convient-il que nous ne veillons pas sur elle ? » Puis prenant leurs tours de rôle, ils la veillèrent pendant trois ans selon la coutume ancienne. Sitzong, allant chasser, arriva, en passant, à cet endroit. Ayant appris cet acte de piété filiale de ces fils, il leur donna cinq cents taëls et dit au magistrat de la ville : « allez porter cet argent sur le lieu du marché où les gens se réunissent, et donnez-le, après l'avoir fait voir à tout le peuple. »

Le deuxième mois, son épouse secondaire Lisze étant morte, Sitzong fit transporter son corps au palais Sing te kong. Arrivé dans le trajet au lieu du marché, comme il n'entendait plus la musique, il dit à ses ministres : « le son de la musique a cessé pour la princesse, cela ne se peut, n'est-ce pas ? Les petites gens font de la musique tous les jours en jouant ou prenant leur repas. Si on la fait cesser, cela détruit toute jouissance de la vie. Qu'on ne l'arrête point. Lorsque je me rendais hier au palais Si gte kong pour enterrer la princesse Li, les magistrats me conduisirent en dehors de la porte Ji men ; craignant de troubler le peuple dans son marché je fis prendre une autre route et l'on brisa

---

(1) Ces enfants sont sensés appartenir à l'épouse principale.

plusieurs portes et fenêtres des maisons bordant le chemin. Ce qui avait été renversé des lian-se fut réparé. Pourquoi détruire ainsi et devoir réparer ? Que désormais l'on ne détruise plus rien. »

Le troisième mois, Sitzong dit à ses ministres : « à ce que j'entends, Asemen, gouverneur de Tzong tcheou, se conduit d'une manière contraire à la justice. Si je donne la charge de joutousze au Szetze de Tong tcheou Wan yan shiou neng, il ne sera ni juste ni désintéressé. Et si, revêtu d'une haute dignité, il viole la justice, les censeurs ne feront pas à son sujet une proposition de blâme. On m'avait présenté un rapport signalant un magistrat du nom de Pousan niyei comme ayant commis une faute et reçu de ses administrés deux balles de jeu ; on me disait qu'on lui avait infligé un châtiment. C'est là certainement une petite faute. Peut-on dire que c'est là remplir le devoir qui vous a été imposé ? Maintenant les censeurs Yoi sze font monter en grade celui qui peut remplir convenablement une fonction ; sinon, si l'on a commis une faute grave, ils dégradent et arrêtent ; si la faute est légère, ils punissent et relâchent. En agissant ainsi, ils ne s'écartent pas du droit. »

Le troisième mois intercalaire, le roi dit à ses ministres : « En examinant la conduite des anciens rois j'ai vu qu'ils prenaient fréquemment auprès d'eux et employaient des gens artificieux et flatteurs. Les maux cachés provenant de cette conduite n'étaient pas petits. L'empereur Mingti, de la dynastie Han (1), a été ainsi trompé par des hommes rusés et menteurs. Pour moi, bien que je ne puisse atteindre les souverains illustres, je n'ai point encore prêté l'oreille aux paroles des gens rusés qui m'approchent. Que ce soient des ministres, des aides-de-camp, des magistrats, je n'ai jamais pris l'un d'eux à part pour délibérer sur les affaires. » Le roi Sitzong dit ensuite à Wan-yan-siang : « lorsque vous étiez tong kiun sze de Hao nan, vous avez parfaitement réglé toutes les affaires concernant les frontières ; lorsque vous êtes devenu président du tribunal des mandarins et depuis que vous avez été nommé Tian jian vous vous êtes animé de plus en plus de sentiments de fidélité à vos devoirs et vous les avez remplis parfaitement. Je ne saurais assez vous en louer. Peu après, devenu censeur, vous vous êtes montré, je le sais, habile et perspicace. C'est pourquoi je vous ai confié la gestion des affaires de l'état ; augmentez encore de zèle. » Ayant nommé vice-mi-

---

(1) C'est lui qui introduisit le bouddhisme en Chine.

nistre de la gauche un vice ministre de la droite, le roi dit : « d'après les anciennes coutumes il a été établi un magistrat chargé de l'inspection générale des affaires de l'armée. » Wan-yan-siang dit à ces mots : « les Han et les Tang n'avaient point d'abord créé cette charge générale. Tout dépendait de la volonté du général et cependant dans les batailles en plaine, on triomphait; dans l'attaque d'une ville on l'emportait. Lorsque vers la fin de cette période, on commença à charger les fonctionnaires de la cour de l'inspection de ces affaires, et que les généraux voulaient agir selon leur idée, ils étaient arrêtés par les inspecteurs constitués et subirent de grandes défaites. Peu remportèrent alors des succès. Quand on a de bons généraux, il ne faut point établir des inspecteurs. » Le roi loua ces paroles et se rangea à cet avis.

Le quatrième mois, le roi Sitzong dit à ses ministres : « Est-il possible qu'il n'y ait aucune faute dans mes paroles et mes actes? J'aime toujours les hommes qui m'avertissent d'un cœur droit et sincère; mais il n'y en a pas qui me parlent ainsi. Lorsque ce qu'on me dit est vraiment bon, je le suis dans mes actes. Mais encore n'est-ce pas bien rare? »

La vingt-deuxième année Taiting (1182), le troisième mois, le roi dit aux membres du tribunal des revenus publics : « cette année je vais au nord des montagnes; qu'on ne prenne au peuple aucun objet destiné à à notre usage. On destituera et l'on punira d'une bastonnade de 80 coups les magistrats qui auront désobéi à mes ordres. »

Le quatrième mois, Sijioi, ministre de la droite, mourut. Le septième mois, les ministres vinrent annoncer au roi cet évènement. Sitzong, qui ne se sentait pas bien, leur dit de se retirer et ajouta : « comme je suis moi même un peu malade, je ne puis quitter le palais ni écouter un rapport sur les affaires du gouvernement. » Et il prescrivit à ses ministres de faire eux-mêmes tout ce qu'ils étaient venus lui proposer.

La vingt-troisième année Taiting (1183), le deuxième mois, les censeurs étant allé inspecter les actes des magistrats de *Tcheou* et de *Hien*, firent leur rapport au roi. Sitzong le lut et leur dit : « magistrats tout ce que vous avez inspecté est (un composé) de bien petites choses et vous n'avez consigné d'un bout à l'autre que les fautes; vous ne signalez rien de bon. S'il en est réellement ainsi, tous les magistrats sont bien incapables. Recherchez donc le bien et le mal et faites-le moi connaître.»

Le cinquième mois, le hien ling Taitzou ouji démissionna dix fonctionnaires parce qu'ils étaient trop âgés. Lorsqu'ils furent revenus chez eux, le roi éleva de deux grades chacun de ceux qui avaient plus de 60 ans et d'un grade ceux qui en avaient moins ; il leur donna en outre la moitié du traitement mensuel. Sitzong dit ensuite aux juges : « si l'on rend une charge à ceux qui ont été destitué pour faute commise, envoyez quelqu'un voir de quelle manière ils gèrent les affaires de leurs fonctions. S'ils le font bien, faites-les chefs de lieu ; s'ils n'y réussissent pas, à quelque époque que ce soit, on ne peut plus leur donner un emploi. »

Le sixième mois, les magistrats des tribunaux lui annoncèrent que le langtzong Duan kui était mort. Sitzong leur répondit : « Duan kui était vraiment un homme intelligent et propre aux emplois publics. Jioi keou, magistrat de la cour Teng wen jian yuen, était comme lui perspicace pour voir le droit chemin et le suivre. Depuis longtemps les gens probes et droits sont rares au pays de Yen (1). Lorsque l'armée de Tailiao y entrait, il se soumettait (à l'envahisseur). Si c'était l'armée de Song, il en faisait autant. Quand nous y sommes venus, ils se sont attachés à nous. Les gens de Yen, adroits et rusés, ont agi ainsi dès l'origine. Comme ils ont changé nombre de fois et fait des volte-face nombreuses, ils n'ont point, par ce moyen, été détruits, ni leurs maisons non plus. Les gens des pays méridionaux animés de sentiments élevés et d'un grand courage ne craignent point de parler et de reprendre (les grands) avec droiture et sincérité. Sachant bien que tel magistrat avait subi la mort (pour ce fait), un autre n'en a pas moins averti (le prince). Cela est grand et noble. » Le roi ajouta : « hier soir, par la grande chaleur, je pensais au petit peuple, je ne pus jusqu'au matin m'endormir. Comment peut-on gouter le repos dans les étroites et pauvres demeures du peuple ? »

Le huitième mois, le roi fit traduire, en langue de Niutchi, le livre Hiaoking et en fit donner mille exemplaires à sa garde du corps.

Le neuvième mois, le lettré de la cour de l'Yking et du Shou king lui présenta ces deux livres ainsi que le Lun yu et le livre de Mengtze, traduits également, en tout huit livres. Le roi Sitzong dit alors à ses ministres : « traduisez les cinq Kings ; il faut faire connaître aux peuples de Niutchi ce qu'est l'humanité, la justice, la loi morale, la vertu (2), » et il annonça cet ordre à tout l'empire.

(1) Le pays de Yen est actuellement Peking.
(2) Ou qu'il existe une humanité.

Le onzième mois, le roi dit encore à ses ministres : « bien que dans l'empire des Ti et des Wang on considère la bienveillance indulgente comme la vertu principale, l'empereur Leang Outi, en ne s'appliquant qu'à cette bonté indulgente, a fortement ébranlé le fondement de l'empire. Selon mes réflexions, si les récompenses et les peines ne sont pas mal distribuées, c'est par elles que la puissance s'étend. Que peut-on dire du reste? (Bien peu de chose.) Le roi Sitzong dit : « pour compléter le nombre des magistrats, que l'on nomme Ling sze des sages de notre empire Niu tchi autant que de lettrés chinois. Certes les hommes instruits, les lettrés conservent en eux la fidélité et l'honnêteté, et ne commettent pas d'actes coupables. Seuls les gens s'élevant eux mêmes à leur dignité et qui, l'ayant obtenue dès leur jeunesse, n'ont appris que l'avidité et la cruauté, seuls, bien qu'occupant une fonction, ne peuvent se défaire de leurs inclinations et changer leur cœur instruit de cette manière. La prospérité ou la décadence de l'empire et des mœurs proviennent de cette source. »

La vingt-quatrième année Taiting (1184), le premier mois, le roi dit : « je dois aller à Hoei ning fou, selon la coutume de notre royaume, le cinq du cinquième mois, jour faste, on fait un banquet et donne à boire. Quand on sera à Hoei-ning-fou et que ce jour sera arrivé, il faudra donner un festin aux vieillards de la famille royale. »

Le troisième mois, Sitzong se rendit à Shangking et là, ayant fait venir le prince héritier, il lui donna le sceau de l'empire et lui fit cette instruction : « la ville de Hoei ning fou est le lieu d'origine des princes nos ancêtres; il y a deux ou trois ans que j'y suis allé avec tous les princes. Si toi, héritier du trône, tu peux, comme les agriculteurs soignent leurs champs et les commerçants leurs finances, ne point laisser dépérir l'empire de ton père, on pourra dire de toi que tu es un fils, soutien de ta maison. En outre, tu dois avoir soin de rendre encore plus fort le pouvoir déjà grand que tu as reçu. Depuis longtemps je te vois prudent et circonspect. Dès aujourd'hui, pouvant donner du soulagement à mes peines et sollicitudes, tu as montré clairement que tu avais un cœur plein de piété filiale. » Le prince, refusant ces éloges, dit à son père : « je n'ai point l'intelligence des affaires publiques ; venez avec moi. » Le roi répondit : « le gouvernement de l'état n'est pas très difficile, veille surtout à conserver ton cœur juste et droit, n'accueille jamais les paroles méchantes et calomniatrices. Lorsqu'on tarde un peu (avant d'agir), on gagne par soi-même l'expérience et l'intelligence des choses. » Les larmes coulaient des yeux du prince; les aides de camp du roi avaient le cœur navré. Le prince prit alors le sceau royal. Le roi peu après, quitta la résidence centrale, et congédiant les grands du royaume à Tong tcheou, il dit en se séparant d'eux : « vous tous, mes ministres, qui êtes des gens âgés, conformez-vous à mes désirs et secondez le prince héritier. » Puis il dit à Toushan ke ning : « quand je serai parti, s'il survient quelque affaire, chargez-vous en. Ne négligez rien, pensant que c'est une affaire peu importante. La plus petite chose peut être grande et l'on ne peut la réparer quand elle est manquée. » Après cela, le roi donna au prince héritier le Tchao wang, Yong tzong, comme auxiliaire; puis, le cinquième mois, prenant avec lui tous les princes, les reines et les princesses, il se rendit à Hoei ning fou. Là il donna un banquet dans la salle du Hoang fou tien et pendant le festin il dit à tous les membres de la famille impériale : « je désirais revenir à notre ancienne demeure; enfin après bien longtemps, j'y suis arrivé; maintenant que le roi et ses sujets boivent selon le rite des fêtes de joie. » Et là dessus il fit servir du vin à boire aux princes, à leurs épouses, aux princesses, aux ministres et aux magistrats d'après le rang de chacun à commencer par les femmes portant un titre. Tous les hommes de la famille impériale et toute la parenté burent à satiété par la faveur du roi et ce jour là, après avoir dansé selon le rite des Niu tchi, on but jusqu'au coucher du soleil; puis l'on s'arrêta. Sitzong dit alors à ses ministres : « le fils du ciel gouverne l'empire et y fait régner la justice afin d'exalter le bon et punir le méchant. Elevez et employez pour les fonctions publiques les hommes sages du peuple même, qui sont pleins de piété filiale et fraternelle, aimant l'union et la paix. Enseignez et corrigez les hommes qui ne savent point rougir de leurs fautes, qui font indifféremment le bien ou le mal. Si, après les avoir repris, on ne peut les corriger, faites leur subir le châtiment mérité. » Puis il ajouta : « les gens d'aujourd'hui, lorsqu'on leur pardonne entièrement une faute, ne comprennent pas la magnanimité du souverain et la méprisent. C'est pourquoi, si vous punissez les coupables, faites-le après avoir bien examiné la faute commise. Telle a toujours été la coutume de notre empire. Si l'on ne comprend pas bien le cœur des hommes qui pratiquent les vertus enseignées par les livres, comment reviendra-t-on aux temps anciens? Pour vous, grands de l'état, faites revenir complètement, par la vertu, aux mœurs des temps passés »

La vingt-cinquième année Taiting (1185), le premier mois, le roi Sitzong réunit en un banquet les épouses secondaires, les Tchin wangs, les princesses, tous les officiers et lettrés, dans la salle Kuang te tien. Le nombre des membres et des dames de la famille impériale, des femmes titrées au-dessus du cinquième rang, assistant à ce banquet, dépassait dix-sept cents. Il leur fit à toutes des présents selon leur rang.

Le quatrième mois, Sitzong dit aux grands de la cour : « j'aime incroyablement tout ce qui se trouve à Hoei ning fou. Vous m'avez demandé de retourner à la résidence centrale ; mais je ne puis supporter l'idée de quitter le siège antique de mes ancêtres, notre empire originaire ; cela me déchire le cœur. Puisque je suis l'*immortel empereur*, enterrez moi près de Taitzou. Vous, mes ministres, n'oubliez pas mes paroles. » Après le festin donné à la famille et aux dames de la maison royale dans la salle Hoang ou tien, il éleva en titre tous ceux qui portaient le deuil ; de trois degrés pour un deuil de neuf mois ; de deux degrés pour un deuil de six mois et d'un degré seulement pour le deuil de trois mois ; puis il nomma Kiuen-ou-jianggiyôn, tous les hommes âgés de sa parenté proche. Il donna également des titres aux princesses et leur fit des cadeaux en argent et en soie d'après leur rang. Puis il dit : « devenu faible et inutile, je n'ai approché de ma bouche ni vin, ni liqueur, mais aujourd'hui je veux boire jusqu'à l'ivresse. Aujourd'hui je n'éprouve pas aisément la joie. » Tandis qu'il faisait boire et danser selon le rhythme niutchi, les femmes de la famille royale, les princesses, les grands et les vieillards, en se levant tour à tour, le roi dit : « depuis que je suis venu ici et il y a de cela bien des mois, personne n'a encore chanté les chants de notre royaume. » Là-dessus il fit placer au haut de la salle les jeunes gens qui étaient assis ensemble tout en bas, et leur demanda de faire entendre leurs chants. Dans les paroles de ces chants il était représenté comme difficile de maintenir ferme le pouvoir des rois ; l'affermir dans la transmission des successions n'est point chose aisée. En pensant aux aïeux on croyait les voir devant soi et le cœur était oppressé, les sons ne pouvaient sortir du gosier. Le chant fini, les larmes coulaient des yeux de tous. Alors le ministre Yuen tzong, réunissant toute la famille et les grands, prit son verre et le levant, le présenta au roi en le proclamant le roi dix-millénaire. Puis toutes les femmes chantèrent tour-à-tour suivant le mode niutchi comme revenues toutes au foyer paternel, et le roi, pris de vin, se mit à chanter avec elles ; mais après le premier couplet, il s'arrêta.

Le roi Sitzong ayant quitté Hoei ning fou, se retira à Yen king. La famille royale l'y accompagnait; le roi leur dit : « après avoir désiré un an ou deux revoir notre séjour primitif, j'y suis finalement allé. Mais notre ville de Yan king étant le fondement de l'empire, je ne pouvais rester longtemps là-bas. Maintenant que la paix règne partout et persévère, les impôts ne se perçoivent plus. La cause en est dans les dépenses exagérées que vous faites, vous pauvres et petits. Je vous aime d'une affection indicible. Soyez donc économes et parcimonieux; n'oubliez jamais les travaux de nos ancêtres et ce qu'ils ont souffert. » En parlant ainsi les larmes lui tombaient des yeux et coulaient le long de ses joues (1); tous les membres de la famille se retirèrent le cœur brisé.

Le sixième mois, le prince héritier Yong kong mourut. Le roi envoya un de ses officiers, nommé Tang koue ting, pour préparer l'enterrement du prince à Yan king, et voulut que les épouses ainsi que les enfants et petits-enfants du prince portassent le deuil selon les rites chinois.

Le neuvième mois, le roi étant allé à Liao sui, y apprit qu'il y avait encore là un de ses grands-parents, âgé de 120 ans; il le fit chercher et eut une entrevue avec lui. Ce vieux parent connaissait encore et put lui apprendre toute l'histoire de la fondation de la dynastie par Taitzou. Sitzong, tout émerveillé, lui donna en abondance des vivres et des objets précieux. Revenu de Hoei ning fou à la résidence centrale, le roi vint sept fois près du corps du Taitze et y versa des larmes amères. Comme la vertu, la bonté du prince s'était maintes fois manifestée au peuple, les gens de Yan king, voyant le nom de Yong kong gravé sur les écussons, se mirent également à sangloter avec douleur.

Le dixième mois, le roi dit à ses ministres : « j'ai donné une fonction à ceux qui sont attachés à ma personne, à cause de leur grand âge; mais s'ils doivent inspecter le peuple, comme ils sont incapables de lire une lettre des livres, comment le gouverneront-ils? Ils ne pourront découvrir ce qui est clair ou caché dans le cœur du peuple, ils laisseront voir à l'extérieur que leurs forces et leur vigeur sont épuisées, qu'ils sont arrivés à la vieillesse; c'est s'obstiner nécessairement dans cette impuissance. Le fils du ciel regarde tous les hommes comme ses enfants, mais son amour ne peut atteindre toutes les demeures; c'est seulement en employant l'intermédiaire des magistrats qu'il y parvient. Si donc,

---

(1) En plusieurs lignes.

connaissant cette impuissance, je continue à leur laisser ces emplois, que dira de moi le peuple? »

Le onzième mois, il envoya son petit-fils le prince de Tsui yuen kiun, Madagou, en qualité d'*in* de Ta sing fou et lui donna le titre de Yuen wang. Ensuite le roi dit à ses ministres : « on me dit que le tai wei Sheou tao n'a jamais, en toute chose, cherché qu'à se montrer bienveillant, qu'après avoir été mis en charge il a été destitué pour faute et qu'il faut lui rendre une fonction. Ayant été puni pour un acte délictueux il saura désormais, dit-on, craindre (toute faute). Si on remet en place les gens qui ont commis une faute grave, quel effet cela fera-t-il sur tous les autres? » Il demanda en outre à ses ministres : « le prince de Yuen, Madagou, a-t-il les qualités voulues pour gouverner Ta sing fou? » Un mandarin, nommé Watelo, répondit : « d'après ce que j'entends dire, les gens de la capitale du centre louent extrêmement ses belles qualités. » Le roi reprit : « d'après l'enquête faite parmi le peuple, tout le monde le proclame d'une intelligence des affaires toute extraordinaire, incapable de faillir soit en donnant, soit en recevant. Tzao wang, Pin wang, s'en approchent-ils? On dit également ceci de Madagou youen wang : quand des plaintes lui sont adressées par des Niu tchi, il leur parle niu tchi ; quand elles le sont par des Chinois, il les interroge en chinois. Il est donc utile d'apprendre la langue de notre royaume ; par l'ignorance de cette langue l'honneur et la dignité de notre empire se perdront certainement. » Un grand du nom de Wang zhou pi, répondit : « la règle des hommes vertueux est de ne point oublier leur origine. » Le royaume occidental de Hia, bien que très petit, a su conserver sa puissance pendant plusieurs centaines d'années parce qu'il a tenu en honneur ses propres coutumes. » « Il faut être vrai en toute chose, reprit le roi, une seule erreur vicie cent choses vraies. Donc en toute affaire, rien n'égale la vérité. »

La vingt-sixième année Taiting (1186), le deuxième mois, le roi Sitzong publia un édit portant ceci : « aux quatre saisons cherchez, choisissez les magistrats et accomplissez cette œuvre difficile sans parti pris, après enquête et sans précipitation (1). Tout en faisant la plus grande attention à leur intelligence, à leur sagesse et à leurs connaissances, recherchez aussi quelle a été leur conduite dans les charges qui leur

---

(1) Litt. en doutant... en vous interrompant.

ont été données. Si leurs paroles et leurs actes ont été également irréprochables, faites les monter en grade et donnez-leur un emploi plus élevé. » Les membres de la cour Shang shou seng lui ayant présenté un projet déterminant l'avancement des magistrats, le roi leur dit : « magistrats, vous ne faites que siéger dans votre cour et vous ne m'avez pas encore signalé les fonctionnaires méritants. En recevant uniquement la liste des promotions et calculant les rangs attribués, puis-je me faire une idée exacte des mérites? Au temps jadis les ministres étaient revêtus d'habits de lin. Si l'on en croit la cour de Song, on ne trouverait point d'hommes propres au gouvernement des affaires publiques, si on ne les cherche en dehors du Santong et du Hao nan. Il n'est pas naturel que les hommes capables ne se trouvent que près de la capitale. N'y aurait-il donc pas de gens probes et capables dans cette vaste partie de notre empire? Pour moi je ne puis en rien savoir, car vous, magistrats, ne m'en apprenez rien. Depuis toujours il n'en est guère qui aient été ministres jusqu'à la fin de leurs jours. Parmi les magistrats de l'extérieur, au-dessus du troisième grade, il y a certainement des gens propres aux emplois publics et c'est sans aucune raison qu'ils n'en ont point obtenus. » A ces mots Wang zhou pi, vice-ministre de la gauche répondit : « Dans les rangs inférieurs il y a certainement des hommes vertueux et capables, et si on les cherche bien, on les connaîtra. » Le roi reprit : « Wan yan tchiou m'a conseillé de faire apprendre aux jeunes gens des mengans et meokes les lettres niutchi et chinoises, et de leur donner la succession des charges d'après le degré de leur instruction. Ceux qui connaîtront parfaitement le présent et le passé ne commettront pas de fautes. Wan yan tchiou, bien que peu intelligent, a cependant très bien saisi et expliqué ce point. Si l'on ne suit pas un conseil utile, n'aura-t-on pas de maux à craindre? »

Le quatrième mois, le roi Sitzong dit : « ce que je mange chaque jour est vraiment d'un coût très médiocre. Bien que les princesses soient venues à mes repas, je n'ai pas eu de restes à leur donner; tous les officiers de service ces jours-là le savent parfaitement. Si l'on me dit de me nourrir d'une manière plus luxueuse, il me serait facile de le faire, quand même on y ferait servir chaque jour 50 moutons. Comme tout cela me vient du peuple, je ne puis supporter de consommer autant. Les fonctionnaires qui lèvent les impôts ne connaissent que leur profit et ne s'inquiètent pas de savoir d'où il vient. Pour moi, ayant passé par les magistratures extérieures, je sais parfaitement tout ce qui concerne les intérêts du peuple. Les anciens rois, tout riches et élevés en rang qu'ils étaient, ignoraient complètement tout ce que les produits des champs exigeaient de peines et d'efforts pénibles, aussi tous écrasaient l'empire. Dans leur jeunesse ils négligeaient les leçons de leurs précepteurs et gardiens, assis sur le trône, ils ignoraient entièrement les misères et les souffrances du peuple. Au temps où l'empereur Sui Yangti était prince héritier, un magistrat nommé Yang sou fut chargé de faire son instruction. Lorsque Yang ti fut monté sur le trône, Yansou, s'emparant de l'autorité, dirigea le gouvernement à sa fantaisie et commit des fautes nombreuses dans sa gestion, parce qu'il ne craignait rien. Quand on fait amitié avec les gens de bien, ce que l'on voit c'est la justice constante, ce que l'on entend c'est un parler vrai, on ne doit point cesser de veiller sur soi. Maintenant, choisissez pour gouverner le district du Yuen-Wang, Madagou, des magistrats graves et fermes, vigilents, droits et fidèles par nature et mettez-les en charge; mais n'en donnez point aux gens rusés et artificieux. »

Le cinquième mois, le roi nomma en les élevant en grade, Tushan ke ning, ministre de la gauche; le Tchao wang, Yong tzong, shounitze; et le Youen wang, Madagou, ministre de la droite, en lui donnant le titre de Jing (1).

Le sixième mois, Sitzong dit à ses ministres : « Tchi hoan kong est un chef ordinaire; chargé du gouvernement de Kouang tzong, il a su le régir convenablement. J'y pense constamment; mais je crains qu'il néglige les hommes probes et capables. Je n'en sais rien, car encore une fois, vous mes ministres, vous ne m'informez de rien. Cherchez de ces hommes vertueux, et, lorsque vous en rencontrerez, présentez-les moi; il est certainement difficile de les trouver. Lorsque vous me signalez quelqu'un, indiquez-moi seulement de quoi tel personnage est capable. Moi alors considérant les circonstances particulières, je déterminerai son emploi. Maintenant vous tous, mes ministres et moi le premier, nous sommes tous âgés. L'empire est extrêmement étendu. Comment n'y aurait-il point des gens capables et vertueux. Me les désigner presse plus que tout le reste. Si vous pensez qu'il est difficile de les découvrir, il l'est d'autant plus de trouver des hommes pratiquant

---

(1) Jing signifie pierre précieuse, bijou.

constamment la justice. » Sitzong dit ensuite au Yuen-wang, ministre de la droite : « as-tu appris à connaître les vrais usages suivis par Taitzou. Au temps où Taitzou faisait la guerre contre Masan, il s'enfonça dans la boue du pays d'Iso ; son cheval ne pouvant avancer à travers cette boue, il le laissa là et s'en alla à pied. Un officier nommé Hoang tou lança une flèche contre Masan, l'atteignit et le fit prisonnier. Ce qu'on dit est vrai ; il est difficile d'établir solidement le fondement d'une nouvelle puissance. Mais faut-il pour cela cesser d'en créer. »

Le huitième mois, le roi d'Aisin dit à ses ministres : « pour ma garde du corps, choisissez les officiers d'après la règle ordinaire, quand bien même, ils ne sauraient pas lire. S'ils commettent des actes de cupidité, de cruauté, punissez les selon la loi. » A ces mots le ministre Toushan ke ning dit : « On doit suivre la loi. » Le roi reprit : « vous savez que j'aime beaucoup les gens de Niutchi. Cependant si l'on commet une faute par avidité ou cruauté, fût-ce même mes frères cadets et mes fils, je ne leur pardonnerai pas. Votre pensée à vous, mon ministre, si peu indulgente pour les Niu tchi, est-elle bien convenable ? »

Le dixième mois, Sitzong dit à ses ministres : « la région des provinces des jou tousze, à l'orient et à l'occident, étant très resserrée, les corps d'armée n'y ont pas de lieu de chasse ; ils n'y apprennent point à tirer de l'arc ni à manier la lance. Chargez donc les chefs de mengans et de meoke d'enseigner et d'exercer leurs troupes selon que la saison le permet. S'ils passent tout le jour dans l'oisiveté et la nonchalence, négligeant d'exercer au tir et d'y présider eux-mêmes, infligez-leur la peine convenable. »

Le onzième mois, le roi dit à ses ministres : « parmi les Niu tchi il est très peu de gens vertueux, capables, instruits que je connaisse ; il m'est donc difficile d'en trouver. Les quatre nouveaux docteurs Toushan y, Jakòn ali, Bouni, Ping kou jian peuvent tous être employés selon leurs aptitudes. Bien que les fonctionnaires aient l s capacités voulues pour être élevés en grades, cependant ils n'égalent pas les docteurs. Les fonctionnaires dépourvus de science qui occupent les rangs supérieurs aux cinq premiers, après bien des années restent toujours insuffisamment instruits. Si l'on s'en tenait à cela les gens vertueux arriveraient à la vieillesse, sans avoir pu obtenir une dignité supérieure. Comment parviendraient-ils jamais à celle de ministre ? Depuis l'origine, les ministres perdent leurs fonctions après 4 ou 5 ans ; bien peu les ont gardées 20 ou 30 ans. Lors donc que vous ne me présentez point les gens capables, vous agissez d'une manière toute contraire à ma volonté. » Puis reprenant la parole, il dit en parlant de Song pi : « cet homme est d'une faiblesse extrême; il est incapable de remplir ses fonctions. Il n'y a que les gens circonspects, prudents et graves qui peuvent siéger à mes côtés ; de ministres ainsi graves et circonspects, voilà les hommes que je désire vivement avoir près de moi. »

Toushan ke ning, ministre de la gauche, ayant proposé le prince de Yuen, Madagou, comme héritier du trône, présenta une supplique, disant que l'empire entier était unanime à placer en lui ses espérances. Cette supplique était ainsi conçue : « Le deuil du prince héritier Hiuen liao est maintenant fini depuis longtemps, le trône de l'héritier du royaume est vide. Il s'agit en cela de maintenir ou de laisser périr le culte des Esprits protecteurs. La haute intelligence, la sainteté de l'empereur a perdu de son éclat depuis quelque temps. Peut-on négliger une affaire de cette importance? En toute chose il faut être actif et zélé, jamais il n'est permis de tarder inutilement. Les retards soulèvent les cœurs rebelles et méchants. Alors surviennent les discours des gens rusés et malicieux, et lorsque ces discours perfides et artificieux se produisent, bien qu'on cherche à étouffer tout soupçon, on n'y parvient point. C'est là une chose bien grave et bien à craindre. On ne saurait point ne pas la redouter. Si on laisse la dignité d'héritier vacante, il en résultera de grands maux. Moi, votre sujet simple et sans intelligence, je ne puis m'abstenir dans une affaire aussi dangereuse. Pourquoi donc tardez vous de désigner votre petit-fils, le prince de Yuen, comme héritier du trône à la place du prince défunt? Voulez-vous que le cœur des habitants de l'empire hésite dans sa fidélité? Arrêtez en leur principe l'esprit de rébellion et la méchanceté ; coupez le germe des inimitiés et des malheurs. Cela fait, le temple des ancêtres royaux jouira de la paix ; les magistrats et le peuple seront dans la prospérité. Moi qui suis au nombre des ministres je n'oserais ne point dire ce que mon devoir m'impose. Que le roi y réfléchisse et décide. » Sitzong accueillit ce conseil, établit le prince de Yuen, Madagou, prince héritier à la place du prince défunt. Le lendemain il donna un banquet dans la salle Tcheng ho tien à tous les mandarins au dessus du sixième degré. Pendant le banquet il dit aux princes et aux magistrats : « mon ministre Ke ning est vraiment fidèle, droit, éclairé, perspicace ; il est vraiment semblable à Tcheou de l'empire des Hans » et il répéta plusieurs fois ces éloges.

Le roi dit à ses ministres : « D'après ce que j'entends dire de l'armée de Song, on n'a jamais cessé, depuis l'origine, de l'exercer au tir et au maniement des armes. Notre armée maintenant néglige les exercices d'armes et ne cherche qu'à vivre en repos. Vous, grands du royaume, parce que la paix règne, vous n'avez point à cœur la défense de l'empire et les mesures de prévoyance. Si vous cessez d'apprendre à l'armée les exercices du maniement des armes; s'il vient un jour l'ordre subit de s'équiper pour la guerre, pourrez-vous mettre l'armée sur pied en un instant? N'est-ce point là évidemment une cause de défaite certaine? Désormais instruisez et exercez constamment le peuple. » Le roi dit ensuite à ses aides-de-camp : « Tandis que Tcheng tchien, héritier du trône de Tang, se conduisait en rebelle, le roi Taitzong, qui l'avait choisi par caprice et sans s'assurer s'il avait les qualités voulues, le déposa quelque temps après. Si l'on a précédemment nommé et destitué de cette manière, cela ne doit plus être. Pour moi, bien que je ne sois pas en état de pénétrer le sens profond des Kings des saints, je sais toutefois tirer profit de la lecture des livres rituels et historiques. Partout et toujours les hommes de bien doivent avoir en vue la fidélité et la piété. Tout en veillant sur soi (on ne doit point oublier que) la bonté et le désintéressement proviennent de la nature essentielle du ciel. Les hommes ordinaires estiment et suivent l'esprit de trouble et de révolte. Le monde ayant un chef, si ce chef ne punit pas les hommes vraiment méchants, comment conservera-t-on la paix? Suivez la conduite de Kong fou tze. Après le septième jour, il fit mettre à mort un mandarin du nom de Shao king mao. Les saints agissent ainsi; il en est de même, à plus forte raison, des autres hommes. »

Sitzong dit encore aux grands : « Bien que je sois avancé en âge, je ne suis pas fatigué d'entendre de sages discours. » Kong fou tze disait : « quand on voit le bien on doit se considérer comme incapable de l'atteindre; quand on voit le mal on doit être comme si l'on s'enfonçait dans de la soupe brûlante. Cette pensée n'est-elle pas profonde? » Le vice-ministre Jang zhou pi répondit : « elle est facile à savoir, mais difficile à pratiquer. » Le roi dit à ses ministres : « si je voulais imiter les saints rois des âges passés, je ne pourrais en approcher. Mais du moins je n'écoute point des discours calomniateurs de mes ministres;

si les parents, la famille viennent ici pour me tromper, je n'accueille pas leurs dénonciations; aussi je n'ai point lieu de rougir. Si je me considère moi-même, pourrais-je dire que je suis sans défaut? Mais je me tourmente de ce que je ne puis m'en corriger. Quand on peut s'en défaire, on n'a plus de sujet de remords. Recherchant avec soin mes fautes je trouve que j'ai tenu quelque peu à grossir les revenus de ma maison. Désormais je ne le ferai plus. »

Le douzième mois, le taifou Howang tcheou yao dit au roi : « Il n'est point permis de donner en présent, en changeant de station, des fruits de Litze. » Le roi répondit à ces mots qu'il n'en savait rien; puis il ajouta : « que cela ne se fasse plus, défendez-le désormais ». Le roi dit à ses ministres : « les juges ne se préoccupent dans leur charge que d'acquérir un nom en cherchant à plaire en haut lieu. Ils ne s'inquiètent pas de ce qui peut être utile ou nuisible aux petits. Précédemment quand je présentais à manger des fruits de Litze, les mandarins des cours militaires faisaient élever aux changements de station (1), des tentes portatives sur les acôtements des chemins. Mais je viens aussitôt d'apprendre ce que m'a dit Hoang tcheou yao. Pour tout homme peu intelligent chargé subitement d'une fonction, il y a bien des choses inattendues. Dans l'intérieur du palais j'examine tout par moi-même, parce que je n'ai encore trouvé personne qui soit parfaitement capable. Si j'avais découvert quelqu'un, je ne me donnerais pas ces peines pour un autre. » Parlant à l'un de ses ministres, il ajouta : « depuis quelques années je m'applique spécialement à l'économie; dans mes repas je me contente de goûter de quatre ou cinq espèces de mets. J'ai diminué aussi de sept ou huit dixièmes ce que je faisais au commencement de mon règne. » Le ministre lui répondit : « pour le fils du ciel la règle est dans sa volonté. Il n'est point comme les autres hommes. » Le roi reprit : « le fils du ciel est aussi un homme. Que sert-il d'ailleurs de dépenser sans utilité? » Le roi dit ensuite : « d'après ce que j'ai appris, le Hoangho a débordé et tous les biens des gens du peuple ont été emportés par l'inondation; ils sont entièrement au dépourvu. Ne peut-on pas, en envoyant des fonctionnaires dans cette province, rechercher et reprendre tout ce qui a été emporté? » Le vice-ministre Jang zhou pi répondit : « cela n'est pas possible. » Le roi reprit : « cette province est très

(1) De poste.

proche d'ici. Elle s'étend le long du fleuve. S'enfuir en désordre par crainte, sans chercher à éviter le mal est-ce une conduite sage? Qu'on y pense bien ; n'y a-t-il rien qui subsiste encore? Ne doit-on pas se mettre à les suivre et les rattraper? » Puis il ajouta : « pour conférer un emploi en temps de paix, la bonté, la droiture sont les principales qualités requises. Pour la gestion des affaires de l'armée, il faut employer les hommes qui ont de la vigueur et de l'habileté. Ils doivent pouvoir agir sans que l'ennemi en soit instruit. Pendant sa jeunesse, l'empereur Tang Taitzong était habile à conduire les opérations militaires. Dans la suite, bien qu'il fût assis sur le trône, il changea et devint incapable; se couper la barbe et se lécher une plaie, c'était ce qu'on appelait être fort et habile. »

La vingt-septième année Taiting (1187), le premier mois, le roi éleva en grade le Ling kouan Tchao fong, et le fit Yuen de l'académie supérieure (Hanlin). Tchao fong étant venu se prosterner devant le roi, celui-ci lui dit : « pourquoi, dans la cour Siao sze, n'y a-t-il pas eu dès l'origine des hommes vertueux? » Le vice-ministre Jang zhou pi répondit : « c'est que les hommes de vertu restent longtemps en place. Quand on laisse longtemps en charge, on peut alors trouver à son gré des hommes vertueux qui se sont instruits par la pratique. »

Le deuxième mois, Sitzong dit à ses ministres : « depuis que j'occupe le trône, bien que l'on ait énormément parlé inutilement des affaires de l'état, ma tâche n'est pas encore accomplie. Pourquoi, vous grands du royaume, ne dites-vous pas ce que vous devriez dire? Lorsque l'on agit de la sorte, il s'élève alors de part et d'autre des doutes et de la méfiance. Lorsqu'il n'y en a point entre le souverain et ses sujets, c'est une conjoncture heureuse. Vous devez me parler avec sincérité de tous les événements heureux ou malheureux. Voyant que l'on reste muet et sans bouger, je n'ai guère le goût de recommander la vigilance. » Le roi leur dit encore : « dans le choix des officiers du palais arrêtez-vous toujours à des hommes probes, fidèles, instruits, intelligents. Pour moi, bien que je n'accueille pas les calomnies et les paroles artificieuses, cependant si j'ai à mes côtés des gens habiles et rusés, je crains que je ne me laisse aller peu à peu à écouter leurs discours perfides. » — « j'ai entendu dire que Temou yei, officier inférieur du Ling kouan de Boodi, est un homme doux et désintéressé. Quelle a été sa conduite dans ses emplois? » Le vice-ministre de la gauche, Watela, répondit : « ses administrés vantent beaucoup ses belles qualités; mais je ne sais point ce qu'il a fait qui soit digne de louange. » Le roi reprit : « dès qu'un magistrat est bon et désintéressé; cela suffit. Où trouvera-t-on des hommes qui soient constamment vertueux? Elevez donc le meng koue Temouyei d'un grade et nommez-le chef de Hien. » Puis il ajouta : « je ne cesse pas de venir à la cour parce que je suis indisposé; mais les princes et les magistrats, pour une petite indisposition, ne s'y rendent pas pour traiter les affaires. Désormais cela doit changer. »

Le troisième mois, il donna ses lettres-patentes au prince de Youen, Madagou, et adressa une proclamation. Puis il dit aux mandarins supérieurs : « dans un bourg de dix maisons, il y a des hommes probes et et sûrs. L'empire est bien vaste, et ses peuples très nombreux; comment n'y aurait-il pas des hommes honnêtes et capables? Au temps de la dynastie Tang, Yan jiu tching et Tuen sio si étaient tous deux justes et probes; si on ne les a pas portés à des fonctions élevées, c'est que les hauts magistrats de cette époque les ont tenus dans l'obscurité et n'ont point signalé leurs mérites. Pour vous, grands du royaume, ne vous arrêtez pas à des considérations de parenté et présentez des gens probes et justes, et je les nommerai aux emplois. » Puis il ajouta : « au commencement de notre puissance tout s'y montrait sous un aspect de gravité et de modération. Lorsque le roi était en son palais, il ne portait que des habits de lin. Quand il ne venait point d'hôte et qu'il n'y avait point de banquet, il ne faisait tuer ni mouton, ni porc. Me rappelant constamment la vie modeste de ces temps, je ne puis aimer le luxe et la dépense. »

Le cinquième mois, comme le goût du riz qu'on lui servait ne lui plaisait pas, il en fit demander la cause. Le chef de la cuisine royale répondit : « ma vieille mère est gravement malade à ce que j'ai appris; et mon cœur affligé était comme privé de vie. C'est pourquoi j'ai manqué dans mes soins habituels. J'ai mérité mille fois la mort. » Mais Sitzong loua hautement sa piété filiale et lui dit : « vas-t'en chez toi, voir en quel état est ta mère. Quand le mal dont elle souffre sera guéri, tu reviendras. »

Le neuvième mois, le roi dit à ses ministres : « J'ai été cette année visiter le pays de Tchuen sou; en traversant les Tcheous et les Hiens j'ai constaté que les employés inférieurs remplissaient très bien leurs charges. Si je les récompense et les fais avancer en rang, tous redoubleront d'efforts, n'est-ce pas? Dans ces circonstances les récompenses réussiront, sans doute, mieux que les châtiments à les encourager. »

Le dixième mois, Sitzong dit à ses ministres : « En lisant l'histoire de la dynastie Tang, j'ai vu que Wei tcheng seul était capable de donner de sages avertissements. Il parlait toujours dans l'intérêt des affaires les plus importantes de l'empire. Il comprenait parfaitement le devoir du ministre chargé d'avertir son prince. Les conseils que l'on donne maintenant se bornent à engager à faire convenablement une ou deux choses sans importance. Ils ne m'entretiennent jamais des affaires importantes qui peuvent favoriser ou compromettre le gouvernement. N'en parlent-ils point, bien qu'ils en soient instruits, ou peut-être est-ce qu'en réalité, ils n'en savent rien eux-mêmes? » Les ministres ne répondirent rien à ces paroles.

Le onzième mois, le roi dit à tous les grands réunis : « vous, grands de l'état, vous êtes tous avancés en âge. N'y a-t-il personne que l'on puisse mettre en charge à votre place? S'il n'y en a point faudra-t-il attendre pour cela que je les connaisse moi-même? » Puis regardant Jang zhou pi, il ajouta : « c'est Sijioi qui t'a désigné à mon choix. » Wan yan siang et Jang zhou pi dirent alors : « si nous connaissions des hommes capables, oserions-nous ne pas les désigner? Mais nous n'en connaissons aucun. » Le roi répartit : « au temps du Tchoun tchio, l'empire avait été divisé, le territoire impérial était tout étroit et cependant il possédait beaucoup de magistrats intègres et capables. Mais vous, vous ne voulez point en présenter. Jusqu'ici je n'ai eu à me préoccuper que de maintenir la paix et la sécurité. Mais dans la suite, avec quels conseillers mes fils et descendants gouverneront-ils l'empire? » A ce discours les ministres rougirent encore de honte.

Le douzième mois, l'empereur song Kao tzong étant mort, le nouveau souverain Shao song envoya un ambassadeur annoncer le malheur qui l'avait frappé. Sitzong dit alors à ses ministres : « tous ces gens qui respectent la doctrine des Taosse et tiennent en honneur la loi de Bouddha, pratiquent le jeûne et disent que la prospérité vient de la lecture des livres. Moi je m'applique à ne tracasser le peuple en rien. Cette prospérité ne vient-elle pas bien plutôt du bonheur et de la paix que l'on procure au monde. Vous qui avez reçu les dignités de ministres, lieutenants du prince, si vous faites ce qui est utile à l'empire, et que vous favorisiez les intérêts du peuple au lieu de vous contenter de vivre en repos, votre bonheur parviendra jusqu'à nos arrière-neveux. » Watela répondit à ces exhortations : « ce ne serait pas sans crainte que nous négligerions notre propre perfection, mais notre vertu étant insuffisante, nous ne réussissons pas dans nos charges. » « L'homme, répartit le roi, peut-il réussir complètement en toute chose? S'il augmente toujours en zèle, cela suffit bien. » Le roi Sitzong porta un décret défendant de changer les noms niutchi des hommes et des lieux pour adopter des noms chinois ni de s'habiller à la chinoise et porta une peine contre les contrevenants à cet ordre.

La vingt-huitième année Taiting (1188), le premier mois, Sitzong envoya Pousa ke tzong assister à l'enterrement de l'empereur Kao tzong.

Le deuxième mois l'empereur Shao tzong envoya un ambassadeur porter à Sitzong des objets laissés par l'empereur défunt. Ces présents, conformes aux rites, contenaient entre autres choses, cinq vases en pierre précieuse, vingt vases en verre, en outre des arcs et glaives de toute espèce. Le roi Sitzong les rendit à l'envoyé de Song en lui disant : « toutes ces choses sont des objets précieux de l'empereur défunt, auxquels vous devez tenir. Vous devez les conserver précieusement comme objets d'un souvenir que l'on ne doit point perdre. Si je les accepte, je ne pourrai justement en supporter la pensée. Retournez donc vers votre maître et expliquez lui bien mes intentions. »

Le troisième jour du troisième mois, était le jour anniversaire de la naissance de Sitzong. Assis dans la salle Tcheng hoa tien, il reçut les hommages de tous les grands du royaume et leur donna un banquet. Tous les princes et les princesses reçurent un verre du roi Sitzong et celui-ci, le cœur plein de joie, chanta des airs niu tchi.

Le huitième mois, il dit à ses ministres : « à ce que j'entends, la tribu Oudai kei n'a point l'intention de s'attacher à nous. Si j'envoie quelqu'un s'informer de ce qui en est et punir, et qu'ils persistent dans leur refus, ils n'en resteront pas moins près de nos frontières. Selon moi, soumettre par un traité des tribus éloignées, ce n'est point un avantage pour un empire. Quand ils viennent se soumettre d'eux-mêmes, accueillons-les. S'ils s'en abstiennent, ne les forçons point. Telle a été la manière d'agir constante des générations précédentes. » Le roi dit ensuite à ses ministres : « voici la règle à suivre dans l'emploi des hommes : tout homme jeune qui a le cœur fort et courageux doit être mis en charge à l'occasion. Quant à l'avancement en grade, il faut d'abord nommer les fonctionnaires âgés. Cela étant, la négligence des règles a été poussée à l'excès. Un certain Alouhan est en charge depuis longtemps; il s'est donné beaucoup de peine pour servir les intérêts de l'empire. Malheureusement il est vieilli et ses forces sont diminuées! Vous donc, lorsque vous devez pourvoir à une nomination, tenez avant tout compte de la vertu du postulant. »

Le dixième mois, le roi siégeant à la cour Shang shou seng, on lui présenta les rapports et placets relatifs aux collations d'emploi pour déterminer, d'après le nombre des années, le rang des fonctionnaires. Le roi dit : « nous avons à faire avancer en grade ceux qui ont subi des examens, d'après la date du jour et des mois. Ne devons-nous pas, suivant la règle ordinaire, choisir ceux qui se distinguent des autres par leur vertu et leur sage conduite? Le sort des affaires de l'empire est tout entier dans le choix des hommes, si vous donnez les places sans vous inquiéter des qualités des titulaires, l'administration du royaume ne se fera pas bien. Je ne connais pas les meilleurs moyens de trouver les hommes ; pour vous, vous devez les prendre en suivant les coutumes. Mais vous ne pensez guère à mettre en avant, pour leur confier les charges, les hommes vertueux et capables. Si vous faites de bons choix il n'y a guère à craindre que vous recherchiez principalement votre avantage et votre propre grandeur. S'il n'en est point ainsi, vous n'avez guère la connaissance des hommes. » Les grands répondirent tous : « nous n'oserions pas fermer la voie aux hommes distingués ; mais nos capacités n'en arrivent pas jusqu'à pouvoir bien connaître les hommes. » Le roi, se tournant alors vers Jang zhou lin, dit : « jadis il y avait beaucoup d'hommes probes et fidèles. Pourquoi sont-ils maintenant si rare?» Jang zhou lin répondit : « Quand les temps sont troublés alors la vérité se manifeste. En un temps de paix complète, il n'y a pas lieu de parler. » Le roi répondit : « en quel temps n'y a-t-il rien qui doive être signalé? Dites plutôt que les gens d'autrefois ne manquaient point de faire connaître ce qu'ils savaient et que ceux d'aujourd'hui ne disent point ce qu'ils savent. » Jang zhou lin ne savait plus répondre.

Le onzième mois, le roi Sitzong dit à ses aides-de-camp : « Tout homme qui veut se conserver ne doit pas se livrer à une joie ou une colère trop grande. Lorsque la colère l'emporte, le cœur en est oppressé. Si c'est la joie, le souffle en est étouffé. Mais il est très difficile de garder le juste milieu. Conséquemment les hommes qui veulent se conserver doivent modérer en eux la joie et la colère, et se tenir dans le calme. Cette année même je n'ai ni puni, ni réprimandé les gens du palais. » Le roi dit à ses ministres : « si même on suit les anciennes lois et coutumes, la parole ne peut en atteindre et expliquer la nature (ou connaître). Les lois et les usages ont toujours été à travers les âges faiblissant ou se développant. Si l'on ne peut atteindre le principe si sage de celui qui les a instituées, on s'écartera fortement de la pensée originaire (qui les a inspirées). Si les gouvernants font observer strictement les anciennes coutumes, il sera facile de les connaître et comprendre. On doit gouverner en évitant tout mal. Faites connaître ces choses. » Les juges présentèrent un placet demandant de réparer la ville de Shang king. Le roi répondit devant ses ministres : « orner, embellir le palais, la résidence est chose peu durable. Cette cour du Zhin zeng tien, construite au temps du Tailiao, a été ornée très médiocrement et à peu de frais. Les autres cours sont, comme on peut le voir, réparées pendant l'année. Celle-ci seulement est restée ce qu'elle était à l'origine. Pour elle les vaines ornementations ne se sont pas prolongées. On a négligé à l'excès d'employer pour y travailler les impôts du palais. Les magistrats inférieurs, d'accord avec les architectes, ont pris avec dureté les objets soumis à impôts. Le tribunal Houpou, la cour des travaux publics, n'ont point examiné avec soin l'argent et le bois des biens de l'état. Ils n'ont fait achever les ouvrages que négligemment et travaillant sans soin. En sorte que la maison achevée est de travers et lézardée, l'humidité y entre. Apportant en tout de la négligence, tout en usant d'une ruse coupable, ils accablent le peuple et épuisent les ressources. Il n'y a rien de pire que cela. Qu'on fasse donc une enquête là-dessus et que l'on punisse très sévèrement. »

Le roi dit à ses ministres : « d'après ce que j'ai lu de l'histoire de la dynastie Han, l'empereur Kouang ou (1) était d'une force de caractère extrême. Bien que Keng sze eut tué son frère aîné Pe sing, il ne voulut pas, pour lui faire subir la peine de son inimitié, profiter des troubles Il servait Keng sze selon l'usage ancien et personne ne remarquait son attitude attristée. La vertu de cet homme était grande, n'est-ce pas? Telles étaient ses vertus. Sa conduite était grande et noble. Les autres princes s'en approchent-ils ? » A ces mots Jang zhou lin dit : « une sui-

---

(1) 25 p. C.

vante de la sœur aînée de l'empereur Han Kouang ou, la princesse Ho yang avait fait mourir un homme par la bastonnade pendant le jour. Les mandarins de justice voulurent la faire arrêter; cachée dans la maison de la princesse, on ne put la saisir. La princesse sortant en char de sa maison cacha l'esclave dans le char et s'en alla. Tong hiouen, ling kouan de Lao yang, tirant son glaive, arrêta le char; écrivant alors par terre il énuméra à haute voix les fautes de la princesse, puis arracha l'esclave du char malgré ses cris et lui fit donner la bastonnade. La princesse Ho yang alla aussitôt rapporter la chose à l'empereur Kouang ou. Celui-ci, violemment irrité, fit arrêter Tong hiuen et avait donné l'ordre de lui faire subir le supplice du bâton. Tong hiouen se prosternant jusqu'à terre dit en suppliant : « que je puisse dire un mot et meure. » Kouang ou répondit : « quel est ce mot? » Tong hiuen reprit : « l'empereur se départant du juste milieu de sa vertu céleste voudrait-il faire mourir un homme et laisser libre une esclave? Comment alors gouvernerait-il le monde? Au lieu de me laisser tuer par la bastonnade je mourrai de moi-même. » Et disant ces mots, il se frappa la tête contre une colonne, le sang jaillit aussitôt et coulait en abondance. L'empereur Kouang ou le fit saisir par des jeunes ennuques et lui dit de reconnaître sa faute en se mettant à genoux devant la princesse. Tong hiuen refusa. Tous alors le saisirent malgré sa résistance et voulaient le forcer à se prosterner. Tong hiuen, s'appuyant sur ses deux mains, ne se pliait point. Alors la princesse impériale appelant l'empereur par son petit nom lui dit : « Wen sou, lorsque tu étais revêtu d'habits de lin (1), tu cachas un accusé et les magistrats n'osèrent franchir ta porte; maintenant que tu es le fils du ciel tu ne peux, en usant de ton autorité, l'emporter sur un fonctionnaire de petite ville! » L'empereur répondit en souriant : « le fils du ciel est tout autre que l'homme vêtu d'habits de lin. » Et là-dessus il donna à Tong hiuen 30,000 taëls. »

Le roi Sitzong reprit après cela : « L'empereur Kouang ou, en écoutant un avis sincère et appaisant sa colère a mérité d'être appelé un prince sage et vertueux. Il n'était pas juste de faire avouer une faute à Tong hiuen vis-à-vis de la princesse. L'empereur Kao tzou des Hans (2) était brave et fort, ses vues étaient vastes. En employant les sages et les

---

(1) Avant d'être empereur.
(2) 197 p. C

hommes vertueux, selon le mérite de chacun ; il avait mérité de s'élever en quelques années de la position inférieure où l'on porte des habits de lin au trône impérial. C'est ce à quoi l'empereur Kouang ou n'arriva point. Han Kao tzong, bien qu'assis sur le trône, n'abandonna pas cette manière de vivre simple qu'il avait au temps de sa position inférieure. C'est ce que Han Kouang ou ne fit point.

Le douzième mois, Sitzong tomba malade. Il fit aussitôt amnistier tous les coupables de l'empire; il confia les rênes du gouvernement au prince de Yuen, Madagou, et l'établit dans la partie orientale (1) du palais, au Tcheng hao tien. Il fit ensuite occuper les appartements du milieu du quartier central par Toushan ke ning, Wan yan siang et Jang zhou lin (2).

La vingt-neuvième année Taï ting (1189), le premier mois, la maladie commença à s'aggraver et grandit petit à petit; le roi ne put plus sortir de ses appartements. Le jour du serpent noirâtre le roi Sitzong mourut dans la salle de Fou an tien, à l'âge de 67 ans. On arrangea aussitôt son corps dans la salle Taï an tien.

Le troisième mois, on lui donna les titres d'honneur d'empereur « qui fait briller le ciel et prospérer les temps, éclairé, vertueux, plein de mérite, brave, saint, perspicace, pieux. »

Le quatrième mois, on enterra son corps à Sing ling.

(1) La principale des maisons.
(2) Les trois ministres principaux.

LIVRE VI.

RÈGNE DE TCHANG TZONG.

Le nom du roi d'Aisin Tchang-tzong était Jing; son nom d'enfance Madagou. C'était le petit-fils du roi Sitzong, Oulou et le fils de Siang tzong Hôtou wa. Sa mère s'appelait Toushan sze. Il naquit la huitième année du temps Taiting (1168), du roi Sitzong.

La dix-huitième année Taiting (1178), il reçut le titre de Tsin yuen kiun wang; puis la vingt-cinquième année (1185), celui de Yuen wang. La vingt-neuvième année (1189), le premier mois de l'an et du printemps, Sitzong étant mort, il s'assit sur le trône en prenant le nom de Tchang tzong, et éleva de deux degrés tous les mandarins du dehors et du dedans excepté ceux des deux premiers degrés, qu'il n'éleva que d'un seul. Cette année il fit remise des aliments et tributs à fournir et de tout ce que le trésor percevait, et donna une pièce de soie par quatre personnes et un boisseau de froment pour deux. Puis il envoya Wang yuen te et d'autres mandarins annoncer son deuil aux états de Song, de Corée et de Hia.

Le deuxième mois, le roi Tchang tzong donna à son père le nom d'honneur approprié de Siang tzong Hoangti et à sa mère celui de Hoang tai heou. En ce moment l'empereur Song, Siao tzong, céda le trône à son fils Tchao tun (1) et celui-ci lui succéda.

Le troisième mois, les états de Song et de Hia envoyèrent des représentants assister aux funérailles du roi Sitzong.

Le cinquième mois, le gouvernement de Hia envoya féliciter Tchang tzong de son avènement au trône. Celui-ci dit aux magistrats de justice : « employez les enfants et descendants des magistrats méritants, selon le degré de leurs vertus. » Peu après il envoya Wen ti han sou féliciter l'empereur Kouang tzong de Song de son avènement au trône.

Le cinquième mois intercalaire, le roi Tchang tzong donna des titres

---

(1) Tchao tun est Kouang tzong.

à ses frères : à Wan yan shun celui de Fong wang, à Wan yan tzong celui de Hun wang, à Wan yan hoei celui d'Ing wang, à Wan yan song y celui de Y wang, à Song sian, son cadet, celui de Sheou wang; enfin à Wan yan jiei celui de Wen wang. Ses oncles reçurent pour titres : le Tchao wang, Yong tzong, prince de Han ; le Lao wang, Yong kong, prince de Tsi; le Pan wang, Yong tcheng, prince d'Ou, le Yoi wang, Yong sing, prince de Soui ; le Shoui wang, Yong tao, prince de Wei ; le Teng wang, Yong tsi, prince de Lou et le Shouei wang, Yongte, prince de Sin. L'empire Song envoya également porter ses félicitations à Tchang tzong pour sa prise de possession du trône.

Le onzième mois, le roi d'Aisin dit à ses ministres : « maintenant on met les hommes en charge d'après le rang. Cet usage a pris naissance sous la dynastie Tang. Si l'on agit ainsi, comment trouvera-t-on des magistrats convenables? Jang zhou lin répondit : « faire avancer sans considération de rang c'est choisir ceux qui se sont distingués de tous par leurs vertus. » Le roi répondit : « Sui yo fou (1) étant ministre, a eu en moins d'un an à présenter aux nominations huit cents candidats, et tous étaient-ils des hommes élevés au-dessus des autres par leur vertu? Non, sans doute. » Les censeurs représentèrent au roi que Sitzong avait interdit aux magistrats la fréquentation des demeures des autres personnes et que le Tchin wang s'étant rendu à l'hôtel d'un ministre et d'autres personnages encore, ils craignaient de faire acception de personne (en ne le dénonçant pas).Car si cela reste ainsi, comment pourrait-on savoir ce qui est fait de bien ou de mal par les peuples, les bonnes et les mauvaises actions des magistrats? » Tchang tzong répondit : « agissez selon la règle contre les magistrats inférieurs au quatrième rang, mais point contre ceux qui sont supérieurs au troisième. »

Le dernier mois il défendit aux officiers de service du palais de boire du vin et de l'eau de vie qu'ils faisaient chercher par leurs serviteurs. Tchang tzong dit aux censeurs : « les inspecteurs commettent beaucoup de fautes dans leurs éloges et blâmes. En agissant ainsi, ils violent le droit, s'ils n'agissent point, ils ont à craindre de cette omission même. Faites bien comprendre cette pensée. » Peu après le roi Tchang tzong changea le nom des années et appela ce temps non plus Taiting mais Ming-tchang.

---

(1) Sui yo fou était ministre au temps de Lian tzong des Tangs.

La première année Ming-tchang (1190), le premier jour du premier mois, il refusa de recevoir les hommages des mandarins à cause du deuil de Sitzong. Comme tous les princes chargés de l'administration des provinces extérieures étaient en chasse, il prescrivit de ne pas dépasser le laps de cinq jours, de ne point permettre que la suite des princes vexât les peuples. Il nomma ensuite le président du tribunal criminel, Wan yan sio jin, sanci jeu sze, et ajouta à ces fonctions celle de moniteur. Wan yan sio jin et le mandarin d'ordonnance Jang wei firent cette observation : « d'après l'usage de la dynastie des Tang, lorsque les ministres se rendent près de l'empereur, le moniteur entre avec eux; il les accompagne afin d'entendre parler de tout ce qui se fait et de pouvoir en parler convenablement. Le mandarin chargé de transmettre les ordres et d'avertir, quand le roi va à la cour, se tient à ses côtés. Si le roi donne quelque ordre, incliné vers lui, il entend tout et lorsqu'il s'est retiré, il va l'exécuter. En toute affaire le moniteur, le mandarin transmetteur des ordres, ne peuvent être laissés de côté. Maintenant parmi les fonctionnaires on nous évite constamment; lorsqu'ils présentent un placet, un rapport, ils ne nous donnent point place à la cour. Cela étant, comment pourrions nous entreprendre ce qui a été décidé dans le conseil du roi, que pourrions-nous transmettre? Comment donnerons-nous notre avis? Les choses sont ainsi, il n'est point de droit qui fixe notre place. Si l'on dit de me faire connaître les affaires de l'état, les choses ne nous seront plus habituellement cachées. » Tchang tzong fit ce qu'ils demandaient.

Le huitième mois, le roi d'Aisin dit à ses ministres : « par quel moyen pourrait-on, en faisant soigner le *principe* et arrêter la *fin* (1), porter le peuple à accumuler le grain? Que les mandarins réunis viennent discuter cette affaire. » Le président du tribunal Houpou, Teng yan, et les autres grands répondirent : « en notre royaume on s'est maintenant habitué à une dépense excessive, il faut établir des règles. Que l'on s'habille différemment selon son rang, que l'on établisse une règle pour le mobilier, les maisons, etc. Que l'on diminue les pratiques suivies pour les mariages, les funérailles et l'enterrement des morts, et qui dépassent la mesure. Que l'on impose un terme à ces choses sans nombre que l'on fait inutilement. Si l'on se conforme à la règle dans

---

(1) Commentaire. Le principe est l'agriculture, la fin, le commerçant.

les dépenses, on pourra épargner et accumuler beaucoup. » Le mandarin de la droite, Wan yan sio jin et Toushan y répondirent : « l'esprit de l'homme aime à savoir ce qui est bien. Si l'on ne fixe point de mesure, les dépenses n'auront point de limites. Si l'on fait des dépenses excessives, il en résultera la pauvreté et la ruine pour le peuple. On doit donc profiter de la paix pour s'occuper de cette affaire et établir une règle durable. » Le roi approuva complètement ces paroles.

Le onzième mois, le roi ayant appelé près de lui le président du tribunal des rites, Wang sheou, et le moniteur royal Jang Wei, leur dit : « votre devoir est de m'informer, avec discernement, de tout ce qui doit être fait dans le royaume. Si je fais ce que demande le petit peuple, à bien plus forte raison suivrai-je vos avis. »

Le douzième mois, le roi étant allé voir Toushan ke ning tombé malade, celui-ci se prosternant lui dit : « le roi défunt m'avait mis en charge malgré mon peu de vertu; votre majesté m'a mis de nouveau au nombre des ministres de premier rang. Me voilà vieilli et malade. Pour mon roi j'ai fait tous mes efforts comme un chien ou un cheval, j'ai pu égaliser ce qui était peu élevé ou peu profond, mais je n'ai pu, en servant mon illustre roi, donner une paix complète aux quatre régions de l'empire. Le roi s'est souvenu de mon obscure personne et est venu la voir; je n'ai plus qu'à mourir. » Ce jour même le roi Tchang tzong créa Toushan ke ning taitsze Shangshou ling, le nomma prince de Tze et lui donna 1,500 taëls ainsi que deux mille pièces de soie.

La deuxième année Ming tchang (1191), le premier mois, la mère du roi, la Hoang tai heou tomba malade et mourut le jour du coq noirâtre. Le roi envoya Wan yan lin et d'autres grands personnages annoncer cet évènement douloureux aux cours de Song, de Corée et de Hia. Peu après le prince de Tze, Toushan ke ning, mourut également.

Le troisième mois, les cours de Song, de Corée et de Hia envoyèrent des représentants aux funérailles de la reine-mère.

Le quatrième mois, le roi Tchang tzong décréta que lorsqu'une tribu quelconque souffrirait de la sécheresse ou des inondations et que leur chef ne l'annoncerait pas comme il devait le faire, ou ferait savoir ce qu'il ne devait pas annoncer, il subirait une bastonnade de 70 coups; que si les inspecteurs envoyés pour constater le désastre ne disaient point la vérité, ils seraient traités de même. Car dans une calamité où les hommes perdent la vie, cette conduite viole ouvertement la loi.

Le septième mois, le Sanci jeng sze, Toushan y, présenta au roi le placet suivant : « quand moi, votre sujet, je lis l'histoire des rois Yao et Shun, je vois qu'en ce temps les rapports et placets des magistrats exposaient de sages principes de conduite, puis indiquaient ce qu'il y avait de bien à faire. La manière de gouverner des anciens rois consistait à interroger tout le monde et à éviter de suivre ses propres idées et connaissances. Lorsqu'ils avaient reçu les informations demandées pour le bien de leurs sujets, ils excitaient au bien et encourageaient les fonctionnaires. Tels étaient, autrefois, les rapports des rois et des sujets. Les souverains de nos jours ayant reçu par héritage un état puissant et florissant, règnant dans une paix profonde, doivent prendre pour modèles l'antiquité et tenir la vertu en grande estime. Qu'ils ne se plaisent pas à entendre les flatteurs ; et ne s'irritent point contre ceux qui les critiquent. Qu'ils ne rejettent pas leurs avis et ne négligent pas le peu de bon qu'il y a en eux. » Le roi Tchang tzong loua fortement ces paroles et nomma Toushan y assesseur de la droite du président du ministère (shangshou).

Le onzième mois, par ordre du roi Tchang tzong, les ministres portèrent une loi défendant aux acteurs de jouer les personnages d'anciens empereurs ou princes et de se proclamer dix-millénaires. Les contrevenants à cette loi devaient être punis sévèrement.

La troisième année Ming tchang (1192), le troisième mois, Tchang tzong demanda à ses ministres : « Combien y a-t-il d'hommes pieux et justes à présenter pour être pourvus d'une charge ? » Wan yan sio jin répondit : « sous le roi Sitzong on présenta et nomma mandarin un certain Lio jing. Tous les hommes d'une vraie piété filiale sont graves, modestes, droits et capables de gérer les affaires publiques. » Le roi reprit : « de tous les hommes pieux, peut-on dire qu'ils ont toutes ces qualités? Les gens pieux et justes se conduisent d'abord parfaitement. S'il ne faut les employer que pour peu de temps, c'est bien, on peut le faire. Mais par la suite, si l'on voit qu'ils ont trompé tout le monde, leur fausse piété et justice n'en aura pas moins fait un grand tort. Désormais que l'on recherche attentivement les gens qui se montrent pieux avant et après, justes et capables, et s'ils sont propre aux emplois, qu'on me le fasse savoir. » A ces mots Wan yan sio yun reprit : « j'ai été selon l'ordre du roi examiner l'objet du rapport de Tchen y, de la ville de Sin tcheou. Conséquemment il m'a parlé des fautes commises par les gouverneurs des villes de premier et de second rang. Je lui ai demandé à lui-même s'il y avait moyen de faire cesser ces injustices, mais il n'a pu me le dire. » Tchang tzong répondit : « il faut absolument savoir les fautes commises dans le gouvernement de l'état ; si même il n'y a pas moyen d'y remédier, il est toujours bon de s'en occuper. Si, selon l'avis de Tchen y, les magistrats d'aucune ville ne savent plus suivre en rien les ordonnances des autorités supérieures, les gens qu'ils emploiront et qu'ils paieront leur prêteront tout leur appui (pour mal faire). S'ils vivent ainsi et subsistent aux dépens de l'état, n'est-il pas à craindre que leurs fils ne tiennent une conduite indigne d'un magistrat ! Examinez donc cette affaire et faites suivre les coutumes prescrites. »

Le quatrième mois, Tchang tzong dit aux grands : « il a été porté un édit disant : publiez d'abord un édit abolissant les impôts non nécessaires, diminuez les dépenses superflues, destituez les fonctionnaires incapables, terminez les nombreuses affaires accumulées dans les prisons. Faites donc promptement ces quatre choses. »

Le cinquième mois, Tchang tzong fit sortir de son palais 183 femmes attachées à la cour et leur rendit la liberté. Les magistrats de justice présentèrent au roi cette supplique : « la ville de Hao tcheou est dépourvue de vivres ; le peuple manquant d'aliments, n'a point encore payé les impôts. » Le roi fit aussitôt remise de cet impôt et dit aux aux magistrats du Hou pou : « vendez aux pauvres tout ce qui avait été préparé à titre de solde des fonctionnaires de tous rangs pour l'hiver. Quand l'automne sera venu ; on aura facilement une grande quantité à un prix raisonnable. De cette manière on rendra service aux grands et aux petits. »

Le huitième mois, Tchang tzong dit à ses ministres : « je pense qu'il faut faire rester longtemps les fonctionnaires dans la fonction qu'on leur a donnée. Si aujourd'hui on doit statuer sur les rites et demain sur les travaux publics, bien que l'on ait des vertus variées, il y aura peu d'hommes doués d'une vraie intelligence de toutes ces affaires. » A ces paroles les ministres répondirent : « si les hommes d'une capacité ordinaire sont laissés longtemps dans une même fonction, mûris dans ces occupations, ils y gagneront finalement une compétence certaine. »

Le neuvième mois, Tchang tzong dit aux membres du tribunal Shang shou seng : « l'an passé les grains des deux provinces de Santong et de Hupe ont totalement péri. Si on lève maintenant les impôts d'argent et de céréales, le peuple ne pourra pas vivre. On doit donc les percevoir en tenant compte de l'année et de la quantité de grain obtenue » (et ne pas lever ceux de l'année de disette).

Le dixième mois, le roi envoya un de ses officiers dire aux grands attachés à la personne des princes : « j'ai cru bon de mettre tous les princes à la tête des provinces extérieures. Quand ils ont réglé les affaires du gouvernement de leur ressort, ils peuvent se reposer à leur gré et ne plus travailler. Je crains seulement qu'en faisant avancer ou rétrograder (les fonctionnaires), ils violent les principes de justice. C'est pourquoi on vous a mis à leur côté. Si, par vos avertissements, lorsqu'ils veulent faire mal, et vos exhortations au bien, ils ne faillissent en rien et que, leur mission remplie, ils ne transgressent pas la loi dans leurs festins et la boisson, il n'arrivera aucun événement fâcheux. A ce que j'apprends, vous vous occupez avec un soin extrême de vos fonctions, mais tous vous vous préoccupez, chez tous les princes, de choses infimes, sans importance au point de vue de la justice. Est-ce là votre devoir d'aide et de conseiller? Réfléchissant aux devoirs qui vous sont imposés, vous ne devez jamais vous écarter, dans vos actions, de la loi du juste milieu. Expliquez ma pensée à tous les princes. »

La quatrième année Ming tchang (1193), les membres du tribunal Shang shou seng présentèrent au roi un placet demandant de nommer le Tzoui kouan de Tai sing fou, Ou te sio, à la place de Tchou tsze du tribunal des rites. Tchang tzong leur répondit : « je vous ai dit que je voulais qu'on laissât les magistrats en une même charge pendant un temps notable. Si je place quelqu'un à la cour Tai lisze, puisque je le fais membre de la cour Houpou, et peu après je l'envoie au tribunal des rites, pourra-t-il jamais acquérir les qualités voulues? Celui qui est resté longtemps en une même fonction, fut-il même un homme médiocre, est supérieur à un magistrat nouveau. Il sait en effet bien conduire une affaire qui s'est faite déjà une fois. Désormais on ne doit plus changer de place légèrement. » Puis il ajouta : « si quelqu'un acquiert le renom d'être supérieur aux autres pour la gestion des affaires, c'est parce qu'il possède des qualités spéciales pour gérer telle ou telle affaire. Tous les hommes sont bons par nature. Mais c'est parce qu'il y a beaucoup d'hommes avides et durs, que certains obtiennent un renom de bonté et de désintéressement. » Les ministres répondirent : « les gens qui sont présentés maintenant pour occuper des charges, ignorent les règles de la piété filiale et fraternelle, de la vraie pudeur et modestie. Il faudrait les tracer nettement. Ils sont tels parce que cette année les magistrats n'ont pu les réformer et leur enseigner les édits du roi. Les magistrats chargés de rechercher et de présenter les candidats se sont proposé avant tout, dans leur administration, de mener à fin les affaires et de punir des fautes absolument insignifiantes. Tenant comme inutiles les gens pieux, graves et modestes, tous ont relégué au dernier plan l'instruction, l'amélioration des hommes et l'on a abandonné la voie de la piété filiale et fraternelle. Si maintenant le roi fait expliquer cela aux magistrats instructeurs, et que l'on présente pour les emplois et fasse avancer en grade les hommes qui remplissent les devoirs de la piété, ce sera faire instruire et corriger tout le monde. Les lois de la double piété floriront. Si dans l'examen et la présentation des candidats on tient le savoir pour essentiel et la piété pour secondaire, les gens habiles et artificieux, avides et cruels occupant les fonctions publiques, ils acquèreront un renom de capacité réelle et les principes de la modestie et de la pudeur périront. Si le roi le dit aux inspecteurs, ils rechercheront le vrai et le faux, et ne présenteront pas des hommes qui ne pratiquent pas le bien et la justice bien qu'ils prétendent les connaître et comprendre parfaitement. Si l'on prononce une peine sévère contre ceux qui cherchent à obtenir une magistrature par des moyens illicites, les gens avides et cruels cesseront de le faire ; la bonté et le désintéressement prendront le dessus. » Un magistrat de la résidence de l'est, nommé Tchang sheng, ayant présenté un faucon, le roi lui envoya dire : « ce que vous avez commis n'est pas faute légère ; alors que vous ne faites rien savoir de ce qui concerne le bien ou le mal du peuple, la bonne ou la mauvaise conduite des magistrats, vous m'envoyez en présent un faucon. Votre manière d'agir est mauvaise. Désormais ne m'envoyez plus semblable chose. »

Le troisième mois, le Ti sing sze étant allé inspecter toutes les provinces, vint à la rencontre du roi. Tchang tzong lui demanda en détails tout ce qu'il avait vu dans son inspection et dit : « si je vous mets en fonction, c'est pour procurer le bien être au peuple. Si depuis cinq ans le mérite et la bonne réputation ne se sont manifestés en personne, c'est que vous, magistrats, vous avez manqué de zèle quant aux devoirs de votre profession. S'occupant de choses insignifiantes, les magistrats des villes n'ont point rempli leurs obligations avec crainte et vigilance.

Cependant, les céréales ayant manqué toute l'année au San tong, il faut en distribuer au peuple. C'est parce que vous n'avez pas bien rempli votre charge que les choses sont en cet état. Pensez bien maintenant à réparer le mal que vous avez fait. »

Le quatrième mois, les mandarins présentèrent trois fois une supplique donnant au roi des titres d'honneur. Tchang tzong leur répondit : « nos ancêtres, les anciens rois et princes, acceptant des titres d'honneur, recevaient ces noms en raison de leurs vertus. Depuis plusieurs années les vivres ont manqué au peuple qui a du se disperser et fuir de tous côtés. Je dois donc me conduire ici avec réserve et crainte, et je ne puis accepter des titres glorieux sans aucun mérite. » Et il refusa. Tchang tzong voulait, pour éviter la grande chaleur, aller au palais de King ming. Un magistrat, nommé Tong sze tzong, le reprit et lui dit : « que par ce voyage les hommes aient à souffrir et que les richesses s'épuisent, c'est peu de chose encore ; mais les bouleversements sont des choses funestes et bien graves. Lorsque les saints doivent se mouvoir c'est en imitant le ciel et la terre et en suivant la voie droite. En sorte que s'ils se meuvent dix mille fois, il retrouve dix mille fois la stabilité. Comme la paix n'est pas encore assurée sur les frontières, on ne peut prévoir sûrement les défections et changements qui peuvent s'y produire. Les tribus Bilikou, Boowa, hostiles et avides, sont encore fortes et vaillantes. Aussi l'on doit y penser sérieusement. Bien que le roi ait demandé l'avis de ses aides-de-camp (et reçu une réponse conforme à son projet) d'accord en apparence, ils ont simplement répondu qu'un grand empire n'avait rien à craindre de cela, et ainsi ils ne vous ont pas conseillé de ne point partir. La résidence du centre est belle et agréable. Les jardins et les parcs, au dedans et au dehors, sont en état de recréer l'esprit du roi. Non loin l'on trouve les animaux sauvages des montagnes et des fleuves. Cela suffit pour exercer et éprouver les soldats. On peut s'y faire suivre de mille chars et de dix mille cavaliers, et aller près de la frontière, y camper dans l'herbe, et dormir dans la rosée. Pourquoi aller, en portant ses gardes au loin, se créer des regrets incalculables. » Mais le roi n'écouta point cet avertissement et répondit qu'il voulait partir. Tong sze tzong alors lui présenta une nouvelle supplique ainsi conçue : « cette année, à la suite de la sécheresse et des inondations, le roi a publié une proclamation dans laquelle, s'accusant lui-même, il demandait de bons conseils, faisait remise des impôts non nécessaires et imposait un frein aux dépenses inutiles; le peuple s'en était fortement réjoui. Si, au printemps, époque des travaux de la campagne, on envoie les magistrats, ils feront mettre en ordre et orner les lieux par où le roi passe et ce n'est point là ce qui presse. Loin de là, cette année aucune province n'a récolté des céréales. Les peuples de ces contrées ont dû dépenser beaucoup d'argent et de force à entretenir les chevaux de l'état, à creuser les fossés, après avoir porté la cuirasse. Les gens qui ont quitté le pays et se sont dispersés en différents endroits ne sont pas encore revenus; le prix des blés n'est pas élevé. Si le roi va dans ces pays avec toute sa suite, le prix du blé haussera certainement. Chaque jour il y aura là des milliers de bouches pour manger le grain que l'on achètera par dixième de setier à la balance. Précédemment dans la province de la résidence du nord les gens venaient vendre du blé; maintenant que le prix s'est élevé, ils ne viennent plus au temps voulu. Le peuple affamé recommencera les troubles des autres années, tuant les chevaux des Tai wei, volant les melons des Taïfous et se répandant en plaintes amères. Il est dit au Shou king; il faut toujours être instruit des pensées du peuple. Il est difficile de contenir les petites gens. Or, cela ne se fait point. Les Bilik'ou, Boowa ont, par leurs artifices, attirés à eux les deux tribus qui, depuis dix et vingt ans, gardaient nos frontières. Il faut tenir compte des troubles qui s'élèvent sur ces frontières. S'il part dans une semblable imprévoyance, le saint lui-même peut se mouvoir dix mille fois mais il ne retrouvera pas dix mille fois la stabilité. L'étoile Taipe s'est montrée un jour; la terre a tremblé près de la résidence du nord; dans ces régions même un nuage rougeâtre est venu répandre un éclat aussitôt disparu; le ciel nous montre des présages significatifs. Ils disent en instruisant notre saint roi qu'il renouvelle sa vertu et calme les troubles. En outre les anciens nous avertissent d'éviter, en pareilles circonstances, les voyages de plaisir. Cherchons des exemples : dans les temps éloignés, les Tcheous et les Tchins; dans les temps rapprochés, les Tangs, les Suis et les rois du Tailiao en faisant des parties d'agrément de ce genre, ont été cause de grands troubles. Peut-on ne pas craindre et redouter devant de pareils exemples? » Le roi se rendit à ces avertissements et dit devant ses lieutenants et les grands de la cour : « je voulais aller faire une reconnaissance dans les régions du nord et point autre chose; ma pensée était d'éviter la grande chaleur. Mes moniteurs m'ayant dit que les céréales étaient rares partout, je l'ai appris alors et ne le savais point auparavant. Puis-je donc, pour me rafraichir pendant la grande chaleur, grever le peuple? » Et cela dit, il abandonna le projet de départ. Le roi Tchang tzong fit distribuer du blé au peuple de Ho tcheou, qui souffrait dela faim et à cette occasion publia un édit portant : « lorsque les gens de Niu tchi auront passé leurs examens littéraires et obtenu le grade de docteur, ayez bien soin qu'on les exerce au tir et au maniement des armes. S'ils ont les qualités voulues, qu'on les emploie aux premiers rangs. »

Le cinquième mois, les grands insistèrent pour pouvoir donner des titres d'honneur au roi, mais il se refusa de nouveau à les accepter. Il lança une proclamation accordant rémission de toutes les peines en dessous de la bastonnade et abaissant d'un degré toutes celles en dessous des travaux forcés. Jia kou tching tchen, ayant terminé la rédaction des vraies coutumes, les présenta au roi. Celui-ci se rendit à la salle Sin tcheng tien, revêtu des habits de cérémonie et les reçut debout au pied du trône.

Le neuvième mois, Tchang tzong dit aux membres du Shang shou seug yameu : « depuis la vingt-neuvième année Taiting, conformément aux désirs des grands et du peuple, aux besoins de l'état et du palais, on a fait tout ce qui était requis pour les frontières et les passes. A ceux qui ont achevé ces ouvrages donnez des fonctions convenables, et des récompenses à ceux qui ont rendu des services aux magistrats et au peuple. »

Le onzième mois, Tchang tzong porta cet édit : « que l'on tienne un régistre dans lequel on inscrive le nom personnel et de famille de tous les fonctionnaires qui ont subi une peine à cause de leur avidité, de leur cruauté, ou de leur incapacité; comme aussi de ceux qui ont été avancés en rang pour leur désintéressement, leur humanité ou leurs capacités et qu'on les affiche à la cour du chef-lieu, du fou, du tcheou ou du hien où ils résident. Qu'en lisant ces listes les bons soient encouragés et les méchants se corrigent. »

Le prince de Hia, Li zhin siao, étant mort, son fils Si shun yo envoya annoncer cet évènement douloureux au roi d'Aisin.

Le dernier mois, trois mandarins, Tzoui wen, K'ujian et Ma tai sou dirent en secret à Bi tcheng sheou, serviteur du prince de Tcheng,

Yong tao : « d'après ce qu'on lit dans les tzen tchi (1), l'empire subira des troubles violents et ton maître sera proclamé roi. » Bi tcheng sheou accourut aussitôt apporter cette nouvelle au prince. Kou jian ne le connaissait qu'imparfaitement. Yong tao le fit venir et lui montra sa femme et ses enfants. Kou jian dit alors : « la mine, la tenue du prince père est supérieure à celle des autres hommes. La princesse et ses deux fils sont grands et nobles. » Puis il ajouta : « le fils aîné de la princesse Youwen ne peut être comparé aux autres princes. » Là-dessus il fit venir Tzoui wen et Ma tai sou, et comme il leur parlait de l'esprit dui ciel tel qu'il était indiqué dans le tzen tchi, Tzoui wen dit : « l'année du bœuf l'armée aura à souffrir. L'an prochain, au printemps un homme né l'année du lièvre arrêtera la guerre et occupera le trône. » Kou jian ajouta : « hier soir une vapeur rouge a envahi l'étoile polaire ; un arc-en-ciel pâle s'est étendu à travers la lune. Tout annonce pour la fin de l'année du bœuf et le commencement de celle du tigre, des troubles qui mettront les armes en mouvement. » Tcheng wang yong tao ajoutant foi à ces paroles gagna l'un des officiers du roi Tchang, et par son entremise, épia tous les actes de Tchang tzong. Il fit en outre de Tzoui wen son conseiller principal et envoya K'ou jian et Matai sou répandre partout ce bruit. Poushan koui, tong kiun sze de la province de Honan avait épousé la princesse Hankoue, sœur cadette de Yong tao. Yong tao pensant à se faire un appui de l'armée de cette province, dit à une autre de ses sœurs la princesse de Tze, Tcheng lou, devant laquelle il tenait conseil : « dis à Poulatou, ton mari, d'écrire a Pousan koui. » Poulatou obéit à Yong tao et envoya d'abord à Pousan koui un messager lui disant de s'unir à eux et cela afin de connaître sa pensée. Pousan koui refusa. L'envoyé, voyant qu'il refusait, n'osa pas lui annoncer le projet de révolte. Un des serviteurs de la maison de Yong tao, nommé Tong sheou, lui conseillait fortement de renoncer à ses projets de soulèvement, mais Yong tao ne voulut pas l'écouter. Alors Tong sheou fit part de ce fait à un certain Tchen ja nou, et celui-ci alla annoncer à Tchang tzong ce que méditait Yong tao. Ce dernier était alors à la capitale. Tchang tzong chargea Wan yan sio jen, Shoui tchi koue, Yang pe tong et Nipen kou jian d'aller prendre des informations. Mais ces gens rusés et trom-

---

(1) Le *Tzen tchi* est le livre secret laissé par les lettrés qui connaissaient parfaitement le cours du ciel et du temps. C.

peurs ne remplirent pas leur mission avec célérité et comme cela tardait, Tchang tzong irrité, les fit venir tous quatre pour les interroger. Le ministre Jakou tching tchen dit alors : « en toute affaire, le principal est de la terminer promptement ; ou arrête ainsi les mouvements du cœur humain. » Là-dessus Tchang tzong fit mourir Yong tao son oncle, ainsi que l'épouse de celui-ci, Bian wei, leurs deux enfants Ou coun et Asin, et leur sœur cadette la princesse Tcheng lou de la manière qu'ils voulurent. Quant à Poulatou, Tzoui wen, K'ou jian et Ma tai sou qui les avaient excités à la révolte, il les fit percer du glaive. Mais il ne punit point Poushan koue. Il fit en outre enfermer en prison Tong sheou, après l'avoir dégradé. « Pourquoi, lui dit-il, as-tu transmis cette nouvelle par intermédiaire ? Pourquoi ne l'as-tu pas annoncé toi-même ? » A Tchen ja nou, qui l'avait informé des projets du prince, il donna 2000 taëls et le fit mandarin de cinquième classe, Il confisqua les biens de Tcheng wang tao et les partagea entre les autres princes ; ceux de la princesse Tze koue furent distribués entre les autres princesses. — Tchang tzong envoya ensuite un représentant assister aux funérailles du prince de Hia, Li zhin siao.

La cinquième année Meng tchang (1194), le premier mois, le roi Tchang tzong reconnut Li shoun yo comme prince de son état de Hia.

Le troisième mois, il établit pour la première fois la coutume de sacrifier aux esprits du soleil, de la lune, du vent, de la pluie et du tonnerre.

Le dixième mois, les membres de la cour Shang shou seng lui présentèrent, après enquête faite par le Ti sing sze et constatation de leur intégrité : Sze siao, magistrat de Nan pi heou, et douze autres, ainsi que Mantou assesseur du district de Tai sing fou, qu'ils avaient choisis. Tchang tzong, qui les connaissait à fond, dit alors : « Mantou est un homme négligent et léger ; on ne peut l'avancer en grade. Si l'on emploie des gens de cette espèce, que fera-t-on des hommes graves et soigneux ? Si, au contraire, des gens d'une vertu ordinaire comme Mantou ont sous eux des hommes de plus de vertu et de prudence, il est à craindre que cela ne détruise les principes de justice. Et alors quel emploi pourra-t-on donner aux gens d'une médiocre vertu ? Examinez cela de nouveau. »

La sixième année Ming tchang, le troisième mois, le roi Tchang tzong nomma Bomoloutze, sze tsian de la droite ; Tien tzong li, si y de la gauche et Bousan o k'ou, si y de la droite. Puis il leur fit cette instruction : « les magistrats chargés d'avertir le roi ne portent pas un vain nom. Ils le sont pour me rendre de grands services en suivant toujours la vérité. Magistrats! choisissez dans le royaume et instituez des moniteurs, vous devez m'informer de tout ce qui peut être heureux ou funeste pour l'état, de la conduite bonne ou mauvaise des fonctionnaires. Ne me cachez rien. Quant à moi je ne manifesterai point de mécontentement parce que vous m'auriez repris. Magistrats! je crains bien que vous ne preniez point cette fonction à cœur et que vous ne vous taisiez par crainte. Armez votre cœur de courage, faites tout ce qui est en vous, et ne tenez pas vos bouches fermées. »

Le cinquième mois, les officiers attachés à la personne de son oncle, le K'ou wang, Yong tzong, représentèrent au roi que le quatrième fils de ce prince, Alihôman, tenait des discours dangereux. Le roi envoya Sun ji keng, song tcheng du tribunal des censeurs, pour s'informer si cela était vrai, et l'on en constata la vérité. Takou, l'un des serviteurs de Yong tzong vint dénoncer ce prince et dit : « mon maître a dit à une femme nommée Soui hioei : quand je serai fils du ciel je ferai ton fils prince ainé et toi femme de l'empereur. » Tchang tzong ayant donc appris que ces propos avaient été réellement tenus, envoya le président du tribunal des rites, Wang wei et le conseil de la cour militaire, Ougou loun, prendre de nouveaux renseignements ; puis il dit à ses ministres : « Kou wang, en parlant ainsi, a commis une grave faute. Sa conduite diffère cependant de celle de Yong tao. » A ces mots un grand du nom de Matchi répondit : « bien que la conduite de ces deux princes soit différente, cependant l'acte d'un sujet qui agit comme s'il n'y avait pas de roi pour lui, est certainement tout aussi coupable. » Le roi reprit : « pourquoi Yong tzong a-t-il parlé ainsi ? » Le ministre Jian kou tching tchen répondit : « il a ainsi manifesté ce qui était au fond de son cœur. » Là-dessus Tchang tzong fit expliquer à tous les fonctionnaires le crime de Yong tzong, en leur intimant l'ordre de lui indiquer leur opinion à ce sujet ; les magistrats en dessous du cinquième rang, par écrit ; ceux au dessus du quatrième, de vive voix dans une audience. Tous répondirent que le coupable devait être traité avec toute la sévérité de la loi. Sur quoi Tchang tzong condamna à mort et fit exécuter Yong tzong, et tua ses deux fils de sa main. A cette occasion le roi changea le nom des années de Meng tchang en Tcheng an et annonça ce changement par un édit.

La première année Tcheng an (1196), le deuxième mois, le roi adressa au Shang shou seng yamen un ordre portant : « bien que l'on soumette à ma décision les cas de peine capitale, je crains cependant qu'il n'y ait encore parmi eux des cas douteux et des châtiments immérités. Magistrats examinez à nouveau tous les criminels condamnés à mort et faites moi soigneusement un rapport sur tous les cas. La vie d'un homme est une chose éminemment précieuse ; on ne peut la traiter avec légèreté. »

Le sixième mois, comme le blé était rare, Tchang tzong prit des magasins royaux 100,000 mesures de grain et les vendit à bas prix. Dans la maison d'un certain Litong, à Ping chin hien, un vers à soie avait produit par lui-même un morceau d'étoffe de soie brodé de fleurs au fil d'or. Cette soie était longue de 7 pieds 3 demi-pouces et large de 4 pieds, 18 demi-pouces.

La deuxième année Tcheng an (1197), le cinquième mois, le roi Tchang tzong réunit les magistrats et leur remit un édit en leur disant : « maintenant l'administration de l'état est en très mauvais état. Les fonctionnaires sont négligents et paresseux. Sans souci d'aucune affaire, ils apprennent de jour en jour de nouvelles pratiques répréhensibles. Les fonctionnaires ne pensent qu'à se reposer et à se faire bien venir de leurs administrés. Dans de semblables conjonctures, sur qui l'état peut-il se reposer ? »

Le jour du coq jaune, à l'occasion de la naissance d'un fils, le roi publia une proclamation accordant remise de la peine de mort et ordonnant la mise en liberté de tout coupable condamné à une peine moindre que les travaux forcés pour l'état.

Le huitième mois, vu que la question de la délimitation des frontières n'était pas encore réglée, le roi réunit les magistrats du sixième rang et au-dessus, et les interrogea sur ce qu'ils avaient fait pour la charge qui leur avait été confiée. Puis il leur dit : « grands du royaume ne tenez aucun compte du rang supérieur ou inférieur des fonctionnaires tant du dedans que du dehors. Parmi les hommes capables de concevoir et d'exécuter un plan, une entreprise à faire, courageux et capables, assez intelligents pour bien tout calculer et peser, et employer les moyens, faire les dépenses nécessaires, présentez-m'en un sur trois ou quatre, pour leur donner des fonctions. Je choisirai ceux qui doivent être nommés. Je crains que, par égard l'un pour l'autre, vous ne suiviez pas mes intentions. D'ici à cinq jours ayez écrit et présenté leurs noms. »

Sur cet ordre les grands présentèrent en tout 84 candidats; et parmi eux, 5 à mettre en charge sans plus, 46 à observer et 33 à surveiller après leur nomination.

Le onzième mois, Tchang tzong dit à ses ministres : « assis au fond du palais sur le trône aux neuf degrés il m'est bien difficile de connaître ce qui intéresse le petit peuple. Si vous, mes ministres, vous n'avez pas des rapports amicaux avec les principaux du royaume, vous ne pourrez pas non plus parvenir à savoir ce qui fait bien ou tort au petit peuple. »

La troisième année Tcheng an (1198), le deuxième mois, Tchang tzong dit à ses ministres : « les fonctionnaires du dedans et du dehors aujourd'hui, se relâchent extrêmement. Il y a des hommes vertueux, capables, dignes des charges publiques. Faites-les moi connaître quand même ils ne sauraient point parvenir à un rang élevé. Ne laissez point de côté vos parents, alliés et connaissances. »

Le quatrième mois, il dit aux censeurs : « les magistrats du royaume sont en grand nombre très vertueux et capables, mais je hais ceux qui négligent leurs fonctions; recherchez et faites-moi connaître tous ceux qui auraient ce défaut. »

La quatrième anné Tcheng an (1199), le cinquième mois, un grand nommé Tchensai présenta au roi un rapport traitant de quatre affaires à la fois, savoir : 1° que le peuple des frontières souffrait cruellement des incursions et des déprédations des brigands, 2° que les gens de la campagne, les agriculteurs avaient grande misère par suite de la grande consommation de grain que faisaient les troupes, 3° que parce qu'on use d'égards envers ceux qui ont été reconnus innocents après une longue instruction, on relache tout le monde, même les coupables, 4° que les magistrats chargés de faire les enquêtes n'en reçoivent que que plus de présents ; qu'aucune faveur n'atteint les fonctionnaires placés aux frontières et que par suite des injustices qui se commettent, les sécheresses et les inondations accablent les populations. Le roi lui donna entièrement raison. La sécheresse continuant et la pluie ne tombant plus du tout, le roi alla au Grand temple demander de la pluie; aussitôt il plut en abondance. Aussi le roi dit aux magistrats judiciaires : « C'est que j'ai fait offrir un sacrifice aux esprits protecteurs, dans le Grand temple pour obtenir qu'il plût. » Comme par la suite il pleuvait constamment dans le pays de Tai sing hien, Tchang tzong ordonna aux magistrats de justice d'aller demander aux esprits la cessation de la pluie.

Le dixième mois, le roi publia un édit instituant dans chacun des chefs-lieux, fous, tcheous et hiens une cour appelée Pou tchi youen qui devrait chaque année, au dixième et au quatrième mois, servir aux pauvres du riz chaud.

La cinquième année Tcheng an (1200), le dernier mois, il porta un décret par lequel il changeait le titre de l'année suivante et l'appelait Tai ho.

La première année Tai ho (1201), le onzième mois, Tchang tzong fut si attaché à son épouse Litze (1) que tout se faisait par l'initiative des pères de cette reine; et tous les grands allaient leur faire la cour. En ce temps il souffla un vent pernicieux qui répandit l'obscurité pendant plusieurs jours. Le roi écrivit alors une lettre publique demandant la la cause de ce phénomène. Le Ping jang zeng sze lui répondit par une autre lettre : « l'humanité, la justice, le respect, la sagesse, la véracité sont les cinq fondements. Des pères justes, des mères aimantes, des frères aînés dévoués, des frères cadets respectueux, des enfants pieux ce sont les cinq vertus. Lorsque les cinq fondements ne sont plus stables et que les cinq vertus ne florissent plus, les magistrats, les lettrés, les grands, abandonnent la voie de la justice et de la convenance, ne savent plus même rougir de leurs fautes. Le petit peuple viole les lois morales et résiste à la justice, et ne sait plus revenir de sa perversion. En renversant les fondements du ciel, en mettant ainsi en soulèvement la chair et les os qui se nuisent alors mutuellement, on détruit la paix et l'harmonie. Cette perversion n'est pas l'œuvre d'un seul jour ou d'une seule nuit. Aussi, lorsque l'on considère cet affaiblissement de l'empire, on voit que l'on doit tout mettre d'accord avec la nature du cœur humain. Si les rapports des pères et des fils, du mari et de l'épouse redeviennent ce qu'ils doivent être d'après leur nature fondamentale, alors la paix, la concorde retournera en tous lieux, la prospérité, le bonheur reviendront (parmi nous). Maintenant dans le gouvernement de l'empire il y a deux choses qui pressent extrêmement : la première est d'inspirer l'esprit de justice aux petits fonctionnaires car, en les examinant en

---

(1) La conduite du roi était irréprochable; mais les sages le blâmèrent plus tard, à cause de la reine Litze. C.

secret on trouve que, ne réveillant point en eux le sentiment du devoir et de la justice, ils ne recherchent que le profit. Comment pourraient-ils corriger et améliorer le petit peuple? Quand il s'agit de donner une charge, il faut conséquemment et avant tout nommer l'un après l'autre, des gens qui ont acquis une gravité, une vertu, une noblesse d'âme, ainsi qu'une connaissance et une intelligence complète des affaires. Si ces gens intelligents et au courant des affaires se relâchent, il faut les remplacer par d'autres qui suivent les voies de la justice et de la vertu. Si malgré ces capacités, ils ne sont pas vertueux et probes, les magistrats inférieurs seront partiaux et flatteurs. La seconde chose importante est que la direction donnée à l'esprit des étudiants doit provenir de l'école où l'on suit le haut décret qui dirige l'enseignement. Maintenant les lettrés manquent le principe même d'un vrai enseignement et négligent d'étudier le sens profond des Kings et des livres historiques. Ils ne tiennent que de vains discours, parlant uniquement du luxe, des ornements extérieurs (1) et attirent à eux toutes les récompenses et tous les profits. Réunissez donc les lettrés savants, faites leur expliquer le vrai sens des Kings et des livres historiques et veillez à ce que les étudiants apprennent et retiennent les vérités qui y sont contenues. Il est certainement nécessaire que les gens d'étude ne se laissent point aveugler par de vains ornements de style. » Puis il ajouta : « Tout ce qui arrive en ce monde en même temps, n'est pas uniforme. Quand même l'extérieur est tout semblable, il y a cependant des distinctions à faire. Tout ne peut être renfermé dans les lois et coutumes. Des choses semblables au fond exigent des différences d'expression. Kong fou tze dit : « la justice, le droit est ce qui doit décider en ce bas monde. Le souverain ayant à régler et terminer des affaires de toute espèce, n'arrête que peu en sa sainte pensée toutes ces choses exprimées de manières différentes et recherche en son esprit la cause première de ces choses; il doit déterminer ce qui doit faire l'objet d'un examen et étudier les affaires douteuses. » Tchang tzong ayant lu cet écrit, l'approuva complètement.

La seconde année Tai ho (1202), le neuvième mois, le roi Tchang tzong ayant donné mission à Wan yan tang et à d'autres d'aller porter ses félicitations à l'empereur Song à l'occasion de l'anniversaire de sa nais-

---

(1) Ou un langage recherché, pompeux.

sance, il leur donna ces instructions : « une paix parfaite règne entre les deux empires. N'allez pas, en contestant pour des choses insignifiantes, risquer de compromettre notre puissance. » Ayant vu un phénix près de la montagne Kou san, au pays de Ou nan hien, le roi adressa un édit à tous les fonctionnaires du dedans et du dehors.

La troisième année Tai ho (1203), le quatrième mois, Tchang tzong dit au Tien jian sze : « lorsque les magistrats sortis des charges viennent au palais, il est très difficile aux vieillards de les accompagner. Qu'ils s'appuient sur une canne et se fassent aider de leurs serviteurs. »

La quatrième année Tai ho (1204), le premier mois du printemps, le prince de Corée Wang siao mourut et Wang ing son fils lui succédant, envoya annoncer son deuil à la cour d'Aisin.

Le deuxième mois, le roi Tchang tzong sacrifia pour la première fois aux trois *Hoang*, aux cinq *Ti*, et aux quatre *Wangs* (1).

Le troisième mois, le jour du lièvre rouge le soleil se couvrit de ténèbres et ne luisit pas. Un vent violent renversa un côté de la porte Hiuen yang men. A cette occasion le roi ayant ordonné de sacrifier aux anciens *Ti* et *Wangs*, les membres du Shang shou seng yamen lui présentèrent ce placet : « il a été décrété de sacrifier, une fois tous les trois ans aux trois *Hoang*, aux cinq *Ti* et aux quatre *Wangs*. Si maintenant on prescrit de sacrifier aux autres empereurs, il faut le faire à Tai k'eng de la dynastie Hia, à Tai tsia, Tai sou et Outing de la dynastie In ; à Tcheng Wang, K'eng wang et Hiuen wang des Tcheou ; à K'ao tzou, Wenti, Tchingti, Outi, Hiuen ti, Kouang ou, Ming ti et Jang ti des Hans ; à K'ao tzou et Taitzong de la dynastie Tang, en tout à dix-sept anciens empereurs. » Tcheng tzong accueillit favorablement leur demande et fit ces sacrifices.

Le quatrième mois, la sécheresse régnant de nouveau dans l'air, le roi publia une proclamation dans laquelle il s'accusait lui-même et demandait un avis salutaire. Quittant la cour du centre il diminua la quantité de nourriture qu'il prenait habituellement, fit cesser toute musique et réduisit le nombre des chevaux de ses écuries. Il fit remise des impôts d'été et du tribut des *Tcheou* et *Hien* qui souffraient de la

---

(1) les trois Hoangs sont les *Hoang* du ciel, de la terre et de l'homme. Les cinq *Ti* sont: Fouhi, Shen nong, Hoang ti, Yao et Shun. Les quatre *Wangs* sont : Yu, Tcheng tang, Wen wang et Ou wang.

sécheresse. Il envoya de tous côtés faire hâter l'instruction des procès des gens retenus dans les prisons et faire enquête sur les cas de punition imméritée. Les magistrats supérieurs lui ayant présenté une supplique de pardon, le roi leur répondit par cette lettre : « c'est parce que j'ai manqué de vertu que le ciel suprême a fait paraître ce prodige. Vous magistrats aidez moi par le zèle apporté à l'accomplissement de votre devoir et conformez-vous à ma pensée. » Puis le roi s'étant rendu au désert du nord, au temple de ses ancêtres, y pria pour obtenir de la pluie, et le ciel en fit tomber.

La cinquième année Tai ho (1205), le troisième mois, l'armée de Song entra dans une contrée du Kong tcheou, appelée Li yuen tchen. Les gens du Tang tcheou d'Aisin ayant arrêté un émissaire de Song l'interrogèrent sur ce qui se passait. L'émissaire leur annonça qu'un général de Song, Han to tcheou, avait réuni une armée, l'avait mise sur pied à Ou yo et se disposait à marcher vers le nord. Tchang tzoug l'ayant appris donna à l'un de ses officiers, Pousankoui, la charge de Hiun fou sze du Ho nan, lui confia l'armée de toutes les provinces, le chargea de défendre les régions touchant à l'empire de Song, lui disant : « depuis que je suis sur le trône et que j'ai eu recours aux services de mes ministres, je ne vous ai jamais laissé en arrière. Si les vues du prince et du sujet ne concordent pas, s'ils ne sont pas comme un même corps et un même esprit, que feront-ils en de semblables circonstances? Votre père (1) était ministre du roi défunt, généralissime de toutes les armées du royaume, chargé de tout ce qui concernait les provinces du sud, il y a mis tous ses soins. Je ne me suis pas trompé en vous donnant cette charge. Pour moi je suis content de l'étendue de l'empire ; rendez seulement la paix à toutes les provinces. L'empire Song a cessé de se reconnaître vassal. S'il ne change point ses résolutions hostiles, mettez l'armée en ordre, passez le Hoaiho et châtiez-le. Renouvelez les hauts faits et les services de votre père. » Et ce disant, il lui donna d'excellents chevaux, une ceinture de pierres précieuses, des perles, de la soie et des liqueurs. Poushan koui se rendit à Pian king, y choisit ses officiers et les fit exercer les troupes. La force de son armée fut bientôt connue. Aussi l'empereur envoya un ambassadeur à la cour d'Aisin pour faire ses excuses.

(1) Le père de Pousan koui était Pousan song.

La sixième année Tai ho (1206), le premier jour du premier mois, les états de Song, de Corée et de Hia envoyèrent offrir leurs souhaits au roi d'Aisin. Au moment où l'envoyé de Song, Tchen ke kiun, allait s'en retourner, Tchang tzong lui envoya Meng tcheou à la station de la poste, pour lui dire : « mon aïeul, le roi Sitzong avait donné au souverain de Song, pour tout l'avenir, le rang d'un fils. Moi, je l'ai conservé jusqu'à cette époque ; je me suis conformé avec respect à cette loi qui m'avait été transmise avec l'héritage du trône et je l'ai maintenue. Votre gouvernement a agrandi de plus en plus ses usurpations et ses tromperies, et vous n'avez pas craint d'attaquer nos frontières. C'est pourquoi j'ai envoyé mes meilleurs magistrats mettre sur pied notre armée du Honan et faire régner l'ordre parmi ses habitants. En lisant les lettres de vos grands fonctionnaires, j'ai cru que, comme vous le disiez, vous aviez donné aux officiers de la frontière, ordre de s'arrêter et retiré votre armée. Et moi, souffrant de cet état du monde, moi qui ne pensais à rien de mal, j'ai donné à mon général en chef Hiuen fou sze, l'ordre de se retirer. Aussitôt la fausseté, la fourberie de votre gouvernement s'est agrandie encore. Bien que mes mandarins me répètent que vous aviez violé vos serments, moi, pensant au long accord qui a régné entre nous, j'ai pris patience. Je crains que votre empereur n'ait pas compris cela. Si à l'avenir on n'en finit point avec ces manières d'agir, à première nouvelle que je recevrai de mes officiers, malgré l'amour que j'ai pour le peuple, je ne pourrai plus laisser ces attentats sans suite. Vous, officier de Song, allez informer votre prince de ce que je pense à ce sujet. »

Le général de Song, nommé Oüsi, gouverneur du pays de Sing yuen mit en marche son armée pour venir prendre la ville d'Aisin, Mousouloung. Tchang an, général d'Aisin l'attaqua, le défit et tua l'un de ses généraux. L'armée de Song envahit de nouveau le territoire de Tchemoukou. Wan yan kouelo, officier d'Aisin résidant en la province de Shan si et Wan yan tchijin, commandant de la cavalerie de Kong tcheou allèrent à la frontière au devant du gouverneur chinois de la région de Ho tcheou, qui faisait semblant de demander la paix. Une armée chinoise placée en ambuscade les attaqua par derrière et tua Tchao yan shong, prince de la tribu Moubo et sept autres officiers. Le cheval de Wan yan Kouelo s'étant enfoncé dans la boue, ce général reçut plusieurs blessures mais il s'échappa ainsi que Wan yan tchi jin.

Le quatrième mois, les membres du Shang shou seng yamen présentèrent au roi un rapport l'informant des nouvelles envoyées par le Tong kiun sze du Honan, touchant l'ennemi. Hoang fou bin, général de Song, avait partagé son armée en deux et lui avait fait suivre deux chemins différents. L'une forte de 40,000 hommes venait prendre la ville de Teng tcheou ; l'autre division, de 30,000 hommes, marchait contre la ville de Tang tcheou. On ne pouvait tarder de mettre sur pied et d'envoyer une armée au secours. Ayant appris ces nouvelles et approuvant leur avis, le roi Tchang tzong confia une armée aux quatre généraux Hesiliei y, Toushan y, Hesiliei tze zhin et Jitzong, leur prescrivant de la mettre immédiatement sur pied et d'aller attaquer l'armée de Song sur la frontière.

Le cinquième mois, Li souang, général chinois, vint mettre le siège devant Sheou tcheou. Un autre officier song prit la ville d'Aisin, Tchi hien. D'autre part, Wan yan fojou, fang you sze d'Aisin battit Tchin sian, général chinois qui était venu attaquer la ville de Tzai tcheou. Le roi Tchang tzong alla annoncer la violation des serments commise par l'empire Song, au ciel, à la terre, au temple des ancêtres, aux génies protecteurs des champs. Puis craignant, vu la force de l'armée chinoise, qu'avant l'arrivée de nouvelles troupes levées et amenées des provinces du nord et de l'est, l'armée du Honan ne fût pas en état de se mesurer avec l'ennemi, Tchang tzong fit rassembler à Tchen ting, Ho tsian et Tching sian les troupes de Hupe, Tai ming fou, Pe jing et Tien san en tout 15,000 hommes et les envoya en toute hâte au secours des provinces envahies. Tien kiun mai, général de Song, étant venu attaquer la ville d'Aisin, Sou tcheou, Nalan bangliei d'Aisin sortit de la ville et lui infligea une défaite signalée. Le général chinois se retira à Tchi hien et la fortifia. Nalan bangliei le poursuivit, mit ses troupes en déroute et le fit lui-même prisonnier. Un autre général de Song, Hoang fou bin, vint à la tête d'une armée donner l'assaut à Tang tcheou. Le généralissime d'Aisin, Pousan kouei, ayant appris que le Tzetze de la ville, Ougousoun, n'était pas en état de lutter contre les forces chinoises envoya Naho kiun sing pour renforcer son armée. Les troupes d'Aisin attaquèrent alors l'armée chinoise et la mirent en déroute. Pousan kouei annonça au roi la victoire remportée près de Tchin hien et lui présenta le général chinois prisonnier. Tchang tzong lança à cette occasion une proclamation où il louait extrêmement son général et donna à Hesiliei tchen, Nalan bangliei et Sze k'eita, des grades et des récompenses en rapport avec leur rang.

Li souang, général de Song, assiégeait Sheou tcheou d'Aisin depuis plus d'un mois et voulait livrer assaut. Le gouverneur de la ville, Toushan si, ne pouvant la fortifier de manière à résister aux assauts, les Pan kouen du Honan, Tchifou et Mai k'ou vinrent à son secours avec une armée. Toushan si fit en même temps une vigoureuse sortie et ils mirent en déroute l'armée chinoise de Li Souang. Wan yan saibou, généralissime de l'aile droite de l'armée d'Aisin infligea de son côté une défaite complète près du fleuve Tchin soui au Sao tong tchi de Song. Pousan kouei signala de nouveau ces faits d'armes au roi et Tchang tzong éleva en grade et fit fang you sze, Toushan si, gouverneur de Sheou tcheou, nomma Poulieikou général commandant ; Tchi tcheou, jiei toutze, et Mai kou, pan kouen. Quant à Wan yan saibou et au chef de compagnie Wan nou, il les éleva d'un rang et leur donna de l'argent et des pièces de soie. Cependant Shang zhong, général de Song, marchait contre Hei tcheou par l'est. Wan yan bian tzang, général d'Aisin, l'attaqua et le vainquit. Mais en revenant du combat il tomba dans une embuscade et y perdit la vie. Le roi éleva Bian tzeng au rang de Tsze sze de Hai tcheou, nomma son fils à sa place et lui donna 500 taëls avec 100 pièces de soie. Tchi tchun, général chinois, venait avec une nombreuse flotte assiéger Pi tcheou. Wan yan tzong jeng d'Aisin l'attaqua et le défit. Tchi tchun, sur le point d'être pris, se noya dans le fleuve. Son adjudant fut pris et tué. Ousi de Song était entré sur le territoire de Tchin tcheou avec une armée de 50,000 hommes ; Tcheng you et autres officiers d'Aisin lui livrèrent bataille et le défirent.

Le huitième mois, Tcheng tzong de Song prenant les armées d'Aisin par derrière envahit le territoire de Fang san yuen, mais il fut vaincu par Pousan jen d'Aisin. Le roi Tchang tzong, pour compenser les pertes éprouvées, donna la liberté aux criminels des *tcheou* et *hien* des provinces que l'armée chinoise avait envahies et fit remise du tribut en grain pour l'année suivante.

Le neuvième mois, il adressa un décret au Shang shou seng yamen, disant : « faites venir et mettez en charge les hommes qui s'élèvent au-dessus de tous par l'habileté de leurs plans et de leurs calculs, qui se distinguent des autres par leurs vertus militaires et se montrent capables de gérer les affaires et plus ingénieux que tous autres. » Ousi, Fong sing, Yang shong, Likou et les autres généraux chinois réunissant leurs troupes envahirent le pays de Tchin tcheou. Le lieutenant du général gouverneur du Shansi et d'autres officiers les arrêtèrent, les vainquirent et tuèrent Yang shong et Likou.

Le dixième mois, le généralissime d'Aisin, Poushan kouei prenant le commandement des armées de toutes les provinces les fit marcher contre l'empire de Song dans l'ordre suivant : Poushan kouei lui-même envahit le pays de Pisheou avec 10,000 hommes; tandis que Hesiliei tze zhin (tong kiun sze) passait le défilé de K'ou keo avec 30,000 hommes ; le général Wan yan kouang entrait dans le pays de Tang et Teng avec 25,000 hommes ; Hesiliei tsi song, général de la gauche, passait le défilé de Tching keou avec 20,000 hommes; Song, général de la droite, envahissait le pays de Tchen tzang avec 10,000 hommes ; Pousan jen, toujian de la droite, celui de Tcheng tsi avec 10,000 hommes ; l'an fou tze Wan yan k'eng, celui de Lin tan, à la tête de 10,000 cavaliers chinois et mongols ; Simo tzong, tou tzong kouen, celui de Yan tchouen avec 5000 cavaliers et fantassins ; le fang you sze, Wan yan lin, celui de Lai yuen avec 3000 hommes. Formant ainsi en tout neuf corps d'armée, les troupes d'Aisin envahirent le territoire chinois.

Le onzième mois de cette année, Wan yan kouang prit la ville chinoise de Tzo yang. Poushan kouei défit l'armée d'An fong et prit Ho tchio hien. Hesiliei Tsisong d'Aisin prit Hoai zhin et mit le siège devant Tzou tcheou. Wan yan kouang défit les deux armées de Kouang hoa et de Shan man pou. Le général en chef Poushan kouei étant entré dans Zhou kiang, Tchio tzong général commandant les troupes chinoises de Kiang hoai, lui envoya Lio you pour demander la paix. Pendant ce temps les généraux d'Aisin, Hesiliei tze zhin prenait Ting youen et Tchou tcheou; Wen yan kouang s'emparait de Soui tcheou, et mettant lui même le siège devant Te tcheou il envoyait son armée prendre les six villes de An lou, Ing tcheng, Yon meng, Siao k'en, Han tchouen et King san. En outre Wan yan k'eng d'Aisin reçut la soumission de Yo tcheou. Tchio song de Song fit porter par un certain Lin kong, une lettre par laquelle il demandait de nouveau un accord. Wan yan kouan d'Aisin attaquait Siang yang et s'emparait de la ville extérieure, tandis que Poushan kouei prenait les deux villes de Han san et Man sa, Poushan wen celle de Tien soui hien; Heseliei tze les deux hiens Lai an, Tchuen tchiao et Wan yan k'eng les hiens Li tchouen et Liou tchuen. Alors Tchio song, Song sian et autres généraux de Song envoyèrent encore un député porteur de présents en soie et d'une lettre demandant la paix.

Pendant ce temps Teng cheng et Si ho tcheou étaient prises, la première par Wan yan k'eng, la seconde par Pousan jen d'Aisin.

Enfin le dernier mois, Wan yan kouang d'Aisin reprit Y tcheng. Pendant que le général en chef Poushan kouei assiégeait Ho tcheou, un de ses officiers, nommé Sze k'aita fut atteint d'une flèche et tué. Wan yan k'eng entra ensuite dans Ta tan hien et reçut la soumission des habitants, pendant que Poushan jen prenait de vive force Tcheng tcheou. Ousi, commandant de la province chinoise de Sze tchouen, envoya une lettre à Wan yan k'eng d'Aisin, lui proposant de se soumettre. Song, général de la droite, occupa le défilé de Tan san kouen et Hesiliei tze zhin prit Tchen tcheou. Alors Tchio song envoya par Tchen pi une nouvelle lettre demandant la paix. Malgré cela Song, général de la droite d'Aisin chargea Ouyasoho d'aller avec une armée prendre Fong tcheou. Cette nouvelle répandit la terreur et le désordre dans cette ville, aussi le général d'Aisin en profita pour y entrer et en resta maître. Wan yan k'eng envoya un de ses officiers, nommé Jang-tze, au général chinois Ousi et celui-ci le rejoignit près de la passe de Tchi keo qui conduit à Sing tcheou. Là Ousi lui fit connaître son intention de se soumettre. Jang tze lui répondit : « demandez les instructions de votre souverain ; je reviendrai pour en recevoir communication. » A ces mots Ousi montra ses pouvoirs à Jan tze qui les porta à son camp. Alors le général en chef d'Aisin, Poushan kouei, fit retirer son armée. Wan yan k'eng, sur l'ordre de Tchang tzong envoya un officier du nom de Man lian siang, porter le décret royal, avec le sceau d'Aisin, par lequel le roi faisait Ousi prince de Sou. C'est pourquoi Ousi envoya au roi Tchang tzong par les mains de deux de ses officiers, K'ou tching et Zhin sin, une lettre de remerciments, avec la carte de sa principauté de Sou et la généalogie de ses aïeux et de son père.

La septième année Tai ho (1206), le premier mois du printemps. Tchang tzong éleva Wan yan k'eng de trois degrés et Wan yan kouang prit la ville de Kou tcheng.

Le deuxième mois, le généralissime d'Aisin Poushan kouei mourut ; le roi le remplaça par Tzong hao, ministre de la gauche, qu'il fit général en lui confiant l'inspection de l'armée de Wan king d'Aisin. Ce même mois le prince de Sou, Ousi fut tué, par surprise, par An ping, grand de l'empire Song.

Le troisième mois, l'armée de Song reprit les villes de Tsiei tcheou et Soho tcheou tombées entre les mains des gens d'Aisin. Wan yan k'eng étant entré dans Fong tchiang fou, il lui arriva un ordre du roi lui disant de retirer l'armée des cinq villes et de veiller à la défense des lieux menacés. Là-dessus Wan yan k'eng se retira. Tchang tzong élevant en rang Wan yan kouang et Hesiliei tze zhin, les fit généraux le premier de la gauche, le second de la droite. Un grand de l'empire Song, Fang Yan, envoya un certain Fang sin zhou porteur d'une lettre demandant au général Tzong hao d'entrer en arrangement. Les termes de cette lettre ayant déplu à Tzong hao, il dit à l'envoyé : « que votre maître, se reconnaissant notre sujet, partage avec nous le territoire et prenne sa part! Mais livrez nous l'homme astucieux et perfide qui a commencé la guerre. » Et il renvoya Fan sin zhou avec une réponse conçue en ce sens. Tchao yan renvoya le même messager et celui-ci vint apporter le traité confirmé par serment de son maître Tchao kouang : « mon maître, dit-il, a dépêché trois messagers le jour anniversaire de la naissance de votre roi, puis lorsque selon la convention conclue entre nos deux états, on est venu annoncer le deuil pris à l'occasion de la mort de la grand'-mère de notre empereur, Sien sze. » Et ce disant, il remit à Tzong hao la lettre dont il était porteur. Le général d'Aisin lut cette lettre; il y était dit : « comme on peut le voir par les réponses rapportées par nos messagers, vous avez toujours considéré comme une chose de la plus haute gravité d'assurer le repos du petit peuple et ces réponses ont témoigné que vous aviez pour nous une affection qui oubliait les fautes. En entendant vos paroles, je me suis fortement réjoui. Car le souvenir du grand empire d'Aisin est semblable au ciel qui protège avec bienveillance, à la terre qui soutient les hommes. La vertu de ses généraux est comme le *Long shoui* (1) qui répand l'eau sur la terre et fait florir toute chose au printemps; ainsi que nous le disions dans nos rapports. C'est pourquoi mon empereur avait donné ses ordres prescrivant d'envoyer, sans retard, un ambassadeur porter une réponse à la cour d'Aisin. Et en effet on a envoyé Fang sin zhou pour traiter les conditions de l'accord et le conclure. Moi, simple et borné, je me suis fié à votre haute intelligence. Ecoutez et accueillez les paroles que je vous transmets. Le crime du renouvellement de la guerre a détruit la solidité de

---

(1) Litt. l'eau du dragon, le principe aqueux du monde et génie qui le personnifie.

notre gouvernement et lui a fait perdre sa considération. Aussi regrettant ma faute j'ai, le cinquième mois de l'an passé, chassé Teng yo long et le huitième, j'ai tué Sousze et les autres grands du royaume. A ce moment l'armée de votre puissant état n'avait point mis le pied sur notre territoire. Abandonnant la ville de Sze tcheou que nous avions occupée, toute l'armée qui s'était établie au-delà de la frontière fut complètement retirée à l'intérieur. On doit comprendre si nous regrettions sincèrement notre erreur. Le présent ne diffère du passé que par la différence des noms. Notre souverain n'a jamais eu l'intention de faire la guerre. Vous, loin de là, vous posez des exigences extrêmement graves. Vous voulez que je sois votre sujet et ne puisse me nommer votre fils. Les régions situées au-delà du Kiang forment la frontière qui nous donne la sécurité. Si je les cède à votre demande, comment assurerons-nous l'existence de notre empire ? Votre grand empire doit considérer ces nécessités. Tang yo long et les autres grands qui, en trompant leur cour, ont recommencé la guerre ont commis une faute qui ne peut être pardonnée. Si dans ces conjonctures nous les vous livrons et rendons ce que nous avons pris, quel châtiment notre roi ne nous infligera-t-il pas à nous ses ministres ? Quant au tribut et aux présents annuels en soie, pourquoi votre grand empire tient-il à ce qu'on en augmente le nombre diminué à l'époque Taiting ; il n'y a qu'à maintenir la parole donnée (yargiyan), en recevant ce qui a été donné de trop peu. Une haute puissance s'inquiète peu du plus ou moins de richesses données. Depuis que votre gouvernement a levé ses armées, on n'a plus levé les tributs pour laisser vivre le peuple. Si maintenant je vous rends ces contrées et que vous leviez les impôts au grand détriment du peuple, il sera dans une misère extrême. Selon ma pensée intime votre état ne le supporterait point. Vous demandez de rendre les transfuges qui se sont réfugiés chez nous. Nous ne pensons pas qu'il n'y en ait point qui se soient glissés comme des rats ou des passereaux ; mais nous ne les employons pour aucune fonction. Tout autrement on procédait au temps de Wan yan liang. Alors des membres de la famille impériale, des généraux distingués s'étaient réfugiés dans nos provinces, mais d'après l'accord intervenu entre les deux états il avait été statué qu'aucun des deux ne réclamerait les fugitifs. Pourquoi donc aujourd'hui venir soulever des difficultés au sujet de gens infimes ? Si votre gouvernement les réclame, soit, un instant ! Qu'il attende le résultat de nos recherches.

Parmi les gens des tcheous et hiens dépendant du Sze tcheou et qui sont revenus dans leur lieu natal on n'a pas encore pu distinguer ceux qui se sont corrigés des autres qui ont persisté dans leurs dispositions perverses. Les hommes capables de grandes choses ne pensent pas aux petits avantages. Il faut donc, après que les généraux en auront soigneusement conféré, pardonner les fautes antérieures pour prévenir toute nouvelle. Que les deux empires se faisant les présents d'usage, reprennent les rapports amicaux d'autrefois; alors la paix règnera entre les quatre mers et l'action des armées deviendra entièrement inutile. Le mérite, la renommée se manifestant, le bonheur, la vertu se feront connaître et se répandront. Gravant ces souvenirs sur l'airain des vases, les consignant dans les annales, on pourra les léguer aux âges à venir, ils seront éternels. En outre au jour anniversaire de la naissance du souverain de notre vaste royaume on préparera les dons d'usage, on enverra annoncer les événements malheureux survenus dans l'empire (les deuils royaux). Recevez alors les dons d'usage. On jurera l'observation du traité. » Telle était la lettre de Fang sin zhou. Fang sin zhou, aussitôt arrivé, voulait de sa propre autorité conclure la convention; il n'avait que le grade de San y kouan. Tzong hao qui était généralissime des troupes d'Aisin, l'ayant appris de lui, se crut par là méprisé. Outré de colère il fit mettre l'envoyé en prison et informa de la chose le roi Tchang tzong. Celui-ci lui envoya dire : « si l'envoyé ne peut amener l'accord entre les deux empires, il est de règle de l'arrêter. » Tzong hao répondit : « Fang sin zhou n'a point terminé l'œuvre de conciliation. S'il retourne à sa cour saura-t-on quelle faute il a commise? Si après l'avoir arrêté et retenu nous le renvoyons, il en sera tout autrement. Si nous le renvoyons, en expliquant ce manque d'égards commis envers nous, les gens de son pays sauront qu'il n'a pas apporté de réponse. Le prince de Song, Tchao kouang et Han tao tcheou enverront un nouvel ambassadeur, un homme respectueux et grave. » Là-dessus Tzong hao renvoya Fan sin zhou avec une réponse adressée à un grand de Song nommé Tchang yan. Cette réponse portait : « Nous avons lu et examiné la lettre apportée par Fang sin zhou et nous y avons trouvé ceci : — Bien que votre message concorde avec la volonté de faire la paix, les conditions qu'il indique ne peuvent être complètement acceptées. Ce que vous y dites de renvoyer les habitants des villes dépendant du Sze tcheou, d'augmenter le tribut annuel de soie pour le faire revenir à son ancien taux, de rendre les fugitifs comme cela se faisait jadis, cela peut passer. Mais le reste, se reconnaître vos sujets, céder des contrées, arrêter et vous livrer les conseillers perfides, cès trois choses n'ont pu être dites que comme un vain ornement du discours. Pour conclure un accord ils sont impossibles. Dire à notre souverain de les accepter c'est une chose qui passe les bornes, qu'on ne peut faire et qu'on doit refuser. » Cependant si vous ne le faites pas croyez-vous que nos forces et nos moyens s'égalent et que vous puissiez l'emporter sur notre armée et la repousser? Votre pays n'est pas puissant s'il n'est pas faible non plus ; vous ne calculez pas avec sérieuse attention les succès et les revers qui sont tout proches. Pourquoi donc se contente-t-on de proposer à tort et à travers et de consigner dans cette lettre des paroles trompeuses? L'armée est une arme dangereuse, funeste même pour celui qui aime la guerre; les saints ne l'emploient que réduits à l'extrémité. Aussi les trois Hoangs, les cinq Tis n'en usaient point et donnaient tous leurs soins au peuple. C'était seulement en présence d'un manque de foi, d'une violation du droit qu'ils y recouraient et quand on ne pouvait les faire cesser autrement. Maintenant votre gouvernement violant la foi jurée, a attaqué nos frontières. Pour moi, sur l'ordre de mon souverain, j'ai commencé la guerre mais nos troupes n'avaient point encore été mises sur pied, nous avions seulement envoyé un corps d'occupation. Personne n'avait encore porté le ravage çà et là pour résister et défendre notre territoire. Mais les soldats pris vivants et auxquels on avait tranché la tête étaient innombrables. Ceux qui avaient échappés, pleins de crainte et d'effroi s'enfuyaient et émigraient à l'aventure ; et nous réoccupions les lieux pris par vos soldats. Nous avons ainsi repris Sze tcheou sans lui faire aucun mal. Vous dites maintenant à votre guise que reconnaissant votre faute, abandonnant les pays occupés, vous avez retiré votre corps d'occupation. Ce langage n'est point conforme à la vérité. Le hiuen fou sze qui garde notre province de Shan si a envoyé quelqu'un pour nous l'annoncer; cet été votre armée chinoise a violé plus de dix fois nos frontières et nos troupes l'ont défaite chaque fois. Ceux dont la tête a été coupée ou pris vivants se comptent au delà de 100,000. Reconnaissant votre faute vous êtes allé çà et là demandant la paix. Mais vous envoyiez en secret des armées s'emparer d'abord de nos villes, profitant de ce que nous n'étions pas préparés et faisant des projets en l'air. Aussi vos propositions de paix n'étaient ni sincères ni convenables. On peut bien leur donner des noms spéciaux; le présent diffère du passé. Au temps appelé Taiting les choses changèrent. On ne pourrait compter les faveurs que notre royaume a accordé à votre état de Song. On le verra aisément en lisant les annales de l'époque Hoang tong (1). Depuis le commencement du règne de Sitzong nos deux royaumes ont vécu en paix pendant 30 ans. Comment avez-vous pu oublier notre bienveillante faveur? Votre état de Song a vécu depuis l'origine comme notre vassal. Après les guerres soutenues par Wan yan liang le roi Sitzong, voulant vous témoigner son amitié et sa faveur, a changé votre situation de vassal en celle de fils. Dans ces relations de fils vous avez eu la méchanceté de chercher à nuire à celui qui était comme votre oncle. Puisque vous avez interrompu les temps heureux de l'époque Taiting où vous étiez un fils, il est de droit que vous soyez traités en vassal selon le droit primitif. Si vous dites que ayant reçu la qualité de fils, vous ne pouvez être traité comme un vassal, comment cela se faisait-il au temps Hoang tong? Pourquoi ne peut-on plus employer ce terme aujourd'hui? Pouvez-vous dire que cela n'est plus acceptable et convenable? — Vous ajoutez encore à ceci et vous dites qu'en nous donnant une partie des pays au delà du Kiang qui forment nos frontières, votre état ne peut subsister; songez bien qu'avant de rendre votre frontière forte et sûre, il faut observer les règles de la justice et de la bonne foi. Si l'on se soucie peu de les garder, quand même on aurait un long cours de fleuve pour former sa sécurité, on ne pourrait point compter dessus et s'en enorgueillir. Pouvez-vous dire que ces deux régions du Hoaï ho (2) forment une vraie frontière? Jadis au temps des six royaumes, le pays de Hoai nan appartenait au royaume du milieu. Au temps dit Sian ta (3) de la dynastie Tcheou du nord, Li-tching, souverain de la dynastie Tang méridionale donna les quatre villes de Lou tcheou, Sin tcheou, Tchi tcheou et Hoang tcheou au roi de Tcheou et établit sa frontière au Kiang. Tout cela portait alors le nom de royaume de Tang. C'était là l'ancienne et bonne règle. Donner

---

(1) Nom des années du règne de Hitzong hola 1141-1149.
(2) Les deux Hoai an dont il est question étaient au district de An king. Sian ta est un titre d'année du roi Tzai Sitzong. Lou tcheou et Siu tcheou dépendaient de Nanking; Tchi tcheou et Hoang tcheou de Ho kouang. Toutes ces villes sont dans un même district.
(3) 580, P. C.

une partie de son territoire n'est donc point une œuvre mauvaise. Les villes conquises depuis que notre armée est entrée en campagne nous sont encore restées : il n'y manque que la cession de votre part de ce qui n'est pas encore entre nos mains. Maintenant Fang sin zhou, en venant apporter le projet de traité, dit que l'on s'en tienne à ce qui a été réglé, quant aux frontières, à l'époque Hoang tong; quant à céder et partager autre chose, on ne peut y penser; en sorte que vous recevriez encore des pays qui sont entre nos mains; cela est-il conforme à la justice? La réponse qui nous est venue porte encore : « renoncez à exiger les 30,000 yans d'or et 30,000 d'argent outre la quantité de soie convenue et à augmenter le tribut de soie qui vous est payé. Et plus loin : Vous voulez augmenter le tribut annuel en soie de 50,000 pièces et de 50,000 yans d'argent. On ne peut accepter cela aucunement. Bien plus avant que les termes de la convention ne soient fixés après avoir reçu le texte des articles, objets de notre serment, alors que trois ambassades vous ont été envoyées, vous voulez décider de tout, seuls et en maîtres. Est-il besoin de dire que c'est contraire à toute règle? Fang sin zhou, usurpant notre autorité, vous a accordé tous ces points, mais nous ne pouvons ratifier cela comme juste. Nous conformer à ses paroles et consentir à une œuvre d'abaissement et d'oppression qui consacrerait notre chute. » Nous (1) avons fait ces représentations à notre empereur et son décret est ainsi conçu : « c'est parce que au temps de vos souverains Taitzong et Tchin song vous avez manqué à la parole donnée et violé les serments, que notre armée, mise sur pied, est venue en demander compte et que la paix a été rétablie moyennant la cession des trois provinces de Tai yuen, Song san et Hao tsian (2). Maintenant sans aucun motif vous levez des troupes, vous manquez à vos serments, à votre foi et bien que vous ayez cédé la région du Kiang hoa, vous n'avez pas expié cette faute. Loin de là vous voulez encore parler des titres de fils et d'oncle, ces désignations ne s'éloignent pas beaucoup de celles de prince et sujet, père et fils. Si vous êtes notre vassal comme jadis, renoncez aux pays du Kiang et que ce fleuve forme la frontière intermédiaire. Si votre état s'intitule notre fils, cédez tous les pays du Hoai an. Il vous a été dit de prendre le Kiang pour frontière, que nous gar-

---

(1) Aisin.
(2) Tai yuen est de la province de Shansi. Hao tsian des Songs dépend de Peking.

derons les villes du Shan si prises par nos troupes et de plus qu'il faut nous livrer le méchant ministre qui a allumé cette guerre. Si vous voulez chercher et découvrir votre ministre prévaricateur, tuez-le et envoyez-nous sa tête. Vous dites que l'on augmente le tribut annuel de 50,000 pièces de soie et 50,000 yans d'argent ; c'est là le nombre perçu jadis du temps de Hitzong ; peut-on dire que c'est l'augmenter. Prouvez en acceptant cette augmentation que vous regrettez réellement vos fautes. Jadis quand nous concluions le traité de Pian king il fut donné à notre armée 50,000,000 de yans d'or, 50,000,000 d'argent, 1,000,000 de pièces de soie, 10,000 chevaux, autant de bœufs et de mulets, et 1000 chameaux. Maintenant nous ne réclamons que de nous donner le Kiang pour frontière d'un côté ; nous diminuons donc nos demandes pour vous prouver notre bienveillance ; donnez donc seulement à notre armée 10,000,000 yans d'argent ». Quant à ce qu'a dit Fang sin zhou, cela n'est point digne de confiance, car il change de langage. Envoyez-nous des hommes sûrs et fidèles tels que Li te sing, Jou ji ho, Li pai et Ou kuen. Les tourberies de Fang sin zhou, si on les pèse bien, dépassent celles de Ho fang. En prétendant que ce n'est point la règle antique d'arrêter un envoyé qui servait d'intermédiaire entre les deux armées, il l'a fait mettre en liberté et renvoyer avec le message. Notre saint, vertueux, magnanime et illustre souverain, près duquel il s'était rendu, lui a pardonné sa faute. Répondez avec respect à cet acte de bienveillance et de générosité. Si vous rejetez ces propositions, n'espérez plus aucun accord. De là dépend le salut ou la perte, le maintien ou la chute de votre empire Song. N'attendez plus après cela un sentiment de bienveillance. » Telle était la lettre du général d'Aisin, Tzong hao.

Après cela, le huitième mois, Tchang yan, ministre de Song, livra les villes de Zhou tcheou tching et Sui tcheou au Honan.

Le neuvième mois, le ministre de la droite, généralissime des armées d'Aisin, Tzong hao mourut au milieu de son armée. Le roi Tchang tzong l'ayant appris en fut fort affligé et interrompit les affaires pendant trois jours.

Le dixième mois, Toushan y, hiuen fou sze de la province de San si, envoya un officier du nom de Pa hoi hai attaquer et prendre la passe de Sou ling kouen,

Le onzième mois, Yala d'Aisin assaillit et prit le défilé de Kou ling kouen et Sin tao keou. Pa hoi hai d'Aisin s'empara, de son côté, du passage de Shao ho kouen à O sang tcheou, puis de Ing keou jen. Han tao tchaou, le ministre perfide de Song, envoya le lang tzong Wang zhan vers le roi Tchang tzong porter en augmentation du tribut annuel, de l'argent à donner aux soldats et présenter au roi la tête de Sou sze ta, le premier auteur des troubles. En même temps, changeant le titre attribué au roi d'Aisin il l'appelait « oncle aîné » au lieu de « oncle cadet ». Tchang tzong adressa au général Wan yan kouang un ordre portant : « Envoyez à la cour un messager pour réclamer que l'on mette à mort Han tao tcheou et qu'on nous envoie sa tête ; de plus qu'on nous rende nos anciennes possessions du Hoai nan. »

La huitième année Taï hao (1208), le premier mois du printemps, un officier de Song, nommé An Ping, envoya son armée attaquer le défilé de kou ling kouen. Pa hoi hai d'Aisin et Wan yan k'ouele le surprirent, le défirent et tuèrent le général King tou ling.

Le quatrième mois intercalaire, le gouvernement de Song envoya la tête de Han tao tcheou à la cour des généraux. Tchang tzong étant venu à la porte Ing tien men, les Tchin wangs et tous les mandarins des lettres et de l'armée la reçurent dans leurs mains. Alors Hesiliei jen présenta au roi les têtes de Han tao tcheou et de Sou sze ta de Song en exaltant devant lui les hauts faits de ses généraux. Puis sur l'ordre du roi il porta à la place du marché les portraits des deux décapités et leurs têtes au haut d'une pique, et annonça urbi et orbi les grands faits d'armes accomplis.

Le sixième mois, deux grands de Song, Shoui y et Ou heng vinrent porteurs des propositions de paix de leur souverain, Tchang tzong publia alors une proclamation annonçant, au debans et au dehors, l'accord conclu entre lui et l'empire de Song et manda Wan yan k'eng et Tchao you pour accompagner l'envoyé de Song à son retour à sa cour et présenter à l'empereur de Song sa réponse, ses remerciments et le texte de la convention jurée.

Le onzième mois, le roi Tchang tzong adressa au Shang shou seng yamen un édit portant : « la paix donnée à l'empire est le fondement de l'ordre et des lois. Si l'on cherche cet ordre avant tout, les récompenses et les châtiments sont assurés. Or, les magistrats du suprême Shang shou seng yamen, les magistrats des six cours, les fonctionnaires inférieurs depuis les chefs de hien, tous ne suivent pas bien les lois et les coutumes. Ne pensant qu'à leur propre avantage, ils se relachent de mois en mois, de jour en jour. Si l'on apprend à faire de cela la règle, comment la paix subsistera-t-elle? Le souverain est le chef de tous les mandarins. La capitale est le modèle de tout l'empire. Désormais que l'on pense à bien faire, que l'on répare les fautes et les revers, que l'on suive les lois et que, faisant tous les efforts possibles, on acquière des mérites signalés. Que jamais on ne conserve en son esprit une pensée méchante qui pourrait y venir. Qu'on ne perde point son autorité en violant ces lois. En observant vous-même les règles de la justice et de l'équité, faites que le peuple vous imite. »

Tchang tzong tomba malade le jour du lièvre vert et mourut le lendemain dans la salle Pou an; à l'âge de 41 ans, après avoir occupé le trône 20 ans.

La première année Tai an (1200), le premier mois du printemps, il reçut les titres d'honneur de « Empereur qui honore le ciel, illustre son temps, vertueux, bon, éclairé, juste, valeureux, céleste, puissant et pieux. »

Le deuxième mois, il fut enterré à Tao ling.

LIVRE VII.

RÈGNE DE WEI SHAO WANG.

Le nom d'enfance du roi Wei shao wang d'Aisin était Yungji, son nom d'honneur fut Sing sheng; il était le petit-fils de Zhouci song Olidou et le septième fils du roi Sitzong Oulou. Sa mère s'appelait Lisze. Wei shao wang était d'une haute stature; il avait une barbe superbe, un cœur foncièrement modéré et désintéressé, peu soucieux des ornements et des peintures. La onzième année Taiting (1171) du roi Sitzong il avait reçu le titre de Hioei wang. La deuxième année Min tchang (1191, il fut appelé Hán wang; puis Wei wang, la deuxième année Tcheng an (1197). La huitième année Tai ko (1208) (1), le onzième mois, après la mort du roi Tchang tzong, Wan yan kouang et les autres grands de l'état, le proclamèrent souverain du royaume d'après le testament (du roi défunt). Wei shao wang ne put refuser et s'assit sur le trône royal.

Le roi, par une proclamation, ordonna à tous les habitants des fous, des tcheous et des hiens de porter le deuil pendant sept jours. Puis il envoya une lettre officielle au roi des Mongols, Temoujin (2), pour lui annoncer qu'il avait succédé au trône d'Aisin. Temoujin demanda à l'envoyé d'Aisin qui était le nouveau roi. L'ambassadeur répondit : « c'est Wei wang. » Temoujin se retournant cracha et dit : « J'avais toujours pensé que le souverain de l'empire du milieu était un homme du ciel. Se peut-il que ce soit un semblable personnage; puis-je aller lui rendre hommage? » Fouettant alors son cheval il partit pour la cour d'Aisin. En apprenant ces paroles, Wei shao wang fut fortement irrité. Il ordonna de le tuer quand il viendrait apporter le tribut. Instruit de ces ordres, Temoujin ne vint pas au pays d'Aisin.

La neuvième année Tai ho, le premier mois, le jour du bœuf noirâtre, une sorte de dragon rouge à longue queue descendit du ciel, semblable

---

(1) Ming tchang, Tcheng an et Tai hoo sont tous noms de règne de Tchang tzong.

(2) Genghis-khan.

à la lumière d'une étoile. A cette occasion le roi changea le nom des années de Tai ho en Tai an (la grande paix).

La première année Tai an (1208), le troisième mois, le roi Wei shao wang créa princes ses six fils. Un grand nommé Wan yan kouang, pour se donner du mérite, accusa faussement auprès du roi, Lisze, épouse secondaire du roi Tchang tzong, et dit : « Le petit-fils de Tchang tzong étant mort alors que la maladie du roi s'aggravait, la reine Lisze s'entendit secrètement avec son frère aîné Li shen si ; alors que l'héritier du trône n'était point encore institué, ils répandirent le bruit qu'une des femmes du palais, Jian sze, était enceinte. Lorsque le moment de l'enfantement fut arrivé, ils introduisirent dans le palais un enfant de la famille *Li* et commirent ainsi la supercherie. » A ces mots Wei shao wang fit mourir Lisze et Jian sze, et punir, selon la loi pénale, les parents de la reine Lisze. Puis il éleva en grade Wan yan kouang et le nomma Shang ling shou.

Le cinquième mois, l'état de Corée envoya un ambassadeur féliciter le roi d'Aisin de son avènement au trône.

Le huitième nois, à l'occasion de l'anniversaire de la naissance de Wei shao wang, l'empereur des Songs lui fit porter ses félicitations par un ambassadeur.

Le neuvième mois, le roi d'Aisin alla à la montagne Ta fang faire les cérémonies funèbres près des monuments Zhoui ling, Yoi ling et Tao ling (1). Les grands du royaume le sollicitaient à cette occasion de désigner son héritier, mais il refusa.

Le onzième mois, un tremblement de terre se fit sentir à Ping yang. Un bruit semblable au tonnerre se fit entendre venant de la région de l'Ouest.

Le douzième mois, peu après avoir fait mourir la reine Lisze, Wan yan kouang mourut.

La deuxième année Tai an (1210), le premier jour du premier mois, une étoile toute rouge comme une vaste écaille, tomba du soleil ; en descendant elle prit la forme d'une roue de char, et une queue (se forma) longue de plusieurs das (2). Tombée sous le souffle du vent, elle remonta au lieu d'où elle était partie, resplendissant de l'éclat du feu.

(1) Zhoui ling est le monument de Taitzou ; Yoi ling celui du Taitze Sian tzong ; Tao ling celui du roi Tchang tzong.
(2) Mesure de cinq pieds.

Le deuxième mois, la terre trembla de nouveau avec un fracas semblable au bruit du tonnerre.

Le quatrième mois, une poussière noire s'éleva du Nord et forma comme un large chemin tiré de l'Est à l'Ouest à travers le ciel. Devant Siou tcheou et Pi tcheou (1) l'eau du Hoang ho devint resplendissante, sur une espace de plus de 500 milles. Le roi Wei shao wang alla annoncer ces évènements au temple des ancêtres et aux esprits protecteurs.

Les sixième, septième et huitième mois, la terre trembla de nouveau. Le roi déclara son fils, le prince de Sou, Tzong k'ou, héritier du royaume.

Le neuvième mois, après de nouveaux tremblements de terre, le roi publia une proclamation portant : « recherchez la vérité, gagnez les forts, retenez les rebelles fuyards. » Les habitants de la ville royale étaient remplis de crainte ; le roi, sortant chaque jour, tâchait de tranquilliser les gens du peuple. Les grands alors suppliaient le roi de venir à la salle du conseil, expédier les affaires. Mais il s'y refusait.

Le onzième mois, un feu sortit du fossé qui était à l'est de la porte principale de la résidence centrale et ne s'éteignit qu'après avoir brûlé 10 jours. Il s'éleva également de la pierre du sommet des barricades élevées devant la porte. Les gens qui se trouvaient aux environs vinrent l'éteindre ; mais à peine s'étaient-ils retirés qu'il sortit de nouveau et comme se reposant sur cet édifice, il y brûla 10 jours. Cette année là la famine étant grande, Wei shao wang décréta de ne point rechercher les méfaits et vols commis sur les frontières.

La troisième année Taï an (1211), le deuxième mois, il s'éleva du Nord un grand vent qui renversa les maisons de la capitale du centre, brisa les arbres des plantations et mit en pièces les poutres transversales des portes Tong hiuen et Tong hoan.

Le deuxième mois un feu sorti de la porte de la ville brûla les maisons du peuple. Une nuée noire vint du Nord comme une montagne large, longue et haute. A travers cette sorte de brouillard il sortit trois lignes de vapeurs blanches comme des dragons et des tigres.

Le quatrième mois, le roi des Mongols, Taïtzou Tchinggis (2), se mit en marche avec son armée pour attaquer le royaume d'Aisin. Le roi Wei shao wang l'ayant appris, envoya Nian ho ho da pour offrir la paix

(1) Siu tcheou et Pi tcheou dépendent toutes deux de Nan king. Elles sont au nord du fleuve.

(2) Nom pris par Temujin après qu'il eut réuni les tribus mongoles sous sa puissance. — Taitzou, nom posthume donné aux fondateurs de dynastie.

aux Mongols et chargea les deux mandarins Tchian jian nou et Tcheng you de défendre la frontière.

Le huitième mois, ces deux généraux n'ayant point mis la frontière en état de défense, l'armée mongole la franchit et s'empara de Nou yuci ing. Lorsqu'elle fut arrivée aux monts Yei ho ling (1) les deux commandants d'Aisin ne purent les défendre; ils retirèrent leurs troupes de Fou tcheou et s'arrêtèrent à Hiuen ping. Les gens de cette ville dirent alors à Tcheng you : « faites avancer l'armée de notre région; que ce soit le premier corps d'attaque, l'armée des généraux la suivra pour la soutenir. » Mais Tcheng you effrayé, ne les écouta pas et demanda seulement le chemin qui conduit à Hioan te. Les gens se moquant de lui, lui dirent : « nous connaissons tous les fleuves, les ruisseaux et leurs rives. Le général qui ne pense pas à attaquer avec toute vigueur, pour défendre son pays et qui demande par où il peut fuir, sera vaincu. » Cette nuit même Tcheng you se mit en marche avec son armée. L'armée mongole s'avançait contre lui et vint le prendre par derrière. Dès que le jour parut elle marcha vers le fleuve Hoi ho tchuen, alors les soldats de Tcheng you se mirent en déroute et le général d'Aisin seul s'enfuit jusqu'à Hiuen te et y entra; aussi les Mongols s'emparèrent de la passe de Jioi yong kouen et arrivèrent devant la capitale du centre. La terreur se répandit parmi les habitants de cette ville; mais le commandant d'Aisin, Liang tang, les rassura et fortifia la place. Toushan y, lio sheou de Shang king, ayant appris ces nouvelles, mit un de ses officiers, Sôn ou tòn, à la tête de 20,000 hommes et l'envoya au secours de la capitale du centre. Un autre officier nommé Jon ho k'ao tchi, leva une autre armée et vint se poster devant la porte Tong hioan men de la capitale. Devant ces mesures de défense l'armée mongole se retira.

Le onzième mois, le roi Wei shao wang reçut le liosheou de Shang king, Toushan y, dans la capitale du centre, le combla d'éloges, le nomma ministre de la droite et le chargea de diriger la rédaction des annales de l'empire. Toushan y dit à cette occasion au roi d'Aisin : « Depuis que l'armée mongole est sur pied, elle marche unie en un seul corps; nous nous défendons divisés en plusieurs corps. Si une force toute unie attaque ces forces divisées, notre défaite est certaine. Réunir les gens des petits bourgs dans les grandes villes n'est point suffisant

---

(1) Ces monts sont au delà de la frontière du Taiting.

pour se défendre d'un commun effort. Tchang tcheou, Hoan tcheou e Fou tcheou (1) sont trois villes fortes et riches. Ses habitants sont braves et forment l'élite de nos troupes. En les ramenant au centre ils iront augmenter considérablement la force de notre armée et ainsi gens, troupeaux et biens ne seront point la proie de l'ennemi. » A ces mots les deux officiers, Yoi la et Liang tang répondirent : « Si l'on fait cela, notre frontière sera amoindrie » et le roi désapprouva Toushan y. Ce général répartit : « le Liao tong est le berceau, le fondement de notre empire, il est à une distance de mille milles de la capitale du centre. Si l'armée ennemie envahit le Liao tang, pendant que ses habitants en informeront le roi, il se fera un retard fâcheux. Il faut donc y envoyer des magistrats de haut rang pour en organiser la défense. » Wei shao wang désapprouvant encore ce nouvel avis, répartit : « si l'on envoie ces magistrats sans motif évident, on jettera l'effroi dans les cœurs. » Cependant le liosheou de la capitale de l'Ouest, Ho sa ho (2) ayant pris avec lui 7000 hommes de bonnes troupes, vint attaquer les Mongols au nord de Ting an. Mais il s'enfuit entraînant ses soldats, de sorte que toute son armée fut mise en déroute. Entré en fuyant dans Yoi tcheou, il s'empara de tout ce qui était dans le trésor public, cinq mille yans d'argent, habillements, soies et autres objets précieux, confisqua les chevaux des magistrats et du peuple et les donna à ses gens. De là il se rendit au défilé de Tze king kouan (3) et fit mourir par la bastonnade le préfet de Tchi soui. Lorsqu'il fut revenu à la capitale du centre, le roi ne l'interrogea point sur les événements mais le nomma général de la droite. Hosaho, de plus en plus effrayé, refusa cette charge. Le roi lui donna alors 3000 hommes et lui fit occuper le défilé de Wei tchouan. Pendant ce temps, Hong tcheou de la province de Te sing fou, Tchang ping, Hoai lai, Jin san, Fong zhouen, Niyôn, Fou ning, Jioi ning jusqu'à Yong ping et Lan tcheou au nord, et Tching tzang au midi, et de Liu hoang fou jusqu'à Sin tcheou et Tai tcheou à l'ouest du fleuve Liao ho, tombèrent au pouvoir des Mongols (4). Ayant appris ces tristes nouvelles le roi regretta amèrement de ne pas avoir suivi le conseil de Toushan y. « Si j'avais écouté ses avis, dit-il, ceci ne serait point arrivé. »

(1) Villes du Tai tong. Comm.
(2) Hosaho était le petit-fils d'Asou. La capitale de l'ouest est Tai tong.
(3) Au Sensi.
(4) Ces villes sont au Sansi ou dépendent de Pou king.

La quatrième année Tai an (1212), le premier du premier mois, le roi Wei shao wang changea le titre des années et appela l'année qui s'ouvrait la première année Tzong khing (1); il publia une proclamation décrétant ce changement. Le général de la droite, Hosaho, lui annonça qu'il s'était retiré avec son armée et allait s'établir à Nan keou. Sa lettre était ainsi conçue : « Une armée nombreuse s'avançant de ce côté, il était impossible d'en soutenir le choc. Ce n'est point pour m'épargner moi-même, mais j'ai pitié des 3000 hommes que je commande. Il est impossible de défendre les douze défilés et le palais du prince (2). » Le roi fut très irrité de ce langage. Il ordonna aux cours de justice de faire une instruction sur 15 chefs d'accusation contre Hosaho, le dégrada et l'exila à la campagne.

Le septième mois, le vent soufflant avec force de l'Est, un animal semblable à un dragon, après avoir volé l'espace d'une pièce de soie, tomba sur la porte Kong tchen men de la capitale du centre.

La deuxième année Tzong khing (1213), le troisième mois, les étoiles Tai in et Tai pe se levant avec le soleil, se trouvaient à une égale distance d'un pied.

Le cinquième mois, Wei shao wang changea de nouveau le titre des années et appela l'année suivante Tse ning (3). Puis il fit de nouveau venir Hosaho à la capitale et tint conseil sur les opérations militaires. Jang sing sin, jian y daifou, présenta un placet d'observations portant que Hosaho n'avait fait que suivre sa fantaisie et avait violé les lois et le droit; qu'en violentant les juges il était parvenu à triompher dans son procès; qu'en flattant les aides-de-camp du roi il s'était fait donner des éloges, tandis que pour opprimer le peuple il usait de toute la rigueur des lois. Qu'entré en campagne il avait, au mépris des lois, pris la fuite sans combattre; qu'il s'était approprié le trésor public et avait mis à mort le magistrat de la ville; que campé près de Wei tchouen, il avait donné ordre de se retirer à l'intérieur; que l'on devait connaître ses artifices et ses ruses; qu'en le destituant on avait causé une vive joie à tous, magistrats et grands du peuple. Que si on le remettait en place il en résulterait, c'était à craindre, de nouveaux et grands malheurs. Si le roi le reconnaît après examen, ce sera un grand bonheur

---

(1) I. e. la joie sublime, Wesihun urgun.
(2) Wan ning kong, tumen elhe boo.
(3) Très pacifique.

pour les habitants de l'empire. Le général Toushan-y avait dit qu'il ne fallait plus l'employer à aucune fonction, mais le roi ne se rendit pas à cet avis. Il reçut au contraire Hosaho à la résidence centrale, le fit général (fou) de la droite, lui donna 3000 hommes de sa suite et l'envoya s'établir devant la porte Tong hiuen men.

Le sixième mois, l'armée de Hia étant entrée dans Pao an tcheou, en tua le Sze sze; de là passant à Tching yang fou, elle y tua également le Tong j'i fou sze. L'armée mongole était alors tout proche. Le roi Wai shao wang envoya un officier de la cour, Fong ji hafan, au camp de Hosaho. L'envoyé du roi lui dit en se moquant : « occupé à la chasse, vous ne vous inquiétez guère des intérêts de l'armée; Hosaho est occupé à tuer au moyen de faucons. » Hosaho irrité de ce langage jeta à terre le faucon (qu'il avait en main) et le tua. Puis il annonça mensongèrement que le père et les fils de Toushan an ping s'étaient révoltés et que lui, ayant reçu un ordre du roi, il allait les combattre. Fouhai, beau-frère de Toushan an ping était campé avec son armée au nord de la capitale du centre. Hosaho lui dépêcha un de ses gens pour l'attirer par de bonnes paroles. Fouhai, ne comprenant pas le motif de cet appel, se rendit auprès de lui. Hosaho le saisit, le tua et se rendit maître de son armée.

Le 25 du huitième mois, avant la cinquième veille de la nuit, Hosaho quitta la porte Tong hiuen men avec son armée et, arrivant subitement à l'ouest de la porte Kouang yang men, il surprit et tua Toushan an ping ainsi que son fils Toushan mou liei. Shan yang fils de Fouhai et le Toutong Shi kou nai, ayant appris la rébellion de Hosaho, vinrent l'attaquer à la tête de 500 Chinois, mais ils ne l'emportèrent point et furent tués par Hosaho. Celui-ci vint alors assaillir la porte Tong hoan men et envoya ordonner aux deux gardiens Tong el et Pousan de la lui ouvrir, mais ils ne lui répondirent point. Hosaho leur promit alors de les faire chefs héréditaires de Mengan, mais Tong el et Pousan n'en refusèrent pas moins. Alors un certain Toushan wei ho, s'étant lié une corde à la ceinture, se laissa tomber de la place. Le Howei-sieiliei vint briser les verroux de la porte et l'ouvrit. Hosaho fit ainsi entrer ses soldats dans le palais de Wei shao wang, chassa la garde qui protégeait le roi et mit ses soldats à la place. Puis il se déclara lui-même général en chef de toutes les armées du royaume, força, par ses menaces, le roi Wei shao wang à se cacher dans un char et à se réfugier dans une vieille maison où il le fit garder par 300 soldats. Une femme du palais nommée Tcheng sze tenait le sceau du trésor; en apprenant ces troubles, elle le gardait caché. Hosaho envoya le gardien de la porte Howang men le prendre et le lui apporter. Tcheng sze lui dit : « le sceau du trésor appartient au roi. Hosaho, qui n'est qu'un simple sujet, ne peut l'avoir en sa possession. » Le gardien de la porte lui répondit : « les temps sont changés maintenant. Le roi ne pouvant plus se défendre lui-même, comment pourrait-il défendre le sceau royal? Les femmes elles-mêmes doivent aviser à un moyen de salut. » « Comment! dit alors Tcheng sze en criant à haute voix, vous, officiers du palais, vous avez reçu du roi d'abondantes faveurs; si le malheur tombe sur notre souverain, ne devez-vous pas mourir pour lui, par reconnaissance pour ses bienfaits? Pourriez-vous, au contraire, sur l'ordre d'un sujet rebelle, voler le sceau de l'état? Pour moi je mourrai mais je ne le livrerai pas. » Et là-dessus fermant les yeux, elle ne proféra plus une parole. Le gardien s'en alla et vint annoncer son échec à Hosaho, et celui-ci enleva de force le sceau Hiuen ming. Donnant alors à ses adhérents un rang plus élevé, il envoya un eunuque du nom de Litze tzong tuer le roi; ce qui fut fait.

Wei shao wang avait régné cinq ans. A ce moment le ministre Toushan y était retenu à la maison, s'étant luxé le pied par une chute de cheval. Hosaho inquiet et incertain, vint le voir. Toushan y lui dit: « Y wang, le fils de Sian tzong (1) est le frère aîné de Tchang tzong. Tout le monde désire l'avoir pour roi, c'est lui qui doit l'être. Si, coupant court aux entreprises des généraux, vous choisissez Y wang et le faites roi, vous acquerrez des mérites éternels. » Hosaho retourné chez lui fit chercher Y wang à Tchang te fou.

2. RÈGNE DE HIUEN TZONG.

Le roi d'Aisin, Hiuen tzong, s'appelait Shoun. Son nom d'enfance était Oudoubou, il était petit-fils du roi Sitzong Oulou et fils aîné de Sian

---

(1) Sian tzong hotowa était fils de Sitzong. Le fils aîné de Hotowa était cet Y-wang qui devint roi sous le nom de Hiuen tzong; le second était Tchang tzong.

tzong hotowa. Sa mère avait nom Liosze. Il naquit la troisième année de l'époque Taiting de Sitzong (1163). Sitzong le garda et l'éleva dans son palais. La vingt-sixième année Taiting (1189) il fut créé prince de Fong (Fong wang), puis Y wang, la première année Tchen an (1196).

Le huitième mois de la première année Tse ning (1213), après que Wei shao wang eut été tué par Hosaho, Toushan ming et les autres grands vinrent chercher Hiuen tzong Oudoubou à Tchang te fou et le conduisirent à la capitale du centre. Là les tchin wang et tous les mandarins lui présentèrent une supplique lui demandant d'accepter le trône. Et le jour du dragon vert Hiuen tzong Oudoubou s'assit sur le trône, proclamé roi dans le Ta an tien yamen. Aussitôt il créa Hosaho taisze et shang shou ling, et lui donna la charge de général de division avec le titre de Tze wang.

Le neuvième mois, Hiuen tzong prescrivit aux membres du grand conseil d'imiter en tout la conduite du roi Sitzong. Le même mois il créa ses fils Sheou li prince de Soui et Sheou shôn prince de Pou. L'état mongol envoya un ambassadeur au roi d'Aisin et celui-ci, changeant le titre des années, donna aux suivantes le titre de Tchen yeou (1).

La première année Tchen yeou (1213), il adressa une proclamation par laquelle il annonçait les dons qu'il faisait aux magistrats et au peuple.

Le premier du mois intercalaire, Hiuen tzong alla dans le Sin tcheng tien yamen, se prosterner devant le soleil et depuis lors il alla aux jours propices de chaque mois, faire les mêmes prostrations. Peu après il donna à sa mère le titre de Hoang tai heou. Le Jing y daifou de la droite, Jang sing sin, représenta au roi Hiuen tzong que dès qu'un prince a pris possession du trône, il établit un prince royal (Taitze) et le désigne comme son héritier dans une proclamation adressée *urbi et orbi*. « Je vois maintenant, ajoutait-il, que lorsque le fils aîné du roi, Sheou tzong vient à la cour, on lui porte l'étendard et l'ombrelle des Taitze. Arrivé à la cour, il est debout au milieu de tous les princes. Depuis longtemps il s'est donné des aides-de-camp, mais il n'a pas encore reçu le titre légal. Lorsque les noms ne sont point conformes aux règles, le langage n'est pas exact et juste. C'est là ce que l'on dit. Jadis l'empereur Han Wan ti (2), la première année de son règne, nomma avant

(1) La protection assurée.
(2) 179 A. C.

tout son fils Tzetchi, taitze et n'alla qu'après cela vénérer le temple des ancêtres et honorer les esprits protecteurs. Le roi doit donc maintenant, après s'être concerté convenablement avec les grands mandarins, s'empresser de satisfaire aux lois déjà anciennes et désigner le prince héritier. Il doit aussi choisir des conseillers prudents et sages. En agissant ainsi, il rend un immense service à l'empire. » Hiuen tzong approuva hautement ces représentations et créa taitze son fils Sheou tzong.

Le dixième mois, Tchou ho k'ao tchi, général d'Aisin, avait attaqué l'armée mongole au nord de la capitale du centre et avait subi deux échecs. Tchou ho k'ao tchi, craignant les suites de ses échecs, alla avec ses soldats assaillir la maison de Hosaho et le tua. Puis, prenant la tête du ministre, il se rendit auprès du roi, avouant son acte. Le roi le lui pardonna et le fit général (fou) de la gauche. De nouveau Tchang sing sin présenta au roi les observations suivantes par écrit : « cinq ans se sont passés depuis que Wei shao wang est monté sur le trône d'Aisin. Se peut-il qu'un sujet attaque son prince ? Lorsque Hosaho s'étant mis en rébellion ouverte, envahit le palais à la tête de ses soldats et tua le roi, deux officiers du palais nommés Sigounai et Shang yang, réunissant tous les autres, résistèrent au meurtrier et périrent dans la lutte. Quand on pense à cette fidélité, tous les mandarins qui ont accaparé les faveurs du roi doivent rougir de honte. Quand le roi se montre capable de mener à bonne fin toutes choses, les habitants des pays entre les quatre mers le servent fidèlement. Réjouissez donc tous les cœurs en donnant les éloges mérités à Shang yang et Sigounai, en comblant de faveurs leurs fils et leurs descendants. Encouragez les gens probes et fidèles de ce monde. Jadis dans l'empire des Songs, trois mandarins Siu jian tze, Fou liang et Siei hoei tuèrent Ing yan wang et mirent à sa place Wenti qu'ils avaient été chercher à Kiang ling. Néanmoins Wenti fit mettre à mort les trois régicides. Toutefois en considération de ce qu'ils l'avaient fait empereur, il pardonna à leurs enfants et leurs femmes. Tous les gens de cet âge ont en horreur l'usurpation de Hosaho ; bien qu'il soit mort, son crime n'a pas été expié. Il faut donc faire connaître à tout l'empire tous ses forfaits, le dégrader de ses titres et fonctions et mettre à mort toute sa famille. Si vous ne pouvez y consentir parce qu'il vous a mis sur le trône, imitez l'exemple de Wenti ; il vous a montré comment vous devez punir, » Hiuen tzong applaudit à ce conseil. Dans une proclamation il exposa la conduite criminelle de Hosaho et le dégrada, en outre il donna des noms d'honneur à Shang yang et Sigounai, et combla de faveurs les fils de ces martyrs du devoir.

Peu après l'armée mongole s'empara de la ville de Tzo tcheou d'Aisin (1). A la suite de ce revers, Tchang sing sin fit au roi de nouvelles représentations écrites : « depuis que l'armée mongole est entrée en campagne, nous n'avons point encore trouvé de bons généraux. Que le roi ordonne donc aux mandarins de lui signaler les officiers que chacun connaît. S'il y a des hommes réellement capables, qu'on examine avec attention et bienveillance les éloges que l'on en fera et qu'on les mette à même de montrer leurs capacités. S'ils sont tels, ils sacrifieront leur vie pour le bien de l'état. Jadis Limou, général du prince de Tchao, agissait en tout à sa volonté ; il distribuait dons et récompenses, se mettait en campagne ou restait à défendre les villes, sans s'inquiéter en rien des ordres du prince. Il vainquit ainsi les redoutables ennemis du nord et résista au midi au puissant royaume de Tsin. Il recommandait à ses généraux de ne point user de menaces, de ne point retarder par nonchalance ce qui devait être fait et de la sorte il donna des preuves éclatantes de sa sagesse et de sa grande intelligence, et acquit des mérites extraordinaires par sa conduite irréprochable. » Le roi Hiuen tzong applaudit à ces paroles ; mais il nomma généraux deux officiers nommés Wang sheou sin et Jian nai el, gens méchants et cruels, sans vertu, et entièrement ignorants de l'art militaire. Aussitôt Jang sing sin représenta au roi que ces deux personnages pourraient mettre le royaume en péril. « Il est écrit dans l'Y king, dit-il, que si l'on veut fonder un empire et établir une dynastie, on ne doit point employer des hommes médiocres. C'est ainsi que les saints avertissaient la postérité d'agir avec prudence et circonspection. Devant un ennemi formidable qui s'avance, répandu à droite et à gauche, tout le monde est dans la crainte et le trouble. Dire alors de faire son devoir, c'est bon pour les héros et les sages ; les autres en sont incapables. Wan sheou sin et Jian nai el sont méchants et cruels. Se servir d'eux c'est une erreur funeste ; vouloir rétablir les affaires avec de pareilles gens, c'est bien inutile. » Le roi approuvant cette observation, ôta le commandement aux deux généraux incapables.

Le onzième mois, l'armée de Hia vint attaquer la ville d'Aisin Hoei

---

(1) Dans la province de Peking.

tcheou (1). Toushan tchou el réunit une armée, alla à sa rencontre et la défit entièrement. Pendant ce temps, les Mongols s'étaient emparé de kouan tcheou (2) et en avaient tué le tszesze K'ao scheou you, puis avaient pillé Ho jian fou et Tzang tcheou. Ok'o d'Aisin prit alors avec lui 5000 soldats pour chercher des vivres à Tong tcheou, mais ayant rencontré l'ennemi, il s'enfuit au plus vite. A cette nouvelle, Tchang sing sin fit au roi de nouvelles représentations écrites : « Parmi les lois militaires, disait-il, rien ne surpasse l'importance des châtiments et des récompenses. Celui qui est envoyé contre l'ennemi, s'il désire la faveur, doit aimer d'entrer en campagne ; et s'il craint les lois, il ne reculera pas par crainte du combat. Les généraux et les soldats doivent être prêts à sacrifier leur vie, c'est ainsi qu'ils acquièrent des mérites. Or Ok'o a pris la fuite ; il doit porter le poids de sa faute. Si le roi continue à manquer à sa mission par une trop grande indulgence, je crains bien que l'on ne puisse plus gouverner l'armée, et cela me jette dans une grande affliction. » Le roi lui répondit : « J'ai compris votre pensée et fait mettre Ok'o en prison. » Dans l'entretemps l'armée mongole s'approchait de la résidence centrale où le roi se trouvait en ce moment. Le roi d'Aisin proposa d'envoyer un ambassadeur demander la paix. Les chefs de l'armée, pénétrés de frayeur, n'osaient point conseiller la lutte, mais pensaient qu'on ne réussirait point à conclure un accord. Jang sing sin prenant la parole, dit : « faire la paix ou combattre, peu importe en soi-même. L'ambassadeur parle de paix, les généraux pensent à la lutte. Mais doit-on les laisser inoccupés sous prétexte de paix ? Depuis les années Tzong khing de notre roi Wei shao wang tout a été négligé dans la pensée qu'on arriverait à un accord. Notre armée ayant été constamment en campagne a, par des combats successifs, affaibli les forces ennemies. Si l'on peut arriver à un arrangement, ce sera bien, s'il peut être durable. Depuis que les Mongols nous ont envoyé une ambassade, ils ont, plus encore, réduit notre province de l'Est, ils ont pillé le pays de Hotong. Si maintenant, par suite de notre demande d'arrangement, nos généraux restent immobiles, où sera l'avantage de cette conduite ? Les choses en sont venues petit-à-petit à l'extrémité ; il est même devenu difficile de transporter des vivres. Comment savoir

---

(1) Ville du Shan si.
(2) Ville située au nord du Hoang ho, province de Ho kien.

maintenant s'il faut faire ou non la paix? Faut-il fermer les portes et attendre l'ennemi en se tenant sur la défensive? en ce cas, hommes et chevaux seront dans une situation difficile. Si, au contraire, on forme une armée de vaillants généraux et de soldats habiles, qui protègent la circulation des chars d'approvisionnement et qu'on affaiblisse l'ennemi en le harcelant, l'attaquant ci et là, on pourra amener dans la résidence royale les vivres des lieux voisins. Alors on pourra sans tarder entreprendre des négociations. » Hiuen tzong approuva ces conseils mais n'en fit rien.

La deuxième année Tchen yeou (1214), le premier mois, l'armée mongole prit Tchang te fou et le préfet Hoang koue jin jou périt en la défendant. (Profitant de ces circonstances) les Chinois vinrent attaquer Tai tcheou d'Aisin mais ils furent battus par le Tou tong Si mo tchong wen. Les Mongols de leur côté assaillirent Hoai tcheou d'Aisin et tuèrent dans la lutte le Jiei tousze Song y.

Le deuxième mois, la cour mongole envoya Iliji et Jaba au roi d'Aisin et là-dessus Hiuen tzong dépêcha Tcheng yu pour faire des propositions de paix aux Mongols. Ceux-ci envoyèrent de nouveau les premiers ambassadeurs. Hiuen tzong donna alors une des filles du roi défunt Wei shao wang au roi mongol Taitzou Temoujin; celui-ci la prit pour épouse et lui donna le rang de reine (Hoang tai heou). Dans l'attaque et la prise de Fong tcheou d'Aisin par les Mongols, le gouverneur Ougoulòn avait trouvé la mort. Dès lors toutes les villes, tcheou et jòn du nord du San tong d'Aisin passèrent sous le joug mongol. Il ne resta au royaume Niu tchi que quelques villes : Tchen ting, Tching yao, Tai ming, Tong ping, Siu tcheou, Pin tcheou et Hai tcheou. Grand nombre des villes, tcheou et hiyen du Hotong avaient été également la proie du vainqueur. Lorsque l'armée mongole se fut retirée. le roi Hiuen tzong envoya l'un de ses officiers, Pousañ an jen, avec le titre de Hioan fou sze rétablir l'ordre dans les villes qu'il avait conservées. A la suite de cette paix faite avec les mongols, Hiuen tzong accorda une amnistie complète à tous les criminels de son empire et une récompense à tous les fils et descendants de soldats morts en combattant, et chargea les mandarins des cours de l'exécution de ces mesures.

Le cinquième mois, Hiuen tzong annonça à tous ses sujets qu'il transportait sa résidence dans la capitale du Sud. Tout le monde, magistrats et peuple le suppliaient de n'en rien faire, mais il ne les écouta pas. Il laissa le prince héritier Sheou tzong dans la capitale du centre et quitta cette ville.

Le septième mois, il entra dans Pien king et y fit appeler le prince héritier. « Ne faites point cela, dit Wan yan soulan. » « Si le roi s'établit ici, dit un autre grand nommé K'ao tchi, il convient que le prince héritier l'y suive. Comment pourras-tu, toi, fortifier et défendre la capitale du centre? » Soulan reprit : « Pour moi certainement je ne puis la défendre. Mais si le prince héritier y demeure, son autorité et son renom sont assez grands pour protéger notre frontière et la rendre sûre ; il y résidera sans encombre. Lorsque, jadis, l'empereur Ming kouang des Tang s'en alla à Tzou, il laissa le prince royal à Ling ou. Cette mesure maintint certainement la fidélité des sujets de l'empire. » Mais toutes ces paroles furent vaines, Hiuen tzong n'écouta rien et fit venir le prince royal. Alors Wan yan soulan lui présenta ce placet : « lorsque précédemment, le roi Wei shao wang monta sur le trône il se servit uniquement de flatteurs et de calomniateurs et écarta les serviteurs fidèles et véridiques ; les gens bas et médiocres l'entourèrent, les grands et les sages s'éloignèrent de lui. Tout dans l'empire fut dans le trouble, les lois et les bonnes coutumes dépérirent peu-à-peu ; les seuils du palais tombèrent sous le coup du vent, les maisons de commerce périrent dans les flammes. Tout cela était destiné à révéler la pensée du ciel et à inspirer la crainte. Le peuple suppliait Wei shao wang de s'entourer de gens sages et élevés, d'éloigner ces personnages vils qui l'approchaient ; en se corrigeant sous la crainte qu'inspiraient ces prodiges, on ferait cesser ces menaces du ciel. Mais Wei shao wang ne voulut rien entendre et son obstination fut cause de sa perte. Les hommes capables d'apaiser les troubles savent en rechercher la cause ; capables de faire cesser les crimes, ils recherchent attentivement ce qui les a produits. Si le roi sait agir en tout avec courage et perspicacité, et mettre un terme au mauvais système de gouvernement de Wei shao wang, il peut espérer acquérir un jour le mérite d'avoir assuré une paix profonde et durable. Placé sur le trône, il n'a point réfléchi à ces choses. Il a annoncé dans une proclamation qu'après délibération il avait pris le parti de transporter sa cour au midi ; magistrats et peuple tous lui ont fait des représentations pressantes. Le jour du départ, le vent soufflant, la pluie tombant avec violence ont détruit tous les ponts. Peut-on méconnaître la volonté du ciel, la pensée des hommes? Cet acte une fois accompli, il n'y aura plus lieu de se plaindre d'avoir dû implorer la paix. Désormais il n'y aura plus qu'à veiller dans la crainte. Il ne faut pas que l'on fasse tomber tous les chars dans l'ornière qu'a formée le premier. » Et il ajouta : « un état ne peut être un jour sans armée, une armée ne peut être un jour sans provisions. » Le roi se préoccupant des intérêts de l'empire a diminué le nombre des employés du palais et augmenté celui des magistrats et des officiers. Je ne parlerai pas des dépenses inutiles. Mais beaucoup disent que le grand nombre des officiers donnent l'autorité et la gloire. Selon moi, il n'en est pas ainsi ; si l'on se donne beaucoup de peine sans savoir choisir le bon parti, l'ennemi arrivant subitement, quel profit tirera-t-on de ses soucis et ses combinaisons? Si, oubliant les malheurs arrivés par suite du manque de vivres, lorsque le roi vint pour quelque temps à la résidence centrale, l'on ne fait pas les provisions nécessaires, les magistrats seront forcés, comme précédemment, de représenter au roi qu'il n'eut point dû y venir. »

Le deuxième mois, l'armée mongole (recommençant les hostilités) prit Siun tcheou, et Wang hoei, commandant d'Aisin, périt dans la lutte ; peu après elle s'empara de Tcheng tcheou.

Le onzième mois, les Mongols prirent Y tcheou et tuèrent son gouverneur K'ao liu san.

La troisième année Tcheng yeou (1215), le premier mois, l'armée de Hia s'empara de Hoan tcheou d'Aisin. Le général Pousan tchi jin d'Aisin passa aux Mongols avec toute son armée. Ce même mois le prince royal, fils de Hiuen tzong, mourut. Le roi étant allé à ses funérailles, les magistrats lui représentèrent que c'était le jour du dragon et que ce jour là on ne devait pas se livrer à la douleur. Le roi leur répondit : « la parenté entre père et fils est la plus proche, pourquoi me reprendre pour cela ? » Et il persista dans son affliction.

Le dixième mois, il publia un édit portant que dans toute collation d'emploi on devait suivre les règles fixées pour les Niu tchi, toute différence observée serait une violation du décret. Pousan an jen le hioan fou sze du Santong envoya Pousan liu tsian et autres officiers sous ses ordres à la poursuite de Tchan an el, le chef des brigands *Habits rouges*; ils l'atteignirent et tuèrent les 3000 hommes qui le suivaient.

Le troisième mois, Tchang sing sin présenta au roi un écrit présentant des observations sur quatre points, à savoir : 1° on est parvenu à saisir Tchan an el et les autres brigands; de ce côté il n'y a plus rien à craindre.

Mais il y a autre chose qui presse, c'est de retenir et ramener à soi les cœurs des hommes. Quand notre armée attaqua les brigands, elle les tua tous sans distinguer les bons des mauvais, s'empara de tous leurs biens et prit leurs enfants et leurs femmes ; puis on les a relachés dans les bois et les montagnes, au grand effroi des populations. Il faut que l'on adresse aux magistrats un ordre clair et précis, leur prescrivant d'user de toute la rigueur des lois pour les empêcher de molester les honnêtes gens. Par ce moyen le cœur du peuple sera rassuré. Si les gens artificieux ne peuvent pratiquer leurs entreprises criminelles, la force des brigands s'évanouira petit à petit. C'est la première chose. — 2° Depuis que le trouble règne dans l'armée, les magistrats et les gens sages des Kiun et des Hien ont réuni tout ce qu'il y a d'hommes probes et de leur propre initiative ils ont attaqué et chassé les brigands. Bien que le roi les ait nommés à ces charges, il en a convié d'autres aussitôt pour les remplacer. Mais les anciens magistrats connaissent à fond le peuple. Les hommes nouveaux voient trop facilement la vertu et les capacités. Par ces changements subits les affaires restent en souffrance et les magistrats des villes deviennent négligents. Il faut donc choisir les hommes convenables pour les différentes circonstances et ainsi faire faire aux vieux magistrats ce qui est utile au peuple pour le moment. Si le candidat est jeune il faut lui donner provisoirement le poste qui lui convient. S'il rend des services il faut alors le rendre titulaire de la charge. Si l'on agit de la sorte, chacun s'efforcera de faire preuve de zèle et de capacité et il sera en état de bien remplir ses fonctions. Voilà le second point. — 3° Des officiers qui commandent à l'armée au sud, il n'y en a pas un ou deux sur les dix, qui montrent quelqu'ardeur à la guerre. S'il en est, il faut tenir compte de leur mérite. Quant aux autres, il ne faut pas les charger de fonctions. C'est le troisième. — 4° Il en est qui acquièrent la solde et les vivres donnés pour l'armée du Santong, en les achetant aux fonctionnaires. Plusieurs ayant réglé leur compte et payé aux fonctionnaires, s'en vont tranquillement. Mais le tribunal des mandarins estimant que l'on ne pouvait le leur donner à raison de leur grade, les obligent à venir restituer. Si l'on a vendu à quelqu'un qui ne pouvait recevoir ces choses, le fonctionnaire vendeur a commis un acte coupable. Mais cela importe peu. L'essentiel est que comme on n'a point encore mis fin aux entreprises des pirates, les champs restent sans culture, on n'a rien amassé dans les magasins. Les vivres de l'année, en peu de temps, sont devenues insuffisantes. Qui donc voudra encore s'en procurer en se fiant à ce qu'elles ont été vendues par les fonctionnaires? C'est là le dernier point. » Le roi Hiuen tzong approuva hautement cet écrit et en suivit les conseils. Un autre mandarin du nom de Tesong lui présenta à son tour ces observations : « d'après l'antique coutume, lorsque l'été est à son plus haut point, le roi cesse de se rendre au conseil, et depuis le quatrième jour jusqu'à la fin les grands se contentent de lui présenter une fois les affaires à traiter. » Hiuen tzong répondit : « cela est bon en temps de paix ; mais maintenant les affaires sont trop nombreuses. Puis-je cesser de me rendre au conseil parce que cela me coûterait quelque peine? Je ne puis avoir fini que quand les affaires de l'état ne souffrent d'aucun retard. »

Cependant l'armée mongole était venue mettre le siège devant la capitale du centre. Le commandant de cette place, Tcheng hoei, envoya en toute hâte avertir le roi Hiuen tzong. Celui-ci fit aussitôt partir Yong si et Tching sheou à la tête d'une armée pour le secourir. De son côté, le général Li ing avait réuni les armées des deux provinces de Hokien et Tching sang et portait des vivres prises à Tching tcheou pour secourir la capitale. Entré à Pa tcheou, il but et s'enivra. En ce moment les Mongols vinrent l'attaquer et mirent son armée en déroute. Li ing et tous ses soldats furent massacrés ; les vivres qu'ils transportaient devinrent la proie du vainqueur. L'armée de secours des deux généraux Tching sheou et Yong si, instruite de cette défaite, s'enfuit en désordre. Alors un magistrat d'Aisin, du nom de Heou ji, présenta au roi par écrit une série de neuf observations ainsi conçue : « 1º Les cours et tribunaux constituent le fondement (1) de l'empire. Or les Hioan fou sze des provinces ne suivent pas les règles tracées par le roi, et confèrent les places inférieures à la deuxième des six cours, à leur caprice et fantaisie. Il en résulte que le fondement de l'empire est ébranlé (troublé). Il faut faire cesser cet abus. — 2º Les armées commandées par nos quatre généraux sont nombreuses. Malgré cela ils ne savent point vaincre l'ennemi. Celui-ci n'attaquant que sur un seul point, les autres corps d'armée restent immobiles spectateurs de la lutte, personne n'est envoyé au secours (des corps attaqués); ils reculent un peu, puis jettent les

---

(1) Le réseau.

armes et s'enfuient. Cela vient de ce que les soldats ont le cœur vieilli, affaibli, et que les généraux sont devenus craintifs. Le roi doit veiller avec soin à ce que les généraux remplissent les missions qui leur sont données et observent les lois militaires. — 3° Lever une armée et recevoir l'ennemi, requérir le peuple pour transporter les vivres sont autant de choses qui ont leurs règles. On ne doit pas donner deux charges à la fois. Chargés de deux opérations simultanées, les généraux n'ont point encore attaqué l'ennemi que les convois de vivres ont déjà pris la fuite; les rangs se rompent alors et la défaite s'en suit inévitablement. Le premier rang étant vaincu, le suivant qui doit avancer à sa place prend peur devant l'ennemi. Ce n'était pas d'abord la règle dans les manœuvres de l'armée que de faire des mouvements circulaires et de changer de rang. Est-il bien maintenant de suivre une direction exclusive et de ne point corriger les fautes? Bien que j'ignore les lois de l'art militaire, je dois parler un peu au hasard à cause de nos défaites. — 4° Les quatre villes de Song tcheou, Pao tcheou, An tcheou et Sou tcheou se fient aux moyens de défense que leur donnent le fleuve Pe keou, la rivière Y soui et les monts Li san. Leurs fonctionnaires sont d'une négligence extrême, mous et peu intelligents, ils sont dépourvus de courage. Il faut se hâter de choisir des magistrats braves, intelligents et capables, et de leur donner à chacun les charges convenables. — 5° L'armée qui occupe et garde la rive du Tchang soui depuis Wei tcheou jusqu'à la mer, doit être chargée de la défense du Santong; que l'on permette aux agriculteurs de cultiver les champs tranquillement et sans être troublés. — 6° les magistrats des villes qui environnent la capitale du centre ont déjà abandonné leurs postes parce que l'armée ennemie s'en va à droite et à gauche, et qu'ils craignent le sort des fonctionnaires tombés déjà entre les mains des ennemis. En outre les ressources du peuple ont été considérablement entamées par les transports de vivres pour l'armée; ceux qui ont tardé de le faire craignent d'être punis pour cela. Puis lorsque le temps de leurs fonctions est passé, si on scrute leur conduite comme celle des magistrats qui n'ont eu ni péril ni souci, ces gens sont vraiment à plaindre. C'est pourquoi le roi devrait donner ordre aux juges de procéder à cet examen en tenant compte de la différence des rangs et situations, — 7° Lorsque l'armée n'acquiert point de gloire, la faute en est aux généraux. En effet, s'ils font peu de cas de l'ennemi, ils ne se donnent point de peine. Dernièrement, Li ing bien que général, but jusqu'à l'ivresse ; les ennemis étant survenus avant qu'il revînt à lui, il fut attaqué à l'improviste et vaincu. Certes Li ing n'a point acquis de mérite, son successeur doit recevoir sa solde. — 8° Les peuples qui ont obtenu des campagnes au nord du grand fleuve, ne les ont point encore cultivés; ils ne peuvent point livrer des vivres pour l'armée. Le monde étant en état de guerre, tous sont disposés à fuir. Les soldats débandés, dispersés s'en vont pillant, volant. Le peuple n'a plus les moyens de vivre. Il faut au plus tôt remédier à ces maux bien dignes de pitié. — 9° Les officiers à grades héréditaires sont très nombreux. Depuis leur enfance ils ont vécu dans l'orgueil et la paresse. Incapables de supporter les maux de la guerre, ils sont faibles et lâches. Pourrait-on avoir confiance en eux ? Que l'on choisisse donc des hommes d'une valeur extraordinaire et que tous suivent avec joie ; et qu'on leur donne les fonctions militaires sans avoir égard à ce qu'a été antérieurement leur jeunesse et leur rang. » Le roi réfléchit à toutes ces observations et répondit : « faites comme vous le dites. »

Le cinquième mois, l'armée mongole ayant pris la capitale du centre, le général Tcheng hoei qui la défendait, s'empoisonna. Deux autres officiers, Zhin tien tzong et K'ao ling, furent tués par les soldats révoltés. Un autre, Mo zhan jen tzong, s'échappa et fuit au loin. A cette nouvelle un grand du nom de Lio ping présenta au roi un écrit de représentations en dix articles, portant : « 1° Ordonnez à tous les princes de venir au secours de l'empire et donnez-leur des charges dans ce but. On peut le voir, chaque fois que notre armée s'est trouvée en face de l'ennemi, chaque fois elle a été battue. Par suite de la longue paix dans laquelle ils ont vécu, nos soldats ne savent plus combattre. Nos généraux sont sans vertu ni courage; incapables de réparer nos malheurs, il ne savent pas même mourir pour accomplir leur devoir. Au dehors ils ont acquis de la réputation ; au dedans ils ne cherchent que les moyens de se récréer. Ils se choisissent une garde d'élite pour eux-mêmes et ils envoient à l'ennemi les soldats faibles et sans intelligence. Avant l'attaque même les généraux montrent le chemin en fuyant les premiers. De la sorte les soldats suivent leurs généraux et prennent tous la fuite. Et le roi ne châtiant aucun d'eux, ne fait en envoyant de nouvelles troupes que leur donner les moyens de violer les lois. Le trésor se vide peu à peu et le peuple s'appauvrit de plus en plus, le territoire se rétrécit constamment. Depuis que le roi s'est retiré au midi, tout le peuple proche de la résidence ou éloigné a perdu confiance et courage. Les magistrats qui gouvernent les pays au nord du fleuve n'ont su, dans leur détresse, que se retirer sans plus se soucier des régions du midi. Jadis au temps dit *Tien pao*, sous l'empereur Tang Ming hoang, les deux villes de Lo yang et de Tong kouan avaient été successivement prises par l'ennemi. L'empereur s'échappant pendant la nuit se retira au Sze tchuen. Le Taitze alla jusqu'à Ling ou, y réunit tous les généraux bien qu'il n'eut pas le commandement de l'armée et prenant les troupes qui avaient suivi l'empereur dans la direction de l'ouest, jusqu'aux vieux soldats, il ne recula pas plus loin, mais mourut au Sze tchuen. Ainsi, ô roi! que ce soit votre préoccupation; prenez ceux des princes qui ont de la vertu et de l'intelligence, et donnez-leur le commandement de toutes les troupes de l'empire, faites leur défendre les régions importantes du Nord. Par un édit envoyé de tous côtés, enseignez à diriger les armées. Ainsi, tous ceux qui en auront connaissance, prodiguant leurs efforts, marcheront en avant, combattant jusqu'à la mort et ne reculeront plus. Résister à l'ennemi, réparer nos désastres ne peut se faire autrement. Il faut encourager les hommes par des sages paroles et ne pas les laisser agir par leurs seuls efforts. Quand un homme se met en avant, dix-mille aussitôt se joignent à lui. Les anciens mettaient au premier rang l'exemple donné et rangeaient au second plan les lois et l'autorité de l'enseignement. — 2° Cherchez à gagner les cœurs des hommes pour assurer la solidité du fondement de votre puissance. L'important n'est pas que le roi aime ses sujets et leur fasse des dons : l'essentiel pour cela est que, faisant cesser ce qui leur nuit, il leur procure les biens et les avantages nécessaires. Il est facile d'accorder grâce à des émeutiers; en les satisfaisant et les calmant pour ramener la paix chez eux, on augmente leur affection pour leurs chefs et leur fidélité antérieure, mais ce que je désire surtout c'est de rendre aux lois leur fondement assuré en modérant la taxe des impôts et tributs. Faites cesser tout travail inutile. Envoyez, sans relâche, des fonctionnaires capables et intègres pour inspecter les villes; faites demander aux vieillards quels en sont les maux à réparer; ne donnez les charges qu'à des mandarins probes, justes et choisis; destituez ceux qui se montrent cupides et cruels. Secourez ceux qui sont pauvres et affligés d'infirmités. Ayez soin des orphelins et des abandonnés, assurez un asile aux gens venus de loin, et de la sorte tout le monde restera fidèle, suivra les voies de la justice et personne n'aura plus le cœur double. Mais pour cela il faut qu'on pratique également les lois de la justice à l'égard du peuple paisible et confiant. Quand il souffre il se porte facilement aux révoltes. Accueillez donc ces paroles et qu'elles restent dans votre cœur. — 3° Recherchez en grand nombre les gens sages, vertueux, instruits et donnez leur la charge de veiller aux intérêts de l'état. Ceux qui veulent se préserver du froid cherchent un vêtement de peau. Ceux qui partent pour un lointain voyage se procurent un bon cheval. Le Shansi et le Honan sont les deux provinces où le Roi doit se rendre. Il doit (s'y préparer) en satisfaisant les magistrats et le peuple. Attirez à vous et employez au service de l'état des hommes de bonne conduite et que le peuple aime. Là où vous résiderez, faites bien connaître les lois et les devoirs. Quand les affaires sont pressantes, il faut les faire exécuter promptement au moment voulu. Manifestant à nouveau une vraie bienveillance, changez l'état des choses, de ce que le peuple a vu et entendu jusqu'ici. C'est là le vrai moyen de gagner les cœurs sans qu'on en fasse montre. — 4° Par un bon choix des magistrats des villes, ramenez la paix dans le peuple. Ces magistrats gouvernent par la puissance du roi et vivent par la confiance du peuple. Si, au contraire, ils vexent le peuple, remplissent mal leurs fonctions et ne savent point augmenter la prospérité, ils cherchent leurs adhérents parmi les gens cupides, durs, artificieux. Quand on doit lever un boisseau de grain des impôts, ils se font donner dix-mille pièces de monnaie, changeant cela sans droit. Ainsi personne n'a lieu de connaître les actes d'oppression dont le peuple est victime. Qu'à l'avenir donc on ne confie plus ces fonctions à des gens qui ne sont pas d'une vertu supérieure à la plupart et qui ne l'emportent pas sur tous dans l'art du gouvernement. Que ce soient des parents, de vieux magistrats, de grands personnages, ils ne doivent point leur donner l'administration des villes, mais employer des hommes sages et instruits, qui fonctionneront à la satisfaction de tous et feront aux yeux de tous preuve de vertu et de capacité tandis que les méchants, rougissant d'eux mêmes intérieurement, s'efforceront de bien faire. — 5° Encouragez les magistrats dans leurs fonctions, en louant les gens fidèles et probes ; car ceux-ci, zélés par eux-mêmes, accomplissent leur devoir au péril de leur vie. Chargés du gouvernement des cités, ils ne veulent pas s'attirer le mépris du peuple. De pareilles gens les magistrats se soucient assez peu ; ils n'accordent leur faveur qu'à ceux qui épargnent leur propre vie ; ils ne donnent point la succession des charges aux fils et descendants des hommes morts (pour la patrie). Cela étant, les hommes dans leurs désirs et leurs craintes cherchent partout tous les moyens de se procurer biens et avantages. Et de la sorte les magistrats lorsqu'il survient un évènement où leur vie peut être exposée sans profit pour eux, trouvent toujours le moyen d'y échapper. C'est là une chose fatale pour l'état. — 6° Occupez-vous avant tout des travaux de l'agriculture et rassemblez des provisions de vivres. C'est ainsi que vous donnerez la victoire aux soldats, la richesse au peuple. C'est là un besoin pressant. — 7° Estimez au-dessus de tout l'économie, et arrêtez les dépenses de luxe. Actuellement entre les mers, bien des campagnes sont abandonnées et ne produisent rien ; rien n'est plus urgent encore que de faire cesser les prodigalités et de signaler la détresse du peuple. — 8° Diminuez le nombre des fonctionnaires inutiles et augmentez, de leur traitement, la solde de l'armée. Depuis le commencement des troubles, la population est diminuée de quatre ou cinq dixièmes, tandis que le nombre des fonctionnaires est resté le même. Ce n'est pas le moyen de faire cesser un abus, ni de favoriser l'autorité. Faites enseigner l'art de la défense et de l'attaque dans la conduite des armées. Jadis les généraux en renom triomphaient de leurs ennemis par leurs calculs, parce qu'ils instruisaient et exerçaient leurs soldats, et ainsi ils n'évitaient pas, comme on disait, de l'eau brûlante et du feu coulant. S'ils combattaient cent fois, cent fois ils étaient vainqueurs. Kong foutze a dit : « si l'on n'a pas appris au peuple à combattre, le conduire à la guerre c'est le perdre. » Il est dit dans les livres militaires : « ne pas rendre le soldat habile à manier les armes, c'est le livrer à l'ennemi. Le soldat qui n'apprend pas à combattre, livre son général à l'ennemi. Le général qui ne connait pas l'art de la guerre livre son roi à ses ennemis. Si le roi ne choisit pas bien ses généraux c'est l'empire lui-même qu'il livre à l'ennemi. » Peut-on ne pas observer ces choses avec crainte et une attention sérieuse. — 10° Il faut préparer tous les moyens de défense et de résistance dans les villes, refaire les fossés, etc. Quelques villes seulement placées autour de la capitale assurent l'existence du royaume ; si on ne les rend pas imprenables, il n'y aura plus pour nous de province Hoso. Peut-on s'appuyer sur le Hoang ho ? Non sans doute. » Le roi lut cet écrit avec grand étonnement et dit à Lio ping : « comment sera-t-il possible de défendre les villes situées au nord du fleuve ? Les soldats et le peuple y habitant pêle-mêle. Comment tirer le meilleur parti de l'emploi des fourrages et végétaux ? Comment ramener les prix à un taux normal ? » Lio ping répondit : « c'est en choisissant de bons généraux que l'on rend les places fortes et sûres. Si les soldats ne vexent point le peuple, on le maintient en paix, de même que l'on rassemble et divise ses forces (1), ainsi doit être l'emploi des fourrages, etc. C'est en veillant à la culture des campagnes, en modérant les impôts, que l'on ramène les prix des marchandises à un taux honnête. » Hiuen tzong ne sut que louer ces conseils, mais il ne put en tirer parti ; il nomma cependant Lio ping censeur général.

Le sixième mois, ayant appris que le prix des vivres montait sensiblement à Pien king, le roi demanda aux mandarins : « que faut-il faire en ces circonstances ? » Tous répondirent de fixer les prix par une loi. Là-dessus K'ao zhou li répartit : « le prix de toutes choses monte et descend constamment ; lorsque les acheteurs sont nombreux, et les vendeurs plus rares, les prix montent. Des gens de toutes provinces affluent dans le Honan ; les acheteurs sont en grand nombre ; comment les prix ne seraient-ils pas élevés ?

Si l'on fixe le prix par une loi, tous ceux qui ont encore du grain le cacheront et ne l'apporteront pas au maché. Les commerçants qui s'informent de ce qui se passe ne viendront pas à Pien king, les acheteurs seront réduits à de plus grandes extrémités et les prix hausseront encore. Toute chose a ses avantages et ses difficultés ; comment pourrait-on l'ignorer ? Le grain est rare, on se le procure difficilement ; le fourrage étant abondant s'obtient facilement. Il faut s'occuper d'abord de ce qui est difficile et mettre le facile au second rang. Si, par une conduite habile, on fait d'abord venir le grain abondamment au marché et que l'on y apporte et vende les légumes et fourrages, le prix du grain se fera facilement de soi-même. » Le roi approuva complètement ces paroles.

Le septième mois, le roi détermina les sceaux (2) des divers emplois. Le Shôni yuen eut un cerf ; le Hio wan fou sze, un poisson et le Tong jiôn sze, un tigre.

(1) Comme une force qui rassemble et divise.
(2) Dont une moitié seulement est donnée aux fonctionnaires pour assurer leur authenticité.

LIVRE VIII.

RÈGNE DE HIUEN TZONG (*suite*) ET D'AI TZONG.

Le huitième mois, un grand d'Aisin nommé Jang zhou-y, méditant une révolte, envoya un de ses gens à Sôn pang tzo pour lui demander conseil. Sôn pang tzo arrêta l'émissaire et informa secrètement de ce fait un autre grand du nom de Wan yan pi. Ce dernier, après avoir placé des soldats en embuscade sous la grande salle, attira chez lui Jang zhou-y par une invitation à un festin. Après plusieurs rasades, il fit du bruit en frappant sur son assiette. Aussitôt les soldats sortirent de leur cachette et tuèrent le rebelle. On mit également à mort tous ses adhérents au nombre de 10,000. Hiuen tzong loua grandement la conduite de Wan yan pi ; il le fit kong de Wi koue et donna à Sôn pangtzo le titre de Fang you sze. Les autres militaires qui s'étaient acquis des mérites en cette affaire eurent des récompenses en rapport avec leur rang. Cependant les brigands *Habits rouges* étaient venus ravager le pays de Tcheng-ou d'Aisin. Yan san tian sze les attaqua, les défit et en tua plusieurs centaines.

Le neuvième mois, un *Habit rouge*, nommé Tcheou yuen el, surprit et détruisit la ville de Sin tchi tcheou d'Aisin, puis s'empara des trois hiens Tonglou, Au ping et Ou ji. A cette nouvelle le gouverneur de la province de Tchen ting surprit le brigand par un stratagème et le tua. Plus de 500 de ses soldats périrent avec lui.

Le dixième mois, l'armée de Hia avait envahi le pays de Pao an ; le général Koue jian d'Aisin vint la combattre et la défit. Elle n'en alla pas moins assiéger la ville de Yan an, mais le commandant de la frontière lui infligea une seconde défaite. Sur ces entrefaites le Jiei tousze, Tou shan ou tien, annonça au roi Hiuen tzong que le général Mou zhan jin tzong avait fait défection. A cette nouvelle, le roi profondément affligé dit à son entourage : « certes je n'avais pas été ingrat envers cet homme. Il a fui la capitale du centre, abandonnant les tableaux et les tombeaux de mes ancêtres, ainsi que mes épouses ; il s'est enfui emmenant uniquement sa femme. C'est là certainement un grand crime. » Aussitôt le roi fit mettre le rebelle en prison. Sa détention ayant déjà duré quelque temps, un grand nommé Sioci kou dit au roi : « puisque Mou zhan jin tzong a été mis en prison, c'est qu'il a commis un crime. Comme personne ne sait quel est ce crime, tout le monde est saisi de frayeur. Le roi devrait faire faire une enquête par un magistrat fidèle et sûr. S'il a commis réellement une faute grave, le roi devrait la faire connaître à tout le monde et ainsi calmer les inquiétudes des cœurs. » Hiuen tzong, acceptant cette observation, fit faire le procès de Mou zhan jin tzong et sa culpabilité ayant été démontrée, le roi le fit mettre à mort ainsi que Ou li yei et ses autres complices et annonça la cause de cette sentence à tout l'empire. Dans l'entretemps l'armée de Hia avait pris Lin tao d'Aisin et fait prisonnier un officier du nom de Hôsilan.

Le roi Hiuen tzong venait de conférer une charge à Kong yuen tze, descendant de Kong fou tze ; à cette occasion les grands représentèrent au roi que le tombeau du grand philosophe se trouvait à Tchin tcheou au San tong et qu'il serait convenable d'y envoyer un représentant offrir un sacrifice. Le roi agréa cet avis et députa Kong yuen tze lui même pour faire cette cérémonie. Puis après il se dit en lui-même : « Kong yuen tze est le descendant d'un saint, si je l'envoie en ces lieux offrir un sacrifice, comme les brigands infestent le Santong, il pourrait lui arriver malheur et la descendance du grand homme serait peut-être éteinte. » Cette réflexion détermina le roi à retenir Kong yuen tze et il le fit Tai tchang bosze (1),

Un brigand du Siao tong, nommé Pou siei wan ou, s'était proclamé roi lui-même et avait donné à cette première année de sa puissance le titre de Tien tai. En même temps l'armée de Hia était venue donner l'assaut à l'un des retranchements de Soui te d'Aisin, mais elle avait éprouvé un échec ; de là elle s'était portée contre Soui Ping et avait subi le même sort. Han tabouyei, grand d'Aisin, leva alors une armée de 10,000 hommes et vint infliger une défaite complète aux troupes de Hia, fortes de plusieurs dix-milliers de soldats, près de Sou yang tzai ; il fit prisonnier le ping tchang K'ao tchi et les autres officiers. Reçu par le roi pour félicitations, il lui dit : « si la petite armée de Tabouyei a vaincu de nombreuses troupes, il le doit à la puissance et à la vertu du

---

(1) Membre du tribunal des rites sacrificiels.

roi. » « Depuis l'origine, répondit le roi, la grandeur, la prospérité de notre royaume s'est élevée sur l'appui d'officiers fidèles et capables. Maintenant tous les efforts des généraux et de tous les grands ne peuvent tendre qu'à acquérir des mérites. » Puis il éleva Han tabouyei au grade de Zhong lou taifou. Peu après Lan tcheou ji et Tchen seng, firent défection et passèrent au royaume de Hia, puis menant avec eux une armée de 80,000 hommes de Hia ils vinrent mettre le siège devant Lin tao fou d'Aisin. Quinze jours après les vivres commencèrent à manquer aux milliers de soldats enfermés dans cette place. Les souffrances étaient grandes; le gouverneur Hoto men cherchait de jour en jour à les calmer; il leur dit enfin : « La révolte ou la fidélité, le malheur ou le bien être dépendent de votre conduite. » Et là-dessus il mit à mort 10 soldats qui avaient voulu s'entendre avec l'ennemi du dehors et jeta leurs têtes par dessus les murs de la ville. L'armée de Hia attaqua alors par les quatre côtés. Mais Hoso men sortit la nuit avec ses troupes et tomba sur le camp des soldats de Hia. Ceux-ci, mis en désordre, prirent la fuite; poursuivis par les soldats d'Aisin avec l'ardeur de la victoire, ils périrent en grand nombre. D'autre part l'armée mongole prenait la ville d'Aisin, Tchang te fou et tuait son gouverneur Siei liei.

La quatrième année Tcheng yiou (1216), le premier mois, les *Habits-rouges* vinrent pour piller les villes d'Aisin, Tai an, Te tcheou et Po tcheou. Le général qui commandait à l'ouest du San tong les attaqua et les mit en déroute. Ce même mois, l'armée mongole prit Tzao tcheou d'Aisin. Le roi Hiuen tzong nomma son fils Sheou li, prince de Soui, héritier du trône.

Le deuxième mois, l'armée mongole s'empara de tous les défilés et passes des monts Hao san, au territoire d'Aisin. Hiuen tzong fit inscrire sur un tableau les noms de tous les mandarins morts en remplissant leur devoir, éleva un temple en leur honneur et y fit sacrifier. Une proclamation annonça ces dispositions.

Le troisième mois, Jang wen d'Aisin anéantit l'armée de Tchao fou et reprit An tcheou.

Le quatrième mois, il délivra Jang k'ei d'Aisin, fait prisonnier par l'ennemi et reprit Tching tcheou ainsi que onze autres villes. Hiuen tzong envoya un de ses gens porter aux généraux et aux soldats des récompenses en rapport avec leurs rangs et grades. Un certain He ting s'élevant lui-même, nomma des officiers et magistrats et s'empara des

des trois tcheous : Tang, Yan, Shan, ainsi que des Hien : Lai, Sin, Fou, Tai et dix autres.

Le huitième mois, l'armée de Hia envahit le territoire d'An se pou et fut défaite par l'armée envoyée de Tching sheou. Peu après elle éprouva également un échec près du fleuve Jiei yei soui où elle s'était avancée et l'armée mongole prit Yan an d'Aisin.

Le neuvième mois, l'armée mongole s'empara de Fang tcheou, puis de Tai tcheou. Le gouverneur de cette ville, Tcheou ho shang, était venu à la rencontre des Mongols mais avait été vaincu et fait prisonnier ; sollicité de se soumettre, il préféra mourir.

Le dixième mois, les Mongols prirent le défilé de Tong kouan, après que l'armée qui le gardait eut pris la fuite. En vain Boulouho, officier d'Aisin, voulut s'opposer aux progrès des ennemis, il fut vaincu et tué.

Le même mois, le roi Hiuen tzong rassembla en conseil tous les grands du royaume et leur communiqua cet ordre adressé à tous les mandarins du royaume : « s'il est des officiers braves, intègres, habiles, capables de défendre nos villes, qu'on les recherche et me les présente. Si, mis en charge, ils font preuve de ces vertus, ceux qui les auront fait connaître recevront une récompense. S'il est de ces vertus intérieures que les hommes ignorent, attirez-les et venez au conseil vous-mêmes, pour les faire connaître. »

Le onzième mois, l'armée de Hia, forte de 40,000 hommes, vint assiéger Ting si nian ; pendant qu'elle faisait ses préparatifs d'attaque, Si tzan hosai, Yang k'en tiei et d'autres officiers d'Aisin firent une sortie vigoureuse et mirent l'ennemi en fuite en lui tuant 2000 hommes ; un certain nombre fut pris vivant, tout le reste disparut. L'armée mongole entrait dans le pays d'Ou tch'i ; les soldats d'Aisin, commandés par Alibousòn, s'enfuirent en désordre. De là elle s'en vint prendre Ping tchang et traversa les défilés de Tai tcheou, Sin hien, Heng tcheng, Ping ting et Tcheng tien jen pour venir mettre le siège devant Tai yuen fou. Ougoulôn, général d'Aisin envoya un pressant message à la résidence du roi pour annoncer ces nouvelles. Hiuen tzong fit aussitôt donner ordre aux généraux de la province de Lou tcheou et du Hiuen fou sze de Ping yang, Hotzong, Jiang tcheou et Meng jin, d'aller au secours des lieux menacés ; ce qui fit lever le siège à l'armée mongole.

La cinquième année Tcheng yiou (1217), le premier jour, l'empire Song envoya présenter ses souhaits. L'ambassadeur étant parti, le roi

Hiuen tzong dit à ses ministres : « à ce que j'entends, les régions au midi de An tcheou sont infestées par les brigands; le peuple affamé se répand en désordre le long du fleuve Kiang hoai. Pourquoi l'empire Song vient-il attaquer de nouveau ces contrées? » A ces mots un grand nommé K'eou tchi conseilla au roi de lever une armée et de l'envoyer faire la guerre à l'empire Song pour étendre leurs frontières. Le roi lui répondit : « ce n'est point là ma pensée. Si je puis seulement conserver le territoire que m'ont confié mes ancêtres, cela me suffit; pourquoi faire la guerre à l'extérieur? »

Le deuxième mois, les membres du shang shou seng yamen présentèrent au roi les observations suivantes : « Les vivres de l'armée ne suffisent plus. Il faut leur donner celles qui reviennent aux bacheliers des *tcheou* et des *fou*. » Le roi répondit : « depuis toujours les lettrés et les guerriers ont été traités de même. Jadis quand j'étais à la résidence centrale, je n'aurais eu garde de manquer à entretenir les bacheliers et favoriser les écoles. Dois-je cesser maintenant de le faire? Non, que l'on continue à leur donner des vivres selon la coutume antique. »

Le troisième mois, un certain Si hai se révolta et se déclara maître du pays de Jen ting. Ou sian d'Aisin alla le combattre, le défit et le tua lui et deux cents de ses adhérents; le reste se rallia au vainqueur.

Le quatrième mois, l'empire Song n'ayant point envoyé le tribut accoutumé, Hiuen tzong envoya les deux généraux Tching sheou et Tzai bou attaquer l'empire Song du midi. Ces troupes atteignirent l'armée song à Shen yang et la mirent en déroute, lui tuant 8000 hommes; le tongji Tcheou kuang de Song resta prisonnier. Ils la poursuivirent alors jusqu'à la montagne Long san et lui infligèrent une seconde défaite très meurtrière. Tzai bou passa ensuite le fleuve Hoai ho, attaqua et détruisit les fortifications du défilé de Liang kuan à Kuang tcheou.

Le cinquième mois, l'armée aisinoise territoriale du Shansi livra bataille aux gens de Hia près de Ta pe san, et les défit; l'armée de Song eut le même sort près de Y ho lan puis à Fan tcheng sian. D'autre part les Chinois s'emparèrent de la ville de Lian soui hien d'Aisin et les Mongols de Ou tcheng hien où le commandant Zhin fou périt en combattant. Ce même mois les deux généraux venus pour combattre les Chinois, Tching sheou et Tzaibou se retirèrent avec leur armée et allèrent infliger une défaite aux troupes de Hia qui ravageaient le Hoang ho pen, pendant qu'un autre corps, commandé par Nou si la, battait les Chinois venus pour assiéger Hai tcheou et que des troupes réunies de tous les pays d'Aisin mettaient en fuite les soldats de Hia occupés au siège de Yang lang tzai.

Le huitième mois, Nou si-la gouverneur de Haï tcheou d'Aisin, infligea trois défaites successives aux Chinois à Si tcheou, Lian soui hien et Tzong tou ki'eo, puis une quatrième sur la frontière, tandis que le commandant Li yuen remportait sur eux une brillante victoire et faisait un riche butin.

Le neuvième mois, l'armée de Hia vint assiéger les retranchements de Sui te; Lou sai hoei d'Aisin les mit de nouveau en déroute. A l'occasion de ces victoires Hiuen tzong changea le titre des années et de Tcheng yiou fit Hing ting, ce qu'il annonça à l'empire par un édit royal.

La première année Hing ting (1217), le dixième mois, l'armée mongole s'empara d'abord de Sze tcheou, Sheou ping, Tchang san et Tze tcheou, puis des cinq villes du Santong : Pin tcheou, Lo tcheou, Po tcheou, Tze tcheou et Sin tcheou, et détruisit Y tou fou. Le général gouverneur (Toutong) Ma fou mourut en cherchant inutilement à défendre La tcheou. Le Jing liao sze, Nou si la de Haï tcheou, envoya alors un de ses généraux nommé Hanpi contre les armées de Song et celui-ci les défit à Yan sang. De son côté l'armée mongole s'avançait contre Sin tcheou; tous les habitants de cette ville l'abandonnèrent et s'enfuirent ailleurs. De là elle alla prendre Ni tcheou dont le Jiei toutze, Wan yan you, fut tué dans le siège.

La deuxième année Sing ting (1218), le premier mois, les Chinois vinrent assiéger Tang tcheou au nord du Hoai ho; l'armée d'Aisin les défit et captura leur général en chef Tsi shong tao et Tchen k'oue, tandis que le général de Tang tcheou et Teng tcheou, Wan yan tzaibou remportait également sur eux une victoire près des monts Tiei san, puis une seconde à Sze tcheou qu'ils étaient venus assaillir.

Le deuxième mois, les Chinois subirent de nouvelles défaites l'une près du défilé de Tching keou qu'ils attaquaient, l'autre près du mont Fang san que défendait Ok'ou d'Aisin, une troisième que leur infligea Hoan tuan d'Aisin entre Kuang tcheou et Sin yang, une quatrième aux monts Kiu san en combattant contre le commandant Nou si la, résidant à Hai tcheou. Peu après Wan yan tzai bou d'Aisin s'avançait contre la ville chinoise de Tzao yang, les habitants vinrent l'assaillir subitement. Tzai bou les défit, les mit en fuite et remplit les fossés de plus de 3000 cadavres. Pendant qu'il faisait ses travaux de siège, l'armée chinoise forte de 1000 cavaliers et de 10,000 fantassins vint au secours de la place, mais elle fut vaincue. Un autre officier d'Aisin, nommé Alin, était allé assaillir la ville song de Tzao siao pou et avait déjà pris les faubourgs. Le Tong ji Ou kiun qui la défendait y mit le feu et voulut s'échapper à la faveur de l'incendie. Mais Alin, plaçant ses cavaliers au midi, envoya les fantassins prendre les fuyards par derrière du côté du nord, les défit, fit prisonnier Ou kiun lui-même et deux cents de ses soldats. Le shou yuen de Sheou tcheou défit également les Chinois près des retranchements du fleuve K'ao lio kiao, détruisit ces ouvrages et se retira. Puis Ok'ao d'Aisin prit les monts Tchi pan ling et infligea de nouvelles défaites aux troupes chinoises à Pi tsia tzouang, à Han san ling et à Long men kouan. Hiuen tzong réunit alors le Shang shou seng yamen et lui dit : « à ce que j'entends dire, lorsque quelqu'un s'est procuré des vivres vendus par les fonctionnaires (1), le tribunal des mandarins l'oblige à les rendre. Si l'on agit ainsi, quand les vivres viendront à manquer, comment se tirera-t-on d'affaire? En second lieu je cherche les mandarins qui connaissent les militaires qui se sont distingués à la guerre. Mais ce ne sont que gens très médiocres. Puis-je connaître moi tous les mandarins? Si l'on doit se fier aux listes de présentations, conférez alors les charges. Précédemment quand je résidais à la capitale du centre, je témoignais ma satisfaction à ceux qui y apportaient du charbon, en leur donnant des places. Etait-ce une erreur? Mais cette manière d'agir n'a pas été connue, elle est restée ignorée. Annoncez donc à tous mes intentions. Qu'on n'agisse plus comme on l'a fait jusqu'ici. »

Ya ou ta, officier d'Aisin, battit l'armée chinoise à Yu tai kiun.

Le troisième mois, Ok'o d'Aisin les vainquit de nouveau à Kouang hoa kiun, mais les Chinois étant venu piller Tzao kiao kiun, les troupes d'Aisin, venus pour les repousser, se mirent en désordre et leur commandant, Alin, fut tué.

Le quatrième mois, Tcheng y d'Aisin prit sa revanche en cette même ville, tandis que Heou tsi, autre officier d'Aisin, prenait Y tcheou et Tsou shen, la ville de K'ao ni, et que l'armée du Shansi infligeait aux Chinois une nouvelle défaite près du mont Tsi kong, prenait Hao tcheou

---

(1) Qui n'en avaient pas le droit.

Tcheng tcheou et entrait dans Hotchi hien. L'armée chinoise qui gardait le défilé de He kou kouen s'enfuit alors en débandade laissant entre les mains des vainqueurs 90,000 ho de grains et des armes en grand nombre. L'armée d'Aisin défit également les brigands *Habits-rouges* qui pillaient le Sin pi, et les troupes de Lin tao chassèrent les brigands *Pavillons-bleus* et après avoir pris Liao si hien, battirent le brigand Li tcheouan, venu au secours de cette ville. L'armée d'Aisin, campée au nord du fleuve, ayant de nouveau mis en déroute les *Habits-rouges* et pénétré dans Nitcheou, les dix derniers généraux des brigands et les 700 hommes qui leur restaient se soumirent; on leur assigna pour lieu de demeure le Ta sousou.

Le cinquième mois, Wan yan liu san général de la province de Fong sian d'Aisin après une victoire remportée sur les Chinois à Bou lou o, prit Liang lou pou et plusieurs autres bourgs. Hoang koue alouda, officier d'Aisin, défit les *Habits-rouges* de Li tcheou ang près de Tsiu tcheou, les poursuivit par trois chemins au midi de Zhi tsao hien et les chassa au delà de 40 lis. (Malgré ses défaites) l'armée de Hia venue de Touan tcheou avait envahi le territoire de Lo tcheou. Une armée envoyée par Tcheng li, général d'Aisin, la défit complètement. Pendant ce temps un certain Tchin koui de Lai tcheou d'Aisin avait tué le Jiei tousze Jouan Nou et s'était proclamé général; toute la ville s'était révoltée avec lui. Les deux officiers d'Aisin, Wang ting you et Hoang koue alouda du Santong marchèrent contre lui, le vainquirent et tuèrent dans la lutte le Tong ji Pe jen et plusieurs autres officiers. Tchiu koui, Liu tzong et plus de dix autres pris vivants, furent mis à mort et la ville de Lai tcheou réduite à la soumission. En même temps, Tcheng y, général de Kong tcheou d'Aisin, envoyait deux de ses officiers Tchang sheou et Tsi seng combattre l'armée chinoise en la prenant de deux côtés. Arrivé à Yan tchouan jen, Tchang sheou vit fuir devant lui l'armée chinoise qui gardait la frontière et vainquit à la montagne Ma teou les troupes chinoises de garde qui s'étaient avancées contre lui, puis un corps de 40,000 hommes venus au secours du premier jusqu'à Tchouan tzai. Marchant ensuite contre Tang tchang hien il défit 2000 chinois à Siei kou et prit Tchang hien. Continuant sa marche en avant, Tchang sheou battit l'armée de Si ho tcheou; le lendemain il mit en fuite les Chinois rangés le long du fleuve; ceux-ci entrèrent dans Si ho tcheou, la mirent en état de défense et s'y arrêtèrent. L'armée de Tchang sheou s'en retourna. Tsi seng d'Aisin entra sur le territoire de Tiei tcheng pou, y défit l'armée de Song et continua sa retraite. De son côté les troupes de Shao tcheou vainquirent les Chinois près du fleuve Sze ho, et celles du nord du fleuve reprirent aux Chinois la ville de Hoang hien. L'armée mongole envahit le pays de Tsin tcheou et le général Lio song d'Aisin tomba dans la lutte. Fong tien yu, brigand de Si tcheou ayant réuni plusieurs milliers de satellites, semait le trouble dans Lin tcheouen hien. Le général commandant d'Aisin envoya ses généraux à sa poursuite mais ils furent battus par les brigands. Alors les habitants des kiun et des hien des environs délibérèrent sur le parti à prendre et décidèrent qu'il fallait combattre ces pillards. Là-dessus Kong siun, officier d'Aisin courut au secours des pays infestés. Fong tien yu, à la tête d'une centaine d'hommes, vint trouver le général d'Aisin pour offrir sa soumission. Kong siun le reçut, le saisit et le fit mourir. Les brigands qui échappèrent se sauvèrent aux monts Tsi soui san et s'y retranchèrent. Mais Kong siun envoya contre eux un de ses généraux nommé Wang tsio tze qui assaillit leur camp, les détruisit et en tua deux mille. Les 5000 restants n'eurent qu'à se soumettre. D'autre part les *Habits-rouges* venus pour piller Sin tcheou après une première défaite que leur infligea l'armée d'Aisin s'enfuirent à Pe li siang; là ils tuèrent un officier d'Aisin nommé Tchi sin. (Pendant ces luttes) les censeurs vinrent faire au roi Hiuen tzong les représentations suivantes : « le membre de la cour des revenus publics Tzang pe sing étant allé chercher des vivres à Sai tcheou, parce que notre armée a triomphé des Chinois, s'est arrogé un titre trop élevé d'un rang. Cette faute doit être punie. » Le roi répondit : « Il a agi comme si l'on était en guerre. Tzang pe sin n'est point seul en ce cas. Mais si je le punis, tous seront profondément affligés; car si l'on en recherche la cause on verra que tous les généraux sont impliqués dans cette affaire. Les choses sont maintenant dans l'état le plus grave. Peut-on, pour un rang de magistrature, oublier de si graves intérêts? Il suffit qu'il soit dépouillé du rang usurpé. »

En automne, au septième mois, l'armée de Hia occupée à piller le Long kou fut battue par Tsian kou touan, officier d'Aisin.

Le huitième mois, Taitzou roi des Mongols envoya son armée, sous la conduite de Mo hoa li et autres grands officiers, passer le défilé de Tai ho ling et envahit le Ho tong avec plusieurs dix milliers de fantassins. Ils prirent la ville d'Aisin, Tai tcheou. Pendant ce temps Tcheou han d'Aisin attaquait Jang jin, chef d'*Habits-rouges*, prenait Pin tcheou et Lou tcheou et mettait à mort le perfide Li ei ; tandis que les Mongols reprenaient Si tcheou.

Le neuvième mois, l'armée mongole entoura la ville de Tai yuen fou de plusieurs rangs d'ouvrages de circonvallation et détruisit les murs et les fossés. Tesing, qui commandait dans cette ville, les arrêta en élevant un rampart de bois et distribua son argent, ses soies et ses chevaux à l'armée combattante. Les Mongols ayant abattu le coin de l'ouest des remparts de la ville, y entrèrent. Te sing mit les chars en travers pour les arrêter. Trois fois il fit reculer les assaillants et trois fois ils revinrent à la charge lançant une grêle de traits. Les défenseurs de la ville ne purent soutenir le choc réitéré et Tai fuen fou tomba entre les mains des Mongols. Te sing alors retourna à sa demeure et dit à son épouse et à sa tante : « Voilà de nombreuses années que je garde cette cité. Maintenant le malheur m'accable, mes forces succombent. » Et là dessus il se pendit. Sa tante et son épouse se tuèrent elles-mêmes. (Emu de ces nouvelles) Hiuen tzong, roi d'Aisin, dit au prince héritier : « Tout ce qui concerne l'armée est chose des plus pressantes, le succès y est intimement lié à l'activité. Si l'on s'en réfère à moi en toute chose, je crains des retards fâcheux. Désormais quand il se présentera une affaire urgente, que l'on agisse d'abord et puis qu'on m'en informe. » En ce même temps le Shôni yuen présenta au roi un placet écrit, ainsi conçu : « les vivres manquent à Hai tcheou et de plus il est très difficile d'en porter jusque là. Faites venir les gens de ce pays plus avant dans l'intérieur. » Le roi demanda à Heon tsi son avis sur ce conseil : « ce pays est couvert de montagnes, répondit Heon tsi, il est baigné par la mer. C'est une frontière nécessaire. Depuis cette année les brigands y ont fait leur nid parce que les gens de Song leur fournissent toutes les choses nécessaires. Si on abandonne cette contrée pour se retirer ailleurs, tout jusqu'à Tong ping deviendra la proie de l'ennemi. Si le pays ennemi est vaste et nos forces affaiblies, il nous sera bien difficile de reconquérir notre territoire perdu. Pour moi je ne puis approuver cet avis, car l'ordre du roi de se retirer de là, ne vaut pas le parti d'y porter des vivres. Si faisant tous les efforts possibles, manifestant ces intentions, on détermine les campagnards à cultiver convenablement leurs champs, que l'on établisse à Tchian tcheou et Sou tcheou des marchés où l'on échange les céréales contre le sel raffiné, on obtiendra du peuple toutes les ressources possibles sans le molester. Puis si l'on y place des troupes en un lieu favorable et qu'elles se partagent pour la garde et la surveillance, bien qu'on n'abandonne pas le pays, on n'en éprouvera aucune conséquence fâcheuse. » Le roi se rendit à ce dernier conseil et abandonna le conseil de retraite. L'armée mongole prit Fen tcheou et tua son gouverneur. L'*Habit-rouge* Li tchouan prit Ni tcheou et fit prisonnier le Joo foutze, Hoang koue Alouda et le Jiei toutze Sze jien nou. Les Mongols s'emparèrent de Liao y hien et Li tchouan le brigand, de Sheou kouang hien, et Sheaou ping hien.

Le deuxième mois, Song tan de famille princière, résidant à Ping yang fou, présenta au roi des observations écrites. Il y disait : « la ville de Tai yuen fou au Shansi a été prise par les Mongols ; ils s'approchent de Ping yan fou ; Jôn hien du Hotang sera également prise. L'armée qui garde cette ville est peu nombreuse et nulle autre ne vient à son secours. Les troupes qui défendent Ping yan fou compte 6000 hommes à peine. Or cette ville est la clef de la province de Hotong, elle forme la frontière du Honan. Rassemblez à Lou tcheou les garnisons de Ping tcheou, Hoai tcheou, Meng tcheou et Wei tcheou. Ramenez les troupes de Sze tcheou, Tchi soui, Touan sze et K'ao ping près des montagnes et qu'elles y fassent un camp retranché ; elles formeront ainsi le corps de secours de Ping yan fou. Que dans cette extrémité le roi prenne une décision prompte et envoie le secours à temps. » L'armée mongole, sans perdre de temps, s'était avancée jusqu'à Ping yang fou ; le Tai kong, K'ao yong vint à sa rencontre aux fossés nord de la ville l'attaqua et tomba entre les mains des ennemis. Ils voulurent l'obliger à se soumettre, mais il préféra mourir. Le lendemain les Mongols livrèrent l'assaut à la ville et s'en emparèrent. A leur entrée, le préfet Song tan et un autre grand, Like, se donnèrent la mort. A cette nouvelle le tsze-sze de Ting tcheou, Fan tou, abandonna la ville et s'en fuit à la capitale. Le roi le fit arrêter et mettre à mort. Les Chinois, dans l'entretemps, assiégeaient Lian soui, le taikong Lio ing les défit. Le brigand Li tchouan s'était établi en maître dans An tcheou ; Tian mou d'Aisin envoya contre lui ses deux généraux Wang jeng et Wang ting yu. Mais le Tai fou shao jian Petewan se mettant de sa propre autorité à la tête de l'armée de Wang jeng, vint attaquer An tcheou et se fit battre par les brigands ; le tai kong Wang sian fut tué dans le combat. Alors un grand nommé Tien tzo présenta au roi un écrit portant : « Petewan a été envoyé pour garder les montagnes, les retranchements et les fleuves du Santong ; il a tardé d'y venir. Resté à Ni tcheou il y a levé une armée et s'y est fait battre. Il faut le punir de cette conduite coupable. » Le roi envoya aussitôt faire une enquête sur la conduite de Petewan et publia, à cette occasion, un édit qui l'amnistiait complètement.

Le onzième mois, les Mongols prirent Lou tcheou ; le préfet de la ville Bouladou et Wang liang tchen moururent les armes à la main. D'autre part Jia kou soui d'Aisin battit les troupes de Hia à Tsi kou pou.

Le dernier mois, Yula fou sing d'Aisin présenta au roi un écrit traitant des affaires du temps ; il y disait : « Voici ce qui reste à faire maintenant. Appelez à vous et assurez la fidélité des soldats de la tribu Fou (1), choisissez parmi eux, avec discernement, les officiers les plus capables et aimés des peuples, et donnez-leur votre confiance et vos faveurs. Si vous remettez les affaires en leurs mains, on pourra encore reconquérir la capitale centrale ; il faut que l'on s'appuie sur le Liao tong. Les revers essuyés dans les provinces occidentales sont terribles et l'on ne peut rappeler les troupes qui combattent au midi. C'est du Honan que l'on doit tirer les céréales, les fourrages et tout le reste ; les impôts y deviennent donc écrasants et les forces du peuple s'épuisent, Il faut donc faire la paix avec l'empire chinois, remettre en ordre le Hoso et y faire entretenir les chevaux et les soldats. C'est la ressource suprême. » Il ajouta : « les brigands qui ravagent le Santong remplissent les montagnes et les plaines. Nos soldats y sont peu nombreux et de plus, les cavaliers y manquent complètement. Si les Chinois donnent des vivres et des fourrages aux brigands et que les fonctionnaires leur en fournissent en secret (2), notre infortune grandira de plus en plus. Envoyez donc des officiers capables qui les attirent à vous en leur faisant des dons et des faveurs ; les déterminent à retourner chez eux et choisissant les plus braves d'entre eux, les engagent comme soldats. C'est le plus sûr moyen de triompher de nos ennemis. » Il ajouta de nouveau : « Depuis les années Tcheng an, que l'on a, après longue discussion et délibération, donné des inspecteurs à l'armée, les inspecteurs et les généraux sont toujours en querelle. On a cru bien faire d'abord de ne point sévir. Ces gens ont un rôle inutile ; de plus, quand on doit choisir de braves sol-

---

(1) Cette tribu habite au delà des frontières de l'empire d'Aisin. C.
(2) Ou leur donnent des officiers.

dats, des hommes d'élite, ils se désignent eux-mêmes ; aussi lorsqu'une affaire pressante survient inopinément, on se trouve avoir confié les charges à des gens incapables et sans intelligence. C'est pourquoi ils ont essuyé tant de défaites. Il faut faire cesser cet état de choses. » Hiuen tzong mit ces conseils en pratique. D'autre part la cour des censeurs présenta au roi les observations suivantes : « le général en chef de Teng tcheou, Yu li tou, vexe ses soldats en leur faisant acheter les objets qu'il trouve en chemin, il se sert à son profit, frauduleusement, de l'argent du trésor public ; il cache le livre des lois sous prétexte d'un ordre du roi qui n'a pas été porté. Il se moque du roi en secret. Il a fait mettre une garde devant sa porte, il a tout disposé devant et derrière à l'imitation du roi ; les femmes de sa maison portent les mêmes ornements que les femmes du palais royal. » Le roi fit faire, sur cette dénonciation, une enquête par le président du tribunal des mandarins Abouhan et un autre grand nommé Siei bou si. L'enquête ayant démontré la vérité de l'accusation, Yu li tou fut condamné à mort et une proclamation du roi annonça son exécution et son crime. Peu après les membres du Shang shou seng yamen firent au roi de nouvelles représentations : « le Shôni yuen commande aux armées de l'empire, dirent-ils. Le prince héritier en est le régulateur suprême. Que l'on envoie donc le Shôni yuen dans toutes les provinces pour qu'on lui signale les hommes de mérite et les coupables, qu'il en fasse rapport au prince héritier et que ce rapport soit présenté au souverain ; qu'on exécute alors sans manquer les sentences de condamnation et les propositions de récompense. Que l'on charge les officiers de veiller à ce qu'on évite tout acte de vexation ou d'oppression. » Le roi accueillit cet avis avec faveur. Peu après il envoya à la cour de Song un ambassadeur porteur d'une lettre dans laquelle il demandait la paix. Mais cet ambassadeur s'en revint sans avoir été reçu. Alors Hiuen tzong nomma le foumen tou yu Pousan an jen général de la gauche et l'envoya avec une armée de 50,000 hommes faire la guerre à l'empire Song. Pousan an jen partit à la tête de ses troupes ; arrivés à An fong ils rencontrèrent un corps de 7000 Chinois et l'attaquèrent aussitôt. Pendant le combat un officier d'Aisin vint prendre l'ennemi sur le côté ; les Chinois, battus et poursuivis jusqu'au fleuve Pe soui, perdirent plus de 2000 hommes. Pousan an jen, arrivé au Yang tze kiang, retourna en arrière. Le roi Hiuen tzong dit aux magistrats des tribunaux de justice : « les mendiants de ma résidence meurent de froid par cette température rigoureuse ; cela me fait une peine indicible. Donnez-leur les arbres plantés dans le jardin du nord et assurez-leur un asile suffisamment chaud.

La troisième année Hing teng (1219), le premier mois, le roi Hiuen tzong annonça dans une proclamation la guerre déclarée à l'empire song. Aussitôt Ya ou da, l'un de ses généraux, attaqua les Chinois près de Hao tcheou au bourg de Siang san soun et les défit complètement. Mais les Mongols avaient soumis à leurs lois tout le pays de Tai yuen fou. Le territoire d'Aisin au nord du fleuve était considérablement diminué. Aussi le roi Hiuen tzong réunit tous ses mandarins pour délibérer sur les moyens de combattre avantageusement et de fortifier les lieux. Pendant la réunion on annonça la victoire remportée sur les Chinois. Le roi dit alors au conseil réuni : « on ne doit point s'arrêter là. J'ai envoyé offrir la paix à l'empire des Songs mais on ne m'a pas écouté. Pouvons-nous ne pas leur faire la guerre? »

Le deuxième mois, le roi avait délibéré avec le prince héritier sur le choix d'un général capable de conduire les opérations militaires au midi et n'avait trouvé aucun officier convenable. Profondément affligé, il s'écria : « l'empire est bien vaste, et pour les affaires pressantes ou non, nous ne trouvons pas un homme de confiance. Combien ne dois-je pas en éprouver de peine? » Cependant Ya ou da, général d'Aisin, avait battu les Chinois à Tchio tcheou, leur tuant 1000 hommes, puis il détruisit leur camp de Shao kiang sa. Dans cette action le tongji chinois Jang te ping et 30,000 soldats trouvèrent la mort, les 10,000 autres furent faits prisonniers. Continuant sa marche, Ya ou da enleva les retranchements du mont Ping san, y tua plusieurs milliers de soldats chinois et en captura les 500 restants. D'autre part An jan d'Aisin passa les frontières chinoises, détruisit la ville de Liang hien et prit le tongji Li sin tze. En outre le général de la droite Tzaibou et le tou jiyan Ya ou da enlevèrent le défilé de Pe si kouen et tuèrent les 1000 hommes qui le défendaient.

Le troisième mois, l'armée du Sausi détruisit les fortifications du défilé de Hotou kouen, prit Sing yuen et Yang tcheou, et infligea une seconde défaite aux Chinois près de Tchi keou tzang. Un autre corps commandé par Hôda les battit de nouveau au défilé de Hai jin kouen et prit le Tong ji Jang sze. Olibon d'Aisin les mit encore en déroute près de Shang pm hien ; arrivé devant Ho tcheou, l'armée chinoise vint à sa rencontre, mais un des commandants d'Aisin, Ya ou da, la prit en flanc et la défit complètement. Peu après Hôda d'Aisin remporta sur elle une nouvelle victoire à Maling pou ; An jen d'Aisin lui fit subir le même sort près des monts Si kou san, prit Ma tcheng hien et fit prisonnier le préfet de cette ville, Jang tai. Les Chinois furent ensuite défaits au mont Tousan par An jen, à Lao keou et Si kou ai hata par Sai bou d'Aisin. Un brigand nommé Wang kong si ayant fait défection, alla se joindre à l'armée chinoise et prit Sin tcheou.

Le troisième mois intercalaire, l'armée de Hia détruisit les fortifications du Tong tai soui, Wang jia nou d'Aisin tomba en les défendant.

Le quatrième mois, cette armée étant venue attaquer les retranchements de Tong tai tzai, Mai jou d'Aisin la mit en déroute. Elle y revint cependant peu après. Alors le général Wan yan Hoda vint d'An se pou pour les défendre. Arrivé à Long tcheou il fut attaqué par 2000 hommes des troupes de Hia sortis de la ville. Wan yan hôda les vainquit, leur tua bon nombre de soldats et fit dix prisonniers. Assiégeant alors Long tcheou, il en abattit le quartier du nord, mais le soir étant survenu, il se retira.

Le cinquième mois, le général résidant à Fong siang envoya des troupes battre les Chinois à Hoang yo pou. Le roi Hiuen tzong alors fit dire au général Hôda : « Je vous ai donné ce commandement parce que vous disiez que vous étiez capable de défendre les pays de Tang et de Teng. Si les ennemis vaincus se sont trop éloignés pour en venir aux mains, fortifiez notre frontière. » Le général d'Aisin Wan ou avait défait les bandes du brigand Li tcheou qui assiégeait Zhi tsao et Posing ; le brigand revint malgré cela attaquer Tsi men. Seng sheou d'Aisin le mit en fuite et reprit Lai tcheou, tandis que Tang koue jin el reconquérait Tai yuen fou.

Le huitième mois, Hiuen tzong réunit les censeurs et leur dit : « j'avais chargé, il y a bien des jours, le Shang shou seng yamen d'affaires dont ils ne sont pas encore occupés. Je les ai réunis de nouveau pour m'informer de ce qui a été fait et ils m'ont répondu par des faux-fuyants. Les plus hauts fonctionnaires peuvent-ils s'oublier à ce point ? C'est à vous à rechercher les fautes des mandarins des cours de la droite et de la gauche. S'il en arrive encore ainsi à l'avenir, je vous ferai punir comme ceux que vous devez inspecter. » Il décida que désormais ils examineraient deux fois chaque mois les mémoires et les rapports présentés par les membres du Shang shou yamen.

Le même mois, l'armée mongole prit Ou tcheou, Ho hao hien et Tong sing tcheou. Le pan kouan K'ao sio fut tué dans la première attaque, Tchiao tien y, gouverneur de Ho hao hien, dans la seconde et le jiei toutze Pete jioo à la troisième.

Le neuvième mois, Tien tcheng d'Aisin battit les Chinois à Tong pe.

Le onzième mois, Na ho lou kou d'Aisin battit les *Habits-rouges* aux monts Taisan. Les Mongols prirent Jin an fou et le président de la cour des travaux publics, Nian kou jen, périt dans l'attaque. K'ao tchi, officier d'Aisin, depuis sa nomination à la charge de ministre cherchait à acquérir de l'autorité et à se rendre indépendant. S'étant allié avec K'ao zhou li, il s'était arrogé la direction des affaires secrètes, et K'ao zhou li celle des richesses et des vivres. Employant ceux qui se donnaient à eux, ils repoussaient tous ceux qui ne se rangeaient pas dans leur parti. Dans tous leurs rapports au roi ils mentionnaient à peine la belle conduite de ceux qui ne se pliaient pas à leurs volontés et les représentaient comme devant être envoyé au nord du fleuve; ils les envoyaient ainsi à la mort. Voulant en outre être maîtres de l'armée, ils excitaient le roi à ne se préoccuper nullement des contrées au nord du fleuve mais à faire la guerre à la Chine et pour cela ils firent établir une forte armée au midi du grand fleuve. Retardant de jour en jour toute opération et prétendant que des armées venaient des quatre directions, ils n'en envoyèrent point au secours des points menacés. Ces agissements furent remarqués par le second fils du roi Sheou shoun, prince d'Ing ; pensant qu'il fallait les révéler, il réunit en secret Wang an li, Siloula et Hôlo pour en délibérer ; mais ils décidèrent de ne rien trahir. Siloula et Hôlo en informèrent Nousibou, membre du Shang shou seng yamen et celui-ci en parla à K'ao tchi. Le jeune prince craignant que Nousibou ne fût partisan de K'ao tchi tint la chose secrète et n'en souffla mot. Aussitôt après K'ao tchi engagea Saibou, un de ses esclaves, à tuer sa femme, puis accusant Saibou de ce crime, il le fit arrêter et conduire au K'ei fong fou yamen. Les membres de ce tribunal craignant K'ao tchi, n'osèrent point faire une enquête et firent mettre Saibou à mort Le roi finalement apprit cette série de crimes et reconnaissant que son ministre K'ao tchi était un homme méchant, cruel, rusé et malicieux le fit exécuter. En outre il condamna également à mort Nousabou, membre du Shang shou seng yamen, pour avoir révélé à K'ao tchi les avis du prince d'Ing. Siloula et Hôlo, n'ayant point dénoncé ces projets, reçurent en châtiment 70 coups de bâton et furent dégradés.

La quatrième année Hing ting (1120), le premier mois, l'armée mongole vint attaquer Ho li pou. Le tszetze de cette ville, Aliho, opposa une défense énergique, mais il fut vaincu et fait prisonnier ainsi qu'un autre officier nommé Kong tzou tang. Sommé de se soumettre aux Mongols, Aliho répondit : « je n'ai plus qu'à mourir, car je n'ai pas un cœur double. » Les soldats ennemis lui criaient de se prosterner, mais Aliho tourné vers leur roi refusa de fléchir le genou ; une pluie de flèches l'étendit mort. Kong tzo tang refusant également l'hommage, eut le même sort. Le roi d'Aisin, ayant appris cette noble fin voulut honorer ces fidèles officiers par des titres glorieux. Il donna à Aliho celui de Long ho wei shang jiang yôn et à Kong tzon tang celui de Tze shan tai fou. Cependant les Chinois au nombre de 20,000 fantassins et cavaliers venaient d'occuper la ville de Teng tcheou ; apprenant que l'armée territoriale d'Aisin s'approchait, ils brûlèrent leur camp et se mirent en marche. Mais Yu la ta d'Aisin les poursuivit, les atteignit et leur reprit tout ce qu'ils avaient enlevés.

Le troisième mois, le général commandant à Lin tcheou, Wei liang, prit et tua deux officiers qui avaient fait défection : Shan tong et Li jôn. Lou kouang, qui les avait suivis, fit sa soumission. Un brigand, habit-rouge, Yu wang el avait pris et occupait Hai tcheou. Le Jing liao sze d'Aisin, Wan yan tchen el le poursuivit, défit ses troupes et reprit Hai tcheou. Les *Habits-rouges* essuyèrent près de Tzao tchiang une nouvelle défaite que leur infligea Saimoo d'Aisin. Touen tzeng shoun d'Aisin fit défection et défit l'armée royale de Jen tcheou an près de Tang hien. En même temps l'armée de Hia revenait insulter les frontières d'Aisin ; mais elle fut battue par le général Si san Hosai.

Le cinquième mois, les brigands subirent encore deux nouveaux échecs, l'un près de Lioo tcheng, l'autre près de Soling et Jian san qu'ils étaient en train d'attaquer. Pousan an el d'Aisin commandait au premier combat et le Jiei tousze Wang fou liang au second. Ce dernier défit également peu après l'habit-rouge Jang jioi. Les Mongols après avoir pris Ao tcheou s'emparèrent de Yan tcheou. Le jiei toutze Wei k'ou mourut en combattant.

Le sixième mois, la cour mongole envoya le général Yang sai s'emparer de Tai ming fou, K'ei tcheou, Tong ming et Tchang wan. D'autre part le chinois Fang sze sing étant venu se soumettre au gouvernement d'Aisin, les magistrats lui assignèrent pour résidence la ville de Jeng tcheou. Le roi dit à cette occasion : « lorsque nos sujets passent au royaume de Song on les entretient, on leur donne des habillements et des vivres. Si, quand les sujets de cet état se rendent à nous, nous ne les traitons pas convenablement, ils retourneront peut-être chez eux et il est à craindre alors qu'ils ne trahissent nos secrets. » C'est pourquoi le roi donna à Fang tze sin les vivres du trésor public et recommande aux magistrats de le traiter avec une extrême bienveillance.

En automne, au septième mois, l'armée chinoise s'unit aux brigands *Habits-rouges* pour envahir le pays de Hoso. Tous les habitants des Tcheou et Jôn se soumirent à leur approche. Le Liao sze de Sang tcheou Wang fou seul voulut se défendre et fortifia la place. En ce même moment un brigand d'Ai-tou, Jang lin vint attaquer Sang tcheou. Wang fou alors se soumit à Jang lin. Le général de Lin tcheou aussitôt envoya le Tzang ling, Yan ou et d'autres de ses officiers combattre les *Habits-rouges* de Jang te fou ; ils les battirent et firent prisonnier Wang tsio, commandant des brigands.

Le huitième mois, le chef des brigands, Li tcheou, vint piller le Tong ping fou. Wan ting yu, officier d'Aisin, lui infligea une défaite grave et prit le jiei toutze Jang ling. Le roi Hiuen tzong députa deux envoyés : Jong touan et An yan yen, à la cour mongole, faire des propositions de paix. Jong touan rencontra le Tai sze koue wang mongol, Mou hoa li, près de Jen ting. Le prince retint prisonnier Wan yan yen et envoya Yong touan au roi Taitzou. Jong touan parti seul, passa le fleuve Lio sa et traversa le défilé de Song ling. Arrivé à Si tcheng il y trouva le roi mongol. Entendant qu'il parlait de propositions de paix, Taitzou le renvoya, le faisant accompagner de Ta ho et autres gens de sa cour.

Le neuvième mois, Wan ya y tou, officier d'Aisin, défit l'armée chinoise occupant la ville de Tzao tsiao pou. Pendant ce temps l'armée de Hia était venue assiéger Kong tcheou. Sisan hosi, officier d'Aisin, envoya des troupes pour la repousser ; après une lutte d'un jour entier et plus de dix attaques l'armée de Hia se retira et alla camper sur une élévation qui se trouvait au midi de la ville. De là elle envoya 30,000 hommes de troupes choisies, cerner la ville ; mais Si san hosi les mit en déroute et prit Liota général des armées de Hia. Le commandant d'Aisin ayant appris que les Hia revenaient avec une armée de 40,000 chinois, il se mit à fortifier ses positions. Tout-à-coup les ennemis apparurent ; Sisan hosi lança contre eux ses soldats, les repoussa et leur tua plusieurs milliers d'hommes. Néanmoins les deux armées réunies vinrent attaquer Tsao tsiao pou. Les soldats d'Aisin combattant avec désespoir tuèrent jusqu'à 10,000 ennemis. Les Hia vaincus, brulèrent leurs armes à feu et se mirent en route pour se retirer en arrière. Sisan hosi mit des troupes en embuscade, lui-même avec le reste de ses soldats les attaqua par derrière et en fit un grand carnage.

La cinquième année Hing ting (1221), le deuxième mois, Pousan an jen d'Aisin entra au pays de Si tcheou du royaume Song, battit les Chinois près des monts Jing jin et prit le défilé de Hoang tou kouan. An jen poursuivit sa route, occupa également le défilé de Hai lin et prit Ma tcheng hien. Arrivée au Yang tze kiang, son armée s'empara de Hoang tcheou et prit d'assaut Jin tcheou. Il y fit prisonniers plus de 70 membres de la famille impériale de Song, tant hommes que femmes, les envoya au roi Hiuen tzong et se retira avec son armée. Le général d'Aisin Ya ou ta, de son côté, battait l'armée chinoise et reprenait Sze tcheou. Entré dans le pays de Hao tcheon et arrivé aux bouches de K'ao keou, les vivres commencèrent à manquer; ce qui l'obligea à retourner à Li tcheng.

Le troisième mois, l'armée chinoise vint assiéger Tang et Teng tcheou mais elle dut se retirer devant l'attaque énergique de l'armée de Wan yan o lòn d'Aisin. Le roi Hiuen tzong dit à ses ministres : « Fong you, Fong ji et les autres officiers attachés à ma personne ne s'occupent pas de recueillir des renseignements sur les événements du dehors. A ce qu'on m'a dit du temps du roi Tchang tzong, les aides-de-camp étaient soumis tous les trois ans à un examen qui décidait de leur rang. Je veux rétablir cette loi pour exciter l'émulation dans tous les cœurs. »

Le cinquième mois, l'armée d'Aisin défit les troupes chinoises maitresses de Sou tcheou et reprit cette ville. Wan yan saibou d'Aisin, général du Shansi, alla, sur l'ordre du roi, au secours de la province de Hotong, défit les Chinois et reprit Jin an et Ping yang. Le roi Hiuen tzong pensa aussitôt à récompenser les mérites de son général. Consultés là-dessus, les censeurs généraux répondirent au roi : « le général Wan yan saibou en conduisant son armée au pillage, a détruit tous les effets des intentions du souverain qui voulait appaiser les troubles et remédier aux maux du peuple. Il mérite un châtiment. » « Saibou est un homme de grand mérite, » répliqua le roi, et il se refusa à le punir, se contentant de diminuer la récompense qu'il projetait de lui donner. Le général Olôn, fils du frère aîné de Saibou, attaqua l'armée chinoise sur les confins du territoire de Tang tcheou et subit un échec; plus de 700 de ses soldats y perdirent la vie. Olôn, cachant cet échec, fit au roi un rapport mensonger ne mentionnant qu'un succès. Mais un membre du tribunal des censeurs, Nalan, révéla au roi cette supercherie. Malgré cela le roi ne punit point le général en considération des services de Saibou. Il approuva cependant hautement l'acte de Nalan et ordonna aux magistrats du tribunal des mandarins de mentionner ce bel acte et d'en tenir compte dans l'examen.

Le sixième mois, les membres du Shang shou seng yamen présentèrent au roi un placet ainsi conçu : « D'après les apparences extérieures le foumen tou you, Pousan an jen médite une révolte. » Le roi lut cet écrit, le traita de mensonger et dit à Sheou sôn, prince d'Ing : « en cet écrit tous sont unanimes; mais ce n'est pas vrai. Pour que je fasse mourir les plus hauts mandarins du royaume, il faut que ce soit dans des cas où la postérité nous approuve. » Après une seconde enquête, la vérité de l'accusation fut démontrée; Pousan an jen fut mis à mort avec ses deux fils. Mais en considération des services de son grand-père Pousan tzong-y et de son père Pousan koui, le roi épargna ses frères.

Le septième mois, un officier nommé Y yong jiôn se révolta et se rendit maître de Tang san hien; la nuit il voulut aller s'emparer de Yong tcheng hien; surpris par K'ao wang d'Aisin, il fut vaincu.

Le huitième mois, le général commandant de Lia hoai battit les *Habits-rouges* au bourg de Fou an.

Le petit-fils de Hiuen tzong était tombé malade. Le dixième mois, le tai-y Heou ji et Jang tchian ing qui le soignaient lui firent prendre une drogue. Le jeune prince ne put supporter la force du médicament et succomba. On dénonça au roi le crime capital commis par les deux médecins; mais le roi répondit : « la faute de Heou ji et de son compagnon est de celles qui se punissent légalement par la mort. Mais doit-il en être ainsi? S'il se fut agi de mes oncles, de mes frères ou de mes fils, j'aurais dû faire exécuter la loi; mais pour mon petit-fils je ne veux pas qu'un homme perde la vie. » Et là-dessus il se contenta de leur faire donner 70 coups de bâton et de leur enlever leurs titres.

Le onzième mois, l'armée d'Aisin défit les troupes de Hia à An se pou.

Le douzième mois, les Mongols prirent Jing jao au défilé de Tong kouan, puis enlevèrent d'assaut Lou tcheou. Wan yan lou jin d'Aisin se tua en sautant d'un rocher. Hoa sheou s'échappa avec quelques cavaliers; atteint par les Mongols, il s'arrêta sur une colline, combattit avec une extrême vigueur et succomba sous les coups (de trop nombreux) ennemis. Pousan lousi tomba en combattant, au dedans de la ville. Un autre officier, Hesiliei tze lou, saisi par l'ennemi et sommé de se rendre, préféra la mort à la trahison. D'autre part Mon jiya jiyao jôn d'Aisin détruisit à Tchen wa l'armée des brigands de Sin tch'eou, tandis que Soun yu et Zhon kou tcheou décidaient à la soumission 2000 des brigands de Tai ho hien et mettaient à mort les chefs de ces misérables, relâchant tous les autres. Les *Habits-rouges*, de leur côté, entrèrent la nuit dans Meng tcheng hien, massacrèrent les habitants et les soldats, et firent un grand butin de choses de toute nature.

La sixième année Sing ting (1222), le premier mois, le général d'Aisin Wei ji battit les *Habits-rouges* à Jang tchian tien.

Le troisième mois, le Tai kong d'Aisin, Li sze lin, vainquit les troupes de Hia au défilé de Jong mou ling.

Le cinquième mois, Sze tchouan demanda au roi de prendre les devants et d'aller attaquer l'empire Song au Sud. Hiuen tzong consulta là-dessus tous les grands de l'état. L'un d'eux Yang jòn y, prenant la parole, dit au roi : « Si tous les grands ne parlent que pour plaire et flatter, le peuple sera tantôt en paix et tantôt en troubles; l'empire sera tantôt vainqueur et fort, tantôt affaibli. Si l'on ne prévoit que la paix et non les troubles, la puissance et non les revers, si l'on ne parle que de vaincre et non de céder, ces calculs seront boiteux d'un côté. Pour moi je veux considérer les deux faces des affaires. Ce que nous avons à faire dans la guerre contre l'empire des Songs, ce n'est point de l'écraser et d'acquérir du territoire. A l'Ouest et au Nord nous avons de graves sujets de crainte, nous allons attirer les attaques sur le midi; je crains donc d'avoir des ennemis de trois côtés. Notre puissance étant ébranlée nous devons, avant tout, attendre le retour de la fortune. Si l'empire Song, après la prise de Haoi non, n'ose point faire avancer ses troupes par crainte de nos armes, ce sera pour nous tous l'avantage d'une victoire. Car nous devons compter pour un avantage réel ce qui favorise nos vues. Le pays qui s'étend au sud du Kiang est très vaste. Bien que Hoai nan n'en soit pas, les Chinois peuvent, n'est-ce pas, y rassembler nombreuses troupes et, dès notre première défaite, envahir nos contrées. Si nous triomphons dans la lutte, c'est bien; mais si nous éprouvons un revers, que de maux ne nous atteindront pas? Il est vrai que nos cavaliers ont généralement le dessus sur leurs fantassins mais, je le crains bien, on ne peut se fier entièrement à notre cavalerie. Il en est ainsi maintenant, les choses sont changées depuis le règne de Tchang tzong. Sous ce roi on faisait la guerre aux Chinois en hiver. Maintenant nous entrons en campagne en été. Ce sont des saisons bien différentes. En hiver les eaux se dessèchent, les chemins sont durs. En été les eaux débordent, les chemins sont boueux; les avantages du terrain sont tous différents. Sous le roi Tchang tzong l'empire était d'une force constante; les armées des tribus Fou bou formaient notre avant garde. Il n'en est plus ainsi maintenant; leur conduite est bien différente. Les gens qui conseillent la guerre ne connaissent que les facilités qu'on avait pour la faire au temps de Tchang tzong et ne savent point combien cela est difficile maintenant. Prenez seulement pour exemple le royaume de Hia. Jadis nos soldats occupaient les frontières, l'arc et les flèches à la main; légèrement vêtus dans leur marche, ils allaient au devant de l'ennemi, l'attaquaient avec vigueur; l'ennemi fuyait et ne pouvait leur résister. Aujourd'hui il s'empare de nos villes et fait prisonniers nos officiers qui les défendent; il bat nos armées et capture nos généraux. Jadis ils tremblaient devant nous, aujourd'hui ils nous accablent de cette manière. Si les armées de Hia ont tant changé depuis ces temps, oserait-on dire que les armées chinoises sont restées les mêmes? Ne pensez donc pas seulement aux victoires, ô roi; mais aussi aux revers. Craignez, après avoir écouté des conseils funestes, d'avoir par la suite à le regretter amèrement. » Hiuen tzong ne se rendit pas à cet avis. Il donna à Ok'o le commandement général des troupes des trois provinces, lui adjoignit Sze tcheouan comme lieutenant et l'envoya porter la guerre dans l'empire Song. Ok'o et Sze tcheouan partirent alors de Sheou tcheou avec leur armée, passèrent le Hoai ho, défirent les Chinois à K'ao tang sze et prirent K'on sze hien. De là retournant en arrière, ils arrivèrent à Hoai ho. Tous demandaient de repasser le fleuve, mais Sze tchouan voulait que l'on fît d'abord venir du blé au plustôt. Ok'o et les autres généraux étaient d'un avis contraire, mais Sze tchouan ne se rendit point. Après trois jours de repos, Ok'o dit à Sze tchouan : « En ce moment les eaux du Hoai ho sont basses, il faut le franchir au plus tôt. Le temps est chaud, il tombe une pluie constante. Si le fleuve déborde, les Chinois profiteront de cette occasion pour nous prendre par le côté du Nord et nous ne pourrons plus regagner notre pays. » Sze tchouan s'obstina dans son refus. Toute l'armée se soulevait contre lui, il reprit avec colère : « Ok'o n'est qu'un général de second ordre; comment vous rangez-vous de son côté ? Votre avancement dépend de moi, c'est moi qui suis le Shôni yuen, je devrais vous punir. » A ces mots, tous saisis de crainte, gardèrent le silence. Cette nuit même il plut à torrents et le Hoai ho déborda. L'armée d'Aisin chercha alors à passer le fleuve sur des ponts volants. En ce moment l'armée chinoise survint, battit les soldats d'Aisin, détruisit les ponts. Sze tchouan passa le premier le fleuve sur un radeau mais un grand nombre de ses soldats périt dans les eaux. En apprenant cette nouvelle, Hiuen tzong dit à ses généraux d'un ton de vive reproche : « Ai-je donc rencontré un Yang yun y ? » Puis il fit exécuter l'auteur du désastre, le général Sze tchouan. Un brigand du nom de Wang el avait pris Li yang et s'y comportait en maître; le tai kong Wang tchouan le défit et reprit la ville.

Le septième mois, Wan yan k'ei, qui commandait les troupes de Shang tong, reprit Tze tcheou et Wang ting yu battit les *Habits-rouges* à Sao tcheou.

Le huitième mois, Hiuen tzong changea le titre des années de Hing ting en Yuen kouang et annonça ce changement par un édit.

La première année Yuen kouang (1222), Hiuen tzong dit à ses ministres : « je viens de publier cet édit; les gens condamnés à mort vont être exécutés; envoyez tout de suite dans toutes les provinces porter des lettres, le jour fixé est proche. »

Le neuvième mois, l'armée de Song vint ravager le pays de Tang tcheou. Jia kou jio jon d'Aisin la mit en déroute.

Le dixième mois, le général song Tchang hoei vint attaquer Ling tzien ; Faloukou d'Aisin le vainquit et fit deux généraux prisonniers. L'armée mongole de son côté prit les deux villes de Hopibou et Zin jen, et le onzième mois, Tong tcheou. Le commandant d'Aisin, Ok'o, et le jiei toutze, Li fou heng, se donnèrent la mort. 3000 cavaliers chinois passèrent le Hoai ho ; arrivés à Liao lin, ils se mirent à couper les arbres et remplirent le lit du Piun soui, interceptant ainsi la route par où les troupes d'Aisin recevaient leurs vivres. A cette nouvelle, le général Ya ou ta envoya contre eux mille cavaliers d'élite ; ceux-ci les mirent en déroute, en capturèrent plus de 700 et rouvrirent la route des convois de vivres.

Le dernier mois, Hiuen tzong dit au prince héritier : « lorsque je pense la nuit aux affaires de l'empire, je prends une lampe et j'écris ce que j'ai résolu. Lorsque je suis levé, j'exécute ce que j'ai pensé alors. Tu dois agir ainsi également. » Puis il dit à ses aides-de-camp : « les officiers qui me servent, Fong yu et Fong ji, sont très jeune; ils ne connaissent point les livres. Pour moi, depuis longtemps j'ai choisi des gens instruits et j'ai établi la règle que le prince traitant ses sujets comme un père ses fils, expliquant chaque jour la saine doctrine, apprenne à tous le devoir de prêter tout leur appui aux supérieurs. Que cette règle subsiste constamment. » En ce même mois le Tai kong, Tang koue wang battit les troupes de Hia près de Ji kou po.

La deuxième année Yuen kouang (1223), le premier mois, Si tien ing, général mongol, vint assiéger Ho song fou. Le tou jian, Heou shao so, gouverneur de la ville, la mit en état de défense. Le ti kong Ou ta la quitta et voulait entraîner le gouverneur à se rendre à l'ennemi; Heou shao so irrité, le tua. Son frère aîné, Jang sien, lui représenta alors que l'armée des Mongols était forte et nombreuse et qu'en se soumettant ils sauveraient leurs enfants et leurs femmes. Plus irrité encore, Heou shao so lui répondit : « nous sommes tous nés de gens inférieurs gardiens de bâteaux. Appelés à de hautes fonctions par notre roi pouvons-nous penser à nous donner à ses ennemis ? » Et là-dessus, faisant lier son frère aîné à une colonne, il le perça de traits, puis le fit enterrer avec honneur et en porta le deuil comme il convient à un parent. Le Sho wei yuan voulut alors réunir en conseil Heou shao sou et le tou jian Olôn pour délibérer sur le parti à prendre et les appela près de lui. Sorti de la ville il rencontra le tou jian; mais pendant ce temps le commandant mongol qui avait posé son camp devant Ho tzong fou parvint à s'en emparer; puis il établit un pont volant sur le fleuve et s'ouvrit ainsi le chemin du Shansi. Devant cette situation, Heou shao sou qui était allé se placer devant le mont Loli san, y réunit toutes ses forces pour voler au secours de cette province. L'opération faite, il vint attaquer la ville pendant la nuit, grimpa sur les murs de la ville et mit le feu aux barricades de la porte. La flamme s'éleva dans le ciel et répandit une vive lumière jusqu'au sein de la ville même. Le général mongol effrayé s'enfuit aussitôt abandonnant dans la ville ses bagages, son sceau, ses chevaux et ses bœufs. Arrivé à la porte Souang sze men, il y reçut le coup de mort. Heou shao sou, sans tarder, mit le feu au pont volant et rétablit l'ordre dans le peuple. En récompense de sa belle conduite, Hiuen tzong fit Heou shao sou général de premier rang et lui donna la charge de Wang yu sze. A cette occasion le roi dit à ses ministres : « précédemment quand on me signalait une chose utile à faire vous, magistrats, par vos avertissements, vous m'engagiez à l'exécuter sincèrement. L'essentiel est que le prince accueille les bons avis. L'homme peut-il faire tout le bien qui se présente devant lui de soi-même? »

Ce même mois, 100,000 cavaliers mongols vinrent assiéger Ho song fou. Ok'o, généralissime d'Aisin, envoya Sôn tcheng l'un de ses officiers avec 5000 hommes au secours de la place. Le Shôn fou sze Wan yan saibou envoya, de son côté, Li zhin ji avec 3000 soldats. Ces deux corps d'armée étant arrivés devant la ville, Heou shao sou forma le plan d'attaquer l'ennemi à la fois du dedans et du dehors au signal donné par le Sou ou lo. Au moment convenu Heou shao sou se mit en mouvement mais Sôn tcheng et Lizhin ji, saisis de frayeur, n'osèrent point bouger. Heou shao sou dut alors rentrer dans ses quartiers. Le matin les Mongols commencèrent l'attaque de la ville ; tous les habitants voulaient l'abandonner et aller s'établir et se fortifier aux monts Holisan ; mais Heou shao su s'y opposa. Envoyé par lui, un officier nommé Jen tze tzou perça les ouvrages du siège et vint annoncer leur détresse à Pien king. Mais le lendemain les Mongols s'emparèrent de Ho song fou et son gouverneur Heou shao sou périt les armes à la main.

Le deuxième mois, le roi Hiuen tzong publia la proclamation suivante: « d'après l'ancienne coutume les officiers qui se sont rendus coupables d'une faute ne doivent plus recevoir de nouvelles fonctions. C'est maintenant un moment d'extrêmes difficultés. Il est très difficile de trouver des hommes vertueux. Si en dehors des fautes d'une haute gravité il est des gens condamnés pour faute à être incorporé dans l'armée et qui y témoignent des qualités nécessaires pour recevoir un commandement militaire, ils pourront être employés selon leurs capacités. Que les membres du Shang shou seng yamen délibèrent là-dessus et me fassent des propositions à ce sujet. » Cependant les Mongols avaient mis le siège devant Fong sang fou. Si san hosai d'Aisin réunit des troupes et vint leur livrer bataille. Sous l'effort des aisinois, les Mongols se retirèrent.

Le cinquième mois, le Sansi jeng sze Eifou présenta au roi le placet suivant : « on a enrôlé dans l'armée des gens que l'on a entraînés à notre suite par des menaces. Les troupes ainsi formées sont établies le long du Hoai ho, mais ils n'obéissent pas aux lois supérieures. Il faut parer à cela. » Le roi répondit : « le cœur de l'homme n'a point de mesure, il faut seulement maintenir ces dispositions autant qu'on le peut. Si on entretient les gens convenablement, ceux même des pays éloignés resteront fidèles. Que dire de ceci ? Si on n'en a pas ce soin, toutes les précautions seront inutiles, quels que soient les gens dont il s'agit. L'essentiel est de témoigner d'un cœur magnanime et bienfaisant. Si de cette manière on ne peut obtenir une paix solide, c'est que c'est le destin du ciel. »

Le septième mois, Hiuen tzong fit venir le censeur général et lui dit : « les affaires de minime importance ne sont pas du ressort du roi. Tout homme faux et rebelle tombe sous le pouvoir des lois. A ce qu'on me dit, dans le blé que l'on donne par mois on a mêlé beaucoup de grain en terre; y en a-t-il également dans celui qui a été pris comme impôt et tribut? Les boisseaux donnés et reçus diffèrent considérablement de grandeur (il y a donc fraude quelque part); des délits de ce genre ne peuvent être pardonnés. Ne demandez plus semblable chose. Si l'on me consulte sur chaque cas de ce genre, que vous restera-t-il à faire à vous fonctionnaires? » Pendant que les ministres entretenaient le roi, les magistrats annoncèrent que l'aide-de-camp du prince, Tai ping, venait de mourir. Le roi, vivement affligé, disait alors : « j'avais décidé de donner une magistrature à Tai ping; j'ai tardé de le faire et voilà que peu de jours avant qu'il l'ait obtenue, il meurt; c'est le destin réglé par le ciel. » Puis s'adressant à ses ministres, il ajouta : « au temps du roi Wan yan liang, le pouvoir donné aux deux aides-de-camp habituels du roi de lui parler à leur volonté, était pour chacun d'eux réputé une fortune, une grandeur venant du ciel même. Maintenant cette faculté de parler ainsi isolément au roi est tenue pour une faveur du souverain. Le roi Wan yan liang ayant un jour entendu parler de cette manière fit donner à celui qui s'était servi de ces expressions, une fonction de cinquième ordre; mais cet individu étant tombé malade ne put entrer en charge. La pensée de Wan yan liang était que cette faculté est un don du roi et que le ciel n'y est pour rien. »

Le huitième mois, le jing liao sze de Pi tcheou, Naho lou k'ou, réunit quelques centaines d'hommes, tua le général Meng k'ou k'eng et entraîna toute la ville dans sa défection. Hiuen tzong fit donner ordre à Ya ou ta d'aller le combattre. Ya ou ta vint en conséquence mettre le siège devant

Pitcheou, mit le feu aux portes de la ville et tua plus de cent des habitants. Alors un homme de la ville, nommé K'ou sien, voyant qu'il n'y avait plus moyen de la défendre, tua Na ko lo k'ou, prit sa tête et, sortant de la ville, alla faire sa soumission aux troupes royales. Comme les autres habitants ne suivaient point son exemple, Ya ou da donna l'ordre d'attaquer. Tous alors et Liopi à leur tête se saisirent de Yan jôn et des quatre autres chefs de la révolte et firent leur soumission complète. Ya ou ta entra dans la ville, y rétablit l'ordre, et ramena à lui plus de 80 *Habits-rouges* qui s'y trouvaient. Cela fait, il annonça sa victoire au roi. Hiuen tzong en eut une grande joie, il éleva Ya ou da d'un grade et lui donna 300 yans d'or et cinq pièces de soie du trésor.

Le huitième mois, Pouhai d'Aisin attaqua l'armée de Song qui avait envahi le territoire de Sheou tcheou et la força à la retraite.

Le douzième mois, le jour du porc rouge, le roi Hiuen tzong, tombé malade, ne put plus venir à la salle du conseil. Le jour du tigre blanc, sa maladie s'aggrava. Cette nuit même après le départ de ses officiers intimes, comme la princesse Jeng sze, veuve du précédent empereur, était la seule dont il eut eu les services, il pensa en lui-même que cette princesse avancée en âge méritait toute confiance, il lui remit donc un écrit par lequel il appelait le prince héritier en toute hâte et lui dit de le charger de toutes les affaires à venir. En achevant ces mots, le roi mourut dans le palais Ning te. Il avait occupé le trône pendant 11 ans et était âgé de 61 ans. La reine Jeng sze voulant cacher cet événement malheureux ne le dit à personne. Toutes les épouses royales et toutes les femmes vinrent aux appartements de nuit du roi pour le voir. La reine Pang sze, perspicace et habile, secrètement jalouse, était très irritée de ce que son fils ne succédait pas au trône bien que l'aîné des princes. Jeng sze l'ayant remarqué et craignant qu'il ne s'en suivît des troubles, dit à toutes les épouses royales : « le roi change d'habits » et sous ce prétexte elle les entraîna dans un autre appartement et ferma la porte à la clé. Puis ayant fait chercher les grands mandarins, elle leur remit le testament du roi et fit déclarer roi le prince héritier. Elle ouvrit alors la porte, fit entrer les reines et princesses et leur annonça la mort de Hiuen tzong.

LIVRE IX.

RÈGNE D'AITZONG.

Le nom du roi Aitzong d'Aisin était Sheou siu. son nom d'enfance Sheou li ; il avait pour second nom Ning jia sou. C'était le petit-fils de Sian tzong Hotou wa et le troisième fils de Hiuen tzong Oudoubou. Sa mère s'appelait Wang sze ; il était né le huitième mois de la troisième année Tcheng an du roi Tchang tzong (1195). Sa tante, la princesse Zhin sheng n'ayant point d'enfants, avait adopté et élevé le jeune prince. Le premier mois de la quatrième année Tchen yu de Hiuen tzong (1216) ce roi désigna Aitzong, Niu jia sou, comme prince héritier.

La deuxième année Yuen kouang (1223), le douzième mois, aussitôt après la mort de Hiuen tzong il monta sur le trône conformément au testament du monarque défunt et annonça son accession par une proclamation à l'empire, après quoi il publia un édit portant ces mots : « Moi le roi, je veux me conformer à la pensée de Hiuen tzong et faire tout ce qui est utile au pays. Sans tarder, que chacun accomplisse sa tâche comme elle a été réglée depuis longtemps par les lois du royaume. Les fonctionnaires violent fréquemment les lois et tourmentent méchamment le peuple. Si les fonctionnaires condamnent et punissent leurs subordonnés contrairement aux lois, on devra faire retomber sur les magistrats la peine des châtiments injustes. Que les gens sages des montagnes et des plaines signalent avec une fidèle exactitude tout fait heureux ou malheureux pour l'empire, quand bien même ils ne pourraient que me blâmer et n'auraient pas un mot de louange à me dire, je ne les en punirai point.

La troisième année Yuen kouang, le premier jour du premier mois, il changea le titre des années de Yuen kouang en Tcheng ta.

Le premier jour de la première année Tcheng ta (1224), le roi Aitzong conformément aux règles du deuil, s'en alla habiter sous un toit de chaume. Là les fonctionnaires venaient lui soumettre les affaires à régler. Le roi leur déclara que deux des grands mandarins, le Sze lang de la cour des rites, Pousan hojon et le Yuen wai lang, Hoashan, étaient tous deux méchants et cruels. En entendant ces paroles les grands en eurent une extrême joie. Puis le roi donna le titre de Hoang taiheou à sa tante la howang heou Wang sze, et à sa mère Yuen wei Wang sze. Par un jour de grand vent les tuiles de la porte touamen tombèrent toutes. Un homme couvert d'un habit d'étoffe de chanvre et regardant la porte Tcheng tien men tantôt riait et tantôt pleurait à sanglots. Les fonctionnaires lui en ayant demandé la cause, il leur répondit : « je ris parce que le royaume d'Aisin n'a plus ni généraux ni ministres qui vaillent, je pleure parce que la chute du royaume d'Aisin est proche. » Tous voulaient que cet homme mourut dans les tortures. Le roi informé par eux de la chose leur dit : « Cela ne doit point être. Il n'y a qu'un instant que j'ai engagé tous les habitants des montagnes et des plaines à me dire la vérité, à parler sincèrement, leur assurant l'impunité quand ils me blâmeraient moi-même. Si vous dites que l'on ne peut ainsi pleurer à la porte du palais, faites fustiger cet homme et laissez le aller. »

Le troisième mois, il fit porter la tablette de Hiuen tzong au temple des ancêtres (Siao yansze) et enterrer son corps sur le mont Teling.

Le dixième mois, le prince de Hia, Li te wang, envoya faire des propositions de paix.

La deuxième année Tcheng ta (1225), le neuvième mois, le prince de Hia, formulant les conditions de paix, envoya un ambassadeur porteur du texte où il qualifiait de frère ainé le roi d'Aisin et employait, pour désigner les années, les titres de son règne et s'intitulait lui-même « frère cadet. » Aitzong, selon les usages et le droit, envoya au prince de Hia, par le président Otôn liang pi et autres grands de la cour, une lettre où il se qualifiait de roi-frère ainé. Puis, appelant Wan yan soulau et Tchen koui il leur dit : « lorsque précédemment les Chinois sont venus ravager nos frontières, nos troupes d'élite, envoyées contre eux, les ont constamment vaincus. Ces faits pressants et décisifs ont assuré la paix à nos peuples. L'état de Hia était d'abord notre vassal ; maintenant, en nous demandant la paix, il se dit notre frère cadet. Pour moi j'ai accepté ses propositions sans rougir pour procurer la paix au peuple. Aurait-il fallu continuer la guerre inutilement ? Non sans doute. Grands de l'empire, expliquez ma pensée à tout le peuple. » Le roi Aitzong voulait créer Hoang heou, une des femmes du palais qu'il aimait ; sa mère; la Wang tai heou, l'ayant appris, lui représenta que c'était une femme du commun, indigne du titre de Hoang heou et qu'il devait au plus tôt la bannir du palais. Aitzong ne put résister aux paroles de sa mère et, décidant l'expulsion de cette femme, il envoya l'un de ses gens lui dire : « sortez de la porte Tong hoa men et épousez le premier individu que vous rencontrerez. » La femme s'en allant, rencontra un marchand de soie et le roi la lui donna comme épouse. Un grand du nom de Saho nian ayant engagé le roi à jouer à la balle, Wang tai heou lui envoya un de ses gens pour le reprendre et lui dire : « Vous êtes un simple sujet, votre devoir est d'aider votre prince. Pourquoi donc voulez-vous lui apprendre à jouer ? Si j'apprends que vous l'avez encore fait je vous ferai punir sévèrement. » Dans l'entretemps, Pouan d'Aisin avait battu l'armée chinoise près de Kouang tcheou et lui avait tué plus de mille hommes, ce qui força les Chinois à se retirer. En ce temps-là, l'empire étant considérablement diminué de force, les lettrés présentèrent au roi un écrit portant que, grâce à sa vertu céleste, il rétablirait sa puissance. Wang tai heou, entendant ces paroles, ne put les supporter et dit : « un roi jeune et plein de force ne craint rien en son cœur. Si son âme est sans crainte il sera plein d'orgueil. Parce que l'on aura remporté une victoire dans des circonstances heureuses, pense-t-on rendre à l'empire son ancienne puissance ? Ne flattez donc pas le roi. » Wang jia nou, de la famille royale, voulait tuer sans motif un assesseur du conseil de district; les grands mandarins l'ayant averti, il ne les écouta point et le tua. Le roi l'ayant appris, leur dit : « Ing wang était mon frère aîné, comment a-t-il osé tuer un innocent ? Je suis le maître et roi de l'empire. Ai-je le droit de tuer quelqu'un sans raison ? Oh ! alors l'empire serait bien misérable ! Si des gens se prévalant de la puissance de la famille de Wang jia nou, tuaient des magistrats inférieurs, mon peuple n'aurait plus de roi. » Et là-dessus il fit mettre à mort Wang jia nou. (Ing-Wang).

La troisième année Tcheng ta (1226), le cinquième mois, les Chinois vinrent de nouveau violer les frontières du royaume d'Aisin. Cette fois son armée fut vaincue et perdit 400 soldats.

Le onzième mois, quatre officiers chinois Hia tchouan, Wang y sin, Tchang hoei et Fang scheng jin entraînèrent les gens de Fou tcheou à se rallier au royaume d'Aisin; pour les récompenser Aitzong les nomma tous quatre Kiun wang. Le même mois, les Mongols portèrent la guerre dans la partie occidentale du pays de Hia et détruisirent Tzong sing fou.

La quatrième année Tcheng ta (1227), le deuxième mois, Ya ou ta d'Aisin reprit Ping yang fou et fit prisonnier le gouverneur Li tchi jin.

Le troisième mois, les Mongols prirent d'assaut Te siun fou ; le commandant de la ville, An shan et Ma jian long se donnèrent la mort.

Le cinquième mois, les Mongols prirent Lin tao fou dont le gouverneur Ho tou men tomba entre leurs mains. Celui-ci, sommé de se soumettre, puis de fléchir le genou, se refusa à faire l'un et l'autre. Les Mongols irrités le mutilèrent ; Ho tou men résistant encore, ils le tuèrent sur place. La veuve de Ho tou men, Ougoulôn, dit alors aux gens de sa maison : « mon mari est mort pour ne point faire rougir son roi. Pourrais-je faire rougir mon époux ? » et aussitôt elle se pendit. Le brigand Li tchouan sortant peu après de Y tou fou, s'empara de nouveau de Sou tcheou. Aitzong envoya contre lui Ok'o et Tching san nou pour défendre Yu tai. Li tchouan étant arrivé dans la province de Yutai, Ok'o et Tching san nou sortirent de la ville pour venir à sa rencontre, l'attaquèrent près du mont Koui san. Vaincue, leur armée perdit plus de 10,000 hommes. Les grands d'Aisin délibérant sur ces évènements, ne savaient plus proférer une parole ; ils se contentaient d'observer l'attitude, les intentions du roi, pour s'y conformer entièrement. Un grand du nom de Yang yôn y, voulut présenter au roi par écrit des explications complètes. Sous ce prétexte il lui dit : « le devoir des fonctionnaires est de servir le roi. Le service du roi a ses règles de droit. Ces règles sont : ne point regarder par crainte les dents du cheval que monte le roi, ne point fouler aux pieds le fourrage que ce cheval mange ; courir en passant la porte du roi, se lever quand on voit le siège ou la canne du roi, ne point laisser son cheval se reposer quand on a reçu l'ordre du roi de se mettre en route ; ne pas rester à la maison quand on a reçu pareil ordre. Tout cela fait partie des règles du service du roi. Les sujets doivent les suivre complètement. En outre, quand on sait ce qui peut être utile ou nuisible au roi, ce qui peut donner bonheur ou malheur au peuple, on doit le signaler sans rien omettre. Cette loi est comme un vase vide. Jadis on faisait des remontrances. Si le roi approuvait une chose et que le conseiller pensait intérieurement le contraire, il disait « non » ; si le roi disait de ne point faire une chose et que le conseiller pensait intérieurement qu'il le fallait, il disait de le faire. Si le roi se refusait à suivre ses conseils, quand bien même il eut dû déchirer le bord de l'habit du roi ou interrompre le festin, le conseiller ne cessait point pour cela ses observations ; il ne craignait pas même la mort. Les fonctionnaires d'aujourd'hui ne rendent plus au roi qu'un service vain et sans utilité. Les lois supérieures de ce service leur sont inconnues. Sur quoi l'empire pourrait-il donc se reposer? » Le roi répondit à ce discours : « Si tu ne me parlais ainsi, de qui entendrais-je des paroles de ce genre? » Yang jòn y souffrait fréquemment du rhumatisme. En ce temps là une amélioration sensible de son mal étant survenue, le roi lui demanda comment il avait obtenu ce résultat. « J'ai seulement réglé mon cœur, répondit Yang jòn y; lorsque le cœur est exempt de passion, les mauvaises humeurs ne se répandent pas dans le corps. Il en est de cela comme du gouvernement de l'état. Lorsque le roi a le cœur droit et juste, tous les magistrats le sont également sans exception. »

Le douzième mois, les Mongols prirent Shang tcheou d'Aisin. Le même mois, le roi mongol Taitzou mourut et son troisième fils Ougoudai lui succéda.

La cinquième année Tcheng ta (1228), le premier mois au printemps, Aitzong envoya Wan yan ma jin tchou assister aux funérailles de Taitzou.

La sixième année Tcheng ta (1229), le douzième mois, Aitzong envoya l'ordre aux trois commandants Pou-a, Ya ou ta et Wan yan ok'o d'aller au secours de Tching yang fou. Ces officiers rencontrèrent les Mongols à Te tchang yuen, remportèrent la victoire et délivrèrent Tching yang fou.

La septième année Tcheng ta (1230), les Mongols vinrent assiéger Wei tcheou. Hoda et Pou an d'Aisin accoururent avec leur armée au secours de la ville et l'ennemi se retira. Aitzong, à cette occasion, nomma ces deux officiers commandants héréditaires de Meoke, leur donna un cheval de choix, et une ceinture ornée de pierreries, puis les envoya garder la passe de Tong kouang.

La huitième année Tchengta (1231), le premier mois, Aitzong envoya à la cour mongole Fong yang ten, porteur d'une lettre contenant des propositions de paix. Fong yang teng s'en alla avec la lettre royale et rencontra le roi mongol Taitzong, à Koue sian. Taitzong lui demanda : « connais-tu le général de votre province de Fong sian fou? » L'envoyé d'Aisin répondant affirmativement, Taitzong reprit : « que vaut cet homme? » « C'est, répondit Fong yang teng, un général zélé et soigneux en toutes choses. » « Eh bien, reprit Taitzong, si tu peux le décider à se rallier à moi, je te ferai grâce de la vie; si non, je te ferai mourir. »

« Je suis venu, répartit Fong yang teng, pour offrir la paix ; engager les généraux à se rallier à vous est un acte contraire au devoir. Si j'allais leur demander pareille chose, la mort serait pour moi inévitable. Revenu en mon pays, on ne m'épargnerait pas. Si vous me tuez ici aujourd'hui, ce sera du moins pour la justice que je mourrai. » Le lendemain Taitzong fit de nouveau venir Fang yong teng et lui demanda : « Etes-vous absolument résolu? » « Absolument comme hier », répondit Fong yang teng. Le roi le pressait à différentes reprises; l'envoyé d'Aisin, invoquant son devoir, persistait dans son refus. « Fong yang teng, dit alors le roi mongol, votre conduite me donne le droit de vous faire mourir. Mais comme depuis longtemps ce n'est plus l'usage de mettre à mort les ambassadeurs, je ne le ferai point. Mais je crois que vous tenez autant à votre barbe qu'à votre vie. » Et là-dessus il dit à ses lieutenants de couper la barbe de Fong yang teng. Celui-ci ne bougea point. Alors Taitzong le retint prisonnier à Fong tcheou.

Le même mois les Mongols vinrent mettre le siège devant Fong siang fou. Comme les deux commandants d'Aisin qui défendaient le défilé de Tong kouan, Hota et Pou an, attendus de jour en jour, ne venaient point au secours des assiégés, les ministres représentaient avec force l'indignité de cette conduite; le roi leur répondit : « Hota et Pou an attendent le moment propice, quand il conviendra de se mettre en marche, ils le feront. Si on les menace et les contrarie, il n'en résultera rien de bon ; je prévois au contraire de grands malheurs. » Puis il députa Pe hoa et Balimen en leur disant : « allez rapporter à Hota et Pou an les paroles des ministres, sans en rien omettre ; si leur armée ne bouge pas après six jours, venez me l'annoncer. » Pe hoa et Balimen arrivés au défilé de Tong kouan, rapportèrent aux deux officiers les paroles du roi. Hota dit alors : « l'occasion propice ne s'est point encore présentée; dès qu'elle se montrera, l'armée se mettra en marche. » Pou an reprit : « si vous voulez attendre que les vivres manquent aux Mongols pour les attaquer, vous ne le ferez jamais. Si vous attendez et que vous n'ayez plus de vivres, vous vous créerez à vous même vos maux. » Pe hoa et Balimen virent alors, à leur attitude, qu'ils craignaient les Mongols. Ils demandèrent en secret à trois de leurs officiers Fan tze, Ting jou et Tchen ho seng s'il en était ainsi. Ces trois officiers répondirent : « on ne peut espérer que les forces de l'ennemi seront affaiblies quand on l'attaquera. Il est donc impossible de mépriser les forces si nombreuses de l'armée mongole et lui livrer bataille. Cette crainte empêche l'armée de se mouvoir. » Là-dessus Pe hoa et Balimen se retirèrent et vinrent répéter au roi les propos des généraux. « Je connaissais depuis longtemps leur lâcheté, » dit le roi. Puis il envoya de nouveau Pe hoa dire à Hota et Pouan : « Fong sian fou est assiégée par l'ennemi, je crains que l'armée qui la défend ne devienne, à la longue, insuffisante. Sortez du défilé avec vos soldats, allez vous poster devant Hao tcheou pour livrer bataille à l'ennemi. Quand les Mongols l'apprendront ils se retireront certainement. Les malheurs de Fong siang fou auront ainsi quelque relâche. » Les deux commandants répondirent qu'ils allaient obéir et Pe hoa se retira. Arrivés à Jong mou il reçut de Hota une lettre qu'il lut aussitôt et dont le contenu était : « Nous sommes sortis du défilé, selon l'ordre du roi; mais arrivés à 20 milles de là, sur la limite de Houa in, nous avons attaqué les Mongols sans pouvoir réussir à les battre. C'est pourquoi nous sommes revenus dans le défilé. » C'était un pur mensonge. Pe hoa, regardant le ciel, dit en soupirant : « si ce malheur nous est arrivé, c'est tout. » Et il se remit en route. Quand il arriva à Pien king, le roi avait déjà reçu le même message. Aussi les Mongols, sans perdre de temps, donnèrent l'assaut à Fong siang fou et la prirent. Quant à Hota et Pou an, ils abandonnèrent aussitôt les deux villes de Tong kouan et Jing jao, et transportèrent leurs habitants dans le Honan.

Le neuvième mois, les Mongols assiégeant Hotzong fou, le général d'Aisin, Jang k'e, accourut à son secours à la tête de 10,000 hommes. A l'approche de cette armée, les soldats faisant un effort suprême, combattirent en désespérés sans prendre un instant de relâche; ils détruisirent les boiseries des portes de la ville et combattirent ainsi pendant un demi mois. Mais leurs forces faiblirent à la longue et la ville fut prise. Saoho orho fut pris et tué par l'ennemi; Pan ok'o, plus heureux, parvint à s'échapper avec 5000 hommes. Les Mongols marchèrent alors contre le défilé de Shao fong; tous les peuples du Honan s'enfuirent et allèrent s'enfermer derrière les retranchements des villes pour s'y défendre. Quand cette nouvelle parvint à la cour, tous les grands vinrent dire au roi : « Depuis deux ans l'armée mongole parcourt tout le pays et maintenant elle est entrée dans l'Ou sio. Son armée doit être fatiguée. Il faut ordonner à notre armée de venir se placer autour de la résidence royale; envoyez un des grands généraux porter cet ordre. Qu'elle veille à la garde de Lo yang, Tong kouan et Hoai meng, et que l'on amasse dans la capitale des cent milliers de boisseaux de grains et riz. Que l'on défende les villes du Honan et que l'on fasse le vide dans les plaines. Les gens qui ne pourront se réfugier dans les villes devront aller garder les retranchements des montagnes. De la sorte si l'ennemi marche en avant, il ne pourra s'emparer d'aucune ville. S'il veut attaquer les campagnes, il n'y réussira pas davantage. Ses soldats perdront courage, les vivres lui manqueront dès qu'il ne pourra plus rien faire contre nous et il devra se retirer de lui-même. » Aitzong, poussant un profond soupir, répondit : « il y a vingt ans que nous reculons constamment ; le peuple a entretenu l'armée en consommant toutes ses ressources domestiques, en vendant ses femmes et ses enfants. En outre, notre armée ne compte plus en réalité que 20,000 hommes ; aujourd'hui nous ne sommes plus en état de nous mesurer avec l'ennemi et de lui tenir tête. S'il n'y a plus que ma résidence à défendre, ma capitale est-elle donc maintenant tout le royaume? Le monde ne me plaint même pas et ne s'étonne plus ; le maintien de la puissance et sa chute sont des décrets du ciel. Pour moi, je ne dois pas être ingrat envers le peuple. » Et là-dessus il confia ses armées à Hota, Pou an et autres généraux, et les fit camper au pays de Liang teng. Cependant l'armée mongole venait de passer le Han kiang ; tous les généraux firent avertir Hota et Pou an que c'était le moment d'attaquer l'ennemi. Les deux commandants n'obéirent point mais, lorsque les Mongols eurent franchi le fleuve, ils vinrent les attaquer près du mont Yu san et les défirent. A peine Hota et Pou an avaient-ils rencontré l'ennemi, qu'un épais brouillard obscurcit l'atmosphère, ils rassemblèrent alors leurs soldats sur un point ; l'armée mongole se retira à 30 milles de là et y établit son camp. Lorsque le brouillard se dissipa elle vit un gouffre ouvert à ses pieds ; sans le brouillard elle y serait tombée infailliblement toute entière. Les deux généraux d'Aisin annoncèrent ce fait comme une grande victoire remportée par eux. Tous les mandarins crurent à sa réalité et vinrent présenter au roi une lettre de félicitations. Arrivés à la cour et tandis qu'ils y buvaient le vin de circonstance, le vice-ministre de la gauche, Li si, tantôt donnait des signes de joie et tantôt répandait des larmes : « si nous n'eussions point aujourd'hui remporté la victoire, les malheurs du peuple eussent été au delà de toute expression. » Les habitants des bourgs et villages se fiant à ce prétendu succès, ne quittèrent point leurs lieux d'habitation. Deux ou trois jours ne s'étaient point encore passés que l'armée mongole arrivait par divers chemins devant Pian king, faisant en route une foule de prisonniers. Cette nuit même, à la deuxième veille, Hota et Pou an s'étaient retirés avec leurs troupes jusqu'à Tang tcheou; les Mongols vinrent les prendre par derrière et s'emparèrent de tous leurs bagages et de tous les objets pesants.

La neuvième année Tcheng ta (1232), le premier mois, l'armée mongole s'avança sur la route de Tang tcheou. Liang leosi d'Aisin vint à sa rencontre avec 3000 cavaliers et l'attaqua à Zhou fen, mais son armée fut mise en déroute. Lui-même s'enfuit jusqu'à Pian king, ce que voyant, Aitzong remit le commandement de 10,000 hommes des tributaires à Majin tchou pour couper le cours du Hoang ho et amener les eaux autour de Pian king. Les deux malheureux généraux d'Aisin, Hota et Pou an, quittèrent Tang tcheou et vinrent avec leur armée jusqu'à Pien king, et s'établirent au mont San fong près de Jiôn tcheou. Le roi, de son côté, envoya Saho et Tchanglo avec 30,000 cavaliers et fantassins défendre la route du Hoangho. Mais avant leur arrivée les Mongols avaient établi un gouvernement dans Hotzong fou et passé le Hoang ho. Les généraux d'Aisin n'eurent plus qu'à revenir à la capitale. En cette extrémité, Liei moo aisi écrivit au roi qu'il avait ordonné à Sa ho d'attaquer les Mongols avec ses 30,000 hommes avant que l'ennemi ne fût arrivé des lieux encore éloignés qu'il occupait alors. Mais sorti de la capitale, il eut à peine fait quelques pas, disait-il, que sans avoir rencontré aucun ennemi il est revenu tremblant de frayeur. S'il se fut trouvé en présence d'une armée nombreuse, certainement il n'eut pas exposé sa vie pour triompher. Mettez donc ces deux généraux à mort et faites du commandement de l'armée une chose sérieuse. » Mais le roi n'écouta pas ces remontrances. Alors le commandant d'Aisin, Oulinda hôtou, ramenant son armée du défilé de Tong kouan la conduisit au secours de la ville royale d'Aisin. Arrivé à Yan sze, apprenant que l'armée mongole avait passé le fleuve, il s'enfuit aux monts Shao si. Siei nian obou, jiei toutze d'Aisin abandonnant Wei tcheou s'enfuit à la capitale. L'armée ennemie étant arrivée à Jing tcheou, le général d'Aisin Mape jian entraîna les habitants de Jing tcheou à se soumettre aux Mongols. Le Fang yu sze Oulinda jiao jou en mourut (de douleur). Cependant Hota et Pou an avaient rencontré les Mongols près du mont San fong. Devant la marche en avant des troupes d'Aisin, l'ennemi s'était retiré quelque peu en arrière. Deux officiers de Hota, Jang hoai et An te men, étaient campés au-dessus des monts du San fong; ils virent de là que l'armée mongole était forte de 300,000 hommes, qu'elle s'étendait sur une espace de 20 milles. An te mou consulta Jang hoai et lui dit : « Si nous n'attaquons pas maintenant, quel moment attendons-nous donc? » Prenant alors 10,000 cavaliers environ, ils glissèrent à bas de la montagne. Les Mongols cédèrent de nouveau. Quelques instants après il tomba une neige épaisse, un brouillard épais se répandit partout, pendant trois jours les soldats ne pouvaient plus se voir l'un l'autre. La campagne où se trouvaient les armées était un champ de chanvre, chevaux et soldats enfonçaient dans la boue; la neige couvrait les casques et les cuirasses; il gelait à ce point que la glace recouvrait les lances et que dans les mains des soldats elles étaient épaisses comme des colonnes. Les soldats d'Aisin n'avaient plus de riz à manger depuis trois jours, quand l'armée mongole revint à l'attaque, prenant leurs adversaires par les quatre côtés. Sachant dans quelle détresse étaient les troupes d'Aisin, tandis qu'eux mangeaient ses bœufs et ses moutons rôtis, ils l'enserrèrent, laissant seulement libre la route de Jôn tcheou. Lorsque l'ennemi qui les assiégeait se mit à les attaquer de tout près, les soldats d'Aisin se soulevèrent; il s'éleva un cri formidable comme celui de la chute d'une montagne. « Fuyons à Jôn tcheou. » En cet instant même le ciel devint serein, le brouillard se dissipa, le soleil se montra brillant. Les soldats ne pouvant fuir un à un, furent tous tués par les Mongols. Jang hoai et Ante mou saisirent leur lance et voulurent combattre à pied; ils tombèrent en se défendant. Hota descendit également de cheval, criant de combattre à pied. Ne voyant pas son ami Pou an, il réunit avec Tchen ho shang et Yang ou yan une centains de cavaliers et s'enfuit à Jôn tcheou. Deux officiers de Yang ou yan, Pe lio nou et Niei lio sheng, se soumirent aux Mongols. Pou an poursuivi par l'ennemi fut pris sur la route de Pian king. Toli, frère cadet du roi Mongol Taitzong, le somma de se soumettre. « Je suis, répondit Pouan, un des chefs de l'armée d'Aisin, je mourrai pour mon pays. » Sur ce refus, Toli le fit tuer. Poursuivant sa marche, l'armée mongole vint assiéger Jôn tcheou et creusa un fossé tout autour. Les faubourgs se rendirent alors et les deux généraux Pelio nou et Niei lio sheng dirent à Toli : « si vous nous laissez entrer dans Jôn tcheou, nous persuaderons à Yang ou yan de se rendre. » A ces mots, Toli retint Pelio nou prisonnier et envoya Niei lio sheng dans la ville. Arrivé près de Yang ou yan, Niei lio lui dit que s'il se rendait, le prince mongol lui donnerait une haute charge. A ces sollicitations, Yang ou yan fait venir Niei lio et lui dit avec colère : « j'étais un homme des derniers rangs; les plus grandes faveurs de l'empire m'ont été données! Comment oses-tu m'estimer un misérable de cette espèce? » Et là-dessus tirant son épée, il en perça Niei lio sheng et l'étendit mort à ses pieds. L'armée mongole prit donc Jôn tcheou; Yang ou yan la voyant tombée entre leurs mains, fléchit le genou du côté de Pien king et dit en sanglotant : « Oh! si je pouvais encore rejoindre le roi! Hélas! il ne me reste plus qu'à mourir! » Et là-dessus il se pendit. Hota voulut s'enfuir, mais il ne put réussir à passer la porte; les Mongols le saisirent dans les fossés et le tuèrent. Un autre officier nommé Tchen ho shang s'enfuit dans un trou caché. Lorsque le massacre eut cessé il en sortit et dit aux vainqueurs : « je suis un général d'Aisin, je viens porter à votre prince des paroles de paix; » on le saisit et le conduisit devant la tente de Toli. Interrogé sur son nom et sa famille, il répondit : « Je suis le chef de l'armée, le Tzong siao kiun, Tchen hotang. C'est moi qui ai battu votre armée à Tien tcheng yuen, puis à Wei tcheou et une troisième fois à Tao hoei kou. Si je meurs au milieu de ces soldats en déroute, on dira que j'ai été ingrat envers le roi et le pays. Si je meurs aujourd'hui devant tous, le monde entier me connaîtra tel que je suis. » « Soumettez-vous » lui dirent les Mongols; « jamais » répondit le général. Et ce disant, il cherchait à se percer la cuisse gauche sans pouvoir y réussir; il se coupa alors la bouche, se fit entrer le sabre dans l'oreille et couler le sang à flots jusqu'à ce qu'il mourût. Un général mongol s'écria que Tchen ho shang était un général fidèle à son devoir. Et faisant une libation, il pria et dit : « vaillant homme! si tu reviens à la vie, appelle-moi à toi. Fais m'en part. » Tching sa nou de Sioi tcheou d'Aisin arrivait au secours de la ville. Les trois généraux Heou jin, Tou jeng et Jang sing, prenant chacun le corps qu'il commandait, allèrent faire leur soumission aux Mongols. Tching san nou, incapable de leur résister, entra dans Jiei tcheou. Le roi Aitzong changea alors le nom des années de Tcheng ta en K'ei hing.

La première année K'ei hing (1233), le premier mois, l'armée de Shoui tcheou se révolta, tua son général Kouli jian siloun et deux autres de ses chefs, Nian ho tong tcheou et Sou tchôn, et se rendit aux Mongols.

Le deuxième mois, Tching san nou d'Aisin se rendait à Koui te fou;

arrivé à Yang y tian il rencontra l'armée mongole ; le général d'Aisin Wan yan ouli fit les plus brillants efforts, mais succomba dans la lutte inégale. Le cheval de Tching san nou tomba sous lui et son maître fut pris par les Mongols. Le général d'Aisin K'ou an et le Tou yu Oulin te an s'enfuirent à Koui te avec 300 hommes. Les Mongols qui avaient fait prisonnier Tching san nou, le conduisirent à Temoutai et celui-ci lui dit : « Tching san nou, va déterminer les habitants de Pian king à se rendre. » Tching san nou refusant, « soumets-toi toi même, » dit Temoutai. « Jamais » répondit le général d'Aisin. A ces mots Temoutai le fit tuer sur place. Un officier du Kouan sian, nommé Toushan ou tien, passant avec ses soldats à côté du défilé de Tong kouan, voulut aller se poster sur les hauteurs qui le dominaient. Un certain Li siang seng chercha à l'en détourner : « Toute l'armée mongole est maintenant au sud du Hoang ho. Au nord l'espace est libre. Hiang kong, en prenant Wei tcheou, a déjoué les intentions de l'ennemi. Notre armée étant toute entière au nord du fleuve, quand les ennemis l'apprendront, ils partageront leurs forces et en enverront une partie au Nord. S'il en est ainsi la ville du roi aura quelque répit. Hiang kong pourra facilement porter du secours. » Toushan ou tien irrité de ce langage et prétendant qu'il avait divulgué les secrets de l'armée, fit saisir Li sian seng sur la grand' route et le fit mettre à mort. Là-dessus les cinq officiers Toushan ou tien, Anho ho zhōn, Wan yan song si, Miao ing et Shang heng mirent leur armée en marche et s'en allèrent en abandonnant le défilé de Tong kouan. Les soldats emmenèrent leurs enfants et leurs femmes, les jeunes et les vieux, mais ne purent parvenir jusqu'au chemin de Lo yang. La neige et la glace tombées des hautes montagnes de l'ouest encombraient la route. Les cavaliers mongols, au nombre de plusieurs centaines, s'étaient mis à les poursuivre à leurs traces. Trouvant les chemins des montagnes pleins de neige, les soldats d'Aisin abandonnèrent les femmes et les petits enfants qu'ils avaient pris avec eux. L'air était rempli de cris de douleur. Arrivés au défilé de Tien ling, les cavaliers mongols envoyèrent secrètement un émissaire à Lo yang pour appeler la grande armée qui l'assiégeait. Et se plaçant devant le défilé, ils coupèrent la route de retraite des soldats d'Aisin. Ceux-ci voyant alors qu'il ne leur restait plus qu'à mourir, avaient encore la volonté de combattre. Mais depuis bien des jours ils n'avaient plus eu de riz à manger. Aussi, après qu'ils eurent marché 200 milles, leurs forces défaillissaient par la fatigue et l'épuisement. La neige se mit alors à tomber de nouveau, ils commencèrent leur retraite. Et avant que les deux armées en vinssent aux mains, les Mongols prirent Wan yan song si d'Aisin qui s'était précédemment rendu et le mirent à mort. Le Tou yu d'Aisin, Jeng tai, voulut alors persuader à Miao ing de se soumettre au vainqueur et comme celui-ci refusait, il le tua, prit sa tête et la porta aux Mongols en faisant sa soumission. Dès ce moment le trouble se mit dans l'armée d'Aisin. Deux de ses officiers, Toushan ou tien et Naho ha zhôn, s'enfuirent avec quelques cavaliers vers les montagnes. Atteints par les Mongols, ils furent pris vivants et mis à mort. Shang heng, général d'Aisin, ignorant que tous les chefs de son armée avaient été tués, cherchait à réunir ses soldats et à rétablir l'ordre. Les Mongols survinrent en ce moment et le firent prisonnier. Pensant bien que, vu sa qualité de général, il refuserait de fléchir le genou devant leur roi, ils le mirent sous garde et lui dirent, chemin faisant : « Va à Lo yang déterminer ses habitants à se rendre. » « Je sais qui est à Lo yang, répondit-il, et je ne lui conseillerai pas de se soumettre. » A ces mots les Mongols lui prirent son bonnet et le menacèrent de mort. Mais Shang heng, ouvrant les yeux grands et larges, cria à haute voix : « pourquoi me menacez-vous, je ne vous obéirai point. » Puis s'agenouillant du côté de Pian king où résidait son roi, il dit : « c'est parce que les généraux ont manqué de capacité que l'armée a été faite prisonnière et son bonheur a été perdu. Ma faute n'a point de pardon. Ce n'est qu'en mourant que je puis témoigner ma reconnaissance à mon souverain. » Puis tirant le glaive qu'il portait au côté, il se coupa le cou et tomba mort. Les Mongols alors se rendirent maître de Jin tcheou.

Le même mois, le roi mongol relâcha et renvoya l'ambassadeur d'Aisin, Fong yang teng et celui-ci retourna à sa cour.

Le troisième mois, les Mongols vinrent établir leurs batteries d'artillerie devant Lo yang, pour en faire le siège et détruisirent le quartier du nord. Saho nian, gouverneur de la ville s'enfuit, voulant partir par la porte du midi. Mais avant de passer la porte il tomba dans l'eau des fossés et se noya. Taitzong, roi des Mongols se retira alors pour éviter la chaleur et envoya au roi d'Aisin une lettre par laquelle il lui demandait de se soumettre à lui. En même temps il chargea le général Souboutai d'aller attaquer la capitale. L'envoyé mongol, aussitôt arrivé à Pian king, présenta sa lettre et la remit debout au Tong sze; celui-ci la transmit aux ministres, et ceux-ci la présentèrent au roi en fléchissant le genou. Le roi la reçut debout et la donna aux magistrats. Il y était dit de livrer les 27 familles de Jao ping wien, le siaosze des Hanlins, du Yan sheng kong, Kong yuen soui et autres grands, des gens de leur suite, les enfants, les femmes et les concubines de Pou an, des fabricants d'arc et quelques dizaines d'autres personnes. Le roi voulait envoyer comme ôtage aux Mongols Ok'o, fils de Sheou shòn, prince de Tching, son frère aîné, en l'élevant au titre de prince de Sao. Le Ni koue kong, Sheou shòn, se rendit au Long te tien yamen pour rencontrer le roi Aitzong; le roi lui demanda : « Qu'est-ce que mon oncle vient me dire? » Sheou shòn répondit : « Je suis venu parce que j'ai appris que vous vouliez envoyer Ok'o accepter les conditions de paix. Ok'o est trop jeune il n'est point exercé aux affaires. Je crains qu'il ne soit incapable d'une mission importante. J'irai à sa place. » Le roi lui dit pour le tranquilliser: « Avant que notre puissance se fut étendue au midi, lorsque la paix régnait encore, a-t-on eu soin de mon oncle? Les faveurs ne l'ont point atteint. Quand il n'y avait rien d'important à faire, on le laissait aller dans un endroit frais. S'il survenait une affaire imprévue et pressante, et qu'on l'envoyait pour la gérer, mon oncle le faisait avec une fidélité parfaite. Que dirait de moi le monde (si je le livrais comme ôtage)? » Mon oncle cessez de demander cela. » Et le roi et les grands se regardaient l'un l'autre et les larmes tombaient de tous les yeux. Aitzong alors envoya Lisi chercher Ok'o, prince de Sao, et chargea Ahòtai et Sitzong d'aller porter les propositions de paix. Mais avant même qu'ils se fussent mis en route, le général mongol Souboutai ayant appris cette résolution du roi, dit à ses gens : « j'ai reçu l'ordre de mon roi d'attaquer Pian king; j'ignore toute autre chose. » Aussi se mit-il, sans tarder, à faire le siège de la capitale, arrachant les palissades qui coupaient le fossé et à remplir ce fossé d'herbes. En peu d'instants il eut comblé un espace de dix pas. Pese, général en chef d'Aisin se disant que l'on était en pourparler de paix n'osait point attaquer les assiégeants et contemplait leurs travaux du haut de la ville. Le roi Aitzong ayant entendu les cris tumultueux poussés par les habitants, prit avec lui six ou sept cavaliers et voulut sortir par la porte Tuan men. Arrivé au pont, la pluie tombait en abondance, il trouva le chemin plein d'une boue épaisse. Les soldats d'Aisin voyant passer leur roi fléchissaient le genou avec respect et crainte le long du chemin. Mais le roi les réprimant de la main leur dit : « Ne vous prosternez point ; ne mouillez point vos vêtements. » Entendant ce bruit les gens du marché abandonnèrent tous, sur le sol, les grains et les légumes. Jeunes et vieux, tous se pressaient autour du roi et saisissaient ses vêtements. Les ministres et les mandarins, survenus en ce moment, voulurent lui mettre un manteau sur les épaules ; mais le roi refusa en disant : « aucun de mes soldats n'a de manteau ; pourquoi seul le porterais-je ? » Puis il cherchait à tranquilliser les gens qui se trouvaient sur son passage. Les soldats, sautant de tous côtés, criaient : « vive le roi immortel (de dix mille ans). Nous mourrons sans regret en combattant. » Et les larmes coulaient de tous les yeux. Pendant ce temps 60 soldats du quartier sud de la ville s'étaient réunis et parlaient entre eux avec animation. Le roi les ayant vus leur demanda ce qu'ils faisaient là. Les soldats s'agenouillant lui répondirent : « Les Mongols comblent le fossé de terre et ont déjà dépassé le milieu. Notre Ping jang Basan nous a défendu de rompre les négociations de paix et nous ne pouvons même tirer une flèche. A notre avis, il y a là une ruse de guerre. » Le roi s'adressant alors à l'un des grands du palais, lui dit : « pensant à ce malheureux peuple, je me dis que si l'on requiert de lui le paiement du tribut des sujets, il ne refusera pas. Mon fils n'est pas encore en âge d'homme. Je le donnerai en ôtage. Pour vous, attendez encore un peu. Si, après avoir livré mon fils en ôtage l'ennemi ne se retire pas, alors combattez jusqu'à la mort. » L'un d'eux alors se prosternant à genoux et les yeux baignés de larmes, dit au roi : « nos affaires sont dans un état désespéré ; que notre saint roi n'espère point la paix. » A ces mots le roi ordonna aux soldats postés au-dessus de la ville, de lancer leurs flèches. Lio sheou, qui avait les fonctions de tchianho de la porte du fleuve à l'ouest, saisit la bride du cheval que montait le roi, et levant ses regards vers le ciel, il dit : « que notre saint roi ne se fie pas à des traitres. Si le roi mettait une fin aux intrigues perfides des grands, l'armée des Mongols se retirerait. » Les gens de la suite du roi voulaient qu'il châtiât l'audace de Lio sheou ; mais le roi les arrêta : « cet homme est ivre, dit-il, ne lui faites pas subir d'interrogatoire. » Arrivé au delà de la porte Nan shön nien, le roi rencontra un soldat blessé et lui appliqua lui-même les remèdes sur sa plaie, lui servit de sa main un verre d'eau de vie, le fit boire et lui donna en récompense une somme d'argent prise au trésor. Ce même jour, Ok'o prince de Shao, fut envoyé comme ôtage à la cour mongole, mais son armée ne se retira point. Continuant le siège, les officiers mongols forcèrent les femmes chinoises et des gens de tout âge qu'ils avaient faits prisonniers, d'apporter des herbes et du bois pour combler les fossés. Du haut de la ville les flèches tombaient comme une pluie épaisse sur les travailleurs. Mais malgré cela le fossé fut rempli en très peu de temps. Aussitôt fait, les Mongols rangèrent sur un seul coin de la ville plus de cent canons et jour et nuit ils ne cessaient de tirer tour à tour. Les boulets tombaient constamment sur la ville. Toutes les portes s'écroulèrent sous cette canonnade.

Au temps du roi de Tcheou, Taitzong, Pian king avait été construite de la terre du défilé de Holou et semblait forte et sûre comme le fer. Le canon, en la frappant, pouvait y faire des ouvertures, mais pas la détruire. C'est pourquoi les Mongols avaient construit une nouvelle ville en dehors des fossés et l'avaient munie de remparts. Cette ville avait 160 milles de circonférence; le fossé en était profond de deux pieds et large de même. Sur le sol de cette ville ils avaient élevé des tentes à 40 pas de distance et chaque tente contenait 100 hommes de garde. Un grand d'Aisin, nommé Hosai, avait été chargé de garder le quartier occidental de Pian king. Les Mongols s'élançant à l'attaque de ce quartier, Hosai tremblant, devint pâle de frayeur et sa langue se troublait. Les soldats se souvenant des bontés du roi Aitzong, combattaient à mort. Les Mongols se faisaient une sorte de mur et de toit au moyen de peaux de bœufs. L'un d'entre eux, se tenant debout sur le mur de la ville, en examinait le haut. Aussitôt les soldats d'Aisin ayant rempli de poudre le bout d'un tuyau de fer, le lièrent à une corde et le laissèrent descendre au lieu où cet homme espionnait la ville. Le feu ayant pris l'homme, les peaux et le toit, tout s'écroula et fut mis en pièces. Puis mettant de la poudre à canon dans un tuyau plein de feu ils l'allumèrent et la flamme se répandit de telle façon que personne ne pouvait en approcher à plus de dix milles de distance. Ces deux artifices remplirent les Mongols de frayeur et leurs attaques cessèrent. Pendant seize jours de luttes incessantes, les soldats d'Aisin et les Mongols perdirent plus d'un million d'hommes. Souboudai, le général ennemi, voyant qu'il ne pouvait enlever Pian king, envoya un de ses officiers porter des paroles de paix au roi Aitzong. « Nos deux royaumes, disait-il, ont fait la paix. Convient-il encore que nous nous fassions la guerre? » Aitzong accueillant ces propositions, envoya l'un des siens, Jang jin zhin, porter à l'armée mongole des présents en vin, viande, or, argent et objets précieux et l'armée mongole fit sa retraite. Hosi, grand d'Aisin, voulut aussitôt venir féliciter le roi et faire une réjouissance à cause de cet heureux évènement. Mais cette proposition ne plut point aux autres. Hosi voulant se donner du mérite, appela l'un d'eux, nommé Yuan ho, et lui dit : « il y a trois jours que les ennemis sont partis, pourquoi ne présenterions-nous pas nos félicitations au roi? Réunis le Hanlin yuen et qu'ils rédigent l'adresse. » Yuan ho rapporta ces paroles aux ministres. Le Tchun tsiou, dit Szeliei, fait une honte d'une paix jurée sous les murs d'une ville (assiégée). Comment pourrions-nous nous réjouir du départ des ennemis? » Hosi reprit avec colère : « l'empire n'est pas détruit. Le roi et la reine sont délivrés de leurs angoisses, peux-tu ne pas te réjouir? » Jang tien zhin étant entré en ce moment, Yuan ho lui rapporta cet entretien. « Cet homme ne sait pas rougir, répondit-il, autrement pourrait-il parler de la sorte? Le prince doit rougir profondément du siège de sa capitale par l'ennemi. Il le fera s'il entend qu'on parle d'une adresse de ce genre. » Un autre grand, Tchao ping, ajouta : « Tcheng kong, du royaume de Lou, dont il est question au Tchun tsiou ayant renouvelé le temple de son père Hiuen kong, le feu y prit et Tcheng kong en pleura trois jours durant. L'ennemi a maintenant détruit les tombeaux de nos rois précédents; les grands doivent aller, suivant toutes les règles du respect, consoler notre roi, mais non lui offrir une adresse de félicitations. » Et après ces mots toute discussion cessa.

Le roi Aitzong changea le titre des années de K'ei hing en Tien hing et fit rechercher tous ceux qui, des grandes villes ou des Jòn, s'étaient signalés par leur belle conduite. Tous reçurent des récompenses selon leur rang; aux soldats il donna de l'or, de l'argent, du vin et des viandes. Les fonctionnaires âgés, affaiblis, incapables furent déchargés de leurs fonctions; les femmes du palais congédiées. Le roi défendit en outre de l'appeler « saint » dans les suppliques et rapports et aux termes « saint édit » il substitua « édit légal. »

Le cinquième mois, une grande famine régna dans Pian king, en 60 jours il mourut plus de 900,000 personnes.

Le septième mois, un grand nommé Shen fou, agissant de son chef, tua l'envoyé mongol Tang tching et trente autres personnes dans la cour des postes, sans que le roi le fît punir et dès ce moment la paix conclue entre les deux empires fut brisée. Trois officiers d'Aisin Wan yan sze lici, Ou sian et Wan yan ho sieiho réunirent leurs troupes et partirent de Zhou tcheou pour aller au secours de Pian king. Aitzong l'ayant appris, envoya Hosi avec une armée à leur rencontre. L'armée d'Aisin rencontra les Mongols près du fleuve Jing soui. Aussitôt elle se mutina, Ou sian se retira et alla tenir les monts Lio san, Wan yan sze liei s'enfuit dans la direction de la capitale. Hosi vint s'y réfugier abandonnant ses troupes; aussi le roi le dégrada, le remit au rang du peuple et partagea ses biens entre les soldats. Un grand du nom de Koue an yong était depuis longtemps l'ami du brigand *habit-rouge* Yang an el et de Litchouan; puis s'étant rallié aux Mongols, il avait reçu le grade de général de deuxième rang. En ce temps là tous les généraux du Santong s'étant réunis aux commandants des armées, avaient juré d'être fidèle au royaume d'Aisin et avaient confirmé leur serment en tuant un cheval et buvant de son sang. Tous ces généraux conjurés se dispersèrent alors; Koue an yong ne pouvant se mettre en route, dit à Tzong seng nou : « fais savoir au roi d'Aisin ma volonté de lui être fidèle. » Le message fut transmis exactement à Aitzong : « Koue an yong a pris grand nombre de villes, lui dit-on ; ses hauts faits sont grands et nombreux. Son armée est très forte, Il est juste de vanter ses vertus et ses capacités. L'empire peut se servir de lui avec toute confiance. C'est un officier de premier ordre. Si on ne lui donne pas une charge élevée, il n'aura pas certainement le cœur résolu à faire de grands efforts pour le bien de l'empire. » Aitzong, avant de répondre, fit porter à Koue an yong les habits et le bonnet des officiers d'Aisin. Miao jin, commandant mongol, ayant appris la défection de ce général en fut fort irrité; il fit tuer tous les gens de sa maison jusqu'au dernier et s'enfuit à Y tou fou. Koue an yong choisissant des soldats d'élite, poursuivit le général mongol, mais ne put l'atteindre. Sans tarder Aitzong envoya deux officiers, In si ing et K'eou tien yo porter à Koue an yong son diplôme de général en chef ; à ce titre il ajoutait celui de prince de Yen au Santong, d'officier valeureux, habile, dûr à la peine, gardien de la justice, fidèle à son prince. Il lui donnait en même temps un sceau d'or, un d'argent doré, un demi sceau d'or portant un tigre, puis l'inscrivit dans la famille impériale Wan yan. Enfin il le créa tchoan ho héréditaire. Koue an yong ayant appris toutes ces faveurs, vint au devant du messager royal et fléchit le genou à la manière d'Aisin. Ayant vu tout ce que le roi lui envoyait, il

dit d'un air joyeux : « je ne puis convenablement accepter tout cela. »
« Vous ne pouvez le refuser, » répondit l'envoyé In si jing. Koue an yong
alors donna un festin et pendant le repas il fléchit le genou et reçut tous
les présents d'Aitzong. La province de Santong occupée par les Mongols
depuis huit mois, ne savait rien de l'arrivée de l'envoyé royal. Les mandarins et le peuple, dès qu'ils l'aperçurent, se mirent à genoux en sanglotant. Jang sian, bien que d'un rang inférieur, mais connaissant son
devoir, prit la parole et dit à K'eou tien yo : « Il y a bien des mois que
les peuples de l'Est n'ont plus vu d'ordre du roi. En appercevant aujourd'hui son envoyé, tous les cœurs se déchirent. Si le message du roi ne
vient pas les tranquilliser, ils seront tous frappés à mort. Mais il ne
m'appartient pas de publier furtivement cet ordre. » K'eou tien yo,
qui était lettré, n'osa point de peur de manquer à son devoir, suivre
l'avis de Jang sian ; mais il répéta au peuple assemblé des paroles des
ministres qui devaient les tranquiliser. Le peuple alors fondant en larmes, s'écria d'une voix : « le roi ne pense-t-il donc plus à nous défendre,
nous qui sommes son peuple. » Et tous alors se rendirent à Sin tcheou.
Koue an yang adjoignit l'un de ses officiers, Tchang jin, à l'envoyé royal
pour porter sa réponse à Aitzong. Et le roi en retour envoya à son général un hioan de fer, six demi sceaux portant une figure de tigre, une
robe couverte de figures de dragons, une grande ceinture et deux arcs.
En outre il donna des titres d'honneur à son père, sa mère et son épouse;
il lui envoya des patentes l'autorisant à s'appeler Kiun wang de dignité
héréditaire, avec dix écus de haut titre, dix ceintures de pierreries,
pour donner à ceux qui s'étaient unis à Koue an yong dans le serment
de fidélité et qui méritaient ces dons. L'envoyé arrivant à Hia pai, fut
reçu par le général venu au devant de lui et lui remit les dons du roi
qu'il accepta avec les formalités d'usage.

Le douzième mois, le roi se rendit à la grande salle du conseil pour
délibérer avec tous les grands réunis sur le projet de quitter Pian king
et de se retirer à Koui tcheou. Il désigna le général Sai pou ping et cinq
autres grands pour l'accompagner avec l'armée, et chargea le Sanci
jing se, Wan yan nou sheng, et sept autres de garder Pian king. Arrivé
à la porte Touan men, il prit au trésor de l'argent, des armes et instruments, et les donna comme récompense aux généraux et aux soldats.
Au moment de quitter la capitale et de se séparer des reines et de toutes
les épouses et princesses royales, il se mit à sangloter en leur disant

adieu. Lorsqu'il fut arrivé au jardin, la reine envoya des officiers du palais porter aux troupes du grain et des viandes. Lorsqu'il eut passé la porte K'ei yang men et qu'il eut pris congé des mandarins, il dit aux soldats chargés de la garde de la ville : « les temples de nos ancêtres, des esprits protecteurs des champs restent ici. Vous êtes la principale force de notre armée. Ne croyez pas que vos mérites soient de peu de valeur. A vous est le mérite suprême de garder cette ville. Il serait mal de vous considérer comme au dessous des soldats qui accompagnent ma personne. » En entendant ces touchantes paroles, les soldats fondaient en larmes ; et le roi les quitta.

La deuxième année K'ei hing (1234), le premier du premier mois, au moment où le roi Aitzong traversait le Hoang ho, un vent violent s'éleva du Nord. Les soldats qui occupaient les derrières de l'armée ne pouvaient le franchir. En ce moment l'armée mongole arrivait de la rive méridionale. Hodousi, officier d'Aisin, fut tué dans le premier choc, et un autre grand d'Aisin, Wan yan Ou lôn tchoo, se rendit à l'ennemi. Le roi Aitzong abandonnant en sanglotant, les soldats tués dans la lutte, leur donna des titres d'emplois appropriés, et fit mourir les deux frères cadets du traître Ou lôn tchoo. Les vivres rassemblées en ce lieu pour les troupes tombèrent entre les mains des Mongols. Le roi donna ensuite un corps de mille hommes au général Pousan kouan nou pour aller prendre Wei tcheou ; au général K'eou sian et au Tou yu nian K'ou ya jou un autre corps de dix mille hommes, le créant Hia fong, et l'envoya en avant. Le roi alors partit avec le reste de l'armée ; quand il fut arrivé aux monts Ou men k'eng, les deux commandants Bata et Jia ou tibou allèrent successivement donner l'assaut à Wei tcheou, sans réussir à la prendre. On apprit alors que l'armée mongole, venant du Ho nan, avait passé le Hoang ho et marchait contre eux. Aitzong emmena son armée de la région de Wei tcheou et fit retraite. Les Mongols approchant toujours, Pesa d'Aisin leur livra bataille près de Pa kong miao ; vaincu il s'enfuit vers les hauteurs (vers le nord). Les deux officiers, Liu y et Jang k'ei, arrivés en fuyards furent tués par le peuple irrité, tandis qu'un autre officier, Wang tchouan, allait se rendre aux Mongols. Le malheureux roi Aitzong, rassemblant alors son armée, retourna en arrière. Arrivé au bourg de Wei leou tzun, il se rendit à l'avis de Pesa, quitta l'armée pendant la nuit, prit avec lui le général Lihoei et sept ou huit hommes, passa le Hoang ho et arriva à Loui te fou. Le lendemain, les soldats ayant appris le départ du roi se mirent à fuir en désordre. Pousan sita et Wan yan Hôtou vinrent de Koui te fou an devant du roi et le conduisirent dans la ville, Là le roi rendit la liberté à tous les prisonniers et donna des fonctions aux soldats et aux gens du peuple. Puis il envoya le frère cadet de la reine Ta chan pou, Tou shan szeci à Pian king chercher les princesses. Un général, nommé Souliei, de la garnison de Pian king s'était mis à soulever des troubles en compagnie de Han tou, Yoan koue et autres grands, et avaient tué Wan yan ou shen et Wan yan abou ; puis ils s'étaient rendus, suivis de leurs soldats, près de la reine, dans une attitude pleine de menaces. Forcée par eux, la reine nomma Tzong tchioo, fils de Wei shao wang, prince de Liang et le fit chef de l'état. Tzoui li se fit lui-même Taisze et général en chef de la cavalerie, et de plus ministre de la gauche et shangshou ling. Peu après Tzoui li envoya à l'armée mongole une lettre de soumission, à la suite de quoi le général mongol Souboudai se mit en marche avec son armée vers Pian King. La reine et les princesses prises au milieu des émeutiers ne pouvaient s'enfuir. Deux grands nommés Dabousi et Soushan szesi, vinrent prendre les princesses, et emmenant leurs parents et leurs épouses quittèrent Pian king et arrivèrent à Koui te fou. Mais Aitzong irrité de leur conduite les fit mourir l'un et l'autre Sur ces entrefaits, le général Oukou lòn k'ao, commandant de Tzai tcheou, envoya à Kouite tcheou deux cents boisseaux de grain et fit supplier le roi de se réfugier à Tzai tcheou. Aitzong, se rendant à cet avis, envoya Poushan en cette ville pour annoncer à ses habitants l'intention du roi de se rendre parmi eux. Le gouverneur de Koui te tcheou, Nin lou hoan, anxieux de ce qu'il ne pouvait fournir à une armée si nombreuse les vivres nécessaires, dit au roi : « nos soldats revenus du combat malheureux de Hoba devraient se rendre à Sin tcheou, Sou tcheou et Tchen tcheou pour y trouver la nourriture suffisante ; il faudrait y envoyer la garde royale. Aitzong, réduit à ces extrémités suivit ce conseil et dit à Kouan nou : « Nin lou hoan a éloigné d'ici les soldats de ma garde. Toi, veille sur moi. » En ce moment l'armée de Kouan nou, qui ne comptait plus que 460 soldats et les 700 hommes de Ma yong étaient seuls à Koui te fou. Ma yong n'était d'abord que Tou niyu. Aitzong, arrivé à Koui te fou le fit général, puis le prit pour conseiller. Comme il laissait Kouan nou à l'écart, celui-ci conçut le projet de tuer Ma yong. Trois mandarins, Lisi, Yang tien k'eng et Lita jiei ayant appris les projets de

Kouan nou, avertirent le roi qu'il méditait une défection. Le roi profondément affligé chargea Alioo et Sisian de la famille royale, de surveiller les agissements de Kouan nou, et dit aux grands réunis : « j'ai élevé Kouan nou d'un rang très inférieur et je l'ai fait général. Quel motif d'irritation a-t-il pour se rebeller? Pour vous, ne soyez pas en peine de cela » Alihoo et Sisian, voyant que le roi n'était plus maître de Kouan nou, firent connaître ses desseins. Ayant appris ensuite la rivalité qui régnait entre Kouan nou et Mayong, le roi craignit des troubles et une guerre civile. C'est pourquoi il ordonna à l'un des ministres de préparer un banquet et y fit venir les deux adversaires. Mayong y arriva sans aucun soldat de sa garde, Kouan nou profita de ce manque de précaution pour amener avec lui bon nombre de ses soldats, et s'élançant subitement sur Mayong, il lui donna le coup de mort. Puis il fit garder le palais par 60 de ses gens, enferma dans leurs salles les grands mandarins du royaume sous la garde de ses gens. De là, suivi d'un corps de troupes, il se rendit chez le gouverneur Niu lou hoan et lui dit : « lorsque le roi est arrivé en cette ville, tu ne lui as fait aucun présent, tu ne lui as offert aucune bonne salaison. Comment pourras-tu te laver de cette faute? » Et sur ces mots il fait mettre le gouverneur sur un cheval et ordonne à ses gens de bien fouiller sa maison. On y trouve 20 grands vases de salaisons; les perquisitions finies et lorsqu'il eut pris tout l'or et les objets précieux qui s'y trouvaient, il fit tuer le malheureux gouverneur. Cela fait, Kouan nou donna un casque et une cuirasse à un certain Masi, lui mit l'arme à la main et l'envoya chercher Banoushen, l'un des serviteurs du roi. Apercevant Masi, Aitzong jeta son glaive à terre et lui dit : « va-t-en dire à Kouan nou qu'il ne me reste plus d'autre serviteur, qu'il soit bienveillant pour moi quelques instants. » Masi, bien que venu pour emmener Banoushen, n'osa point le faire et s'en alla plein de crainte. Le nombre des mandarins tués par Kouan nou s'éleva au delà de 300, les généraux et soldats, les gardes du roi et les gens du peuple assassinés étaient bien trois mille. Ce soir même Kouan nou, suivi de ses sicaires, vint trouver le roi et lui annonça qu'il avait exécuté Niu lou hoan et tous les autres parce qu'ils voulaient se révolter. Aitzong, en ces extrémités, lui pardonna ses crimes et le fit Shoni fousze, tout en lui confiant les fonctions de Sanji jeng sze. Kouan nou établit le roi dans un quartier écarté et dès lors il imposait ses volontés à tout le monde sans que personne osât élever la voix contre ses usurpations ou lui résister. Le roi, le cœur brisé, dit alors : « depuis longtemps l'empire est comme renversé, le prince est comme mort, car je n'ai plus pu trouver un homme puissant et d'autorité pour me servir. » Se voyant ainsi emprisonné par son ministre, le roi éprouvait une profonde douleur et se plaignait avec amertume.

Le quatrième mois, Tzooli réunit le prince de Liang tzong ainsi que Sio shôn prince de Jing, et 500 autres membres restants de la famille royale, tant hommes que femmes, et alla avec eux faire sa soumission aux Mongols. Arrivés à Tchang tcheou, les deux princes furent tués par les soldats mongols et deux princesses retenues prisonnières.

Le sixième mois, Aitzong tint conseil avec les préposés du trésor et autres mandarins sur le moyen de se débarasser de Kouan nou. L'un d'eux, nommé Soho, conseilla de l'attirer par ruse, sous prétexte de lui demander conseil. Cet avis fut approuvé. Kouan nou mandé devant le roi, s'y rendit sans défiance. Aussitôt le roi avertit les conjurés de sa présence en parlant à haute voix ; Wan tchao, à l'instant, sortit d'une cachette où il s'était blotti, saisit et traîna Kouan nou près du roi qui lui donna lui-même le coup de mort. Sortant alors par la porte Souang men, Aitzong vint assurer les soldats du rebelle de leur pardon et mit ainsi fin aux troubles, Il se décida alors à se retirer à Tzai tcheou et fit donner ordre aux garnisons des quatre tcheous Tzai, Si, Piu et Yn de venir à sa rencontre. Kouan an yong, apprenant le départ du roi, lui envoya une lettre cachée dans de la cire et dans laquelle il lui exposait six motifs de ne point se réfugier à Tzai tcheou. 1º Koui te fou, disait-il d'abord, est toute entourée d'eau, l'ennemi ne saurait l'atteindre ; Tzai tcheou n'a aucun rempart de cette espèce. 2º Bien que les vivres manquent à Kouite tcheou, on peut cependant y vivre de poissons et de macres. Si Tzai tcheou vient à être cerné, il suffira de quelques jours pour en consommer tous les vivres emmagasinés. 3º L'ennemi laisse Kouite tcheou de côté, mais ce n'est pas par crainte de notre armée. Si nous sortons d'ici volontairement, il nous poursuivra par derrière et n'ayant plus alors de lieu fortifié pour nous réfugier, nous serons pour lui une proie facile. 4º Tzai tcheou est très proche des frontières de l'empire chinois. Il y a un contre dix mille à parier que les Chinois viendront en aide aux Mongols en leur fournissant des vivres et alors notre perte deviendra inévitable. 5º Quand même Kouite tcheou ne pourrait plus être défendue, comme la voie par eau s'ouvre vers le nord, on peut toujours s'échapper par ce chemin. Si Tzai tcheou au contraire vient à succomber, il n'y aura plus de salut possible. 6º La saison chaude où nous nous trouvons actuellement amène constamment des pluies abondantes, les chemins deviennent fangeux. Notre saint roi lui-même est sans coursier capable de résister à ces difficultés. Si nous venons subitement à rencontrer l'ennemi, quel malheur n'arrivera-t-il pas? Votre fils et sujet n'ose parler de cela. Dans ces circonstances, le roi peut-il penser à partir? Il vaut mieux de gagner le Santong. Ce pays est riche et puissant. C'est le premier de l'empire. Moi, votre sujet, j'ai examiné les avantages qu'il peut présenter. A l'Est il touche à la mer, à l'Ouest il s'appuie sur Sioi tcheou et Hia pin; au sud il est protégé par le Sou, au Nord l'accès en est fermé par le Tchi. Si le roi veut s'y établir, moi son sujet, m'appuyant sur son autorité, je ferai les démarches par écrit nécessaires pour rétablir son pouvoir régulier dans les trois provinces de Shansi, Sansi et Hao nan. Que le roi y réfléchisse avec grande attention. » Aitzong demanda à ses ministres leur avis sur ces conseils. « Koue an yong, répondirent-ils, n'a point les qualités voulues pour donner des conseils utiles; c'est là la reproduction des paroles du San y jang. Loin de là, le roi ne doit aucunement renoncer à son projet de se retirer à Tzai tcheou. » Le roi donc ne se rendit point aux avis de Koue an yong. Vers le même temps Ta hotou, gouverneur militaire de Lao yang d'Aisin, quitta cette ville et s'enfuit à Tzai tcheou. Lao yang abandonnée, tomba au pouvoir des Mongols.

Le sixième mois, Aitzong partit pour Tzai tcheou, laissant Wang pi poua défendre Koui te fou. Arrivé à Tzai tcheou il en fit relacher tous les prisonniers dont les crimes n'avaient point attiré sur eux une sentence capitale, donna des charges à parts égales aux magistrats et aux gens du peuple et ouvrit une porte au commerce. Les habitants de Tzai tcheou eurent alors un moment de paix et de tranquilité.

Le neuvième mois, l'armée mongole unie aux troupes chinoises vint attaquer et prendre Tang tcheou. Le commandant d'Aisin, Hehen, tomba pendant le combat. Aitzong envoya peu après Ahotai chercher des vivres dans l'empire song; son envoyé était chargé de reprocher à la cour de Song son ingratitude. « Depuis que je suis monté sur le trône, disait le roi, j'ai ordonné à mes généraux de respecter vos frontières. Mes ministres me conseillant de porter la guerre sur votre territoire je les en ai hautement blâmés. Je vous ai rendu la seule ville prise antérieurement. Dernièrement encore les habitants de Han in bien s'étant rallié à mon royaume, je l'ai achetée en vous donnant de l'or, de l'argent, de la soie, des objets précieux en grande quantité, car si j'eusse gardé ces trésor, j'eus pu passer pour cupide. Je n'ai point accaparé dans cette ville un objet de la valeur d'un cheveu et vous ai tout rendu. Lorsque vous êtes venu envahir le pays de Tcheng heou, je vous ai rendu les milliers d'hommes que nous avions fait prisonniers et cela après les avoir abondamment pourvus de vivres. Et maintenant parce que ma puissance s'affaiblit, vous vous êtes emparé de ma ville de Teng tcheou, vous venez prendre d'assaut ma ville de Tang tcheou. Vos vues sont bien étroites, car après avoir détruit la puissance des quarante tributs mongoles extérieures, le vainqueur s'en est pris au royaume occidental des Hia; les Hia vaincus, il s'attaque à notre empire; quand notre empire sera renversé, ce sera votre tour. S'il n'y avait point de lèvres pour les protéger, les dents gèleraient nécessairement. Si maintenant vous consentiez à faire votre paix avec nous, ce ne serait pas un bien pour nous seulement, mais vous en retireriez de grands avantages.» Vas, dit le roi à son envoyé, et explique bien ces choses. Ahotai, arrivé à la cour de Song, ne put se faire écouter et revint à Tzai tcheou.

Le premier du neuvième mois, Aitzong pensant que c'était un jour faste vint au yamen du gouverneur adorer le ciel. Les cérémonies achevées, il dit aux grands de la cour : « voilà plus de cent ans, magistrats du royaume, depuis la fondation de l'empire, que le roi vous entretient. Vous qui vivez aujourd'hui, vous avez hérité des mérites de vos prédécesseurs. Par vos efforts, vous en avez acquis vous-mêmes. Depuis de longues années vous avez dû vous ceindre de vigueur et de fermeté, et vous armer d'habileté. Maintenant, dans ces temps de trouble, il ne vous reste plus qu'à souffrir avec moi. A ce que j'apprends, l'armée mongole approche. C'est maintenant le moment de conquérir des palmes et de témoigner votre reconnaissance à l'empire. Quand bien même vos efforts n'aboutiraient qu'à la mort pour votre pays, vos âmes ne renieront ni leur fidélité ni leur piété filiale. Précédemment, dans vos exploits, vous aviez la peine de n'être point vus du roi. Maintenant je serai témoin de votre valeur et de vos combats. Officiers, magistrats, que votre zèle se soutienne! » Et disant ces mots, il leur servit du vin à boire. Avant même qu'ils eussent fini on entendit partout des gens qui couraient, réveillant la ville et criant : « Des centaines d'ennemis sont arrivés sous nos murs. » Entendant ces cris, les généraux et les soldats demandaient à grands cris le combat. Aitzong suivant le conseil qu'on lui avait donné, partagea les troupes en quatre corps pour garder les quatre quartiers de la ville. Le général en chef Lou leosi fut chargé du quartier de l'est, avec le prince Tchen lin pour adjudant. K'ao sio avec Yuen tze furent chargés du midi ; Tà sho shang avec Tzai ba el, de l'ouest et Wang san el avec Pe shcou, du nord. La ville étant ainsi prête à recevoir l'ennemi, l'armée d'Aisin se mit en marche pleine d'ardeur et battit les Mongols. Le lendemain, Niau ben tzang, officier mongol prit de son chef plusieurs cents de cavaliers et attaqua l'est de la ville, mais les troupes envoyées par Aitzong le repoussèrent vigoureusement. Les Mongols voyant alors qu'ils ne pourraient approcher de la cité, construisirent un mur tout autour et commencèrent un siège en règle.

Le dixième mois, la famine devint grande dans la ville; les gens s'entretuaient pour se manger les uns les autres. Les magistrats firent alors, par ordre du roi, sortir de la ville les vieillards, les enfants et les pauvres; on leur donna des bateaux pour aller chercher dans les canaux des macres à manger. En même temps le roi, à l'intérieur de la ville, faisait tirer de l'arc en sa présence et donnait du blé à ceux qui avaient frappé au but. Wan tôn shang soun, officier d'Aisin, étant mort en combattant, le roi fit donner du blé à ceux qui avaient reçu des blessures et pour ceux qui étaient tombés les armes à la main.

Le onzième mois, l'empereur song Litzong mit ses deux officiers Jianghai et Meng kong à la tête de 20,000 hommes et leur donna 30,000,000 de boisseaux de grain, leur enjoignant d'aller seconder les projets des Mongols. Leur arrivée causa une grande joie à leur général An yan ben tzan. Il traita Meng kong comme un frère. Les Mongols, aidés par les Chinois, augmentèrent encore leurs instruments de siège ; le bruit du travail de charpenterie se faisait entendre dans la ville et remplit ses habitants d'effroi. Ils se disaient entre eux qu'il n'y avait plus qu'à se rendre. Cependant Hosieho d'Aisin travaillait sans relâche à calmer le peuple en lui rappelant les bienfaits du souverain et les droits du monarque, les devoirs des sujets. Sans cesse occupé de faire face à l'ennemi, il ne mettait plus le pied dans sa maison. Le peuple et l'armée voyant son zèle et sa fidélité, s'excitaient mutuellement au combat et leurs cœurs reprenaient courage.

Le douzième mois, les deux armées ennemies s'étant réunies s'approchèrent des murs. Les officiers de la ville chargeant alors de sa défense les enfants des hommes inscrits sur le registre des impôts, revêtirent les femmes elles-mêmes d'habits de jeunes gens et leur firent porter des pierres, des morceaux de roche. Le roi, circulant partout, encourageait les soldats et réveillait leur ardeur. L'armée d'Aisin alors sortit par la porte de l'Est pour attaquer les Mongols. A son retour les troupes chinoises commandées par Meng kong leur coupa la retraite, les attaqua et fit 27 prisonniers. Le général chinois demanda à l'un d'eux si le nombre de ceux qui souffraient de la faim était grand. Sur sa réponse affirmative, il vint trouver An yan ben tzan et lui dit : « Les gens de Tzai tcheou sont dans une grande misère ; gardons les à vue jusqu'à ce qu'ils périssent de faim, et ne les attirons pas hors de la ville. » Les deux armées ennemies cessèrent alors toute attaque et se bornèrent à faire la garde autour de la cité affamée. Vers le même temps le commandant de Sio tcheou se rendit aux Mongols, mais Wan yan sai bou se fit tuer en combattant. Cependant les armées mongole et chinoise avaient repris l'attaque de Tzai tcheou. Le général mongol, An yan ben tzan envoya Jang zhou l'un de ses officiers, s'approcher de tout près avec 3000 hommes de troupes d'élite. Les soldats d'Aisin firent deux d'entre eux prisonniers, Jang zhou tomba blessé grièvement. Mais le général chinois Meng kong signala sa position dangereuse à son avant garde en abaissant le drapeau et l'on vint le délivrer. Le lendemain, à la première aurore, Meng kong ramena ses soldats au combat, résolus à mourir. Arrivé à la porte de la ville, il y fit mettre des échelles et ordonna à tous les généraux de monter à l'assaut. Toute l'armée chinoise grimpa ainsi successivement sur les remparts et s'empara de la porte, faisant prisonniers 537 officiers et soldats. Meng kong dit alors à ses officiers : « Cette porte, cet étang étaient le rempart de l'ennemi, nous devons maintenant y faire une ouverture et attendre qu'il se soit desséché. » En effet dès que la digue fut rompue, l'eau coula dans le Zhou hoo et le lac se dessécha complètement. Meng kong ordonna alors à ses soldats de se faire un passage en comblant le trou avec des herbes. L'armée mongole, de son côté, détourna l'eau du Lian kiang. Les deux corps ennemis traversèrent les eaux et vinrent s'emparer des faubourgs de Tzai tcheou. Alors Lou leosi d'Aisin sortit par la porte de l'ouest avec 500 hommes d'élite, portant des faisceaux de roseaux enduits de graisse pour aller mettre le feu aux pièces d'artillerie des deux armées. Les Mongols s'en aperçurent à temps et mirent en embuscade cent hommes armés de grands arcs et lorsque les soldats d'Aisin allumèrent leurs feux, les Mongols lâchèrent leurs flèches et firent de nombreuses et graves blessures, Lou leosi voyant que c'en était fait, se retira, mais les deux armées ennemies donnant l'assaut à la partie occidentale de Tzai tcheou, Lou leosi tomba sous leurs coups. Cependant Ho sie ho avait construit comme une seconde ville au centre de Tzai tcheou, y avait élevé des remparts et creusé des fossés, et l'avait ainsi fortifiée et rendue propre à la défense. Les deux ennemis ne pouvaient y pénétrer avant que tout n'y eut péri. Il avait élevé comme une sorte de bouclier au-dessus des murs, il s'y tenait lui-même pour les défendre. Puis ayant choisi des hommes d'élite dans trois quartiers, il combattait en désespéré pour empêcher l'ennemi de pénétrer dans la ville. Le roi Aitzong, dans ces instants suprêmes, dit aux grands qui l'entouraient : « j'ai été prince dix ans ; héritier du trône, dix autres années, je suis roi depuis dix ans. En m'examinant moi-même je ne me trouve aucun grave défaut, si je meurs ce sera sans regret. Mais, laissant périr en moi la puissance séculaire que mes ancêtres, maintenant irrités, m'avaient transmise, je vois périr mon empire comme si j'avais été un de ces anciens rois passionnés de la chasse, adonnés aux plaisirs, cruels et turbulants. Voilà mon seul regret. » Puis il ajouta : « depuis l'antiquité il n'est point de royaume qui n'ait péri. Les rois de ces états ont été jetés en prison les mains liées ; ils ont été livrés aux vainqueurs dans des chaines de fer ; ils ont été abreuvés d'opprobres de toute espèce au sein de leurs cours ; ils ont été conduits dans des troux de montagnes. Pour moi il n'en doit pas être ainsi. Ministres de mon royaume, veillez-y ! Pour moi, ma résolution est prise, je veux la mort. » (Le désordre continuait dans Tzai tcheou.) Wang aisi mourut en combattant ; Wang zhoui ayant été tué, un autre grand du nom de Jiangou tengk'ou passa aux Mongols avec 30 de ses gens. Le roi Aitzong ayant pris un habit d'homme du peuple sortit la nuit par la porte de l'est et s'en alla fuyant jusqu'aux frontières du pays ennemi ; rencontrant un corps ennemi, il se retira en combattant. Pour remédier au manque de vivres, il tua 50 chevaux de ses haras et 150 du peuple et les donna à manger à ses généraux.

La troisième année T'ien hing (1234), Aitzong rassembla la nuit les grands et déclara devant eux céder son trône au général Tcheng lin de la famille royale. Tcheng lin voulait refuser mais Aitzong lui remettant l'autentique, dit : « Je vous cède ce trône à vous, mon sujet ; je sais bien qu'il est réduit aux dernières extrémités. Pour moi ma situa- est des plus graves. Je ne puis plus échapper en fuyant à cheval. Mais toi tu as toujours été habile et prudent. Si, contre toute prévision, tu échappes au désastre, notre dynastie ne sera pas brisée. Telle est ma pensée, voilà pourquoi je te cède mon trône. » Alors Wan yan tcheng liu reçut debout le sceau royal et le lendemain il s'assit sur le trône et reçut l'hommage des grands prosternés (1). Pendant ce temps Meng kong s'était approché de la porte du midi et, plaçant lui-même une échelle, il commanda l'assaut. Un soldat nommé Ma-y monta le premier sur le mur. Jao zhong le suivit et toute l'armée monta après eux pleine d'ardeur. Arrivés sur les murs ils se trouvèrent en face des soldats d'Aisin qui les repoussèrent avec vigueur. Le roi Tcheng liu lui-même, à la tête de ses soldats, vint sur le point menacé au moment où le drapeau des Songs était planté au haut du rampart. Au même instant dix mille voix firent retentir le cri de combat, les soldats qui gardaient la porte du midi s'enfuirent effrayés et les armées mongole et chinoise pénétrèrent aussitôt par cette porte. Les voyant avancer, Ho sie ho s'élança avec 100 hommes pour leur couper le chemin, mais il ne put les arrêter. Le roi Aitzong voyant les ennemis dans la place, rassembla ses bijoux, tout ce qu'il avait de précieux, entassa des herbes tout autour et dit à ses aides-de-camp : « Puisque je dois mourir, mettez-y le feu. » Lorsque la flamme les eut consommés il se pendit dans le palais de Yolan hiueu et mourut. Il avait occupé le trône dix ans. Hosie ho apprenant la mort du roi, dit à ses généraux et soldats : « Puisque le roi est mort, que sert-il encore de combattre? Je ne veux pas mourir de la main de soldats en délire. Je suivrai mon maitre en mourant, je me noierai. » Il avait à peine fini de parler qu'il se jeta dans le Zhou hoo et y mourut noyé. A ce spectacle tous les généraux se dirent : « tous nos chefs sont morts, vivrons-nous après eux? Et à ces mots Lou leosi, Duhòtou, Yuen tze, Wang san el et les autres grands du royaume, généraux et soldats, au nombre de plus de 500 se précipitèrent dans l'eau et y trouvèrent la mort. Le roi Tcheng liu était accouru avec ses troupes pour défendre la ville; les ennemis y entrant, il se retira pour en protéger le centre. Là il apprit la mort d'Aitzong. A cette nouvelle il alla avec les grands où était le corps du malheureux prince et s'y répandit en sanglots, puis se tournant vers les grands qui l'accompagnaient, il leur dit : « Le roi

(1) Il prit le titre d'années Sheng chang (1234). Il porte dans les listes le nom posthume de Moti.

défunt après avoir régné dix ans, dans ses sentiments de magnanimité, de bonté et de prudence voulait rétablir notre ancienne puissance. Mais il n'a pu réaliser ses désirs. Oh, quelle pitié il inspire! Dans la compassion que j'éprouve, quel nom lui donnerai-je? » Les grands répondirent de lui donner tous les titres possibles. Alors Tcheng lin fit, selon le rite de ces cérémonies, une libation de vin. Il l'avait à peine achevée que l'ennemi pénétrait au centre de la ville. Le roi Tcheng lin fut tué en combattant, de la main des soldats en déroute. Aussitôt les grands du palais et les généraux jetèrent le corps du monarque dans un bûcher et s'enfuirent. Jiang san seul resta près du cadavre pour le garder et fut pris par l'ennemi. Le soldat qui l'arrêta lui demanda qui il était. « Je suis Jiang san, dit-il, du grade de fong yoi. » « Tous les autres se sont enfui, dit le soldat, pourquoi seul es-tu resté ici? » « Mon roi est mort ici, dit le brave général, j'attends que ce feu n'ait plus que des cendres, je veux rassembler les os et leur donner la sépulture. » Le soldat reprit en souriant : « tu as été vaincu, tu n'as pu défendre ta vie ; que cherches-tu en enterrant les ossements de ton roi? » « Tout le monde sert son prince, répondit Jiang san, mon roi a gouverné l'empire plus de dix ans. Bien qu'il n'ait pu accomplir de hauts faits, il est mort pour ne point trahir son devoir. Pourrais-je supporter d'abandonner son corps sur le sol comme celui d'un homme du peuple? Je pense bien que tu ne me laisseras pas la vie, mais si tu me permets d'enterrer mon prince, je mourrai de ta main sans t'en vouloir aucunement. » Le soldat alla rapporter ces paroles à son général An yan ben tzan. « C'est vraiment un homme de cœur, dit le général, fais ce qu'il désire. » Jiang san alors enveloppa le corps du roi dans les vêtements qui lui restaient et l'enterra sur la rive du Zhou soui. S'étant encore prosterné une dernière fois, il pleura abondamment, puis prenant une résolution suprême, il se jeta dans la rivière. Les soldats mongols ne retirèrent qu'un cadavre. Peu après un grand mongol du nom de Jiang hai pénétra dans le palais du roi et y fit prisonnier Jang tien k'eng, grand d'Aisin. Meng kong, général chinois et An yan ben tzan, chef des Mongols, retirèrent de la terre le corps du roi Aitzong, lui enlevèrent le sceau de pierres précieuses, la ceinture de pierreries, les écus d'or et d'argent, et se les partagèrent. Et dès lors le royaume d'Aisin cessa d'exister.

APPENDICE.

I. L'empire d'Aisin avait 5 kings (1), et 14 tzong-kouan-fou (2), en tout 19 provinces. Ces provinces comptaient 36 villes du rang de Jiei-jen (3), 22 villes de Fang-yu-tchuen et 73 de Sze-sze-tchun ; en outre, 16 tcheou (4) et 632 hien (5).

Le nom de la capitale primitive (Shang-king) était Hoei-ning-fou (6). C'était le siège originaire de la dynastie d'Aisin. C'est là que se trouve la Longue Montagne Blanche et le Pic-Vert, le mont Ma-tsi-ling, les fleuves Wen-tou-lou, An-tchou-ho, le Hûn-tong-kiang, le Lai-lio, le Song-wa-kiang et le Ya-tze. Le nom de la capitale de l'est était Liao-yang-fou ; au temps du royaume de Tai-Liao, c'était aussi la résidence orientale ; Hai-tcheou, Sin tcheou et Fou-tcheou en dépendent toutes trois. La capitale du nord s'appelait Tai-ting-fou. Au temps du Tai-liao, elle était la résidence du centre. Cette région avait encore trois Fou : Kouang-ning-fou, Sing-tzong-fou et Hin-hoang-fou. — Tsong-san, Y-tcheou, Tsin-tcheou en étaient des dépendances.

La capitale de l'ouest avait pour nom Tai-tong-fou. Cette province avait un second Fou, Te-sing-fou. Sous la dynastie de Tai-liao, c'était aussi la résidence occidentale. Tai-tong-fou et Te-sing-fou formaient la province de San-si.

Le nom de la capitale du centre était Tai-sing-fou. Au temps du Tai-liao, elle était la résidence du sud. C'est maintenant la cour du nord (Peking), Shun-tien-fou.

La capitale du midi était Pian-king. C'est actuellement K'ei-fong-fou. Cette province contenait encore deux Fous : Kouei-te-fou et Honan-fou. C'est maintenant la province de Honan. Le Sian-ping-fou a pour dépendance Tiei-ling.

Dans le Hupe oriental (7) il y avait un Fou, Ho-tsien fou, aujourd'hui dépendant de Peking. Le Hupe occidental en avait trois : Tzong-san-fou, Jang-te-fou et Jeng-ting-fou. Tzong-san-fou est maintenant Pao-ting-fou ; comme Jengting-fou,

---

(1) *King* résidence royale formant une province ; ces provinces portaient chacune le nom de la capitale. Les rois *niu tchi* avaient voulu imiter les *Liao* qui s'étaient donné cinq résidences royales.

(2) Provinces n'ayant point de résidence royale et gouvernées par des préfets généraux. Ces provinces étaient : Hoei-ning-fou (*Moukden*), Liao-yang-fou (*Liaotong*), Tai-ting-fou, Tai-tong-fou *(San-si)*, Tai-sing-fou *(Pe-tche-li)*, Pian king *(Honan)*, Hupe oriental et occidental. Santong oriental et occidental, Hotong septentrional et meridional *(San-si)*, King-tchao *(Shan-si)*, Fong-siang *(Shan si)*, Tching-yuen, Lintao *(Shansi)*, et Lo-yan *(Shan-si)*.

(3) Ce terme et les deux suivants désignent les titres des préfets de ces villes et de leurs districts en ordre descendant.

(4) Ville de quatrième ordre.

(5) Ville de cinquième ordre.

(6) Moukden en Mandchourie, c'est ce pays même qui formait la province.

(7) Hoba i dergi golo de.

elle dépend de Peking et Jang-te-fou du Honan. Le San-tong oriental avait deux Fous : Y-tou-fou et Tsi-an-fou, actuellement Tch'ing-tcheou-fou et Tsi-nan-fou ; toutes deux du Santong. Le Santong occidental n'avait qu'un Fou : Tong-ping-fou, maintenant Tong-ping-tcheou, dépendant du Santong. Tai-ning-fou dépend actuellement de Peking.

Le Ho tong septentrional avait un Fou : Tai-yuen-fou, dépendant aujourd'hui du San-si (1). Le Ho-tong méridional en avait deux : Ping-yang-fou et Ho-tzong-fou, aujourd'hui Pou-tcheou, tous deux du San-si.

La province de King tchao (2) comptait un Fou : King-tchao fou, aujourd'hui Si-an-fou, chef-lieu du Shan-si.

Dans la province de Fong-siang il y avait deux Fous : Fong-siang-fou et Ping-liang-fou, tous deux du Shansi. La province de Tching yuen n'en avait qu'un : Tching-yan-fou dépendant du Shan-si. Le Lintao en a également un seul : Lin-tao-fou, du Shan-si.

Le Lo-yan ne compte non plus qu'un fou : Yan-an-fou, du Shan-si.

II. Les tribus originaires de l'empire d'Aisin ne payaient aucun tribut, mais tous les hommes faits devaient prendre les armes quand cela était nécessaire. La puissance de cet empire était grande à l'origine, c'était un peuple grave et valeureux. Quand rien ne troublait l'horizon il s'occupait de la culture des champs, de la pêche, du tir et de la chasse. Arrivait-il un message de guerre, aussitôt un ordre supérieur parti de leur sein appelait sous les armes toutes les tribus extérieures (3) ; fantassins et cavaliers, chacun préparait lui-même ses armes et ses provisions de route. Les chefs des tribus étaient d'abord appelés pour engager leur foi. Les choses allant plus loin, on formait de cent familles un *meoke*, et de dix *meoke*, un *mengan*. Les chefs des tribus extérieures amenaient leurs troupes à la suite de l'armée niu-tchi. Chacun des chefs recevait les noms des *meoke* et des *mengan* et le commandement des soldats de sa tribu.

En temps de paix complète, par les soins qu'ils donnaient à la culture des champs, leurs vêtements, leur nourriture étaient riches et abondants. Si la guerre éclatait, grâce à leur valeur et à leur habileté dans la lutte, ils faisaient de nombreux prisonniers. Leurs nerfs, leurs corps étant endurcis à la fatigue, ils étaient durs au froid et à la grande chaleur.

La répartition des impôts payés et perçus se faisait ainsi : les charges militaires se répartissaient comme les charges naturelles de chaque maison et n'occasionnaient jamais de troubles. Leurs généraux étaient braves et n'avaient tous qu'un cœur. Les soldats courageux et pleins de vigueur formaient comme une force unique. Lorsqu'à un jour donné l'armée devait être debout et prête à la guerre, tous rivalisaient de zèle, le faible devenait fort ; le guerrier aux plus minces ressources l'emportait sur tous (ses adversaires). Réalisant ses projets, le royaume d'Aisin se rendit maître de l'empire chinois, et comme les membres de la famille royale et des grandes familles étaient peu nombreux, il partagea son vaste territoire entre les grands chinois qui s'étaient attachés à sa fortune, leur donna de hautes dignités, des titres élevés ; et mettant leurs forces à son service

---

(1) Ce que nous appelons le Shensi.
(2) Jing-joo-fou.
(3) Les tribus soumises aux Niu-tchis proprement dits.

il les plaça à la tête de ses provinces. Les ressources de l'empire grandissant peu à peu, il reprit les hautes fonctions accordées aux premiers temps, il abolit les titres et mit fin à l'hérédité des commandements des *meoke* et *mengan*, accordés aux officiers chinois du pays de Puhai au Liao-tong. Peu à peu il réunit toute l'autorité militaire aux mains des membres de la maison royale. Puis il créa dans les pays chinois des *meoke* et des *mengan* avec leurs officiers, fit contracter des alliances avec les Chinois du pays des Khitans et établit la concorde et la paix entre ses peuples. Il prit des soldats parmi les Chinois de ces régions et les incorpora dans son armée puis mit des niu tchi à la tête de toutes les tribus. La vaste étendue de l'empire ne permit plus de concentrer toutes les fonctions dans la famille royale.

La manière de constituer la garde du corps du souverain était la suivante : On prenait des officiers de choix d'une taille élevée, d'au moins 5 pieds et 3 à 4 pouces, âgés de plus de trente ans, habiles à manier l'arc et la lance. On donnait au commandant de cette garde le titre de hosa meoke. Hosa signifie en effet soldat de garde près du roi, garde du corps. Le roi donna cette fonction à l'un des membres de sa plus proche parenté. Mais la garde royale atteignit peu à peu le nombre de 5,000 à 6,000 soldats; on fonda alors le shoni-yuen-yamen extérieur (1) et le mit à la tête des troupes chinoises. Quand on entrait en campagne, le roi donait le commandement de l'armée aux gouverneurs généraux *(toudong)*, aux maréchaux *(yuwansuwcai)*, aux généraux *jianggiyôn)*, aux porte-étendard *(tou-jian)* et les envoyait au combat.

L'entretien des chevaux de l'Etat était réglé par la loi de la manière suivante : les préposés des haras et des parcs de troupeaux conduisaient les chevaux et bestiaux aux pâturages qu'ils avaient choisis, pourvus d'herbes et d'eau de bonne qualité, où les moustiques et les taons ne pénétraient point.

Si les chevaux des haras se multipliaient considérablement les préposés recevaient une riche récompense. Si leur nombre diminuait et qu'ils devinssent peu nombreux, le châtiment ne se faisait pas attendre. Ils recevaient l'une et l'autre tour à tour. La huitième année Tai-ting (1167), le temps propre au pâturage s'étant prolongé, les troupeaux se multiplièrent extraordinairement, on compta alors 470,000 chevaux, 130,000 bœufs, 870,000 moutons et 4000 chameaux. On dut alors partager les chevaux hongres et on les donna à entretenir aux peuples des provinces des résidences centrale et occidentale et de celles que borde le Grand fleuve au nord, à l'est et à l'ouest, les répartissant d'après la situation et les ressources des populations. Les animaux morts étaient remplacés par d'autres. Quand il fallait les employer chacun amenait les siens : lorsqu'une circonstance grave l'exigeait, on prenait les chevaux du peuple, et même ceux des chefs de haras, pour les donner aux soldats.

La règle établie pour l'entretien de l'armée était celle-ci : la troisième année Tien-k'uen du roi Hitzong (2), l'armée en garnison dans le Liao-tong recevait annuellement 10 millions de taëls en monnaie.

Or le trésor ne pouvait y suffire, les fonctionnaires prélevèrent le reste sur le

---

(1) Cour militaire supérieure. « Extérieure » pour les provinces conquises.
(2) 1140.

peuple. Ce fut là le commencement du tribut militaire. Dans la suite on établit le système des récompenses. Pour cela on tenait compte du temps de service. Le militaire qui avait servi longtemps était largement rétribué, le nouveau soldat recevait peu de chose. L'habileté au maniement des armes, constatée par un examen, était un autre mode d'appréciation. Les plus adroits recevaient chacun 4 taëls. Ceux qui venaient après n'en recevaient que 2. Ces récompenses étaient distribuées par séries. Les soldats de garde à la frontière, recevaient en sus, d'après le nombre des mois de service, une solde, de l'argent, du grain, de la soie, des étoffes de coton. On tenait compte en cela de la distance des lieux et de la difficulté du service, et selon le plus ou moins d'éloignement, le plus ou moins de peines ou de fatigue, les récompenses se donnaient avec plus ou moins de largesse.

III. L'armée niutchie était, à l'origine, organisée comme suit : au commencement ils n'avaient que de la cavalerie ; celle-ci était divisée en compagnies de cinquante hommes placés sur cinq rangs. Les deux premiers portaient des cuirasses épaisses, des sabres et des piques ; les trois derniers avaient des cuirasses moins fortes, des flèches et des javelots. Les distinctions entre les hommes et les compagnies se faisaient au moyen de signes gravés sur des planches que portaient hommes et chevaux. Leur tactique consistait en ceci : Quand on appercevait l'ennemi ou qu'on apprenait son approche, deux hommes de chaque compagnie s'élançaient en avant à la découverte, le reste suivait au petit trot ; les ailes avançaient des deux côtés pour prendre l'ennemi par les deux flancs. Arrivés à une centaine de pas du front ennemi, les cavaliers niutchi fonçaient dessus en faisant une décharge générale des flèches et des javelots. Ils renouvelaient ces charges jusqu'à ce que l'ennemi fut ébranlé. Les deux premiers rangs alors le chargeaient en frappant du sabre et des piques, et d'ordinaire achevaient de le mettre en désordre.

www.ingramcontent.com/pod-product-compliance
Lightning Source LLC
Chambersburg PA
CBHW071512160426
43196CB00010B/1500